Erziehungswissenschaft an der Eberhard Karls Universität Tübingen

von der

AG Institutsgeschichte

Schneider Verlag Hohengehren GmbH

Umschlagidee:

AG Institutsgeschichte

Gedruckt auf umweltfreundlichem Papier (chlor- und säurefrei hergestellt).

Bibliografische Information der Deutschen Nationalbibliothek

Die Deutsche Nationalbibliothek verzeichnet diese Publikation in der Deutschen Nationalbibliografie; detaillierte bibliografische Daten sind im Internet über ›http://dnb.d-nb.de‹ abrufbar.

ISBN: 978-3-8340-0786-5

Schneider Verlag Hohengehren GmbH
Wilhelmstrasse 13
D-73666 Baltmannsweiler

homepage: www.paedagogik.de

Inhaltsverzeichnis

Einleitung

Die hiermit vorgelegte Festschrift zur Geschichte des Instituts für Erziehungswissenschaft ist eine Gemeinschaftsarbeit einer Gruppe von Studierenden und Lehrenden des Instituts. Das Projekt wurde geleitet von Jeanette Bair und Klaus-Peter Horn. Die Mitglieder[1] der Arbeitsgruppe haben die Schritte der Arbeit gemeinsam besprochen und diskutiert, was Schwerpunktsetzungen im Einzelnen nicht ausschloss. Sie sind in der folgenden Übersicht anhand der verschiedenen Themenbereiche aufgeführt:

1. Institutsdaten (Fakultätszugehörigkeit und innere Gliederung des Instituts, Beziehungen zum Deutschen Institut für Fernstudien), biografische Daten	Garoufalia Chatzilia, Klaus Herkert, Friederike Hoffmann, Sascha Pauli
2. Promotionen und Habilitationen	Anne Hild, Anna Stisser
3. Studierende	Tabea Keinath, Christina Kuboth, Angelika Neudek
4. Lehrveranstaltungen	Anne Hild Benjamin Wahl
5. Publikationen	Meike Han, Sr. Angela
6. Außenwahrnehmungen (Rankings, Evaluation, Rezensionen, Zitationen)	Carolin Niethammer, Jörg Stickel

Dass eine Festschrift entstehen sollte, war von Anfang an das Ziel der gemeinsamen Arbeit. Ebenso deutlich war aber auch, dass es keine klassische Festschrift werden, sondern die Arbeit sich an der neueren wissenschaftshistorischen Forschung zur Erziehungswissenschaft orientieren sollte. Insbesondere die inzwischen zahlreichen Studien zu lokalen Kulturen der Erziehungswissenschaft sind hier zu nennen, die zwar weder in Methoden noch theoretischem Anspruch ein einheitliches Bild bieten, sich aber doch deutlich jenseits von Jubelschriften bewegen.[2] Das Verständnis und die theoretische Konzeption dessen, „was unter einer lokalen und wissenschaftskulturellen Perspektive erfasst werden soll“, ist freilich „recht unterschiedlich [... und erscheint] zuweilen sogar beliebig“. Weder herrsche Klarheit darüber, was eine Wissenschaftskultur sein soll, noch da-

1 Zeitweilig haben auch Barbara Kremer, Magdalena Herdtweck, Kaya Ucar, Ingo Wanner und Anne Woyke engagiert mitgearbeitet, deren weitere Mitwirkung durch äußere Umstände verhindert wurde.

2 Vgl. z.B. zu Göttingen Rheinländer 2009 (mit vielen Verweisen auf frühere Studien zur Göttinger Pädagogik), zu Berlin Horn/Kemnitz 2002, zu Münster Rothland 2008, zu München Schumak 2005. Für den theoretischen Kontext und weitere Fallstudien vgl. Langewand/Prondczynsky 1999; Rothland 2007.

rüber, wie das „Lokale" zu bestimmen sein könnte. Schließlich stelle sich auch die Frage, ob es eine Kultur der Gesamtdisziplin gäbe, die sich von den lokalen Wissenschaftskulturen eben dieser Disziplin unterscheide oder ob die Kultur der Erziehungswissenschaft als Summe der lokalen Wissenschaftskulturen anzusehen sei.[3] Die Darstellungen lokaler Entwicklungen müssten also immer im Kontext der jeweiligen Universität sowie der gesamtdisziplinären Entwicklungen geschehen.

Auf der Basis dieser Überlegungen haben wir versucht, eine Lokalgeschichte der Erziehungswissenschaft an der Universität Tübingen zu verfassen, wobei wir uns bewusst sind, dass wir die grundlegenden Fragen und Probleme nicht lösen können. Dies führte zu dem vorliegenden Ergebnis einer Institutsgeschichte, die in sieben Kapitel gegliedert ist, orientiert an der Entwicklung der Professuren bzw. des Personals und den mit diesen verbundenen Ordnungsmöglichkeiten nach Schulen und Richtungen. Als Phase Null wird die Vorgeschichte der Gründung des Pädagogischen Seminars und der Einrichtung der Professur dargestellt (Kap. 1). Anschließend wird die Institutsgeschichte in struktureller und personeller Hinsicht dargestellt. Dieses Kapitel ist wiederum in vier Unterkapitel eingeteilt, die den unterschiedlichen Phasen der Institutsgeschichte gewidmet sind. Die erste Phase der Institutsgeschichte, die wir als die experimentell-pädagogische Phase bezeichnen, umfasst den Zeitraum von der Ersteinrichtung bis zum Ende des Zweiten Weltkriegs, das eine deutliche Zäsur markiert (Kap. 2.1). Die zweite Phase der Institutsgeschichte beginnt 1945/46 mit der Entlassung Gerhard Pfahlers und der Berufung von Eduard Spranger sowie den darauf folgenden Stellenbesetzungen und Entwicklungen bis 1970 und kann als geisteswissenschaftliche Phase benannt werden (Kap. 2.2). Den Anfang der dritten Phase markiert die Berufung Hans Thierschs und die gleichzeitige Einführung des neuen Diplomstudiengangs Erziehungswissenschaft. In diese Phase fällt die sozialwissenschaftliche Wendung der Tübinger Erziehungswissenschaft, wobei allerdings anders als zuvor deutliche Kontinuitätslinien zur vorhergehenden Phase existierten (Kap. 2.3). In die Jahre nach 2002 schließlich fällt der Generationenwechsel bei den Professorinnen und Professoren. Dieser Zeitabschnitt, in den u.a. auch die Evaluation der Erziehungswissenschaft an den Universitäten in Baden-Württemberg und zudem die Einführung der neuen, modularisierten Studiengänge fällt, wird als Beginn einer eigenständigen vierten Phase aufgefasst, über deren Dauer und zukünftige Entwicklung allerdings nur im Modus der Spekulation geschrieben werden kann (Kap. 2.4).

In den weiteren Abschnitten werden Spezialuntersuchungen vorgestellt zu den Studierenden der Erziehungswissenschaft (Kap. 3), zur Lehrgestalt des Faches (Kap. 4), zu den Promotionen und Habilitationen (Kap. 5)sowie schließlich zu den Publikationspraxen und der Warnehmung der Tübinger Professoren in Fachzeitschriften (Kap. 6). Ein Anhang samt Quellen- und Literaturverzeichnis schließt den Band ab.

---

3 Rothland 2008, S. 26 und S. 34.

Die Darstellung beruht auf vielfältigen Quellen.[4] Die Mitglieder der Arbeitsgruppe haben die einschlägige Literatur gesichtet und ausgewertet, in Anlehnung und Erweiterung vorliegender Untersuchungen Fragen sowie ein eigenes Konzept entwickelt. Im Verlauf der Arbeit mussten umfangreiche Recherchen nach Biografien,[5] Studierendenstatistiken, Vorlesungs- und Personalverzeichnissen, Dissertationen, Habilitationen und Publikationen durchgeführt wurden. Daten wurden erhoben in intensiven Archivstudien, bei denen auch der Umgang mit den verschiedensten Handschriften geübt werden musste, durch direkte Anfragen bei in der Institutsgeschichte vorkommenden Personen, durch Auswertung vorhandener Verzeichnisse, die sich in der Regel als nicht immer vollständig erwiesen, sowie schließlich durch eine Online-Befragung der heutigen Studierenden, die organisiert werden musste. Dazu kam die Einarbeitung in Auswertungssoftware und die Interpretation des dann vorliegenden Materials, bis das Ganze in Textform gebracht und schlussendlich in einem Gesamttext integriert wurde.

Vieles musste neu erarbeitet werden, in manchen Teilen konnte aber auch auf vorhandene Literatur zurückgegriffen werden. Hervorzuheben sind hier insbesondere vier Arbeiten. Sonja Oswald hat sich 2007 mit der Lehrerbildung in Württemberg bis 1870 befasst und damit für die Vorgeschichte der Institutsgeschichte wichtige Informationen zusammengestellt.[6] Zur Institutsgeschichte liegen zwei Arbeiten vor: Die Frühgeschichte des Instituts wurde von Helmut Unger bereits 1988 im Rahmen einer unveröffentlichten Diplomarbeit bearbeitet.[7] Christa Kersting wandte sich im Rahmen einer Studie zur Nachkriegsentwicklung der bundesdeutschen Erziehungswissenschaft auch der Erziehungswissenschaft an der Universität Tübingen in den Jahren unmittelbar nach dem Zweiten Weltkrieg zu.[8] Die beiden zuletzt genannten Autoren haben intensiv mit den einschlägigen Archivbeständen gearbeitet, was uns selbstverständlich der eigenen Archiverhebungen und Datenauswertung nicht enthob, diese aber doch auf ein überschaubares Maß brachte. Eine weitere unveröffentlichte Diplomarbeit – im Kontext dieser Projektarbeit entstanden – von Benjamin Wahl hat 2010 die Lehrgestalt der Erziehungswissenschaft in Tübingen untersucht und

4 Die in den Fußnoten in Kurzform angeführten Titel sind ausführlich im Quellen- und Literaturverzeichnis zu finden. In den biografischen Skizzen wird auf weitere Literatur verwiesen, die, um sie von der von uns genutzten Referenzliteratur deutlich zu unterscheiden, im Text oder in Fußnoten in Anführungszeichen gesetzt und nur dann in das Quellen- und Literaturverzeichnis aufgenommen wurde, wenn daraus zitiert wird.

5 Die biografischen Angaben entstammen, soweit nicht anders angegeben, Mitteilungen der betreffenden Personen, den Namens- und Vorlesungsverzeichnissen der Universität Tübingen sowie unseren Erhebungen der Promotionen und Habilitationen und allgemein zugänglichen Quellen (z.B. Kürschners Gelehrtenkalender).

6 Vgl. Oswald 2007.

7 Vgl. Unger 1988.

8 Vgl. Kersting 2008.

bietet damit die Grundlage auch für die Darstellung der Lehrgestalt in diesem Band.[9]

Bleibt zum Schluss dieser Einleitung die Danksagung. Unser Dank geht an alle, die unsere Arbeit durch bereitwillige Auskünfte und Gespräche unterstützt haben, v.a. die Mitarbeiterinnen und Mitarbeitern in der Geschäftsführung des Instituts für Erziehungswissenschaft, im Dekanat der Fakultät für Sozial- und Verhaltenswissenschaften, in der Studierendenabteilung der Universität, in der Universitätsbibliothek und in der Institutsbibliothek sowie im Universitätsarchiv, wo uns insbesondere Frau Irmela Bauer-Klöden immer neu freundliche Hilfestellung gab. Bei der abschließenden Erstellung des Manuskripts haben uns außerdem Viola Tragieser und Elisabeth Winkler tatkräftig unterstützt. Auch ihnen gilt daher unser Dank. Das Institut für Erziehungswissenschaft hat durch einen Zuschuss die Drucklegung dieses Buches ermöglicht, wofür wir ebenfalls Dank sagen.

Unsere Darstellung erhebt keinen Anspruch auf Vollständigkeit, die Entwicklungen von 100 Jahren können nur grob nachgezeichnet werden. Manche Auslassungen können uns unterlaufen sein, wofür wir vorab und pauschal um Nachsicht bitten, insbesondere wenn wir einzelnen Personen nicht ganz gerecht geworden sein sollten oder nicht erwähnt haben. Es ist geplant, die Ergebnisse dieser Forschungsarbeit auf der Homepage des Instituts für Erziehungswissenschaft zugänglich zu machen. Dort besteht dann die Möglichkeit einer Ergänzung und Korrektur.

9 Vgl. Wahl 2010.

1 Zur Vorgeschichte des Pädagogischen Seminars

Seit dem ausgehenden 18. Jahrhundert gab es an den deutschen Universitäten vereinzelt und mehr oder weniger kontinuierlich Professuren und Institute oder Seminare für Pädagogik.[10] In der Regel wurde die Pädagogik als Lehrgebiet jedoch eher im Rahmen von Professuren für Philosopie, Philologie oder Theologie mit vertreten. An der Universität war Pädagogik als Lehrgegenstand daher zunächst v.a. in den beiden seit Begründung der Katholisch-Theologischen Fakultät im Jahr 1817 nebeneinander bestehenden zwei Theologischen Fakultäten, der Evangelisch-Theologischen Fakultät und der Katholisch-Theologischen Fakultät, angesiedelt.[11]

In der Evangelisch-Theologischen Fakultät, in deren Rahmen lange Zeit neben den Pfarramtskandidaten auch die Anwärter auf Lehrerstellen an den württembergischen Lateinschulen ausgebildet wurden, ist die Praktische Theologie zuständig für die pädagogische Ausbildung der Pfarr- und Lehramtskandidaten.[12] Die Professurbezeichnungen variierten. Ab 1813 firmierte einer der Lehrstühle für Praktische Theologie als Professur für Homiletik und Pädagogik (Inhaber dieser Professur waren von 1813 bis 1815 Nathanael Friedrich Köstlin, von 1815 bis 1819 Jonathan Friedrich Bahnmaier, von 1819 bis 1847 Christian Friedrich Schmid). In der Folgezeit wird diese Professur für fast 40 Jahre unter der Denomination Moral und Praktische Theologie geführt (Stelleninhaber von 1852 bis 1875 Christian David Friedrich von Palmer, danach bis 1891 Hermann Weiß), anschließend als Professur für Praktische Theologie und Ethik (Lehrstuhlinhaber waren von 1892 bis 1907 Johannes Gottschick und von 1907 bis 1923 Paul Wurster). Seit 1923 lautete die Professurbezeichnung erneut auf Praktische Theologie (Stelleninhaber von 1923 bis 1956 Hermann Faber, von 1956 bis 1959 Karl Fezer, von 1956 bis 1965 Walter Franz Uhsadel). Seit 1968 schließlich hat die Professur die Bezeichnung „Praktische Theologie (Schwerpunkt Religionspädagogik)“ und wurde zunächst mit Karl Ernst Nipkow (bis 1994) besetzt, dessen Nachfolger seit 1995 Friedrich Schweitzer ist.

Von den Inhabern der Lehrstühle für Praktische Theologie ist im 19. Jahrhundert besonders Christian David Friedrich von Palmer (1811-1875)[13] hervorzuheben. Unter seinen zahlreichen Veröffentlichungen steht u.a. 1853 eine „Evangelische Pädagogik“[14], die zu seinen Lebzeiten vier Auflagen erlebte.

---

[10] Vgl. zur Übersicht Horn 2008.

[11] Die folgenden Angaben beruhen vorrangig auf der Homepage zum Sondersammelgebiet Theologie der Universitätsbibliothek (http://www.ub.uni-tuebingen.de/fachgebiete/sondersammelgebiete/ssg-1-theologie/theologie-in-tuebingen.html); dort auch weiterführende Hinweise.

[12] Vgl. dazu die knappen Hinweise in Klüpfel 1849, S. 427 und 428.

[13] Zur Person und zum Werk vgl. Schweitzer 2001 sowie Goy 1996.

[14] Die vierte Auflage der „Evangelischen Pädagogik“ erschien 1869; eine fünfte Auflage, bearbeitet von E. Grundert, erschien 1882.

Außerdem wirkte er an der Herausgabe der „Encyklopädie des gesammten Erziehungs- und Unterrichtswesens“, deren 11 Bände zwischen 1859 und 1878 erschienen sind, mit.[15] Im 20. Jahrhundert sind v.a. Walter Franz Uhsadel, Karl-Ernst Nipkow und Friedrich Schweitzer zu nennen, bei den beiden Letztgenannten nun mit dem Schwerpunkt Religionspädagogik und mit engen Bezügen zum Tübinger Institut für Erziehungswissenschaft. Uhsadel (1900-1985) hatte schon seit seiner Studienzeit eine enge Beziehung zu pädagogischen Fragen. 1938 in Hamburg bei Wilhelm Flitner mit einer Arbeit über „Die reformpädagogischen Schulversuche in ihrem Verhältnis zur Kirche“ promoviert, beschäftigte er sich zudem mit psychologischen Fragestellungen, und hier insbesondere mit der Tiefenpsychologie Carl Gustav Jungs. Unter seinen Publikationen sind zahlreiche Bücher und Aufsätze zu pädagogischen Themen zu finden.[16] Nipkow hat als kooptierter Professor am Institut für Erziehungswissenschaft neben seiner Tätigkeit in der Evangelisch-Theologischen Fakultät zeitweise die Schulpädagogik vertreten sowie im Bereich der Allgemeinen Pädagogik mitgearbeitet und in diesem Rahmen auch zahlreiche Promotionen im Fach Erziehungswissenschaft betreut.[17] Friedrich Schweitzer (* 1954) wurde 1983 am Institut für Erziehungswissenschaft mit einer Arbeit zum Thema „Identität und Erziehung. Was kann der Identitätsbegriff für die Pädagogik leisten?“ promoviert, führt regelmäßig mit Kollegen aus dem Institut Projekte und Lehrveranstaltungen auch für Studierende der Erziehungswissenschaft durch und ist mit zahlreichen Publikationen im Schnittfeld von Religionspädagogik und Erziehungswissenschaft hervorgetreten.[18]

In der Katholisch-Theologischen Fakultät sind seit ihrer Begründung im Jahr 1817 ebenfalls Professuren mit Bezugnahme auf die pädagogischen Anteile der

---

15 Herausgeber der Encyklopädie war der seinerzeitige Ulmer und spätere Stuttgarter Gymnasialrektor Karl Adolf Schmid, der 1825 in Tübingen ein theologisches Examen sowie eine philologische Präzeptoratsprüfung abgelegt hatte. Die Encyklopädie wurde von Schmid in enger Zusammenarbeit mit Palmer und dem Tübinger Philologieprofessor Johann David Wildermuth herausgegeben.

16 Z.B. die Aufsätze „Johann Hinrich Wichern und Clemens Schultz als Sozialpädagogen“, 1927; „Die Wirklichkeit des Menschen und unsere pädagogische Aufgabe“, 1931; „Zur Aussprache über eine ‚evangelische Pädagogik‘“, 1933; „Theologie und Erziehungswissenschaft“, 1953; „Der Sozialarbeiter in der Gesellschaft“, 1956; sowie die Bücher „Evangelische Erziehungs- und Unterrichtslehre“, 1954 (2., veränd. u. erw. Aufl. 1961) und „Erziehung und Seelsorge“, 1960.

17 An jüngeren Werken zu pädagogischen Themen sind von ihm zu nennen „Bildung als Lebensbegleitung und Erneuerung. Kirchliche Bildungsverantwortung in Gemeinde, Schule und Gesellschaft“, 1990; „Bildung in einer pluralen Welt“, 1998; „Pädagogik und Religionspädagogik zum neuen Jahrhundert“, 2005. Vgl. zu Nipkow außerdem unten, Kap. 2.3.

18 Aus der großen Anzahl an Publikationen sind aus dieser Sicht insbesondere die Projektarbeiten zur Religionspädagogik als Wissenschaft zwischen 1930 und 1975 (vgl. „Moderne Religionspädagogik. Ihre Entwicklung und Identität“, 2005, gem. m. Henrik Simojoki) sowie der Grundlagenband zum Verhältnis von Pädagogik und Religion („Pädagogik und Religion. Eine Einführung“, 2003) hervorzuheben.

Priestertätigkeit und der Religionslehrer vorhanden, zunächst unter der Bezeichnung Moral- und Pastoraltheologie. Außerordentliche bzw. ordentliche Professoren für Moral- und Pastoraltheologie waren Johann Baptist von Hirscher (1817-1837), Moritz von Aberle (1850-1867), Franz Xaver Linsenmann (1867-1889), Paul Wilhelm von Keppler (1889-1894) sowie Anton Koch (1894-1915). Johannes Baptist Sägmüller[19] war seit 1896 der erste Inhaber eines auch pädagogisch denominierten Lehrstuhls (für Kirchenrecht und Pädagogik) in der Katholisch-Theologischen Fakultät. Im April 1926 wurde er emeritiert, hielt aber weiterhin bis 1935/36 Vorlesungen und Übungen über Pädagogik,[20] bis diese 1936 dem Lehrstuhl für Moral- und Pastoraltheologie zugewiesen wurden.[21] Parallel zu Sägmüller existierte dieser Lehrstuhl ja weiter und war seitdem besetzt mit Otto Schilling (1917-1928), Eugen Stolz (1923-1936), Franz Xaver Arnold (1937-1966), Günter Otto Anton Biemer (1967-1970) und Norbert Greinacher (1971-1997). Seit 1981 wurden die pädagogischen Aufgaben der Professur für Praktische Theologie mit Schwerpunkt Religionspädagogik und Kerygmatik (Inhaber bis zu seinem 1989 erfolgten Wechsel in das Institut für Erziehungswissenschaft Wolfgang Bartholomäus[22]) zugewiesen. Diese Professur wurde 1991 mit der Denomination Religionspädagogik, Kerygmatik und Kirchliche Erwachsenenbildung mit Albert Biesinger besetzt, der sie bis heute innehat.[23]

Neben dieser eng mit den beiden Theologischen Fakultäten verbundenen Vorgeschichte, die in gewissem Sinn auch als Parallelgeschichte mit mehr oder weniger engen Bezügen zur Geschichte des Instituts für Erziehungswissenschaft

---

19 Sägmüller (1860-1942) war seit 1887 als Repetent im Wilhelmsstift für Kirchenrecht zuständig und wurde 1888 in der Philosophischen Fakultät promoviert, wo er 1893 einen (konfessionell gebundenen) außerordentlichen Lehrstuhl für mittelalterliche Geschichte erhielt. 1896 wechselte er in die Theologie auf den Lehrstuhl für Kirchenrecht und Pädagogik. Sein Schwerpunkt lag freilich eindeutig im Bereich der Kirchengeschichte.

20 Im Wintersemester war Sägmüllers Vorlesung meist der Theoretischen Pädagogik, im Sommersemester der Praktischen Pädagogik gewidmet. Dazu kamen Übungen, u. a. zu Herbarts Pädagogischen Vorlesungen, zur Arbeitsschule, zu Kerschensteiner und 1934 zu Ernst Krieck, einem der prominentesten Pädagogen des Nationalsozialismus.

21 Sägmüllers Nachfolger auf dem Lehrstuhl für Kirchenrecht (ohne den Zusatz Pädagogik), Joseph Löhr (1878-1956), Professor von 1926 bis 1946, bot ab 1927 regelmäßig eine Vorlesung zur Geschichte der Pädagogik, ab den 1930er Jahren mit dem Zusatz „unter besonderer Berücksichtigung der Religionspädagogik“, an.

22 Vgl. zu Bartholomäus Kap. 2.3.

23 Biesinger (* 1948) hat Theologie und Pädagogik studiert und u.a. den Abschluss als Diplom-Pädagoge erworben. Er ist äußerst aktiv im Bereich der religiösen Bildungsarbeit in (Berufs-)Schule, Erwachsenenbildung und Familie, weniger im Bereich der Erziehungswissenschaft. Viele Publikationen entstehen aus gemeinsamen Projekten mit dem Kollegen Schweitzer aus der Evangelisch-Theologischen Fakultät, z.B. der von beiden gemeinsam herausgegebene Band „Bündnis für Erziehung. Unsere gemeinsame Verantwortung für gemeinsame Werte“, 2006.

bis heute anhält, gab es vor 1910 auch in der Philosophischen Fakultät bereits vereinzelt Personen, die pädagogische Themen vertraten, allerdings ohne dass es zu einer dauerhaften Fachvertretung gekommen wäre.[24] Dies lässt sich darauf zurückführen, dass die Ausbildung für die Lehrer an höheren Schulen zwar seit dem 19. Jahrhundert ein Studium voraussetzte, pädagogische Anteile aber in außerhalb der Universität angesiedelten Seminaren vermittelt wurden. Die Große Kirchenordnung für Württemberg hatte 1559 festgelegt, dass Lehrer für die Lateinschulen sich in Stuttgart einer Prüfung zu unterziehen hatten. Bewerber für Lehrerstellen an Klosterschulen und am Gymnasium jedoch mussten die theologische Prüfung nachweisen, die zuweilen schon allein als ausreichender Ausweis für eine Befähigung zur Lehrertätigkeit angesehen wurde.[25] Die Kandidaten mit theologischer Prüfung kamen von der Universität Tübingen, wo sie u.a. auch praktisch-theologische Studienanteile absolviert hatten.

Die 1793 einsetzende Reform der Lateinschulen hatte auch Auswirkungen auf die Lehrerausbildung. Für die Ausbildung von Lehrern für die oberen Klassen der Lateinschulen gab es nun kurzzeitig einen gesonderten Weg jenseits der Theologie: Jährlich sollten zwei tüchtige Stipendiaten als Präzeptoranden an den vier niederen Klosterschulen des Landes aufgenommen werden, wo sie sich auf ein philologisches, d.h. schulbezogenes Studium vorbereiten sollten.[26] Nach erfolgreichem Durchlaufen der Klosterschule und einer Überprüfung der Neigung zum Lehramt durch Probelektionen wurden diese in das fürstliche Stipendium, das Tübinger Stift aufgenommen, wo sie allerdings nicht Theologie, sondern die Sprachen und Philosophie studieren sollten und zudem ab dem vierten (de facto auch schon ab dem dritten Jahr) an der Tübinger Lateinschule praktische Anleitungen zum Unterrichthalten erhielten und an Lehrübungen teilnehmen. Dabei wurden durch den Rektor der wegen ihrer Lage im Osten der Stadt auch schola anatolica oder Österbergschule genannten Lateinschule auch Pädagogik und Didaktik unterrichtet. Die Kandidaten für das Lehramt mussten am Ende ihres Studiums auch eine Prüfung in Pädagogik absolvieren. Ab 1810 wurden die philologischen und die theologischen Studien zwar wieder enger zusammengeführt, aber die grundsätzliche Unterscheidung zwischen den beiden Feldern dadurch nicht wieder rückgängig gemacht. Zu Beginn des 20. Jahrhunderts schließlich stieg die Zahl derjenigen Studierenden, die das Lehramt an-

24 S.u.

25 Für das Folgende beziehen wir uns auf Oswald 2007; vgl. zur akademischen Lehrerausbildung auch Dürr 1930, insbes. S. 141-175; zur Tübinger Schulgeschichte bis 1806 auch Hauer 2003.

26 Der Besuch der Klosterschulen, ab 1806 als niedere evangelische Seminarien bezeichnet, oder des Pädagogiums bzw. Gymnasiums in Stuttgart war Bedingung für die Aufnahmeprüfung in das fürstliche Stipendium in Tübingen. Die Stipendiaten lebten im Evangelischen Stift in Tübingen, studierten Theologie und waren nach dem Examen zur Tätigkeit im Kirchen- oder Schuldienst in Württemberg verpflichtet. Für die württembergische Bildungsgeschichte ist die Einrichtung des fürstlichen Stipendiums von zentraler Bedeutung. Vgl. zum Stift Klüpfel 1849, passim, sowie Hahn/ Mayer 1985.

strebten, so stark an, dass die Lehrerausbildung ganz von den theologischen Studien getrennt wurde und das Stift wieder ausschließlich zu einer Einrichtung für Theologiestudenten wurde. 1916 schließlich wurde die bis dahin vorhandene Möglichkeit, mit dem theologischen Examen die Zulassung zur Lehrerprüfung zu erhalten, auch in Württemberg abgeschafft.[27]

1817 wurde an der Tübinger Lateinschule, nunmehr Lyzeum genannt,[28] das Präzeptoranden-Institut eingerichtet, aus dem 1838 das Philologische Seminar hervorging. Die Präzeptoranden mussten seitdem regelmäßig unter Aufsicht des Lehrers der fünften Klasse unterrichten. Mit der Begründung des Philologischen Seminars wechselte die Verantwortung für diesen Teil der Lehrerausbildung an die Universität. Das Philologische Seminar und das ebenfalls neu gegründete Reallehrer-Seminar wurden der Landesuniversität angegliedert, den Vorstand bildeten zwei Universitätsprofessoren der klassischen Sprachen und der Rektor des Lyzeums. Die Seminare hatten die Aufgabe, Lehrer für die Gelehrtenschulen sowie für die Realschulen auszubilden. In beiden Seminaren dauerte die Ausbildung ein Jahr, wobei im Philologischen Seminar Übungen in den klassischen Sprachen, im Reallehrer-Seminar in der deutschen und französischen Sprache, Religion, Mathematik und Naturwissenschaften stattfanden. Hinzu traten methodische Übungen, und die Studenten mussten selbst Unterricht geben, so dass eine pädagogisch-didaktisch-methodische Ausbildung gegeben war.

Angehende Lehrer sollten zwar nach einem Erlass der Oberstudiendirektion von 1811, an der Universität Vorlesungen über Pädagogik und Didaktik hören. Einen Lehrstuhl für Pädagogik gab es an der Universität jedoch nicht. Die genannten Vorlesungen wurden also vornehmlich in den beiden Theologischen Fakultäten durchgeführt.[29] In der Philosophischen Fakultät kamen pädagogische Themen im Rahmen übergreifender Themen zum Tragen, eigene pädagogische Vorlesungen, wie sie in den Philosophischen Fakultäten an anderen Universitäten in Deutschland durchaus bereits im 19. Jahrhundert die Regel waren, auch wenn es keine eigens dafür ausgewiesenen Professuren gab, waren selten. Es lehrten allerdings zeitweise einzelne Personen in diesem Bereich, z.B. bot Hermann Bender von 1878 bis 1881 mit einem Lehrauftrag für Gymnasialpädagogik Vorlesungen über Gymnasialpädagogik und Schulgeschichte an,[30] vertrat Otto Heinrich Jaeger von 1852 bis 1854 als Privatdozent für Pädagogik/Philologie und Philosophie auch die Pädagogik[31], hatte Karl Christian Friedrich Hirzel

---

27 Vgl. Paletschek 2001,S. 90.

28 1855 wurde diese Schule dann zu einem Landesgymnasium ausgebaut.

29 Vgl. dazu Klüpfel 1849, S. 427f.

30 Bender (1835-1897) war nach Studium der Evangelischen Theologie in Tübingen und Tätigkeiten als Repetent in Urach sowie Präzeptor in Geislingen von 1868 bis 1881 Gymnasialprofessor in Tübingen, seit 1881 Rektor des Gymnasiums in Ulm (vgl. UAT 126/34; Knapp 1897). Zur Pädagogik liegt eine Schrift von Bender vor: „Gymnasialreden nebst Beiträgen zur Geschichte des Humanismus und der Pädagogik“, 1887.

31 Jaeger (1828-1912) war nach Studien in Berlin zeitweise an den Universitäten Zürich und Tübingen im Fach Philosophie tätig, bevor er ab 1862 erster Leiter der neuen

von 1864 an eine außerdordentliche Professur mit Lehrauftrag u.a. für Gymnasialpädagogik inne[32] und lehrte Heinrich Theodor Johannes Spitta als Privatdozent (seit 1878) bzw. außerordentlicher Professor (ab 1887) bzw. ordentlicher Honorarprofessor (ab 1902) für Philosophie im Bereich der Psychologie mit Bezügen zu pädagogischen Fragen[33].

Die Vorgeschichte des Pädagogischen Seminars an der Universität im engeren Sinne hängt stärker mit der Volksschullehrerausbildung als mit der Ausbildung der höheren Lehrer zusammen.[34] Zu Beginn des 20. Jahrhunderts verstärkten die Volksschullehrer in Württemberg ihre Bemühungen um die Emanzipation ihres Standes und strebten an, die Lehreraus- und -fortbildung auf eine wissenschaftliche Basis zu stellen. 1902 richtete der Württembergische Volksschullehrerverein zwei Petitionen an den König, in denen gefordert wurde, dass Schulamtskandidaten nach bestandener Abgangsprüfung aus dem Seminar eine Hochschule besuchen können sollten, und dass zum Zweck eines pädagogischen Studiums ein Lehrstuhl für Pädagogik und ein Pädagogisches Seminar an der Universität Tübingen zu errichten seien.

1904 wurde nach dem Bericht der infolge dieser Forderungen eingesetzten Volksschulkommission der Antrag auf Hochschulzulassung für einen Teil der Lehrer im württembergischen Landtag gestellt. In den Folgejahren (1905/1907) wurde das Württembergische Volksschulgesetz novelliert, und es schlossen sich eine materielle Verbesserung sowie die Aufhebung der Verbindung von Mesner- und Schuldienst an. Im Jahr 1908 fragte das Ministerium für Kirchen- und Schulwesen bei der Universität Tübingen an, ob für Volksschullehrer nach Bewährung in mehrjährigem Schuldienst die Zulassung zum Universitätsstudium gewährt werden könne. Im Anschluss an dieses Studium sollten diese Lehrer

---

Turnlehrerbildungsanstalt in Stuttgart wurde. Sein Leitbild war die antike Gymnastik, die er 1848 in einer Preisschrift „Die Gymnastik der Hellenen in ihrem Einfluss aufs gesammte Alterthum und ihrer Bedeutung für die deutsche Gegenwart. Ein Versuch zur geschichtsphilosophischen Begründung einer ästhetischen Nationalerziehung" darstellte, wofür er einen Preis der Universität Tübingen erhielt (vgl. dazu Krüger 1999).

32 Hirzel (1808-1874) war als Repetent und Lehrer in Tübingen, Nürtingen, Maulbronn und Stuttgart tätig, bevor von 1857 bis 1864 eine Professur für Klassische Philologie an der Tübinger Universität übernahm. 1864 gab er diese Professur wieder auf, um das Rektorat des Tübinger Gymnasiums zu übernehmen. Die außerordentliche Professur für Gymnasialpädagogik betrieb er im Nebenamt. Von ihm liegen zu pädagogischen Fragen verschiedene Artikel in der Schmidschen Encyklopädie des Erziehungs- und Unterrichtswesens sowie „Vorlesungen über die Gymnasial-Pädagogik" (1876) vor (vgl. UAT 126/286; Klüpfel 1880).

33 Spitta (1849-1929) hat an den Universität Berlin und Tübingen studiert. Einschlägige Veröffentlichungen von ihm sind: „Einleitung in die Psychologie als Wissenschaft", 1886; „Die psychologische Forschung und ihre Aufgabe in der Gegenwart. Akademische Antrittsrede", 1889; „Das deutsche Volk und seine nationale Erziehung. Unmoderne Rezepte", 1901. 1920 trat er in den Ruhestand (vgl. UAT 126/659).

34 Für das Folgende verweisen wir auf die eingehende Studie von Unger 1988, bes. S. 36ff.

eine neu einzuführende höhere pädagogische Prüfung absolvieren, nach deren Bestehen sie in der Schulaufsicht sowie als Lehrer an Lehrerseminaren eingesetzt werden können sollten.

Die Universität reagierte darauf nicht pauschal ablehnend, aber verhalten und verwies darauf, dass mit Einführung einer neuen Prüfung auch der verbindliche Besuch bestimmter Lehrveranstaltungen verbunden sei, die Lehrer also als außerordentliche Studenten eingeschrieben werden müssten. Die Zulassung sollte nur solchen Lehrern vorbehalten bleiben, die die zweite Dienstprüfung mit Auszeichnung bestanden hätten, und sollte nur für Vorlesungen, nicht für die Teilnahme an Übungen gelten. Letztere seien an ordentliche Studenten mit Reifezeugnis gerichtet; die Zulassung von Teilnehmern ohne Reifezeugnis würde dazu führen, dass die Zusammensetzung der Teilnehmerschaft sehr heterogen werde und die Interessen und der Fortgang der ordentlichen Studenten behindert würden. Den besonderen Interessen der studierenden Volksschullehrer meinte man durch Lehraufträge an außerordentliche Professoren, Privatdozenten und Lektoren oder an erfahrene Schulmänner entsprechen zu können.

Als 1909 das Volksschulgesetz novelliert und die kirchliche Ortsschulaufsicht über die Volksschule abgeschafft wurde, die Schulaufsicht (außer über den Religionsunterricht) also auf staatliche Vertreter überging, benötigte man in kurzer Zeit einschlägig vorgebildetes Personal. Vor diesem Hintergrund übersandte das Ministerium für Kirchen- und Schulwesen der Universität Tübingen am 29. Dezember 1909 den Entwurf einer Ordnung für die höhere Prüfung für den Volksschuldienst. Mit dieser Prüfung war ein fünf Semester umfassendes Studium an der Landesuniversität verbunden. Daraus folgten nach Ansicht des Ministeriums für die Universität drei Konsequenzen: 1. musste eine Professur für Pädagogik eingerichtet werden, 2. ein Pädagogisches Seminar sowie 3. eine Übungsschule.

In der Stellungnahme des Senats der Universität zu dem genannten Entwurf vom 7. Februar 1910 hieß es, es gebe an verschiedenen Universitäten (Berlin, Bonn, Gießen, Göttingen, Greifswald, Marburg, München, Straßburg) Philosophielehrstühle, von denen aus auch die Pädagogik mitvertreten würde, aber „gegenwärtig noch auf keiner deutschen Hochschule ein Ordinariat bloß für Pädagogik“.[35] Analog zu den genannten Universitäten sei daher vorstellbar, eine vierte ordentliche Professur für Philosophie zu errichten. Allerdings bestünde dafür in Tübingen keine Notwendigkeit. Wolle man aber seitens des Ministeriums eine ordentliche Professur für Pädagogik einrichten, so müsse sich der künftige Amtsinhaber insbesondere mit dem Gebiet der experimentellen Pädagogik beschäftigen und zugleich die allgemeine Geschichte der Pädagogik vertreten. Da die experimentelle Pädagogik sich aber noch in der Entwicklung be-

[35] UAT 117/829, zit. n. Unger 1988, S. 42. Diese Aussage muss zwar relativiert werden, denn bereits im Jahr 1900 gab es an fünf deutschen Universitäten (Berlin, Halle, Jena, Leipzig und München) Professuren bzw. Honorarprofessuren für Pädagogik (Horn 2008, S. 14). Doch ist festzuhalten, dass die Pädagogik als Fach an den Universitäten erst am Beginn der Institutionalisierung stand.

finde, beantragte der Senat der Universität dafür die Schaffung eines Extraordinariates.

Noch im selben Monat erließ das Ministerium für das Kirchen- und Schulwesen die Ordnung der höheren Prüfung für den Volksschuldienst und stimmte gleichzeitig der Schaffung einer außerordentlichen Professur für Pädagogik an der Universität Tübingen zu. Die Prüfungsordnung sah den Vorstellungen der Universität folgend vor, dass nur Lehrer zugelassen werden sollten, die „die zweite Dienstprüfung für Volksschullehrer oder die Prüfung für Präzeptoren und Reallehrer mit Auszeichnung" bestanden hatten und mindestens zwei Jahre Tätigkeit im württembergischen Volksschuldienst nachweisen konnten.[36] Diese Lehrer konnten ein fünfsemestriges Studium, davon mindestens drei Semester an der Landesuniversität Tübingen, aufnehmen und sich am Schluss zur Prüfung anmelden. Philosophie und Pädagogik waren Bestandteile der schriftlichen Prüfung, wobei im Bereich der Pädagogik die Geschichte des Schulwesens und der Pädagogik, die Lehre von Erziehung und Unterricht mit ihren Beziehungen zu Psychologie und Ethik sowie die „nähere Bekanntschaft mit pädagogischer Literatur" und „eingehendere Kenntnis einiger Hauptschriften" vorausgesetzt wurden.[37]

Damit war die Universität in Zugzwang. Das nun zügig in Gang gesetzte Berufungsverfahren für eine „Professur für Pädagogik, deren Inhaber über die Geschichte des Bildungswesens und der Pädagogik, über allgemeine Unterrichts- und Erziehungslehre, über die pädagogische Psychologie und ähnliches zu lesen und pädagogische Uebungen abzuhalten hätte"[38], führte im Juni 1910 – man beachte die kurzen Fristen, die durch das damals übliche und gänzlich anders als heute geartete Verfahren möglich waren – zu folgendem Dreiervorschlag der Philosophischen Fakultät: Auf Platz 1 wurde der erst 27jährige Gustav Deuchler gesetzt, da dieser „für die Aufgaben der neuen Professur trefflich vorbereitet [wäre]. Und da er die beiden Erfordernisse – Volksschulerfahrung und theoretische, namentlich psychologisch-philosophische Schulung – von allen Kandidaten am meisten in sich vereinigt, tragen wir kein Bedenken, ihn trotz seiner Jugend an erster Stelle vorzuschlagen."[39] Deuchler war zu dieser Zeit wissenschaftlicher Mitarbeiter am Pädagogischen Institut des Leipziger Lehrervereins und konnte außerdem praktische Erfahrungen als Volksschullehrer aufweisen. Dahinter fanden sich Wilhelm Weber, Bezirksschulinspektor in Ulm, und der Heidelberger Privatdozent August Huther.[40]

---

36 Regierungsblatt für das Königreich Württemberg 1910, S. 176-184, zit. nach Unger 1988, S. 43f.; vgl. auch Flitner 1961.

37 Vgl. ebd. sowie Schäfer 1991, S. 14f.

38 UAT 126/102: Das Ministerium des Kirchen- und Schulwesens an das akademische Rektoramt in Tübingen. Auf den Bericht das akademischen Senats vom 21. Mai 1908, S. 4.

39 UAT 126/102: Personalvorschläge für die Besetzung der neubegründeten Professur für Pädagogik. Tübingen, den 16. Juni 1910, S. 8.

40 Als Bezirksschulinspektor war Weber als Praktiker ausgewiesen, jedoch bereits 47 Jahre alt und ohne wissenschaftliche Publikationen. Huther hatte verschiedene Veröf-

Der Senat der Universität setzte allerdings am 23. Juni 1910 Gustav Deuchler auf Platz zwei der Berufungsliste hinter Weber, aber vor Huther. Das Ministerium jedoch sprach sich am 7. Juli 1910 gegen alle drei Vorschläge aus und verlangte Gutachten zu bereits ordinierten Professoren anderer Universitäten (Theodor Elsenhans, Dresden; Hermann Leser, Erlangen; Friedrich Niebergall, Heidelberg)[41]. Insbesondere an der Eignung Deuchlers herrschten seitens des Ministeriums Zweifel: „Aber auch gegen die Berufung des Dr. Deuchler in Leipzig hätte das Ministerium angesichts der Tatsache, daß Deuchler bisher ausschließlich auf dem Gebiet der Experimentalpsychologie tätig war, im übrigen aber seine pädagogische Vorbildung bedeutende Mängel aufweist, die schwerwiegendsten Bedenken."[42]

Die Fakultät legte daraufhin am 16. Juli 1910 dem Senat eine eingehende Begründung des Vorschlages Deuchler vor, der in der Folge am 21. Juli 1910 diese Liste gegenüber dem Ministerium unterstützte. In der Folge gab das Ministerium seinen Widerstand gegen Deuchler auf, es blieben aber gewisse Vorbehalte bestehen, die das Ministerium indirekt einbrachte:[43] Zwar wurde Gustav Deuchler am 7. September 1910 auf die außerordentliche Professur für Pädagogik berufen, allerdings zunächst nur unter Ernennung zum Dozenten an der Universität Tübingen, d.h. ihm wurde nur vorläufig die Wahrnehmung der Professur übertragen. Deuchler musste sich verpflichten, „die an der Universität Tübingen neuerrichtete außerordentliche Professur für Pädagogik vorbehaltlich der späteren endgültigen Übertragung zunächst in der Form eines widerruflichen Lehrauftrags [...] zu übernehmen".[44]

Mit der Berufung Deuchlers wurde zugleich das Pädagogische Seminar in der Philosophischen Fakultät gegründet, das in den Räumen der Alten Burse (Anschrift Klinikumsgasse 12, heute Bursagasse 1[45]) untergebracht wurde und von 1910 bis 1923 unter Deuchlers Leitung stand. Dieses Pädagogische Seminar sollte wie andere Universitätsseminare auch der wissenschaftlichen Behandlung theoretischer Fragen dienen. Es bestand aus gemeinsam mit dem Philosophi-

---

fentlichungen zu einer psychologischen Pädagogik und zur Charakterologie (z.B. „Grundzüge einer psychologischen Erziehunglehre", 1898; „Die psychologischen Grundprinzipien der Pädagogik", 1900; „Grundzüge der allgemeinen Charakterologie mit besonderer Berücksichtigung der pädagogischen", 1910) vorzuweisen, ließ jedoch die praktische pädagogische Erfahrung vermissen.

41 Elsenhans (1862-1918) war Ordinarius für Philosophie und Pädagogik an der Technischen Hochschule Dresden; Leser (1873-1937) lehrte als außerdentlicher Professor Philosophie, ab 1913 mit einem zusätzlichen Lehrauftrag auch Pädagogik; Niebergall (1866-1932) war zu dieser Zeit außerordentlicher Professor für Praktische Theologie.

42 UAT 126/102: Königlich Württembergisches Ministerium des Kirchen- und Schulwesens. Auf den Bericht vom 23. Juni d. J., Stuttgart, den 7. Juli 1910, S. 1.

43 Vgl. Unger 1988, 46f.

44 UAT 126/102: Königlich Württembergisches Ministerium des Kirchen- und Schulwesens. Auf den Bericht vom 21 Juli d. J., Stuttgart, den 7. September 1910, Beilage Blatt 6.3.

45 Vgl. zu der Adresse und dem damit bezeichneten Gebäude Wischnath 2005.

schen Seminar genutzten Räumen: Bibliothek und Lesezimmer sowie einem kleinen Hörsaal. Weitere vier Räume wurden in den Folgejahren als Testräume für das sog. Pädagogisch-psychologische Institut mit Apparaten und einer Sammlung von Tests, Versuchsanweisungen und Fragebögen eingerichtet.

Die Übungsschule freilich wurde zu diesem Zeitpunkt noch nicht eingerichtet, hatte sich doch der Senat der Universität dagegen ausgesprochen. Zwar sei die Lehrprobe als Teil der Prüfung vorgesehen, doch sei damit nicht automatisch und notwendigerweise die Errichtung einer Übungsschule verbunden. Die Unterrichtsfächer und deren Methodik seien ja bereits im Lehrerseminar Gegenstand gewesen. Eine Fortsetzung dieses Teils der Ausbildung an der Universität sei daher nicht nötig und würde außerdem zu einer „unverhältnismäßige[n] Belastung" der Studenten führen. Im Zentrum stehe doch die wissenschaftliche Ausbildung, die theoretische Pädagogik und die Forschung.[46]

---

[46] Vgl. Unger 1988, S. 42f. Außerdem wurde mit Verweis auf die Universitätsübungsschule in Jena betont, dass es nicht ratsam sei, eine Übungsschule einzurichten, die sich nach den methodischen Vorstellungen des jeweiligen Direktors zu richten habe.

2 Vom Pädagogischen Seminar zum Institut für Erziehungswissenschaft – Personal und Institutsstruktur

2.1 Von der Gründung des Pädagogischen Seminars 1910 bis zum Ende des Zweiten Weltkrieges: Die experimentell-pädagogische Phase

Mit Deuchlers Berufung kam es also an der Universität Tübingen zur Etablierung des Faches Pädagogik in Gestalt der experimentellen Pädagogik. Diese Entwicklung entsprach durchaus dem Zeitgeist, denn während sich im Deutschland des 19. Jahrhunderts zunächst die philosophisch orientierte Pädagogik weitgehend durchgesetzt hatte, waren die ersten Jahre des 20. Jahrhunderts von der experimentellen Pädagogik geprägt. Dies gilt auch für die Universitäten, an denen Pädagogik gelehrt wurde.[47] Das Programm der empirisch-forschenden Disziplin, mit dem Experiment nahe an den exakten Methoden der Naturwissenschaften, aber auch mit Beobachtung und Befragung arbeitend, versprach exaktes Wissen, um die praktischen Fragen der Erziehung und des Unterrichts bearbeiten zu können.

Gustav Deuchler (1883-1955)

Deuchler wurde 1883 in Unteröwisheim bei Bruchsal im Landkreis Karlsruhe geboren und besuchte nach der Volksschule und der Präparandenschule[48], von 1899 bis 1902 das Lehrerseminar II in Karlsruhe, woraufhin er dort als Unterlehrer an einer Volksschule tätig war.[49] 1903 absolvierte Deuchler die Reifeprüfung an einer Mannheimer Oberrealschule. „Nach einem halben Jahr Militärdienst nahm er sein Studium auf, zunächst für zwei Semester in Heidelberg, dann für ein Semester bei Rein in Jena anschließend für 10 Semester in Leipzig." Dort besuchte er Lehrveranstaltungen zu den Naturwissenschaften, Medizin, Philosophie, Psychologie und Pädagogik. Bevor Deuchler eine Assistentenstelle am neu gegündeten „Institut für experimentelle Pädagogik und Psychologie" des Leipziger Lehrervereins annahm, wurde er 1909 mit einer experimentalpsychologischen Arbeit „Über Reaktionsversuche mit unbestimmter Erwartung" bei Wilhelm Wundt in

---

47 Vgl. Drewek 1995; zur experimentellen Pädagogik auch Hopf 2004; Ritzi/Wiegmann 2010.

48 Eine Vorbereitungsschule für künftige Lehrerseminaristen.

49 Vgl. für dies und das Folgende Hopf 2004, S. 281ff.

Leipzig promoviert. 1910 erfolgte dann der Ruf nach Tübingen, den er, nachdem er zwei Rufe ins Ausland abgelehnt hatte, annahm. 1923 nahm Deuchler den Ruf auf den Pädagogiklehrstuhl in Hamburg an und blieb dort bis zu seiner Entlassung 1945.

Im Zuge der politischen Umwälzungen 1933 nahm auch Deuchler eine mehr und mehr unrühmliche Rolle ein. Während die wissenschaftliche Arbeit nebst den Lehrveranstaltungen in Tübingen und in den ersten Hamburger Jahren noch stark experimentell- und allgemein-psychologisch sowie experimentell-pädagogisch geprägt war[50] und er sich vor allem in Hamburg sehr mit der Lehrerbildung auseinandersetzte (vgl. z.B. die Bücher „Die neue Lehrerbildung" 1925; „Möglichkeiten und Grenzen der experimentellen Pädagogik" 1926), verschoben sich Deuchlers Forschungs- und Lehrschwerpunkte nach 1933 immer stärker hin zu rassenpsychologischen und nationalsozialistisch geprägten Thematiken (z.B. die Vorlesung „Nationalsozialismus und nationalsozialistische Erziehung" oder die Übung „Über die Gestaltung des deutschen Lebens durch den Nationalsozialismus"[51]). Ein Interesse an diesem Betätigunsfeld zeichnet sich aber bereits in einer Untersuchung von 1917 ab („Rassenunterschiede in der Schulentwicklung mit Hilfe des Koeffizienten r bestimmt").[52] Größere Publikationen erschienen in dieser Phase jedoch keine mehr. Stattdessen veröffentlichte er einige kleinere Aufsätze in der Tagespresse, in Lehrer- und Studentenzeitungen und später auch in „Der SA-Führer" was aber kaum noch als wissenschaftliche Produktion angesprochen werden kann.[53]

Aber auch sonst blieb Deuchler während des Nationalsozialismus kein unbeschriebenes Blatt. „Denn die Sonne des 30. Januar 1933 war kaum untergegangen, da gab sich Gustav Deuchler als bedingungsloser Anhänger des totalitären Staatsprinzips, als Nationalist und Antisemit zu erkennen, außerdem als Mann mit zahlreichen Fähigkeiten und Vorschlägen."[54]

Bereits 1932 trat Deuchler der NSDAP bei. Der Eintritt in die SA-Reserve folgte 1934, SA-Scharführer war er ab 1936, dann ab 1938 SA-Truppenführer und ab 1942 SA-Sturmführer. Zugleich ist er SA-Referent für Presse, Erziehung und politischen Unterricht.[55] In diesem Zusammenhang wird immer wieder hervorgehoben, dass Deuchler die SA-Uniform selbst in der Uni-

50 Ebd., S. 282.
51 Vgl. Scheuerl 1991, S. 525.
52 Der Koeffizient ‚r' (= rassisch) sollte die Entwicklungsunterschiede zwischen jüdischen (‚j') und nicht-jüdischen oder germanischen (‚g') Schülerinnen einer Leipziger Privatschule (Hugo-Gaudig-Schule) ohne Berücksichtigung von historischen, religiösen oder sozialen Unterschieden bestimmen (vgl. Scheuerl 1991, S. 520 und 526).
53 Vgl. Scheuerl 1991, S. 521f.
54 Heiber 1991, S. 397.
55 Vgl. Scheuerl 1991, S. 533, Anm. 1.

versität getragen habe, denn „[d]ie spezifische Erziehung aber erhält der Student am besten in der SA; dahin gehört er und sein Professor mit.“[56] Im Laufe der Jahre versuchte Deuchler immer wieder einflussreichere Stellen wie die des Hamburger Schulsenators zu besetzen, um seiner Linie entsprechend, die „Schaffung einer für uns Deutsche tragfähigen Bildungs- und Erziehungswissenschaft“ sowie den „innere[n] und äußere[n] Ausbau eines Bildungswesens unter der Idee des deutschen Menschen“[57] voranzutreiben. „Deuchlers Pädagogik war eine völkische Schulungs- und Weltanschauungspädagogik, seine politische Heimat war die SA, theoretisch wird er Ernst Krieck nahe gestanden haben, und in dieser Richtung bewegten sich überwiegend auch seine Schüler.“[58]

Nach seiner Entlassung 1945 durch die Besatzungsbehörden, versuchte Deuchler – „der alte Nationalsozialist, der 1933 zur Kasse trat, sich aber nicht angemessen bedient fand beziehungsweise – wie gewöhnlich aus Gründen, die in seiner Person lagen – das auch tatsächlich nicht wurde und sich nach 1945 dessen dankbar erinnerte“[59] – dann ein völlig anderes Bild von sich zu zeichnen. Er habe sich stets in klarer Opposition zum politischen Regime befunden; die SA-Uniform habe er nur getragen, um den Privatanzug zu schonen; der ohnehin mechanisierte Hitlergruß sei auf ein Minimum reduziert gewesen[60] und die vielen Stellenangebote, die von seiten anderer Parteimitglieder an ihn herangetragen worden seien, habe er stets abgelehnt.[61]

Langjährige Kollegen aber wie Wilhelm Flitner, der in Hamburg den zweiten Lehrstuhl für Erziehungswissenschaft innehatte, konnten keine rehabilitierenden Worte für ihn finden.[62] „Die Philosophische Fakultät wollte ihn „unter keinen Umständen wieder in seinem Lehramt sehen“.[63] Selbst die von Deuchler angestrengten Bemühungen, zumindest als emeritiert gelten zu dürfen, blieben – nicht ganz ohne Eigenverschulden – vergebens.

„Am 19.1.1955 starb Deuchler nach langer schwerer Krankheit verbittert und verarmt in Hamburg [...]. Offenbar rief sein Tod keine der beim Verscheiden angesehener Universitätsmitglieder üblichen Reaktionen hervor, wie Traueranzeigen der Fakultät, Nachrufe oder Gedenkschriften.“[64]

[56] So Deuchler, zitiert nach Lorent 2007, S. 40.
[57] Lorent 2007, S. 39.
[58] Harten/Neirich/Schwerendt 2006, S. 173.
[59] Heiber 1991, S. 400.
[60] Vgl. ebd., S. 397.
[61] Vgl. Lorent 2007, S. 39.
[62] Vgl. Hopf 2004, S. 284f.
[63] Ebd., S. 285.
[64] Ebd.

Tab. 1: Lehrveranstaltungen von Gustav Deuchler WS 1910/11 bis WS 1912/13[65]

Semester	Veranstaltungstitel	SWS	Vergütung in Mark	Zuhörer-zahl
WS 1910/11	Einführung in die psychologische Pädagogik und Didaktik	3	15	95
	Ausgewählte Kapitel aus der experimentellen Pädagogik	2	k.A.	34
SS 1911	Geschichte der Pädagogik im Zusammenhang mit dem sozialen Leben und der Kultur der Zeit I (vom Beginn des Mittelalters bis zum Beginn des Neuhumanismus)	3	15	49
	Die Untersuchungsmethoden der experimentellen Pädagogik und der Jugendkunde	2	10	42
	Pädagogisches Seminar: Schleiermachers Pädagogik	2	k.A.	26
WS 1911/12	Geschichte der Pädagogik II (vom Neuhumanismus bis zur Gegenwart)	3	15	45
	Psychologie und Didaktik des mathematischen und naturwissenschaftlichen Unterrichts	2	10	54
	Psychologie der sprachlichen Unterrichtsfächer	2	k.A.	35
	Kinderpsychologie (für Hörer aller Fakultäten)	1	5	24
SS 1912	Systematische Pädagogik und allgemeine Didaktik	3	15	56
	Probleme, Methoden und Resultate der Begabungsforschung	1	5	40
	Kolloquium: Über Fragen der Arbeitsschulbewegung und der Sozialpädagogik	k.A.	k.A.	41
	Einführungskurs: Demonstration der experimentell-pädagogischen Methoden	k.A.	k.A.	24
WS 1912/13	Pädagogische Pathologie mit besonderer Rücksicht auf die Bedeutung der Pädagogik des Normalen	2	10	31
	Psychologie und Didaktik des neusprachlichen Unterrichts	1	5	32
	Einführung in die mathematischen Methoden der Psychologie und Pädagogik (mit Übungen)	1-2	5	15
	Pädagogisches Seminar: Über die Psychologie der sprachlichen Unterrichtsfächer mit Versuchen an Erwachsenen und Kindern	4-5	10	26

Deuchler hat das Anforderungsprofil, Lehre in den Bereichen der experimentellen Pädagogik sowie in der Geschichte der Pädagogik, nicht nur in den Anfangssemestern (vgl. Tab. 1), getreu erfüllt, mit einer leichten Schwerpunktsetzung in der experimentellen Pädagogik.[66] Im Bereich der systematischen und historischen Erziehungswissenschaft befasste sich Deuchler mit Klassikern (neben Friedrich Daniel Ernst Schleiermacher auch Johann Gottfried Herder und Jean-Jacques Rousseau), mit bildungstheoretischen Fragen und der Pädagogik der Gegenwart. Die experimentell-pädagogischen und pädagogisch-psychologischen Veranstaltungen hatten insbesondere die Schule und die Jugend im Fokus. Re-

[65] UAT 51/92 und UAT 139/125. Die Veranstaltungen aus dem WS 1910/11 sind im gedruckten Vorlesungsverzeichnis aufgrund des späten Termins der Berufung nicht aufgeführt. Seit dem WS 1911/12 fanden außerdem regelmäßig pädagogisch-psychologische Übungen ohne nähere thematische Kennzeichnung statt, die hier nicht aufgelistet werden.

[66] Eine übergreifende Analyse des erziehungswissenschaftlichen Lehrangebots an der Tübinger Universität von 1910 bis 2010 findet sich in Kap. 4.

gelmäßig finden sich Vorlesungen, Übungen und Seminare zu Schule und Unterricht, darunter auch zu fachspezifischen Unterrichtsfragen (naturwissenschaftlicher, mathematischer, Sprachunterricht), sowie zur Jugendforschung. Aber auch die Begabungsforschung war ein durchgehend vorhandenes Thema seiner Lehrveranstaltungen.

Etwas außergewöhnlich, und darum besonders hervorzuheben, sind die Lehrveranstaltungen, in denen Deuchler abseits der allgemeinen Fragen der Pädagogik und der Schulpädagogik sowie der exeperimentellen Pädagogik Aspekte verschiedener anderer Teilbereiche der Pädagogik thematisierte: 1912 „Fragen der Arbeitsschulbewegung und der Sozialpädagogik", wobei Sozialpädagogik hier wohl eher auf das Konzept Paul Natorps als auf die heutige Teildisziplin Sozialpädagogik verweist;[67] 1912/13 „Pädagogische Pathologie mit besonderer Rücksicht auf die Bedeutung für die Pädagogik des Normalen (Psychologie und Pädagogik des taubstummen, blinden, taubstummblinden, schwachbeanlagten, psychopathischen und moralisch-defekten Jugendlichen)", eine Lehrveranstaltung im Bereich der Sonderpädagogik; 1917/18 „Erziehungswissenschaftliche Übungen über die Unterschiede der beiden Geschlechter", eine frühe Beschäftigung mit dem Thema Geschlecht in der Pädagogik; 1919/20 „Hauptfragen der freien Volksbildung", eine der seltenen Veranstaltungen zur frühen Erwachsenenbildung an einer deutschen Universität;[68] 1917 „Wirtschafts- und berufspsychologische Fragen" sowie 1919/29 „Berufspsychologie und Berufswahl", Themen im Schnittfeld zwischen Wirtschaftswissenschaft, Berufspädagogik und Psychologie.[69]

Das Lehrangebot wurde in diesen Jahren ergänzt von Heinrich Gottlob Konstantin Ritter[70], der sich in seinen Vorlesungen überwiegend mit der Entwicklung der höheren Schulen in Deutschland befasste, sowie von Traugott Konstantin Oesterreich, der nach seiner Habilitation 1911/12 und 1912 jeweils „Experimentell-psychologische Übungen" anbot.[71] Im Bereich der Psychologie war

---

67 Vgl. Natorps Grundlagenwerk zur Sozialpädagogik als Gegenentwurf zur Individualpädagogik Natorp 1909.

68 Vgl. zur frühen Akademisierung der Erwachsenenbildung zu Beginn des 20. Jahrhunderts Friedenthal-Haase 1991. Auch Kroh hat verschiedentlich Erwachsenenbildungsthemen in der Lehre aufgenommen, z.B. im SS 1928 eine Veranstaltung zum Thema „Probleme der Erwachsenenbildung" (vgl. ebd., S. A 4).

69 Leider fehlen Vorlesungsmanuskripte oder -mitschriften, die einen genaueren Einblick in die Themen und ihre Bearbeitungsweisen bieten könnten.

70 Ritter (1859-1936) war nach dem Studium der Klassischen Philologie bis 1925 Gymnasiallehrer. 1904 hat er sich in Tübingen habilitiert und lehrte hier zunächst als Privatdozent, ab 1916 als ordentlicher Honorarprofessor (vgl. Hantke 2010, S. 386, Anm. 7).

71 Oesterreich (1880-1949), 1905 an der Berliner Universität bei Friedrich Paulsen und Carl Stumpf promoviert, habilitierte sich 1910 an der Universität Tübingen für Philosophie und wurde hier im Wintersemester 1922/23 zum planmäßigen außerordentlichen Professor für Philosophie und Psychologie ernannt. Von Kollegen denunziert, wurde er im Sommer 1933 emeritiert. Im Sommer 1945 wurde er im Range eines

außerdem Karl Groos, der seit 1911 eine ordentliche Professur für Philosophie innehatte, tätig.[72]

Am 6. April 1921 wurde Deuchler, nachdem er sich offenbar lange genug bewährt hatte, zum außerordentlichen Professor ernannt. Dies geschah auch in dem erklärten Willen, Deuchler „mehr als bisher an Tübingen zu binden".[73] Dies gelang jedoch nur kurze Zeit, denn bereits im Sommer 1923 folgte er dem Ruf auf eine ordentliche Professur für Erziehungswissenschaft an die Universität Hamburg, wo zugleich das Erziehungswissenschaftliche Seminar begründet wurde und das Universitätsstudium für alle Lehrer organisiert werden sollte.[74]

Nachfolger Deuchlers wurde der „Wunschkandidat"[75] der Universität, Oswald Kroh. Die außerordentliche Professur wurde im Rahmen dieser Neubesetzung in eine ordentliche Professur umgewandelt. Kroh, der die Pädagogik als empirisch orientierte Wissenschaft ansah, forcierte dementsprechend die Umbenennung des Seminars in „Erziehungswissenschaftliches Seminar"[76] sowie die Änderung der Denomination der Professur und hatte damit schließlich auch Erfolg: Seit dem Sommersemester 1931 wurde Kroh als Professor für Erziehungswissenschaft geführt. 1933 wurde Kroh zudem mit der Leitung des Psychologischen Lehrapparates betraut, den ursprünglich Traugott Konstantin Oesterreich aufgebaut hatte.[77] Dieser Lehrapparat wurde 1935 in eine Psychologisch-anthropologische Abteilung des Pädagogischen Seminars umgewandelt. Das Pädagogische Seminar, das seit 1927 neben den Räumen in der Alten Burse auch besondere Räume für den psychologischen Unterricht in der Münzgasse 11 nutzte, wurde 1936 umbenannt in Erziehungswissenschaftliches Seminar mit anthropologischer Abteilung. Drei Jahre später folgte eine weitere Umbenennung in In-

persönlichen Ordinarius wieder in das Lehramt eingesetzt, allerdings 1947 aufgrund des Erreichens der Altersgrenze erneut emeritiert. Problemen der Identitätsbildung und -krise und der Persönlichkeitsspaltung („Depersonalisationsproblem") galt sein Hauptaugenmerk, wobei er sich auch der Parapsychologie zuwandte. Vgl. zu Oesterreich Hassler/Gärtner 2000; Wolfes 2001; Hantke 2008, Hantke 2010, S. 387ff.

72 Groos (1861-1946), der in Heidelberg studiert hatte und von Kuno Fischer promoviert worden war, war vor seiner Tübinger Zeit an den Universitäten Gießen und Basel tätig. Er wurde 1929 emeritiert. Zu seinen Schwerpunkten gehörten u.a. die Entwicklungs- und Kinderpsychologie. Er entwickelte eine Theorie des Spiels, derzufolge dieses in Kindheit und Jugend der Einübung des späteren Erwachsenenlebens diente. Wichtige Werke sind „Die Spiele der Tiere", 1896 (3. Aufl. 1930); „Die Spiele der Menschen", 1899; „Das Seelenleben des Kindes", 1904 (6. Aufl. 1923); „Das Spiel", 1922 (vgl. Weinert 1966; Hantke 2010, S. 386, Anm. 7).

73 UAT 126/102: Senat der Universität. Einsetzung des Dozenten Dr. Deuchler in die außerordentliche Professur für Pädagogik, Tübingen, den 7. März 1921, S. 2.

74 Vgl. dazu oben den biografischen Abriss.

75 Kroh war der einzige Kandidat auf der Vorschlagsliste (vgl. Kersting 2008, S. 216).

76 Vgl. Harten/Neirich/Schwerendt 2006, S. 156f.

77 Vgl. dazu ausführlicher Unger 1988, S. 82ff.

stitut für Psychologie und Erziehungswissenschaft und der Umzug des Instituts in die Münzgasse 24.[78]

1923 wurde das Studium für den Höheren Volksschuldienst per Ministerialverfügung neu konturiert:[79] Die Zulassung zum Studium konnten nun auch Volksschullehrer, die die erste Dienstprüfung absolviert hatten und eine zweijährige Lehrertätigkeit nachweisen konnten, erhalten. Das Studium sollte nunmehr sechs (statt wie zuvor fünf) Semester umfassen, an deren Schluss eine wissenschaftliche Abhandlung stand. Die Prüfungsanforderungen im Fach Pädagogik wurden um Kenntnisse im Bereich der Sonderpädagogik, der Jugendpflege, der Berufsberatung und der Volksbildung erweitert, womit neben den allgemein- und schulpädagogischen sowie pädagogisch-psychologischen Anteilen auch Inhalte anderer Teilbereiche der Pädagogik zum Tragen kamen, die auch in Vorlesungen, Seminaren und Übungen vorkamen. Der in der Folgezeit einsetzende Zustrom zu diesem Studium führte 1927 zu einer neuerlichen Revision der Prüfungsordnung, die die Aspirationen auskühlen sollte (ein Anspruch auf eine Stelle in der Schulaufsicht oder der Volksschullehrerbildung bestand nicht) und zugleich in einigen Details Veränderungen brachte (Teilnahme an schulpraktischen Übungen über zwei Semester hinweg).[80]

Letzteres hing auch zusammen mit der Einrichtung von Übungs- und Versuchsklassen in Tübinger Schulen, die unter Kroh – anders als noch unter Deuchler – 1924 gelang. Diese Übungsklassen sollten den Studenten zur Demonstration psychologischer Tatbestände, zur Einführung in die einzelnen Unterrichtsthemen sowie für eigene Unterrichtsversuche dienen, die die Studenten im Seminar theoretisch reflektieren sollten. Den Studenten wurden Lehrer an die Seite gestellt, die das Tübinger Studium für den höheren Volksschullehrerdienst

---

[78] Die Gebäude in der Münzgasse bildeten mit der Burse und der Alten Aula das Zentrum der Universität, bevor Mitte des 19. Jahrhunderts die Neue Aula und weitere neue Gebäude vor den Stadttoren errichtet wurden. In der Folge gerieten die Altbauten in der Stadt an die Peripherie der Universität. Hier konzentrierten sich bis zu Beginn der 1930er Jahre die Fächer der damaligen Philosophischen Fakultät, was auch als Ausdruck der Wert- bzw. Geringschätzung der Philosophischen Fakultät gedeutet werden kann. Erst nach 1931 und besonders mit den Neubauten nach 1945 änderte sich diese Situation wieder (vgl. dazu Paletschek 2001, S. 45ff., bes. S. 63f.).

[79] Vgl. Verfügung des Ministeriums des Kirchen- und Schulwesens über die höhere Prüfung für den Volksschuldienst (pädagogische Prüfung) vom 10. Februar 1923.

[80] Vgl. Verordnung des Staatsministeriums über die höhere Prüfung für den Volksschuldienst vom 1. Mai 1927. Die Zunahme der Studierendenzahlen in diesem Bereich stand im Kontext der allgemeinen Zunahme der Studierendenzahlen, die zeitgenössisch schon als Überfüllung kritisch diskutiert wurde und zu verschiedenen Maßnahmen der Auskühlung von Aspirationen führte. Vg. dazu allgemein Titze 1995 sowie für Tübingen Paletschek 2001, Kap. III, bes. S. 66-74 und 134-154. Die Zahl der Tübinger Studierenden insgesamt stieg von 1910 mit ca. 2.000 bis 1931 auf über 4.000, die Zahl der Studierenden in der Philosophischen Fakultät verdoppelte sich in diesem Zeitraum; ihr Anteil an den Tübinger Studierenden betrug im Jahr 1930 19,6% (vgl. ebd., S. 74 ff.). Vgl. zu den Studierenden auch unten Kap. 3.

absolviert hatten, als erster Gerhard Pfahler, der am 1. Oktober 1924 in der Evangelischen Knabenschule eine 7. Klasse übernahm und damit den Übungsbetrieb aufnahm. Die Übungsklassenleiter beaufsichtigten die Studenten, entwickelten eigene Musterlektionen, berichteten regelmäßig im Pädagogischen Seminar über die Arbeit und beteiligten sich an den dort stattfindenden Übungen. In der Folgezeit wurden an der Evangelischen Knabenschule zwei weitere Übungsklassen eingerichtet, außerdem eine an der Katholischen Volksschule sowie zwei Hilfsschulklassen.[81] 1941/42 wurden die Übungsklassen geschlossen, offenbar mangels Auslastung aufgrund der geringen Studierendenzahlen im Krieg.[82]

Oswald Kroh (1887-1955)

Nach der Ausbildung zum Volksschullehrer und anschließender Lehrertätigkeit studierte Oswald Kroh in München und Marburg die Fächer Mathematik, Naturwissenschaften, Philosophie und Pädagogik, um sich für das höhere Lehramt zu qualifizieren. 1919 wurde er bei Erich Rudolf Jaensch in Marburg mit einer wahrnehmungspsychologischen Arbeit promoviert und nahm anschließend eine Assistentenstelle am Psychologischen Institut der Universität Göttingen wahr.[83] Dort habilitierte sich Kroh 1921 über „Subjektive Anschauungsbilder bei Jugendlichen“ für Psychologie und erhielt auch die entsprechende Lehrbefugnis.[84] Nach einem kurzen Intermezzo als Professor für Pädagogik, Psychologie und Philosophie an der Universität Braunschweig von 1921 bis 1923, folgte Kroh 1923 dem Ruf an das Pädagogische Seminar der Universität Tübingen.

Er führte die experimentelle Ausrichtung des Seminars fort, die sein Vorgänger bereits eingeschlagen hatte. Die Arbeit in den Versuchsklassen konnte für entwicklungspsychologische Beobachtungsstudien genutzt werden, denen Kroh sich seit Mitte der zwanziger Jahre vermehrt zuwandte, und veröffentlichte 1928 sein erstes Hauptwerk mit dem Titel „Psychologie des Grundschulkindes“, bei dessen Erstellung er auf die Arbeiten seiner Schüler zurückgreifen konnte. Hierin wurde die psychische Entwicklung des Kindes im Sinne einer Stufentheorie, als Abfolge von sich bedingenden Phasen, beschrieben. Ein ergänzendes Stufenmodell der psychischen Entwicklung des Jugendlichen entwarf Kroh in seinem zweiten Hauptwerk,

[81] Vgl. dazu Frey 1928; Unger 1988, S. 88ff.; Schäfer 1991, bes. S. 17ff. Die Übungsklassen wurden auch von anderen Fächern der Philosophischen Fakultät und von anderen Fakultäten (Evangelisch-Theologische Fakultät, Naturwissenschaftliche Fakultät) der Universität genutzt (vgl. Schäfer 1991, S. 76).

[82] Vgl. Schäfer 1991, S. 74f.

[83] Vgl. Storm 1998, S. 29.

[84] Vgl. ebd.; Horn 2003, S. 273f.

das 1932 unter dem Titel „Psychologie der Oberstufe. Beitrag zur Reform der Bildungsarbeit" erschien. Er gehörte somit zu den „prominenten Phasen- und Stufentheoretikern der zwanziger Jahre."[85] Beide Bücher sind noch der reformpädagogischen Phase Krohs zuzurechnen[86] und waren in der Kinder- und Jugendpsychologie „epochemachend"[87]. Sie erschienen bis 1967 in mehreren Auflagen.

In Tübingen forschte Kroh zudem im Bereich der Typenpsychologie. Er pflegte Kontakt zu Ernst Kretschmer[88], der sich auf diesem Gebiet bereits einen Namen gemacht hatte, und verband seine Arbeit zu diesem Thema mit Forschungen zur Schülercharakterologie.[89]

Seit Beginn der dreißiger Jahre setzte sich Kroh zunehmend kritisch mit der Reformpädagogik auseinander und wandte sich Fragen der volkstümlichen Bildung zu. Er „huldigte"[90] dem völkischen Erneuerungsgedanken, der sich mit der Machtergreifung der Nationalsozialisten hervortat und trat im Mai 1933 in die NSDAP ein.[91]

Im Zusammenhang mit der „Anthropologischen Abteilung", die es am Tübinger Seminar seit 1933 gab, arbeitete er nun vermehrt an Themen der „Völkischen Anthropologie" und „Pädagogischen Organologie". So erschien 1934 Krohs Buch „Völkische Anthropologie als Grundlage deutscher Erziehung". Hierin wurde die Trennung von Natur- und Geisteswissenschaft zugunsten einer „Totalwissenschaft" aufgehoben, welche die Grundlage der „völkischen Erziehung" darstellen sollte.[92] Zudem enthielt seine Theorie, durch den expliziten Rekurs auf die Naturwissenschaften, „Anknüpfungspunkte für die Einbeziehung eines naturwissenschaftlichen Konzepts der Rasse".[93] Seine Forschungsarbeit wurde zunehmend von der nationalsozialistischen Weltanschauung dominiert und Kroh engagierte sich in Tübingen auch politisch: 1933 war er Mitglied des „Führerrats" der Universität und ab 1937 in der NS-Studentenkampfhilfe aktiv.[94]

1938 folgte Kroh einem Ruf auf das Ordinariat für „Psychologie und

85 Vgl. Dudek 1990, S. 194.

86 Vgl. Retter 1969, S. 11.

87 Unger 1988, S. 99.

88 Kretschmer lehrte von 1923 bis 1926 sowie von 1946 bis 1957 ebenfalls in Tübingen, von 1947 bis 1954 zugleich als kommissarischer Direktor des offiziell erst 1950 gegründeten Psychologischen Instituts. Vgl Harten/Neirich/Schwerendt 2006, S. 419; Schäfer 1995, S. 266ff. (vgl. auch unten Kap. 2.2).

89 Gerhard Pfahler setzte diese Forschungen zur menschlichen Typenlehre fort. Es wurde für diesen Forschungsbereich gar von einer „Tübinger Schule" gesprochen. Vgl. Storm 1998, S. 30; Retter 1969, S. 11.

90 Retter 1969, S. 99.

91 Vgl. ebd.; Unger 1988, S. 101.

92 Vgl. Harten 1993, S. 113.

93 Harten/Neirich/Schwerendt 2006, S. 92.

94 Vgl. ebd. S. 330; Unger 1988, S. 102f; Adam 1977, S. 52 und 103.

Pädagogik, mit besonderer Berücksichtigung der Heerespsychologie“ nach München. Zuvor war hier Aloys Fischer tätig gewesen, der aber aufgrund von § 6 des Gesetzes zur Wiederherstellung des Berufsbeamtentums 1937 zwangsemeritiert wurde.[95] Krohs Berufung nach München war umstritten, intervenierte doch sein ehemaliger Lehrer Jaensch mit einem Gutachten, in dem er Oswald Kroh des politischen Opportunismus beschuldigte und dementsprechend dessen „ausgesprochenen Konjunktursinn“ und seine „erschreckende Charakterlosigkeit“[96] betonte.

Nichts desto trotz konnte Kroh seine Karriere fortsetzen: Ab 1940, nach dem Tode Jaenschs, war er bis 1945 Vorsitzender der Deutschen Gesellschaft für Psychologie und in diesem Rahmen auch maßgeblich an der Konzeption der Diplomprüfungsordnung für Psychologie beteiligt, die 1941 in Kraft trat und wesentlich zur Professionalisierung der Psychologie beitrug[97].

Nach nur vier Jahren in München übernahm Kroh das Ordinariat für Psychologie an der Friedrich-Wilhelms-Universität in Berlin, das er bis 1945 bekleidete. Seine publizistische Tätigkeit, die zuvor von bemerkenswertem Ausmaß war, nahm stark ab, was mit seinem Engagement in der DGFP zusammenhängen mochte.[98]

1945 wurde Kroh als einer „der führenden Vertreter der pädagogischen Psychologie des Nationalsozialismus“[99], suspendiert, bemühte sich jedoch sogleich um seine Wiedereinstellung.[100] Die Verhandlungen zogen sich aber wegen Krohs Rolle während des Nationalsozialismus in die Länge.[101] Auch in der Presse wurde seine Vergangenheit thematisiert, man bezeichnete ihn hier als „ehemaligen Naziexponent“[102]. Schließlich wurde er aber 1950, unter Verweis auf seine wissenschaftliche Führungsposition, trotzdem zum Ordinarius für Psychologie an die neu gegründete Freie Universität (FU) Berlin berufen. In den folgende Jahren widmete sich Kroh der Neubegründung des psychologischen Instituts der FU und richtete ein universitäres Zusatzstudium für Sozialarbeiter in Abendkursen ein. Hinzu kam eine rege publizistische Tätigkeit.[103] Bis zu seinem Tode im Jahre 1955 war Kroh an der FU Berlin tätig.

---

95 Vgl. Horn 2003, S. 28. Der genannte Paragraph beinhaltete so etwas wie eine Generalklausel, denn er legte fest, dass Beamte zur Verwaltungsvereinfachung in den Ruhestand versetzt werden konnten (vgl. Gerstengarbe 1994, S. 18f.).

96 Retter 2001, S. 188.

97 Vgl. Geuter 1988.

98 Vgl. Retter 1969, S. 224ff.

99 Harten 1993, S.113.

100 Vgl. Retter 2001, S. 61ff.

101 Trotzdem war auch Kroh in Tübingen wieder im Gespräch, als es um die Neubesetzung des Pfahlerschen Lehrstuhls ging, der 1945 ebenfalls aus politischen Gründen aus dem Universitätsdienst ausscheiden musste (vgl. Kersting 2008, S. 245ff.).

102 Berliner Zeitung vom 13. Januar 1950, zit. nach Storm 1998, S. 36.

103 Vgl. ebd. S. 33; Retter 2001, S. 45.

1924 wurde Kroh die erste Assistentenstelle[104] bewilligt, die Gerhard Pfahler erhielt, der später in der Geschichte der Erziehungswissenschaft an der Tübinger Universität noch eine Rolle spielen sollte. Sein Nachfolger wurde 1929 Friedrich Berger, der diese Stellung bis 1934 innehatte[105], ihm folgten von 1934 bis 1936 Hermenegild-Josef Kuhn[106] und von 1936 bis 1938 Hans Dannenmann[107].

Kroh folgte 1938 dem Ruf an die Ludwig-Maximilians-Universität in München auf eine Professur für Psychologie und Pädagogik. Die Fakultät legte daraufhin bereits im Juni 1938 einen Dreiervorschlag zur Neubesetzung der Professur vor, in dem die beiden früheren Assistenten Krohs, Friedrich Berger und Gerhard Pfahler, die Plätze 1 und 2 einnahmen, wobei betont wurde, dass beide gleichwertig seien. Auf Platz 3 wurden pari passu Bruno Petermann und Gert Heinz Fischer genannt.[108] Bereits vier Monate später wurde durch den nunmehr

---

104 Erst zu Beginn des 20. Jahrhunderts wandelten sich Assistentenstellen von reinen Unterrichts- und Verwaltungsaufgaben hin zu Stellen, die der Forschung und Qualifikation der Stelleninhaber dienen sollten. Freilich gab es außerhalb der Medizin und der Naturwissenschaften nur wenige solcher Stellen – so existierten um 1930 in den beiden Theologischen, der Rechts- und Wirtschaftswissenschaftlichen und der Philosophischen Fakultät zusammen gerade einmal zehn Assistentenstellen – so dass die Tatsache, dass im Pädagogischen Seminar eine Assistentenstelle vorhanden war, einen besonderen Stellenwert erhält (vgl. Paletschek 2001, S. 248ff.).

105 Berger (geb. 1901), war zunächst Volksschullehrer, studierte dann in Tübingen, wo er 1928 von Kroh promoviert wurde. 1931 habilitierte sich Berger in Tübingen mit einer Arbeit über „Menschenbild und Menschenbildung" und erhielt 1934 einen Ruf auf eine außerordentliche Professur für Pädagogik an der Technischen Hochschule Braunschweig (vgl. Horn 2003, S. 190).

106 Kuhn (1904-1980) wurde 1930 in Tübingen promoviert („Der Bildungswert der Geschichte") und war nach 1945 u.a. Dozent und später Professor für Psychologie und Pädagogik an der Pädagogischen Akademie resp. Hochschule Aachen (vgl. Unger 1988, S. 135).

107 Dannenmann (* 1908) hatte nach der Ausbildung zum Volksschullehrer das Abitur nachgeholt und kurzzeitig als Lehrer gearbeitet, bevor er von 1931 bis 1936 in Tübingen Pädagogik und Naturwissenschaften studierte. Promoviert wurde er 1936 in der Naturwissenschaftlichen Fakultät („Zur Schwarzrost- und Berberitzenfrage"). Im gleichen Jahr legte er die Prüfung für den Höhere Volksschuldienst ab. Seit 1936 war er zunächst außerordentlicher, seit 1938 ordentlicher Assistent bei Kroh. Danach war er an der Hochschule für Lehrerbildung in Braunschweig Lehrbeauftragter für Jugend- und Charakterkunde (UAT 155/584). In der Zeit seiner Assistenz in Tübingen forschte er über Fragen der „Sprechmelodie als rassisches Phänomen" (vgl. Harten/Neirich/Schwerendt 2006, S. 156).

108 Petermann (1908-1941), promovierter und habilitierter Psychologe, war zu dieser Zeit Privatdozent für Psychologie an der Universität Hamburg, ab 1939 ordentlicher Professor für Psychologie in Göttingen (Horn 2003, S. 306; Geuter 1988, 577). Fischer (1909-1993) war 1932 in Marburg von Erich Rudolf Jaensch mit einer Arbeit zur Ausdruckspsychologie promoviert worden und hatte sich 1935 ebendort für Psychologie und Pädagogik habilitiert und war als Dozent an der Universität Münster tätig. Nach verschiedenen Professurvertretungen wurde er 1941 außerordentlicher Pro-

zuständigen Reichsminister für Wissenschaft, Erziehung und Volksbildung per Schnellbrief Gerhard Pfahler zum ordentlichen Professor ernannt. Dabei wurde die Bitte ausgesprochen, dass er die Dienstgeschäfte so schnell wie möglich aufnehmen möge.[109]

Mit etwas Verzögerung wurde ihm am 12. Januar 1939 formal die Professur für Psychologie und Pädagogk übertragen. Pfahler, damit zugleich Direktor des Erziehungswissenschaftlichen Instituts, beantragte kurze Zeit später am 23. Januar 1939 die Zusammenlegung der bis dato getrennten Etats von Psychologie und Pädagogik, da man hierdurch „der inneren Einheit von Charakterologie und Erziehungswissenschaft"[110] besser gerecht würde. Zum anderen sprach er sich für die Umbenennung des Seminars, das bisher den Doppelnamen „Erziehungswissenschaftliches Seminar und Psychologischer Lehrapparat" trug, in „Institut für Psychologie und Pädagogik" oder „Institut für Charakterologie und Erziehungswissenschaft" aus. Damit sollte die Einheit der beiden Fächer vor Augen geführt werden. Im Sinne Pfahlers wurden mit Genehmigung vom 6. Februar 1939 zwar die Etats zusammengelegt, das Seminar aber, seinen Wünschen nicht ganz entsprechend, in „Institut für Psychologie und Erziehungswissenschaft" umbenannt. Innerhalb des Instituts gründete Pfahler zudem eine „Abteilung für Erbcharakterologie und Rassenseelenkunde".[111]

Gerhard Pfahler (1897-1971)

Pfahler, im Ersten Weltkrieg als Freiwilliger schwer verwundet[112], absolvierte nach Kriegsende eine Ausbildung zum Volksschullehrer und studierte ab 1921 in Tübingen und München Pädagogik, Psychologie und Philosophie. Während seiner Studienzeit trat er auch in die damals neu gegründete NSDAP Ortsgruppe Tübingen ein.[113] Nach bestandener Prüfung für den höheren Volksschuldienst schloss er sein Studium 1924 mit einer Promotion über ein entwicklungspsychologisches Thema am Pädagogischen Seminar der Universität Tübingen bei Oswald Kroh ab. Er wurde Unterlehrer an der Übungs- und Versuchsschule des Pädagogischen Seminars und gleichzeitig Krohs Assistent, bei dem er sich 1928 mit einer Arbeit mit dem Titel „System der Typenlehre.

---

fessor in Marburg. 1945 entlassen, war er danach freiberuflich als Psychologe bzw. im hessischen Schuldienst tätig (Horn 2003,S. 227f.; Geuter 1988, S. 568).

109 Der Rektor der Universität Tübingen hatte nach Rücksprache mit dem Reichsdozentenführer, demzufolge Pfahler „eine absolut eindeutige nationalsozialistische Haltung bewiesen" habe, Pfahler zur Ernennung vorgeschlagen (UAT 131/301, zit. n. Unger 1988, S. 105f.).

110 UAT 131/301, Brief an Rektor vom 23.1.39, zit. n. Unger 1988, S. 106f.

111 Vgl. Unger 1988, S. 107 und S. 112.

112 UAT 131/301, Pressemitteilung August 1967.

113 Vgl. Schneck/Körner 1993, S. 19.

Grundlegung einer pädagogischen Typenlehre“ habilitierte, woraufhin ihm die Lehrbefugnis als Privatdozent für Pädagogik und Psychologie verliehen wurde.[114]

In der Folgezeit hatte er Professuren für Psychologie und Pädagogik an verschiedenen Pädagogischen Instituten bzw. Akademien (Rostock, Altona, Frankfurt a.M.) inne. Während dieser Zeit setzte er seine Arbeit an den in seiner Habilitation bereits entwickelten Ideen und Themen fort und veröffentlichte 1932 sein Buch „Vererbung als Schicksal“, das nicht nur für den wissenschaftlich versierten Leser gedacht war, sondern auch Laien ansprechen sollte.[115]

Es folgte ein rasanter Aufstieg, der auch politische Gründe hatte,[116] denn Pfahler hatte sich, als er 1934 einem Ruf nach Gießen folgte, nicht nur als Wissenschaftler „einen Namen gemacht und gehörte zu den wenigen viel gelesenen Erziehungswissenschaftlern seiner Zeit“.[117] In Gießen übernahm er das Ordinariat für Psychologie und Pädagogik und wurde zudem sogleich zum Universitätsrektor ernannt. In Gießen konzentrierte sich seine Arbeit vor allem auf die rassen- und erbcharakterkundliche Forschung.[118] 1935 erschien das Buch „Warum Erziehung, trotz Vererbung?“, in dem er den Spielraum des erzieherischen Einwirkens innerhalb des „Erbcharakters“ bestimmte.[119] Das Buch richtete sich vor allem an Mütter und Erzieher.

Die „bemerkenswerte Karriere“[120], die Pfahler im Dritten Reich durchlief, setzte sich 1938 in Tübingen fort. Er wurde Nachfolger seines einstigen Lehrers Oswald Kroh, der sich auch für seine Berufung eingesetzt hatte.

Pfahler setzte die von Kroh und dessen Vorgänger Deuchler schon eingeschlagene psychologisch-experimentelle Tradition des Instituts fort. Mit Förderung der Deutschen Forschungsgemeinschaft forschte er in Tübingen vor allem über die „Rassekerne des Deutschen Volkes und ihre Gemische“.[121] Unter diesem Reihentitel erschien 1940 dann auch als erster Band eines geplanten, aber nicht realisierten mehrbändigen Werkes, ein Tafelwerk, das 70 Tafeln mit verschiedenen Portraitfotos beinhaltet. Pfahlers Ziel war es in „lückenlosem und systematischem Aufbau ein Bild der grundlegenden, [...] [den] Gesamtvolkskörper aufbauenden Leiberscheinungen zu entwerfen.“[122]

---

[114] Vgl. Harten/Neirich/Schwerendt 2006, S.158f.; Hesse 1995, S. 573; Horn 2003, S. 309f.

[115] Kersting 2008, S. 264.

[116] Vgl. Geuter 1988, S. 113; Schneck/Körner 1993, S. 79; Kersting 2008, S. 260.

[117] Harten/Neirich/Schwerendt 2006, S. 159.

[118] Vgl. Harten/Neirich/Schwerendt 2006, S. 159.

[119] Vgl. Kersting 2008, S. 261; Schneck/Körner 1993, S. 83.

[120] Harten/Neirich/Schwerendt 2006, S. 159.

[121] Vgl. Kersting 2008, S. 264.

[122] Pfahler 1940, S. 9.

Pfahler war während des Nationalsozialismus einer der „Referenzautoren“[123] für Pädagogik und Psychologie und gehörte zu „jenen NS-Wissenschaftlern, deren Stellung politisch wie wissenschaftlich unangefochten war.“[124] Von parteiamtlicher Seite wurde auf die Führungsposition hingewiesen, die er im Bereich der erbcharakterologischen Forschung einnehme. Auch der „Reichsführer SS“ Heinrich Himmler zeigte Interesse an Gerhard Pfahler, den er in Arbeiten im Rasse- und Siedlungshauptamt einbinden wollte.[125]

In Tübingen beschränkte sich seine publizistische Tätigkeit jedoch auf die „Rassekerne“ und die Neuauflage von älteren Werken, was wohl darauf zurückzuführen ist, dass er mehrfach Fronteinsätze ableistete. Er zog sich hierbei erneut schwere Verletzungen zu, denen sich längere Lazarett- und Krankenhausaufenthalte anschlossen. Im letzten Kriegsjahr übernahm Pfahler den Volkssturm der Stadt Tübingen.

Von den französischen Militärbehörden wurde er „als einer der am stärksten belasteten Professoren der Universität interniert“[126] und aus dem Universitätsamt entlassen.[127] Seine Lehrbefugnis wurde ihm entzogen, doch konnte er diese schon 1952 durch ein Gnadengesuch wiedererlangen. Freilich erhielt er, obwohl sein Name im Vorlesungsverzeichnis unter den Ordinarien geführt wurde, nicht wieder die vollen Rechte eines ordentlichen Professors und musste sich somit auch in seinen Forschungstätigkeiten einschränken, was ihm sehr missfiel.[128] Die Lehrveranstaltungen, die er über seine Emeritierung im Jahre 1959 hinaus hielt, waren inhaltlich überwiegend dem Bereich der Psychologie zuzuordnen. Vor allem der Thematik der Tiefenpsychologie wandte sich Pfahler verstärkt zu, was auch aus seiner Tätigkeit als Psychotherapeut herrühren durfte, die er nach dem Krieg aufgenommen hatte.[129] 1965 beendete er seine Lehrtätigkeit unter anderem auch wegen drohender Unruhen unter den Studenten, die beabsichtigten, gegen Pfahler wegen seiner nationalsozialistischen Vergangenheit zu protestieren.[130]

Während der ganzen Zeit war Pfahler weiterhin publizistisch tätig: Neben wissenschaftlichen Publikationen und solchen, die eher den Charakter von Ratgeberliteratur hatten, betätigte sich Pfahler auch literarisch und veröffentlichte die Novellen „Die Früchte“ und „Der Atombändiger“. 1971 starb Pfahler in Tübingen und wurde auf dem Bergfriedhof begraben.

---

123 Vgl. Harten/Neirich/Schwerendt 2006, S. 89.
124 Vgl. ebd., S.159.
125 Vgl. ebd., S. 161.
126 Vgl. Harten 1993, S. 113; Kersting 2008, S. 253ff.; Schäfer 1995, S. 295ff.
127 Ebd. S. 162; vgl. hierzu auch Schneck/Körner 1993, S. 106ff.
128 Vgl. UAT 131/301, Brief an den Rektor vom 30.5.1954; Schneck/Körner 1993, S. 110ff.
129 Vgl. Schneck/Körner 1993, S. 110.
130 UAT 131/301, Aktennotiz vom 7.3.1964.

Pfahler war infolge vielfältiger Kriegseinsätze ab Herbst 1939 verschiedentlich über längere Zeiträume vom Institut abwesend, weshalb immer wieder Vertretungslösungen organisiert wurden. U.a. wurde er von seinem Assistenten Christian Eckle[131] sowie von Rudolf Schaal[132] und zuletzt von Richard Kienzle[133] und Albert Dietrich[134] vertreten. Eckle war nach Promotion in Tübingen bei Oswald Kroh („Der platonische Bildungsgedanke im 19. Jahrhundert", 1935) von 1935 bis 1938 bereits in Gießen Assistent bei Pfahler gewesen und wechselte mit ihm nach Tübingen, wo er sich 1939 habilitierte. 1940 und 1942/43 wurde Pfahler von Schaal vertreten, der bereits von 1927 bis 1934 als Lehrer an einer der Übungsklassen des Tübinger Seminars tätig gewesen und ebenfalls von Kroh promoviert worden war („Die Entwicklung des bildästhetischen Erlebens", 1932). Dietrich schließlich kam scheinbar aus einem anderen Umfeld, doch wurde seine Habilitation an der Universität Posen u.a. von Eckle, also einem

---

131 Eckle (1899-1945) folgte 1940 einem Ruf auf eine außerordentliche Professur für Psychologie und Pädagogik an die Universität Breslau, von wo aus er 1943 als Ordinarius für Psychologie und Pädagogik an die „Reichsuniversität" Posen wechselte (vgl. Horn 2003, S. 219f.; Unger 1988, S. 133; Harten/Neirich/Schwerendt 2006, S. 366).

132 Schaal (geb. 1898) hatte nach Volksschullehrertätigkeit in Tübingen studiert und die Höhere Prüfung für den Volksschuldienst erfolgreich abgelegt. 1934 wurde er auf eine Professur für Allgemeine Unterrichtslehre und Jugendcharakterkunde an der Hochschule für Lehrerbildung in Weilburg an der Lahn berufen; ab 1939 war er an der Hochschule für Lehrerbildung in Braunschweig tätig. Während des Krieges leistete er Militärdienst, vertrat aber auch zeitweise den Pfahlerschen Lehrstuhl. Nach dem Krieg war Schaal von 1947 wieder in der Lehrerbildung aktiv (Professor für Psychologie am Pädagogischen Institut Stuttgart bis 1965; zugleich 1962 bis 1965 Rektor der Pädagogischen Hochschule Ludwigsburg). Vgl. Horn 2003, S. 324f.; Hesse 1995, S. 634f.; Schäfer 1991, S. 36; Unger 1988, S. 137).

133 Kienzle (1898-1983) hat sich 1943/44 in Tübingen für Psychologie habilitiert und die entsprechende Lehrbefugnis als Privatdozent erhalten. In dieser Funktion lehrte er hier mit Unterbrechungen durch Lehrverbot nach 1945 bis 1951. 1951 wechselte er als hauptamtlicher Dozent für Psychologie und Pädagogik an das Berufspädagogische Institut in Stuttgart, lehrte aber als außerplanmäßiger Professor für Psychologie bis 1970 auch an der Tübinger Universität (vgl. Schäfer 1995, S. 292ff.; Horn 2003, S. 266).

134 Dietrich (1890-1958) wurde in Berlin promoviert („Kants Begriff des Ganzen in seiner Raum-Zeitlehre und das Verhältnis zu Leibniz", 1916) und war dort nach Kriegsdienst und diversen Aktivitäten in Freikorps, Reichswehr und nationalpolitischer Bildungsarbeit, von 1924 bis 1928 Assistent am Philosophischen Seminar, bevor er ab 1930 an verschiedenen Einrichtungen der Volksschullehrerausbildung tätig war. Nach seiner Habilitation für Erziehungswissenschaft („Die Schule im Gefüge der nationalsozialistischen Ordnung") wurde er als Dozent neuer Ordnung (d.h. als beamteter Privatdozent) für Erziehungswissenschaft und Philosophie an die Universität Tübingen geholt, um dort Pfahler zu vertreten. 1945 in den Ruhestand versetzt, nahm er anschließend einen Lehrauftrag am Predigerseminar der Evangelischen Gemeinschaft, einer freikirchlichen Gemeinschaft, wahr (Hesse 1995, S. 234f.; Horn 2003, S. 212; Hantke 2010, S. 422f.).

ehemaligen „Tübinger" gefördert, so dass auch hier Verbindungen nach Tübingen bestanden haben.

Die bisher genannten drei Tübinger Pädagogik-Professoren Deuchler, Kroh und Pfahler repräsentierten fachlich innerhalb der Pädagogik die experimentell-pädagogische und psychologische Richtung, und sie waren allesamt in der Zeit des Nationalsozialismus Protagonisten eines nationalsozialistischen Erziehungsdenkens. Dies hatte Auswirkungen auf die Neugestaltung der Tübinger Pädagogik nach dem Kriegsende, war doch der bei Kriegsende 1945 im Amt befindliche Gerhard Pfahler politisch erheblich belastet.

2.2 Das Pädagogische Seminar 1945/46 bis 1969: Die geisteswissenschaftliche Phase

Bereits im Mai/Juni 1945 wurden an der Universität Tübingen erste Listen von Personen erstellt, die aufgrund ihrer Nähe zum Nationalsozialismus zu entlassen waren,[135] darunter auch Gerhard Pfahler als einer derjenigen, die „als überzeugte und aktive, ja militante Nationalsozialisten oder Protégés des Regimes beziehungsweise offensive Exponenten nationalsozialistischer Interessenpolitik an der Universität" galten.[136] Als im Oktober 1945 die Universität Tübingen unter den Augen der französischen Besatzungsbehörden wieder eröffnet wurde, war die Pädagogik zwar als Institut noch vorhanden, jedoch nicht von einem Professor vertreten. In diese Leerstelle traten nun Vertreter der sog. geisteswissenschaftlichen Pädagogik.

Der durch die Entlassung des bisherigen Stelleninhabers vakante Lehrstuhl für Historische Philosophie wurde 1946 mit Eduard Spranger, einer der Leitfiguren der geisteswissenschaftlichen Pädagogik, besetzt.[137]

Eduard Spranger (1882-1962)

Dass seine gesamte Bibliothek nach Tübingen transferiert werde, war eine der Grundbedingungen Eduard Sprangers, um dem an ihn gerichteten Ruf an die Universität Tübingen zu folgen.[138]

Eduard Spranger wurde in Großlichterfelde im Kreis Teltow als Sohn eines Spielwarenkaufmanns geboren und studierte nach seinem Abitur, das er auf dem traditionsreichen Berliner Gymnasium zum Grauen Kloster absolvierte[139], von 1900 bis 1905 bei Friedrich Paulsen, Wilhelm Dilthey, Erich Schmidt und Otto Hintze

[135] Zur Entnazifizierung an der Universität Tübingen vgl. Faßnacht 2000; Zauner 1999; Zauner 2010.

[136] Zauner 2010, S. 944. Zu Pfahler s. auch den biografischen Abriss oben.

[137] Vgl. dazu insbes. Kersting 2008, S. 217ff.

[138] Vgl. ebd., S. 219.

[139] Vgl. Priem 2000, S. 46.

in Berlin Philosophie, Geschichte und Germanistik. Vor allem Dilthey und Paulsen übten nachhaltigen Eindruck auf den jungen Spranger aus.[140] Nachdem er allerdings sein unrsprüngliches Promotionsthema in „stiller Opposition gegen Diltheys Historismus"[141] aufgegeben hatte, wurde er schließlich bei Paulsen mit einer Arbeit zu den „erkenntnistheoretischen und psychologischen Grundlagen der Geschichtswissenschaft" promoviert. Diese zeitweilige Abkehr von Dilthey stellte gleichzeitig einen Wendepunkt in der geistigen Grundhaltung Sprangers dar, was durch seine Habilitationsschrift „Wilhelm von Humboldt und die Humanitätsidee" (1909) noch unterstrichen wird. „Das Buch erschien, als ich beginnen musste, meine dahinsiechende Mutter [sie war an Tuberkulose erkrankt] zu pflegen. Es stellte auch die alte Verbindung mit Dilthey wieder her, der mich dann würdigte, sein Mitarbeiter zu sein [...]."[142]

Um sich seinen Lebensunterhalt während der Arbeit an seiner Habilitationsschrift zu finanzieren, war Spranger seit 1906 zeitweise als Lehrer an einer höheren Töchterschule „unter die Mädchen gefallen"[143], was „für stellungslose männliche Hochschulabgänger eine durchaus übliche Einnahmequelle"[144] darstellte. „Das unbeschreibliche Glück, das ich bei dieser Aufgabe empfand, bestätigte mir meine pädagogische Bestimmung"[145], erinnerte sich Spranger später.

Bevor er 1920 als ordentlicher Professor für Philosophie und Pädagogik an die Universität Berlin berufen wurde, lehrte Spranger zuerst als Privatdozent in Berlin, später – mit gerade einmal 29 Jahren – als planmäßiger außerordentlicher (1911) und dann als ordentlicher Professor (1912) in Leipzig.[146]

Die Beschäftigung mit der geisteswissenschaftlichen Psychologie und der philosophischen Grundlegung der Pädagogik[147] zieht sich durch das gesamte Schaffen Sprangers und manifestiert sich besonders in seinen frühen Hauptwerken, den „Lebensformen" (1914 bzw. 1921) und der „Psychologie des Jugendalters" (1924). In Ersterem fand „[b]esonders die aus dem Wandervogel kommende Jugend [...] ihr eigenes gärendes Leben [...] in geklärter Form wieder. Sie fühlte ihr eigenes Leben darin gespiegelt und gedeutet. Und vielen Lehrern hat es geholfen, die ihnen anvertraute Jugend besser zu verstehen."[148] Zweiteres „hat eine ungeheure Wirkung hervorgebracht"[149], wurde

140 Vgl. Spranger 1945/2001, S. 197ff.
141 Bähr/Wenke 1964, S. 14.
142 Ebd., S. 15. Vgl. hierzu auch Priem 2000, S. 49.
143 Vgl. UAT 126a/479: Schwäbisches Tagblatt: Professor Spranger über sein Leben. Feierstunde im Wildermuthgymnasium, Tübingen 26.02.1960.
144 Priem 2000, S. 49.
145 Bähr/Wenke 1964, S. 14.
146 Vgl. Priem 2000, S. 51.
147 Vgl. Bollnow 1983, S. 37.
148 Ebd., S. 39.

bis 1982 in elf Sprachen übersetzt und erschien in 29 Auflagen.[150] Dennoch „bleibe dahingestellt, ob man Spranger primär als einen Philosophen, genauer Kulturphilosophen, als einen theoretisch-philosophischen Pädagogen oder als einen geisteswissenschaftlichen Psychologen zu sehen hat. Sein publiziertes Werk legt Zeugnis davon ab, daß er sich allen drei Bereichen ausführlich widmete. Für seine Sicht der Pädagogik läßt sich jedoch [...] konstatieren, daß Spranger, ausgehend von der neukantianischen Wertphilosophie, ‚von oben her' über Erziehung reflektiert hat, weniger jedoch aus der Sicht der erzieherischen und unterrichtlichen Praxis."[151]

Spranger war einer der „deutschen Mandarine"[152], deren Stellungnahmen zum politischen Geschehen schon zeitgenössisch aufmerksam zur Kenntnis genommen wurden und auch in der Forschung intensiv diskutiert wurden.

Die anfängliche Euphorie beim Ausbruch des ersten Weltkriegs ging auch an Spranger nicht spurlos vorüber. Zwar fühlte er eine Verpflichtung seinen Altersgenossen zu folgen, letztlich konnte er sich jedoch aufgrund seiner physischen Konstitution nicht dazu entschließen, Dienst an der Waffe zu tun.[153] „Der Ausbruch des Ersten Weltkriegs markierte, nach seinem Bruch mit Dilthey die zweite große Krise, die Spranger zu bewältigen hatte"[154] – „ein Ereignis, das ihn zeitweise bis zur völligen Arbeitsunfähigkeit belastete."[155]

Auch Sprangers Verhältnis zum Nationalsozialismus wird nach wie vor kontrovers diskutiert, zeigt es doch Facetten von Distanz zu bis zu Bejahung des Nationalsozialismus. Er, der noch die Kaiserparaden in den Berliner Straßen miterlebt hatte[156], bewahrte sich eine feste national-konservative Grundhaltung, äußerte sich jedoch keineswegs (öffentlich) in demokratiefeindlicher Weise. Zwar befürwortete er zunächst die mit der Machtergreifung Hitlers verbundene Festigung eines ‚neuen' Nationalbewusstseins. Seine „anfänglich positive Haltung den Nationalsozialisten gegenüber kommt z.B. in der Aussage zum Ausdruck, daß die Nationalsozialisten ‚ja dem Wort nach das vertraten, was auch ich liebte und erstrebte, nämlich Ruhm und Größe Deutschlands, Aufsteigen der Nation aus dem Elend des ersten verlorenen Krieges'."[157] Seine Äußerungen im Frühjahr 1933 und in manchen Briefen lassen diese Nähe und Zustimmung erkennen.[158] Seine seit 1933 bestehende Mit-

149 Ebd.
150 Ebd.
151 Meyer-Willner 1986, S. 39f.
152 Vgl. Ringer 1983.
153 Vgl. Meyer-Willner 1986, S. 51f.
154 Ebd., S. 52.
155 Ebd., S. 51.
156 Vgl. Bähr/Wenke 1964, S. 13f.
157 Strecker 1973, S. 61.
158 Vgl. z.B. Himmelstein 2001; Ortmeyer 2009.

gliedschaft im ‚Stahlhelm' begründete er damit, „von dort aus kulturellen Einfluss zu üben"[159].

Als Beleg für Sprangers Distanz zum Nationalsozialismus werden verschiedene Ereignisse – sein Entlassungsgesuch 1933, seine Inhaftierung 1944, die Einstellung der von ihm mitherausgegebenen Zeitschrift „Die Erziehung" sowie seine Japanreise 1936/37 – herangezogen:

In der öffentlichen Erklärung begründet mit den antiprofessoralen Umtrieben der Studenten Anfang 1933, jedoch wohl stärker motiviert durch die „Kränkung im Amt" durch die ohne Rücksprache mit Spranger erfolgte Berufung Alfred Baeumlers auf einen neugeschaffenen Lehrstuhl für politische Pädagogik an der Berliner Universität, reichte er im April 1933 ein Rücktrittsgesuch ein, das er aber wieder zurückzog, als „die erhoffte Unterstützung seiner Kollegen an der Universität ausgeblieben war und [ihm] schließlich die ‚pensionslose Entlassung' gedroht hatte"[160].

Die Inhaftierung Sprangers im Jahr 1944 – man glaubte ihn aufgrund seiner Zugehörigkeit zur Mittwochsgesellschaft, in der auch Angehörige des Widerstands aktiv waren, mit den Hitlerattentätern vom 20. Juli in Verbindung zu stehen – wurde nach zehn Wochen aufgehoben, als deutlich wurde, dass er in die Widerstandspläne nicht eingeweiht war.[161]

Die Einstellung der Zeitschrift „Die Erziehung" wurde ebenfalls als Indiz für die Distanz Sprangers zum Nationalsozialismus gedeutet, hatte aber v.a. mit dem Papiermangel in den letzten Kriegsjahren zu tun und kann nicht als politisch motiviertes Verbot betrachtet werden.[162]

Schließlich unternahm Spranger die zuweilen als „Abschiebung" oder „Emigration" interpretierte Vortragsreise nach Japan und Korea 1936/37 im Auftrag des nationalsozialistischen Reichsministers für Wissenschaft, Erziehung und Volksbildung.[163] Er sollte in Japan das Deutsche Reich vertreten, was er in rund 80 Vorträgen auch intensiv und, ausweislich der lobenden Worte des Ministers nach seiner Rückkehr, mit Erfolg tat.[164] Auch hier kann also nicht von Opposition gesprochen werden.

Nach dem Ende des Zweiten Weltkriegs fungierte Spranger kurze Zeit als kommissarischer Rektor der im Ostteil der Stadt gelegenen Berliner Universität, bis er von der Sowjetischen Besatzungsmacht abgesetzt wurde.[165] 1946

[159] Zit. n. Priem 2000, S. 56.

[160] Priem 2000, S. 54; Tenorth 1990; Henning/Leschinsky 1991.

[161] Vgl. Schraut 2007, S. 303ff.

[162] Vgl. Horn 1996, S. 300ff.

[163] Vgl. Himmelstein 2006; Sakakoshi 2006; Schraut 2007, S. 300ff.. Vgl. Kersting 2008, S. 89, für die Deutung als „Abschiebung" Sprangers.

[164] Kersting 2008, S. 90.

[165] Vgl. ebd., S. 57.

folgte dann – obwohl die festgesetzte Altersgrenze für Berufungen bereits überschritten war[166] – der Ruf nach Tübingen.[167]

Dass man das „Aushängeschild" Spranger nur ungern in den Ruhestand gehen ließ, zeigt die mehrmalige Verlängerung seines Lehrauftrages und somit die Hinauszögerung seiner Emeritierung. „Die Philosophische Fakultät ist [...] zu der einhelligen Meinung gelangt, daß ihr, die es sich zur hohen Ehre anrechnet, einen Gelehrten vom Range Eduard Sprangers zu den ihrigen zählen zu dürfen, alles daran gelegen sein müsse, seine mit bewundernswerter Rüstigkeit auch für den akademischen Unterricht und nicht zuletzt für die geistig-sittliche Erziehung der Studierenden eingesetzten Kräfte nicht vorzeitig stillzulegen."[168] Auch nach seiner endgültigen Emeritierung 1952 hielt Spranger noch Lehrveranstaltungen ab und publizierte zudem noch einige seiner Spätwerke wie „Der Eigengeist der Volksschule" (1955) oder „Der geborene Erzieher" (1958).

1962 starb Spranger – dessen Name bereits damals Schulen und Straßen trugen – 81jährig in Tübingen nur wenige Monate nach seiner Frau und wurde auf dem hiesigen Stadtfriedhof mit universitären Ehren beigesetzt.

„Er verkörperte in einer alle alten Formen auflösenden Zeit noch einmal und vielleicht als letzter die große Tradition des abendländischen Gelehrten."[169] So beschreibt der Nachfolger auf Sprangers Lehrstuhl, Otto Friedrich Bollnow, Spranger in einer Festschrift zum 100. Geburtstag.

Seinen gesamten Bücherbestand vermachte Spranger der Tübinger Universitätsbibliothek.

Für die Pädagogik war mit Sprangers Berufung nach Tübingen der Boden für eine philosophische Akzentuierung bereitet. In den folgenden Jahren „bestimmte Spranger die Tübinger Entwicklung" in „Sachen der Pädagogik".[170] So holte er beispielsweise 1949 „Freund Wenke"[171] nach Tübingen. Indem Spranger Wenke als Pfahler-Nachfolger für den Lehrstuhl für Psychologie und Pädagogik durchsetzte,[172] konnte die Erziehungswissenschaft gegenüber der konkurrierenden Psychologie zunächst noch punkten. Spranger nutzte seinen Einfluss als Mitglied der Philosophischen Fakultät dazu, den seit einiger Zeit doppelt denominierten Lehrstuhl für Pädagogik und Psychologie umzugestalten. Es gäbe keine

---

166 Vgl. ebd., S. 98.
167 Vgl. ebd., S. 217ff.
168 UAT 126a/479: Brief an das Akademische Rektoramt Tübingen, 13.10.1950.
169 Bollnow 1983, S. 48.
170 Kersting 2008, S. 219.
171 Spranger 1945/2001, S. 196.
172 Vgl. zu diesem Vorgang ausführlich Kersting 2008, S. 230ff., zu Sprangers Aktivitäten dabei v.a. S. 239f. Vor Sprangers Mitwirkung an dem Verfahren war der Göttinger Nohl-Schüler Erich Weniger der Favorit in Tübingen, der aber absagte. Der Zweitplatzierte Bollnow ging 1946 nach Mainz und Wenke, der pari passu mit Bollnow platziert worden war, wurde offenbar gar nicht erst gefragt (vgl. ebd., S. 238).

geeigneten Personen für eine Fortführung des Lehrstuhls mit beiden Fächern und der Schwerpunkt einer pädagogischen Professur sollte auf den ethischen Bereich gelegt werden, lautete seine Argumentation, mit der er die bislang in Tübingen vorhandene Verknüpfung von (experimenteller) Pädagogik und Psychologie im Vorbeigehen beendete.

Im weiteren Verfahren war dann fast ausschließlich von einer Professur für Pädagogik die Rede, für die Spranger dann Wilhelm Flitner und Hans Wenke vorschlug. Zunächst erhielt Wilhelm Flitner[173] den Ruf auf diese Professur, der jedoch ablehnte. Entsprechend folgte der zweite Kandidat auf der Vorschlagsliste, Hans Wenke, der drei Jahre zuvor nicht berücksichtigt worden war.

Hans Wenke (1903-1971)

Wenke wurde 1926 mit einer philosophischen Arbeit bei Eduard Spranger und Heinrich Maier in Berlin promoviert. 1936 wurde er Assistent Sprangers am Berliner Pädagogischen Seminar[174] und ein Jahr später Schriftleiter der Zeitschrift „Die Erziehung", die von seinem Mentor herausgegeben wurde.[175] In der „Erziehung" veröffentlichte Wenke bereits seit 1934 fast jeden Monat einen Bericht „Zur pädagogischen Lage in Deutschland".[176] Trotz seiner Assistentenstelle bei Spranger habilitierte sich Wenke 1938 mit einer pädagogischen Arbeit bei Heinrich Josef Nelis in Frankfurt a.M.[177]
Im folgenden Jahr ging er an die Universität Erlangen, wo ihm die Venia legendi für Pädagogik und Psychologie erteilt wurde.[178] Hier wurde er auch, obwohl das Amt Rosenberg intervenierte[179], 1940 zum außerordentlichen

---

173 Flitner (1889-1990) hatte nach Promotion und Habilitation in Jena, Tätigkeiten als Gymnasiallehrer und als Geschäftsführer der Volkshochschule Jena sowie von 1926-1929 als Professor an der Pädagogischen Akademie Kiel seit 1929 eine ordentliche Professur für Erziehungswissenschaft in Hamburg inne – neben Gustav Deuchler. 1958 wurde er emeritiert (vgl. Horn 2003, S. 229f.; Flitner 1986).

174 Vgl. Horn 2003, S. 27.

175 Vgl. Horn 1996, S. 267ff.

176 Vgl. Kraas 1994, S. 127f.

177 Nelis hatte den Lehrstuhl von Spranger in Berlin während dessen Japanreise 1936/37 vertreten, er war also kein Unbekannter für Wenke und schien diesem möglicherweise auch aufgrund seiner Nähe zum Nationalsozialismus – Nelis war in der NSDAP sowie in der SS und deren Sicherheitsdienst aktiv – als Förderer ganz nützlich. Vgl. zu Nelis Horn 2003, S. 302f. sowie Hesse 1995, S. 534f. Viel genutzt hat Wenke diese Beziehung freilich nicht, denn die Vorbehalte seitens anderer Vertreter nationalsozialistischen Denkens ihm gegenüber waren groß (vgl. Horn 1996, S. 296ff.).

178 Vgl. Kraas 1994, S. 43; Schorcht 1990, S. 98.

179 Alfred Baeumler äußerte Bedenken gegenüber Wenke. Positive Bewertungen Wenkes von anderer Seite her, etwa vom NSD-Dozentenbund, führten dann aber doch zur Berufung als außerordentlicher Professor. Die Kontroverse setzte sich bis

und später zum ordentlichen Professor berufen. Wenke blieb, mit einer Erweiterung der Lehrbefugnis auf Philosophie, über das Kriegsende hinaus Professor in Erlangen.[180] 1947 wurde er allerdings im Zuge der Entnazifizierung von der amerikanischen Militärregierung entlassen[181] und folgte im selben Jahr einem Ruf an die Universität Hamburg, bevor er 1949 als Professor für Pädagogik und Philosophie an das Pädagogische Seminar der Universität Tübingen kam.
In Tübingen war Wenke auch im Sommersemester 1953 sowie im Wintersemester 1953/54 Universitätsrektor.[182] 1954 ließ er sich beurlauben, um in Hamburg das ihm angetragene Amt des Senators für Schul- und Hochschulwesen zu übernehmen, vorerst wohl mit dem Gedanken, wieder nach Tübingen zurückzukommen.[183] Schnell wurde jedoch deutlich, dass er nicht zurückkehren würde, vielmehr sollte er ab 1958 wieder eine Professur für Erziehungswissenschaft in Hamburg übernehmen, die er dann auch bis zu seiner Emeritierung im Jahre 1968 innehatte.[184]

In den 1960er Jahren geriet Wenke wegen seiner Haltung während des Nationalsozialismus zunehmend in die Kritik. Im Zuge der Studentenbewegung kam es in Hamburg zu Konflikten mit Studierenden und als er 1963 zum Gründungsrektor der Universität Bochum ernannt wurde, wurden Passagen aus Wenkes Schriften in der Presse veröffentlicht, die seine Affinität zum Nationalsozialismus belegen sollten.[185] Wenke wurde daraufhin als Vorsitzender des Gründungsausschusses der Universität Bochum abgelöst, ist später aber dennoch zum Honorarprofessor bestellt worden.[186]

Die Psychologie, für deren Erhalt und Herauslösung aus dem verbundenen Lehrstuhl für Pädagogik und Psychologie sich intensiv der seit 1945 hier lehrende Psychiater und Neurologe Ernst Kretschmer, der zugleich kommissarischer Direktor des Instituts für Psychologie und Erziehungswissenschaft war, bemühte, war damit zunächst ausgebootet. Kurze Zeit war man davon ausgegangen,

---

zu seiner Berufung zum ordentlichen Professor fort (vgl. Geuter 1988, S. 120ff.; Horn 1996, S. 296ff.).

180 Vgl. Leaman 1993, S. 86.

181 Am 2. Februar 1947 wurde Wenkes Entlassung in der „Neuen Zeitung“ mitgeteilt. Dieser hatte aber wohl schon zuvor aus eigenem Antrieb seine Entlassung vorgenommen (vgl. hierzu Kersting 2008, S. 242f.). 1949 wurde er von der Spruchkammer als „politisch unbelastet“ eingestuft (vgl. UAT 126a/519: Personalakte Hans Wenke).

182 Vgl. Wenke 1953.

183 Vgl. UAT 126a/519: Personalakte Hans Wenke; Horn 2003, S. 136 und 373f.

184 Horn 1996, S. 296ff.

185 1964 im „Spandauer Volksblatt“, 1965 in der Tübinger Studentenzeitschrift „Notizen“ und im Magazin „Der Spiegel“ (vgl. hierzu Weis 2007, S. 149f.). Hinzu kam die Veröffentlichung der Dokumentation „Braune Universität“ von Rolf Seeliger (1964-1968), die zur Diskussion um Wenkes Person beitrug.

186 Weis 2007, S. 149f.

dass Oswald Kroh bereit sei, nach Tübingen zurückzukehren, so dass die alte Verbindung wieder aufgenommen hätte werden können. Doch dies zerschlug sich und man begann damit, eine eigenständige Professur für Psychologie zu installieren. Es sollte freilich noch mehrere Jahre dauern, bis 1954 Wilhelm Witte diese Professur in einem seit 1950 bereits selbständigen Psychologischen Institut antreten sollte.[187] Am 14.1.1950 nämlich hatte der Große Senat auf Antrag der Philosophischen Fakultät die Teilung des Instituts für Psychologie und Erziehungswissenschaft in ein Psychologisches Institut und ein Pädagogisches Seminar beschlossen, wozu das Kultministerium des Landes Württemberg-Hohenzollern am 4.2.1950 seine Genehmigung erteilte.[188] Das Pädagogische Seminar war wieterhin bis zum Wintersemester 1971/72 Teil der Philosophischen Fakultät. Es hatte seinen Sitz bis 1966 in der Münzgasse 24, bevor es zum Sommersemester 1966 auf den Österberg in die Stauffenbergstraße 42 zog.[189]

Wenkes mehrfach verlängerte Beurlaubung, insgesamt von 1954 bis 1957, brachte Probleme mit sich, denn eine Lehrstuhlvertretung wurde nicht dauerhaft gewährt.[190] Freilich hatte man 1953 mit Otto Friedrich Bollnow als Nachfolger Sprangers jemanden berufen, der neben der Philosophie auch die Pädagogik in seine Tätigkeit aufnehmen konnte: Das Fehlen des Lehrstuhlinhabers Wenke wurde in der Folge dadurch kompensiert, dass Bollnows Professur als Lehrstuhl für Philosophie und Pädagogik denominiert wurde, Bollnow die Pädagogik wie schon in Mainz also auch in Tübingen neben der Philosophie mitvertreten hat.[191]

---

187 Vgl. zur Situation der Psychologie in Tübingen in der Nachkriegszeit Schäfer 1995.

188 Die Bezeichnung Seminar wurde gewählt, um Verwechslungen mit den neuen württembergischen Lehrerbildungsinstituten für die Volksschullehrerausbildung zu vermeiden. Vgl. UAT 117E/2551.

189 Offenbar war bereits 1954 in der Diskussion, dass das Seminar auf den Österberg ziehen sollte. Dies hat offenbar zunächst der Lehrstuhlvertreter Ludwig Englert verhindert, und zugleich erreicht, dass das Pädagogische Seminar in der Münzgasse neue eigene Räume erhielt (vgl. Englert o.J. <1955>).

190 Ludwig Englert (1903-1982) hat die Professur 1954/55 vertreten. Spranger und Wenke aus Berliner Tagen vor 1945 gut bekannt, hat sich insbesondere im Bereich der Pädagogik der Leibesübungen hervorgetan, und dies auch an den Universitäten Berlin und München gelehrt, bevor er 1958 als ordentlicher Professor für Pädagogik an die neue Pädagogische Hochschule Augsburg ging (vgl. Horn 2003, S. 222f.).

191 Vgl. Kersting 2008, S. 249f.

Otto Friedrich Bollnow (1903-1991)[192]

Bevor nach Tübingen kam, wirkte er in Göttingen, Gießen und nach dem Zweiten Weltkrieg an der von der französischen Besatzungsmacht (wieder)eröffneten Universität Mainz. Zuvor hatte der 1903 in Stettin geborene Sohn einer Lehrerfamilie – ein Umstand, den er für seine spätere Entwicklung als „wesentlich bedeutend“ ansah[193] – kurzzeitig an der Technischen Hochschule in Berlin-Charlottenburg Architektur, danach in Berlin, Greifswald und Göttingen Physik und Mathematik studiert. 1925 wurde er in Göttingen mit einer Arbeit aus dem Gebiet der theoretischen Physik („Zur Gittertheorie der Kristalle des Titanoxyds, Rutil und Anatas") promoviert. Zwischen 1925 und 1926 war Bollnow kurze Zeit als Lehrer an der Odenwaldschule tätig. 1927 absolvierte er die „Prüfung für das Lehramt an höheren Schulen in den Fächern Mathematik, Physik und philosophischer Propädeutik“[194]. Danach kam der „lang ersehnte Übergang“ zu Philosophie und Pädagogik: In Berlin arbeitete er bei Spranger, in Göttingen bei den Diltheyschülern Georg Misch und Herman Nohl, in Marburg und Freiburg bei Martin Heidegger.[195] Am 15. Juli 1931 folgte die Habilitation in Philosophie und Pädagogik an der Universität Göttingen („Die Lebensphilosophie Friedrich Heinrich Jacobis"). Den Titel eines nichtbeamteten außerordentlichen Professors erhielt er jedoch erst 1938 – er sei ihm bis dahin aufgrund von „politischer Unzuverlässigkeit“, wie Bollnow selbst sagt – verwehrt worden.[196] Allerdings lassen sich genauere Hintergründe dieser „Unzuverlässigkeit“ nur schwer ermitteln. Bollnow führt hier vor allem seine, der Diltheyschen Schulrichtung verpflichteten, geistige Grundhaltung sowie seine weitere Auseinandersetzung mit jüdischen Autoren an.[197]

In Gießen bekleidete er zwischen 1938 und 1939 in Vertretung Gerhard Pfahlers dessen Lehrstuhl für Psychologie und Pädagogik. Von 1939 bis 1946 war er dort als ordentlicher Professor tätig. „[S]eine Versetzung auf den fachfremden Lehrstuhl für Psychologie an der kleinen Universität Gießen sei einer ‚verschleierten Kaltstellung‘ gleichgekommen und habe ihn [...] aus allen begonnenen wissenschaftlichen Arbeiten herausgerissen. Realistisch gesehen war Bollnows Lehrstuhlvertretung [...] eine enorme Beförderung,

---

192 Neben den im Folgenden im Einzelnen genannten Quellen bieten die Publikationen Bollnow 1975, Göbbeler/Lessing 1983 sowie Kaufmann u.a. 1991 weitere bio-bibliografische und Werkinformationen. Vgl. auch die Website http://www.otto-friedrich-bollnow.de/index.html (letzter Zugriff 24.8.2010).

193 Vgl. UAT 351/593: Lebenslauf des Prof. O. F. Bollnow.

194 Ebd.

195 Ebd.

196 Ebd. sowie UAT 351/593: Erläuterungen zum Fragebogen für Prof. O. F. Bollnow.

197 UAT 351/593: Lebenslauf des Prof. O. F. Bollnow.

und sie mußte zumindest ohne politische Bedenken genehmigt worden sein, auch wenn zu diesem Zeitpunkt die Parteidoktrin nicht mehr den alleinigen Ausschlag gegeben haben mag."[198]

Insgesamt lässt sich Bollnows Haltung im bzw. zum Nationalsozialismus nur recht schwer festmachen. Seine Zugehörigkeit zur SA stellt er als berufsnotwendiges Übel dar.[199] 1933 unterzeichnete er das „Bekenntnis der deutschen Professoren an deutschen Universitäten und Hochschulen zu Adolf Hitler und dem nationalsozialistischen Staat"; seine Broschüre „Das neue Bild des Menschen und die Pädagogische Aufgabe" (1934) wurde kontrovers diskutiert.[200] Weiterführende aufschlussreichere Unterlagen, zum Beispiel aus seinem Nachlass, gibt es anscheinend nicht, da seine Gießener Wohnung eigenen Angaben zufolge zerstört wurde.[201]

Für die folgenden Berufungsverfahren, erst in Kiel, dann in Mainz, attestierten ihm Wilhelm Flitner und Spranger „Unbedenklichkeit"; sodass die Verfahren alsbald abgeschlossen werden konnten. Während der Mainzer Periode ergingen einige bemerkenswerte Voranfragen sowie offizielle Rufe von anderen Universitäten und Hochschulen – darunter Kiel, Münster, Braunschweig, Erlangen, Halle, Karlsruhe und Bonn – an ihn, die er allerdings alle ausschlug. Von seiten der Mainzer Universität legte man großen Wert darauf, ihn, einen der „ersten Vertreter[.], die in Westdeutschland für das Fach der Philosophie zur Verfügung"[202] standen und zugleich „einer der wenigen Vertreter, die es für das Fach der Pädagogik überhaupt"[203] gab, zu halten, denn „[e]in Weggang von Herrn Bollnow aus Mainz würde einen ganz außerordentlichen Verlust bedeuten, der durch keine einzige Neuberufung wieder wettgemacht werden könnte."[204]

Dem Ruf nach Tübingen schließlich folgte er 1953 dann doch – wenn auch nicht ganz ohne Wehmut, wie er selbst immer wieder beteuerte, „da er sich der dortigen Universität [in Mainz] auf eine enge Weise verbunden fühle".[205] Er begründete seine Entscheidung folgendermaßen: „Wenn ich mich trotzdem zur Annahme dieses Rufs entschlossen habe, so geschah es, weil ich mich nach den langen Jahren einer ohne Schonung meiner Kräfte

[198] Kersting 2008, S. 237.
[199] Vgl. UAT 351/593: Erläuterungen zum Fragebogen für Prof. O. F. Bollnow.
[200] Vgl. Kersting 2008, S. 233ff., wobei angemerkt werden soll, dass das den „Erläuterungen zum Fragebogen für Prof. O. F. Bollnow" zugehörige Schriftenverzeichnis, den entsprechenden Titel durchaus verzeichnet.
[201] Vgl. UAT 351/593: Erläuterungen zum Fragebogen für Prof. O. F. Bollnow.
[202] UAT 351/593: Brief an das Ministerium für Unterricht und Kultus, Mainz vom 08.12.1952.
[203] Ebd.
[204] Ebd.
[205] Vgl. UAT 351/593: Brief an den Dekan der Philosophischen Fakultät zu Mainz vom 23.03.1953. Außerdem ebd.: Brief an das Ministerium für Unterricht und Kultus des Landes Rheinland-Pfalz vom 22.12.1952.

ausgeübten pädagogischen Lehrtätigkeit mit allen ihren auch über den engeren Umkreis der Universität hinnausreichenden Verpflichtungen jetzt auf den stilleren philosophischen Lehrstuhl zurückziehen möchte."[206] Dennoch spiegelt sich in seinem Tübinger Schaffen gleichermaßen das Streben, „Philosophie und Pädagogik zu einer inneren Einheit zu verbinden".[207]

Bollnow wurde auch international, insbesondere im asiatischen Raum und speziell in Japan, wohin ihn mehrere längere Bildungs- und Vortragsreisen (1959, 1966 und 1980)[208] führten, intensiv rezipiert. Zahlreiche Publikationen Bollnows sind ins Japanische übersetzt worden, 1969 verlieh man ihm die Ehrenprofessorwürde der Tamagawa-Universität bei Tokio. Weiterhin wurde er mit dem Ehrendoktortitel der Universität Straßburg ausgezeichnet.

Bollnows Werke sind gekennzeichnet von der Beschäftigung mit der philosophischen Anthropologie, dem französischen Existenzialismus sowie der Existenzphilosophie Karl Jaspers' und Martin Heideggers. Dies wiederum fußt auf der Diltheyschen Theorie der Geisteswissenschaften. Zu seinen bekanntesten und wichtigsten Werken zählen unter anderem „Das Wesen der Stimmungen" (1941, 7. Aufl. 1988), „Die Pädagogik der deutschen Romantik. Von Arndt bis Fröbel" (1952, 3. Aufl. 1977), „Existenzphilosophie und Pädagogik. Versuch über unstetige Formen der Erziehung" (1959, 6. Aufl. 1984), „Die anthropologische Betrachtungsweise in der Pädagogik" (1965, 3. Aufl. 1975) sowie die „Studien zur Hermeneutik" (2 Bände 1982/1983).

In der deutschen Erziehungswissenschaft war Bollnow nicht nur durch seine Werke, sondern auch durch seine Tätigkeit als Mitherausgeber wichtiger Fachzeitschriften – er war 1955 Mitbegründer und bis 1980 Mitherausgeber der „Zeitschrift für Pädagogik", von 1945/46 bis 1960 Mitherausgeber der Zeitschrift „Die Sammlung" und von 1961 bis 1966 Mitherausgeber der Zeitschrift „Neue Sammlung" – sowie als Repräsentant der Fachgesellschaft – von 1964 bis 1968 war er der erste Vorsitzende der Deutschen Gesellschaft für Erziehungswissenschaft, die ihn später zum Ehrenmitglied machte – von großer Bedeutung.

Bollnow ist wohl einer der bekanntesten Tübinger Pädagogen. Gleichzeitig verkörperte er den letzten Vertreter derer, welche den Doppellehrstuhl für Philosophie und Pädagogik inne hatten. Diese Tatsache markiert zum einen den Übergang zu der seitdem rasant abgelaufenen Expansion und Binnendifferenzierung der Erziehungswissenschaft, zum anderen aber im selben Atemzug die Trennung und dementsprechende Divergenz zwischen dieser und der Philosophie. Seinen Tübinger Lehrstuhl bekleidete Bollnow bis einschließ-

[206] UAT 351/593: Brief an den Dekan der Philosophischen Fakultät zu Mainz vom 23.03.1953.

[207] UAT 351/593: Lebenslauf des Prof. O. F. Bollnow.

[208] Vgl. UAT 351/593a: Pressemitteilungen, Otto Friedrich Bollnow zum 70. Geburtstag am 14. März 1973.

lich 1970. Bis zu seinem Tod am 7. Februar 1991 lebte der mit „Feinsinn und Heiterkeit begabte“[209] Philosoph und Pädagoge in Tübingen. Er wurde auf dem Lustnauer Friedhof beigesetzt.

Erst nach dem endgültigen Ausscheiden Wenkes konnte dessen Professur dann wieder besetzt werden. Die erste Vorschlagsliste mit Martinus J. Langeveld, Martin Wagenschein und Gottfried Hausmann platzte aber, weil Langeveld ablehnte und das Ministerium den Zweitgenannten zu alt und den Drittplatzierten zu wenig ausgewiesen fand.[210] Nach erneuten Beratungen und der Vorlage einer neuen Liste erhielt im Januar 1958 Andreas Flitner den Ruf auf die ordentliche Professur für Pädagogik.

Andreas Flitner (1922)*

Andreas Flitner wurde in Jena geboren, verbrachte die Schulzeit aber in Hamburg, wo sein Vater, Wilhelm Flitner, ab 1929 Universitätsprofessor für Pädagogik war.[211] Nach dem Abitur machte er ein einjähriges Maschinenbaupraktikum und wurde in den Kriegsjahren erst zum Arbeitsdienst und daraufhin in die Wehrmacht eingezogen. Nach Kriegsende studierte er die Fächer Geschichte, Germanistik und Philosophie in Hamburg, Heidelberg und Basel und qualifizierte sich nach bestandenem Staatsexamen für das Lehramt an höheren Schulen. 1951 wurde Flitner bei Werner Kaegi in Basel mit einer historischen Dissertation über „Erasmus im Urteil seiner Nachwelt“ promoviert und ging daraufhin nach Tübingen, wo er Assistent am Leibnizkolleg wurde und später als Vertragslehrer am Uhlandgymnasium arbeitete.[212] Eduard Spranger, der seit 1946 an der Universität Tübingen tätig war, konnte Flitner als seinen „Schüler“ gewinnen: Flitner habilitierte sich 1955 bei ihm mit einer geistesgeschichtlich orientierten Arbeit über „Die politische Erziehung in Deutschland. Geschichte und Probleme 1750-1880“ und wurde zum Privatdozenten ernannt.[213]

---

[209] Ebd.

[210] Vgl. ebd., S. 249. Wagenschein war ein ausgewiesener Schulfachmann, aber wohl nicht nur aufgrund seines Alters kein angemessener Kandidat. Er wurde jedoch 1956 zum Honorarprofessor in Tübingen bestellt und führte seitdem regelmäßig Lehrveranstaltungen zur Didaktik durch (vgl. dazu unten). Hausmann (1906-1994) war im Laufe seines akademischen Lebens mehrfach mit Bollnow in Berührung gekommen und war seit 1949 Privatdozent, seit 1953 außerplanmäßiger Professor für Pädagogik in Mainz. Er erhielt 1959 eine Professur für Vergleichende Erziehungswissenschaft in Hamburg.

[211] Vgl. Horn 2003, S. 230; Flitner 1984, S. 37.

[212] Vgl. Flitner 1984; Horn 2003, S. 228.

[213] Vgl. Brezinka 2000, S. 507; Böhm 2000, S. 176; Flitner 1984, S. 26.

Nach einem kurzen Zwischenspiel als außerordentlicher Professor an der Universität Erlangen, wurde Andreas Flitner 1958 als Ordinarius für Pädagogik an das Pädagogische Seminar der Universität Tübingen berufen,[214] wo er bis zu seiner Emeritierung 1990 blieb. In Tübingen widmete Flitner seine Arbeit anfangs vor allem historischen Themen, was in Anbetracht seiner Ausbildung naheliegend war. Er beschäftigte sich mit der Ideen-, Politik- und Institutionengeschichte und begann die sich über zwei Jahrzehnte hinziehenden Arbeiten an der Herausgabe der Schriften Wilhelm von Humboldts, die er schließlich gemeinsam mit Klaus Giel und unter Mitarbeit weiterer Mitarbeiter am Pädagogischen Seminar in einer fünfbändigen kommentierten Ausgabe veröffentlichte.[215]

Zudem engagierte sich Flitner in der Deutschen Gesellschaft für Erziehungswissenschaft, in deren Vorstand er von 1964 bis 1970 saß, und seit 1962 als Mitherausgeber der Zeitschrift für Pädagogik, deren geschäftsführender Herausgeber er von 1969 bis 1981 war. Entsprechend seiner Konzeption von Erziehungswissenschaft als einer „Wissenschaft für die Praxis"[216], hatte er den Wunsch, „in der Zeitschrift eine ‚pädagogische Bewegung' mit abzubilden und sie damit im Ganzen zu einem Organ praxisbezogener Wissenschaft zu machen".[217] Dies sollte ihm aber nicht gelingen, da seine Wünsche dem damaligen „Stand und der Orientierung unserer Wissenschaft nicht entsprachen".[218]

Nach außen wirkte er u.a. auch durch die Vorlesungsreihe „Deutscher Geist im Nationalsozialismus", die er mitinitiierte und deren Ergebnisse er 1965 edierte.[219] Es handelte sich um eine der ersten großen Vorlesungsreihen zum Thema. „Es zeigt sich, für den heutigen Leser noch mehr als für den damaligen Hörer, dass der Reflexionsstand im Blick auf die NS-Elemente in den verschiedenen Disziplinen sehr verschieden weit entwickelt war."[220] Auch Flitner selbst hatte sich nicht zu den Tübinger Verhältnissen in seinem Fach und dessen Repräsentanten in der Zeit des Nationalsozialismus, also zu Oswald Kroh und Gerhard Pfahler, geäußert. Das „hätte man damals als denunziatorisch empfunden, es lag aber auch nicht in der Absicht des ganzen Unternehmens".[221] Unbeschadet davon und trotz der an manchen Stellen sicher zutreffenden Kritik an diesen Veranstaltungen[222] war damit ein Anfang für die Beschäftigung mit der Universität in der Zeit des Nationalsozialismus

214 Vgl. Kersting 2008, S. 250.
215 Vgl. Flitner/Giel 1961-1980.
216 Flitner 1984, S. 24.
217 Ebd., S. 33.
218 Ebd.
219 Vgl. Flitner 1965 sowie in der Rückschau Flitner 2010.
220 Flitner 2010, S. 1061.
221 Ebd.
222 V.a. Haug 1967.

gesetzt, dem in Tübingen nicht nur im Umfeld des Jubiläums 1977, sondern bis heute viele Studien folgten.

In den 1960er Jahren befasste sich Flitner vermehrt mit der Jugendforschung. Ausgangspunkt war hierbei die Auseinandersetzung mit Sprangers „Psychologie des Jugendalters", die den „Anstoß zur Beschäftigung mit gegenwärtigen und frühen Jugendgenerationen und mit dem Thema der Generationsgestalt"[223] gab. Zur Untersuchung der damaligen Jugendgeneration wurden empirische Studien in pädagogischen Institutionen durchgeführt, wobei sich das Augenmerk vor allem darauf richtete, inwieweit die Institutionen das Leben der Jugendlichen beeinflussten. Insgesamt ging es hierbei darum das Verhalten Jugendlicher, entgegen einer vorschnellen Etikettierung, wie sie Helmut Schelsky nach Ansicht Flitners vorgenommen hatte, als Antwort auf die jeweiligen Lebensbedingungen zu verstehen.[224]

Ab den 1970er Jahren wandte Andreas Flitner sich mehr und mehr anderen Themen zu, denn am Pädagogischen Seminar der Universität Tübingen hatten dann „[d]ie sozialpädagogischen Arbeiten [...] eine eigene Organisationsform und in Hans Thiersch einen eigenen wissenschaftlichen Kopf bekommen."[225] Zu den zentralen Forschungsthemen Flitners zählten nun „Phänomene der Kindheit", innerhalb derer er sich vor allem der Theorie des Kinderspiels widmete. Hierzu lieferte Flitner mit dem 1972 erschienenen Buch „Spielen – Lernen. Praxis und Deutung des Kinderspiels" einen Beitrag, welcher bis heute in mehreren Auflagen erschienen ist. Das Buch stellt inhaltlich einen Kontrapunkt dar zu der in den 70er Jahren vermehrt aufkommenden Idee, die kognitive Entwicklung des Kindes durch Lern- und Intelligenzspielzeug zu fördern. Flitner betont hingegen die Bedeutung des freien Spiels, denn hier lernten Kinder „unendlich viel mehr als mit den Trainingsleitern und Lernsequenzen der Intelligenzförderer".[226]

Auch beschäftigte er sich, vor dem Hintergrund der aufkommenden Anti-Pädagogik, die Erziehung aus verschiedenen Gründen negierte, mit der Frage, was Erziehung eigentlich bedeute. Entgegen dieser anti-pädagogischen Strömungen spricht sich Flitner in „Konrad sprach die Frau Mama... Über Erziehung und Nicht-Erziehung" dafür aus, nicht das schwierige, komplizierte und gefährliche in der Erziehung zu sehen, sondern sich auf ihren Kern zurückzubesinnen. Dieser bestehe darin, „dem Kind die grundlegende Erfahrung des Vertrauens zu ermöglichen."[227]

Ein weiterer großer Forschungsbereich Flitners zentrierte sich um die Themen Bildungspolitik und Schulreform. Er engagierte sich in diesem Zusammenhang in zahlreichen Gremien: Unter anderem im Beirat des Kultus-

[223] Ebd., S. 26.
[224] Vgl. ebd., S. 28.
[225] Ebd., S. 30.
[226] Flitner 1999, S. 9.
[227] Flitner 1994, S. 159.

ministers Wilhelm Hahn und als Vorsitzender des Arbeitskreises Modellschule in Baden-Württemberg. Zudem war er auch Mitinitiator der „Akademie für Bildungsreform". Die Bildungspolitik bezeichnet Flitner als ein „Fass ohne Boden" und über die Zeit, die er mit dieser verbracht hat, schrieb er selbst: „Zählte ich alle Arbeitstage, die ich in politischen Gremien, Beiräten, Schulkommissionen, Elternversammlungen, Ausschüssen zur Planung von X und zur Verbesserung von Y zugebracht habe, so kämen gewiß Jahre meines Arbeitslebens zusammen."[228] Die Arbeit zu Themen der Bildungspolitik äußerte sich jedoch nicht ausschließlich in Gremientätigkeiten sondern spiegelt sich auch in Flitners Publikationen: 1987 veröffentlichte Flitner den Band „Für das Leben – oder für die Schule? Pädagogische und politische Essays", der eine seiner wichtigsten Publikationen in diesem Bereich darstellt. Die Aufsätze dieses Bandes beschäftigen sich unter anderem mit Gerechtigkeit und Chancengleichheit im Bildungssystem, mit der ästhetischen Erziehung und mit dem praktischen Lernen im Hinblick auf eine Weltorientierung.[229]

1990 wurde Andreas Flitner schließlich nach 32jähriger Tätigkeit am Tübinger Pädagogischen Seminar bzw. Institut für Erziehungswissenschaft emeritiert. Er hat durch seine Arbeiten und nicht zuletzt auch „über einen großen Schülerkreis die sozial- und schulpädagogische Gedankenwelt sowie die deutsche Bildungspolitik im linksliberalen Geist wesentlich beeinflusst."[230] Als Honorarprofessor der Universität Jena wirkte er wissenschaftlich weiter und arbeitete auch weiterhin an Veröffentlichungen. Exemplarisch sei hier nur auf das Buch „Reform der Erziehung: Impulse des 20. Jahrhunderts" (1992, zuletzt als Taschenbuch 2001) verwiesen.

Andreas Flitner lebt in Tübingen.

Mit Spranger und Wenke, Bollnow und Flitner wurden aus der geisteswissenschaftlichen Tradition kommende Vertreter der Pädagogik an die Tübinger Universität berufen. Betrachtet man die Berufungen auf Pädagogikprofessuren in der frühen Bundesrepublik Deutschland insgesamt im Zeitraum 1945-1965, wird deutlich, dass Tübingen einerseits ein Abbild der Entwicklungen darstellte, gewann doch fast überall die geisteswissenschaftlich oder philosophisch zu nennende Pädagogik die Oberhand, andererseits aber auch untypisch war, denn der Übergang von einer experimentell-pädagogischen Tradition – sofern man nach 35 Jahren davon sprechen konnte – zur geisteswissenschaftlich-philosophischen Dominanz war hier doch sehr ausgeprägt, während ansonsten doch eher eine starke personelle Kontinuität gegeben war.[231] Mit A. Flitner war schließlich aber auch ein Angehöriger der jüngeren Generation, er war zum Zeitpunkt der Beru-

[228] Flitner 1984, S. 31.
[229] Vgl. Flitner 1987, S. 10.
[230] Brezinka 2000, S. 507.
[231] Vgl. dazu Horn 2003, S. 148ff.

fung gerade 35 Jahre alt, in die Professorenriege eingezogen und hatte für eine deutliche Verjüngung gesorgt.[232]

In den Jahren 1945/46 bis 1969 waren neben den genannten Professoren selbstverständlich noch andere Personen am Pädagogischen Seminare beschäftigt und in der Lehre im Fach Pädagogik aktiv. Gerhard Pfahler lehrte nach erfolgreichem Gnadengesuch ab 1952 wieder regelmäßig, allerdings mit deutlichen Schwerpunktsetzungen in der Psychologie.[233] Martin Wagenschein war als Honorarprofessor seit 1956 regelmäßig mit Lehrveranstaltungen vertreten.[234] Ottomar Wichmann, 1945 an der Universität Wien entlassen, fand – wahrscheinlich mit Unterstützung seines früheren Berliner Kollegen Spranger – eine Bleibe an der Universität Tübingen, wo er das pädagogische Lehrangebot ergänzte.[235] Eine weitere „Altlast“ stellte Richard Kienzle dar, der im Bereich der Psychologie von 1949 bis 1964 lehrte.[236] Mit einem langjährigen Lehrauftrag für Allgemeine Didaktik wurde von 1950 bis 1966 Otto Klöden beauftragt.[237]

---

[232] Flitner gehörte damit zu den drei in der Erziehungswissenschaft Neuberufenen in der Zeit zwischen 1955 und 1958, die nach 1914 geboren wurden, wohingegen 37 Neuberufene in dieser Zeit, also 92,5%, den Geburtsjahrgängen 1914 oder früher angehörten (vgl. Horn 2003, S. 152).

[233] Vgl. zu seiner Biographie oben, Kap. 2.1.

[234] Wagenschein (1896-1988) war nach einem Studium der Physik und der Geographie von 1921 bis 1957 als Lehrer an verschiedenen staatlichen höheren Schulen tätig. In dieser Zeit wurde er von 1924 bis 1933 beurlaubt, um an der Odenwaldschule zu arbeiten. 1957 folgte die Versetzung in den vorzeitigen Ruhestand. Parallel zur Lehrertätigkeit und daran anschließend lehrte er als Lehrbeauftragter für Praktische Pädagogik am Pädagogischen Institut Jugenheim/Bergstraße bzw. nach dessen Verlagerung an der Universität Frankfurt a.M. sowie an der Technischen Hochschule Darmstadt. 1956 wurde er als Honorarprofessor an der Universität Tübingen bestellt, wo er bis 1978 regelmäßig Lehrveranstaltungen im Bereich der Didaktik anbot. Wagenschein hat als Begründer des exemplarischen Lernens und Vertreter einer reformpädagogisch orientierten Didaktik bereits den Rang eines Klassikers der Pädagogik erreicht (vgl. Rumpf 2003).

[235] Wichmann (1890-1973), evangelischer Pfarrer und Gymnasiallehrer, war außerordentlicher Professor für Philosophie und Pädagogik in Halle (1930-1931) bzw. Berlin (1931-1939), bevor er an die Universität wechselte bzw. gewechselt wurde. Nach Entlassung und Internierung wurde er in die Sowjetische Besatzungszone abgeschoben, wo er im Anhaltischen als Pfarrer tätig wurde. 1959 floh er in die Bundesrepublik Deutschland und erhielt einen Lehrauftrag für Pädagogik an der Universität Tübingen. 1961 wurde ihm, wie, siehe Pfahler, anderen 1945 amtsenthobenen Professoren, die Rechtsstellung eines von den amtlichen Pflichten entbundenen außerordentlichen Professors für Philosophie und Pädagogik an der Universität verliehen. Bis zu seinem Tode führte er hier in der Folge Lehrveranstaltungen durch (vgl. Horn 2003, S. 374f.; Brezinka 2000, S. 410ff.).

[236] Zu Kienzle s.o., Kap. 2.1.

[237] Klöden (1895-1986) war nach Promotion bei Richard Hönigswald in Breslau („Der Begriff der Naturgemäßheit bei Comenius und Rousseau“, 1928) und den entsprechenden Lehramtsprüfungen als Lehrer an Schulen und als Professor in der Lehrerbildung tätig. Von 1939 bis 1945 im Krieg und in amerikanischer Gefangenschaft,

Außerdem waren viele später namhafte Fachvertreter als Assistenten in Tübingen tätig. Als erste Frau ist zu erwähnen Elfriede Höhn (1915-2003), die insbesondere in den ersten Nachkriegsjahren eine wichtige Rolle spielte, als es nach der Entlassung Pfahlers darum ging, das Institut für Psychologie und Erziehungswissenschaft zu erhalten. Die Volksschullehrerin studierte in Tübingen Psychologie (sie war 1944 die erste Absolventin des Diplomstudiengangs Psychologie), legte hier 1946 die Wissenschaftliche Prüfung für das Lehramt an höheren Schulen ab und wurde im gleichen Jahr promoviert („Das Selbstbild der Engländer zwischen dem 1. und 2. Weltkrieg"). Von 1946 bis 1954 war sie Assistentin am genannten Institut bzw. ab 1950 am neuen Psychologischen Institut, wo sie bis zur Besetzung der Professur für Psychologie mit Wilhelm Witte die einzige Konstante darstellte. Aufgrund einer Schwerpunktsetzung auf sonderpädagogische Fragestellungen wurde sie in der Folgezeit in der Ausbildung von Hilfsschullehrern beschäftigt und erhielt 1961 eine Professur an der Pädagogischen Hochschule Reutlingen. Nach ihrer 1966 erfolgten Habilitation für Psychologie in Tübingen („Der schlechte Schüler") wurde sie auf den Lehrstuhl für Erziehungswissenschaft und Psychologie an der Universität Mannheim berufen, den sie bis zu ihrer Emeritierung 1982 innehaben sollte.[238]

Klaus Giel (* 1927) studierte nach einer Ausbildung zum Volksschullehrer und Lehrertätigkeit in Tübingen gemäß den Regelungen der Prüfung für das Höhere Lehramt an Volksschulen. Er wurde 1958 bei Bollnow promoviert („Fichte und Fröbel") und habilitierte sich auch 1966 in Tübingen („Studien zu einer anthropologischen Didaktik"). Von 1959 bis 1962 Assistent am Pädagogischen Seminar und zeitweise Stipendiat der Deutschen Forschungsgemeinschaft, folgte er 1962 einem Ruf an die neugegründete Pädagogische Hochschule Reutlingen (bis 1969), hatte von 1969 bis 1984 eine Professur für Schulpädagogik an der Pädagogischen Hochschule Esslingen inne, von wo er nach deren Auflösung als Professor für Pädagogik an die Universität Ulm wechselte. 1986 wurde er in Tübingen zum Honorarprofessor bestellt und lehrte hier bis zu seiner Ulmer Emeritierung im Jahr 1992. Gemeinsam mit Andreas Flitner gab er zwischen 1961 und 1980 die fünfbändige Humboldtstudienausgabe heraus.[239]

Werner Loch (1928-2010), zunächst Volksschullehrer, hat von 1955 bis 1958 in Tübingen studiert, wo er 1959 ebenfalls von Bollnow sowie dem Philosophen Walter Schulz promoviert wurde („Pädagogische Untersuchungen zum Begriff der Begegnung"). Seit 1957 schon war er Assistent am Pädagogischen Seminar und führte bis 1961 regelmäßig Lehrveranstaltungen durch. Der Bollnowschüler, der insbesondere mit seinen Schriften zur Pädagogischen Anthropologie (und anthropologischen Pädagogik) von sich Reden machte,[240] wurde 1961 an die Pädagogische Hochschule Oldenburg, 1964 an die Universität Erlangen und 1970

---

nahm er 1945 zunächst wieder Lehraufgaben in Schulen, aber auch im Bereich der Lehrerbildung wahr. Seit 1951 war er Hochschulprofessor zur Wiederverwendung und lehrte an der Universität Tübingen. Im Hauptberuf war er ab 1953 als Schulrat bzw. Oberschulrat beim Bezirksschulamt Reutlingen tätig (vgl. Hesse 1995, S. 430f.).

238 Vgl. Schäfer 1995.

239 Vgl. Flitner/Giel 1961-1980, Neuausgabe 2002.

240 Vgl. „Die anthropologische Dimension der Pädagogik" 1963; „Lebenslauf und Erziehung", 1979.

schließlich an die Universität Kiel berufen, wo er bis zu seiner Emeritierung 1993 wirkte.[241]

Günther Bittner (* 1937) war von 1961 bis 1968 Wissenschaftlicher Assistent bzw. Akademischer Rat in Tübingen, wo er 1962 bei Flitner und Pfahler promoviert wurde („Zur Psychologie und Pädagogik der Leitbilder. Eine Auseinandersetzung mit der idealistischen Position") und sich 1969 kumulativ habilitierte. Seit 1968 Dozent bzw. Professor an der Pädagogischen Hochschule Reutlingen, nahm er 1973 einen Ruf an die Universität Bielefeld, 1977 einen Ruf an die Universität Würzburg an, wo er im Jahr 2005 emeritiert wurde. Er ist einer der bedeutendsten Vertreter der Psychoanalytischen Pädagogik in Deutschland.

Auch Walter Hornstein (* 1929) war zunächst Volksschullehrer. Er studierte von 1958 bis 1963 in Tübingen, wo er nach der Promotion („Der hoffnungsvolle Jüngling") bei A. Flitner von 1964 bis 1967 auch dessen Assistent war. Die Jugendforschung bildete und bildet den Schwerpunkt seiner Arbeiten. 1967 wurde er zum Direktor des Deutschen Jugendinstituts in München berufen. 1976 wechselte er als Professor für Sozialisationsforschung und Sozialpädagogik an die Universität der Bundeswehr München, wo er 1995 emeritiert wurde.

Gottfried Bräuer (* 1929) hatte bei Spranger studiert, über den er auch vielfach publiziert hat, und wurde nach dessen Tod bei Bollnow promoviert („Das Finden als Moment des Schöpferischen. Ein hermeneutischer Versuch", 1964), dessen Assistent er (zunächst im Pädagogischen Seminar, von 1964 bis 1968 im Philosophischen Seminar geführt) auch war – u.a. auch als Geschäftsführer der Deutschen Gesellschaft für Erziehungswissenschaft, deren Vorsitz Bollnow in jenen Jahren inne hatte. Von 1963 bis zu seiner Berufung an die Pädagogische Hochschule Ludwigsburg 1967/68 war er mit regelmäßigen Lehrveranstaltungen in Tübingen vertreten.[242]

Schließlich wurden in dieser Zeit noch drei neue Professuren geschaffen,[243] die der Tübinger Erziehungswissenschaft neue Facetten hinzufügten und partiell zugleich an die empirische und pädagogisch-psychologische Tradition bis 1945 anknüpften. Zunächst 1961 ein zweites Ordinariat für Pädagogik, sodann 1967 eine ordentliche Professur für Pädagogik mit der besonderen Aufgabe der Betreuung akademischer Fernstudien und schließlich 1969 eine ordentliche Professur für Pädagogik mit besonderer Berücksichtigung Neuer Lernverfahren.

Auf das 1961 neugeschaffene zweite Ordinariat für Pädagogik wurden zunächst Georg Geißler und Wolfgang Brezinka berufen, die aber beide ablehnten.[244] Die anschließend vorgelegte zweite Liste führte dann Günther Mühle auf

---

[241] Vgl. Horn 2003, S. 284.

[242] Vgl. das Autorenregister in Sacher/Schraut 2004, S. 285; Berg/Herrlitz/Horn 2004, S. 140.

[243] 1960 hat der Wissenschaftsrat in seinen Empfehlungen zum Ausbau der wissenschaftlichen Einrichtungen auch für Tübingen die Schaffung eines dritten Lehrstuhls für Pädagogik neben den bestenden ordentlichen Professuren für Philosophie und Pädagogik (Bollnow) und für Pädagogik (Flitner) vorgeschlagen. Vgl. Empfehlungen 1960, S. 172ff.; Horn 2003, S. 154ff.

[244] Geißler (1902-1980) war zu dieser Zeit bereits 59 Jahre alt und Professor an der Universität Hamburg. Brezinka (* 1928) war demgegenüber mit 33 Jahren einer der Jungen, aber schon Professor an der Universität Innsbruck. Zu dieser Zeit war noch

Platz eins, der 1964 den Ruf annahm, damit aber zu einer Besonderheit beitrug: der Entstehung eines Lehrstuhls für Pädagogische Psychologie – diese Bezeichnung wurde 1964 eingeführt – und der Entstehung einer Abteilung für Pädagogische Psychologie im Pädagogischen Seminar neben dem Psychologischen Institut.[245]

Günther Mühle (1916)*

Nach dem Abitur absolvierte Günther Mühle eine Ausbildung zum Volksschullehrer im niederschlesischen Hirschberg, wo er 1937 die erste Prüfung für das Lehramt an Volksschulen ablegte. Aus einem dreijährigen Wehrdienst kam Mühle 1940 mit schwerer Verletzung zurück, studierte dann an der Universität Breslau zuerst Sprachen und später Psychologie, Pädagogik und Philosophie. Nach Abschluss des Studiums begann er eine Tätigkeit als Volontärassistent am Psychologischen Institut der Universität Breslau, welche aber durch die 1945 erfolgte Flucht aus Schlesien beendet wurde. Mühle kam über Dresden und Erlangen nach Mainz und studierte dort weiter Psychologie, Pädagogik und Philosophie, sowie Vergleichende Kulturwissenschaft und Ethnologie.[246]

An der Universität Mainz wurde Mühle 1947 mit „Beiträgen zur Theorie einer ganzheitspsychologischen Physiognomik“ bei Albert Wellek und Otto Friedrich Bollnow promoviert. Nach der Promotion wurde er wissenschaftlicher Assistent bei Wellek am Psychologischen Institut, wo er sich 1953 auch habilitierte („Die Entwicklungspsychologie des zeichnerischen Gestaltens: Grundlagen, Formen und Wege in der Kinderzeichnung“). In dieser Arbeit stellte Mühle die stufenweise Abfolge des zeichnerischen Ausdrucks in der Kindesentwicklung dar und suchte somit eine Grundlage für die Interpretation von Kinderzeichnungen zu schaffen, mit deren Hilfe besondere seelische Ereignisse und Haltungen des Kindes analysiert werden können. Der Fokus richtet sich hierbei weniger auf das Zeichnen als solches, als vielmehr auf das Moment des Gestaltens, denn Mühle war um die „philosophische Ausdeutung psychologischer Phänomene bemüht.“[247] Die Arbeit erschien bis 1975 in mehreren Auflagen.

Mit der Habilitation wurde Günther Mühle Oberassistent in Mainz und ab 1957 beamteter Privatdozent, bis er im Jahr darauf an die Pädagogische

nicht abzusehen, welche – durchaus kontrovers wahrgenommene – Bedeutung er für die erziehungswissenschaftlichen Debatten der 1960er und 1970er Jahre erlangen sollte. Kontrafaktische Gedankenspiele – wie wäre die weitere Entwicklung in Tübingen gewesen, wenn Brezinka gekommen wäre – sind vor diesem Hintergrund aber sehr interessant.

[245] Vgl. UAT 117E/2563: Brief des Kultusministers vom 29. Juni 1964.

[246] Vgl. Schusser 1981, S. 10f.

[247] UAT 205/73: Vorschlagsliste II; vgl. Mühle 1967.

Hochschule Osnabrück wechselte, wo er Professor für Pädagogische Psychologie wurde. Ab 1962 nahm er zusätzlich die Privatdozentur an der Universität Mainz wieder wahr und arbeitete erneut mit seinem einstigen Doktorvater Wellek zusammen. Seine Veröffentlichungen konzentrierten sich weiterhin um die Thematik der Gestaltungsvorgänge; zudem legte er Publikationen zur Geschichte der Psychologie, zur Temperamentenlehre und zur Psychologie des schwach begabten Kindes vor.[248]

1964 folgte Günther Mühle schließlich dem Ruf an die Universität Tübingen. In Tübingen arbeitete Mühle im Anschluss an seine Habilitationsschrift auch weiterhin zu Themen aus dem Bereich der Kreativität: 1970 gab er gemeinsam mit Christa Schell den Sammelband „Kreativität und Schule" heraus. Hierin finden sich einzelne Beiträge, die die damalige Kreativitätsforschung rezipieren, vor allem auch im Rekurs auf amerikanische Literatur.

1971 verließ Günther Mühle die Universität Tübingen, um wieder an die Pädagogische Hochschule Osnabrück, ab 1973 Universität Osnabrück, zurückzukehren, an der er vor seiner Tübinger Zeit ja schon tätig gewesen war. Dort lehrte er bis zu seiner Emeritierung im Jahre 1981.

Die 1964 gegründete Abteilung Pädagogische Psychologie hatte ihren Standort zunächst in der Seelhausgasse 3. 1971 zog sie mit dem Psychologischen Institut in die Friedrichstraße 21, das Mühle dann kommissarisch zugleich mit der Abteilung Pädagogische Psychologie im Pädagogischen Seminar leitete.

Die zweite neue Professur in den 1960er Jahren war verbunden mit dem DIFF, dem Deutschen Institut für Fernstudien an der Universität Tübingen,[249] das „als Stiftung bürgerlichen Rechts am 28. Februar 1967 von der Stiftung Volkswagenwerk errichtet und im Zusammenwirken mit dem Kultusministerium Baden-Württemberg und der Universität Tübingen gegründet" wurde.[250] Bis 1971 von der Stiftung Volkswagenwerk finanziert, wurde das DIFF ab 1972 in die finanzielle Trägerschaft der Länder der Bundesrepublik Deutschland überführt. Gründungsdirektor und Leiter des DIFF bis 1979 war Günther Dohmen, seit 1967 Inhaber des Lehrstuhls „für Pädagogik unter Berücksichtigung akademischer Fernstudien" im Pädagogischen Seminar. Mit der Gründung der Stiftung ging die Forderung einher, ein einheitliches Verfahren bezüglich eines möglichen Fernstudiums an Universitäten in der ganzen Bundesrepublik zu erarbeiten. Hintergrund dieser Forderung war der eklatante Lehrkräftemangel im

---

[248] Vgl. UAT 205/73: Vorschlagsliste I; Schusser 1981, S. 10f.

[249] Eine Geschichte des DIFF liegt bisher nicht vor, wäre aber eine lohnenswerte Aufgabe. Materialien dazu liegen in gedruckter Form (Tätigkeitsberichte u.a.) vor. Im Universitätsarchiv Tübingen sind bisher keine Materialien vorhanden. In der Fakultät für Sozial- und Verhaltenswissenschaften fand sich eine „DIFF-Akte" (ein Aktenordner), der zwischenzeitlich dem Universitätsarchiv übergeben wurde. Freilich müsste es Unterlagen zum DIFF auch in den Archivbeständen des baden-württembergischen Kultusministeriums, der VW-Stiftung und des Bundes geben.

[250] DIFF-Report 1975, S. 7. Vgl. auch Dohmen 1978 sowie Dettinger-Klemm 1992.

Gymnasialbereich sowie die Überbelegung der Hochschulen[251] – eine angesichts der weiteren exorbitanten Zunahme der Studierendenzahlen in den 1970er Jahren einerseits verfrühte, dann aber doch weit vorausschauende Aussage. Fernstudien wären die ökonomisch sinnvollste Lösung gewesen, um den Lehrkräftemangel mittelfristig beseitigen zu können, z.B. dadurch, dass Haupt- und Realschullehrer die Möglichkeit zur Qualifikation als gymnasiale Lehrkraft im Rahmen einer berufsbegleitenden Weiterbildung gegeben würde. Das DIFF hatte dabei nicht die Aufgabe in Konkurrenz mit den bestehenden Hochschulen zu treten, sondern die vorhandenen Möglichkeiten des Präsenzstudiums mit den Möglichkeiten des mediengestützten Lehrens und Lernens in einem Fernstudium sinnvoll zu verzahnen, das erlangte Wissen zu evaluieren und dieses Wissen zu verbreiten.

Günther Dohmen (1926)*

Der in Heidelberg geborene Günther Dohmen absolvierte nach seinem Abitur am Helmholtzgymnasium in Karlsruhe ein Studium der Germanistik, Geschichte, Anglistik, Philosophie und Pädagogik an der Universität Heidelberg und legte 1950 die Prüfung für das Erste Staatsexamen ab. 1944/45 war er Soldat. „[W]ie fast alle Menschen aus diesen Jahrgängen hat ihn der Krieg gepackt, verwundet, ins Lazarett und in die Gefangenschaft gebracht.“[252]

Mit einer Arbeit zum Bildungsbegriff Goethes, „Die Bedeutung des ‚poetischen Bildungstriebs‘ für das Selbstverständnis Goethes“ wurde Dohmen 1951 bei Paul Böckmann und Hans Georg Gadamer in Heidelberg promoviert. „Nach Jahren der Lehrtätigkeit als Studienrat und Oberstudienrat in Mannheim und Stuttgart kehrte er 1956 in den Hochschulbetrieb zurück, wo er zunächst als Lehrbeauftragter an den Universitäten Heidelberg und Tübingen tätig war.“[253] Es folgte 1963 die Habilitation („Bildung und Schule. Die Entstehung des deutschen Bildungsbegriffs und die Entwicklung seines Verhältnisses zu Schule“) in Tübingen, woraufhin er im selben Jahr eine Professur für Pädagogik an der Pädagogischen Hochschule Reutlingen und dann, von 1965 bis 1967, an der Pädagogischen Hochschule Karlsruhe übernahm. Nachdem 1966 der Ruf nach Tübingen an ihn ergangen war, wechselte Dohmen 1967 hierher, wo er bis zu seiner Emeritierung 1994 tätig war.

Bereits 1966 war Dohmen in Karlsruhe beurlaubt worden, um das Deutsche Institut für Fernstudien (DIFF) aufzubauen. Die 1967 erfolgte Berufung nach Tübingen auf eine Professur für Pädagogik „mit der besonderen Aufgabe der Betreuung akademischer Fernstudien“ sollte an dieser zentralen Aufgabe zunächst nichts ändern, so dass Dohmen sich die ersten 13 Jahre

251 Vgl. Dohmen 1992, S. 13f.
252 Bayerischer Rundfunk 1999, S. 1.
253 Süssmuth 1991, S. 11.

seiner Tübinger Tätigkeit vornehmlich auf die Konzeption und den Auf- und Ausbau dieser neuartigen Einrichtung konzentrierte und zahlreiche Publikationen vorlegte (so u.a. „Das Fernstudium. Ein neues pädagogisches Forschungs- und Entwicklungsfeld“, 1967; „Fernstudium im Medienverbund“, 1970). Von seiner Lehrverpflichtung war er in dieser Zeit in der Regel teilwiese oder ganz befreit. 1979 stellte Dohmen aufgrund der Neuregelungen für das DIFF und mit Blick auf einen auswärtigen Ruf den Antrag auf Loslösung vom DIFF und Änderung der Denomination seines Lehrstuhls in eine Professur für Erziehungswissenschaft mit dem Aufgabenschwerpunkt Erwachsenenbildung/Weiterbildung. Nach Genehmigung dieser Änderung bekleidete Dohmen diese Professur schließlich bis 1994.

In der ganzen Zeit engagierte Dohmen sich zudem in verschiedenen Verbänden und Vereinigungen. So war er Vorsitzender des Deutschen Volkshochschul-Verbandes (1966-94) und der Konzertierten Aktion Weiterbildung (1987-99). Und auch nach der Emeritierung blieb er keineswegs untätig und fungierte beispielsweise von 1994 bis 2006 als wissenschaftlicher Berater beim Bundesministerium für Bildung und Forschung.

Dohmens Verbindung von gesellschaftlich-politischer und fachlich-pädagogischer Arbeit lässt sich bereits in den Studienjahren konstatieren. Er war „zugleich AStA-Vorsitzender, Vorsitzender der Baden-Württembergischen Studentenschaft sowie Mitbegründer des Verbandes Deutscher Studentenschaften. Seine engagierte hochschul- und allgemeinpolitische Arbeit führte dazu, daß er durch Konrad Adenauer 1948 als Gast zu den Beratungen zur Ausarbeitung des Grundgestezes der Bundesrepublik Deutschland teilnahm.“[254] Es sollte dort als Vertreter der Jugend dabei sein und mitdiskutieren, da die Mitglieder des Parlamentarischen Rats für derartige Fragen zu alt seien und im Grunde dieses Gesetz für die nachfolgende Jugend gemacht werde.[255]

An diesen frühen Erfahrungen auf (bildungs-)politischer Ebene während seiner aktiven AstA-Arbeit faszinierte ihn vor allem die Möglichkeit, „dass die Menschen sich selbst organisieren und verwalten dürfen“.[256]. Kurze Zeit später kam, während eines USA-Aufenthaltes, noch der Kontakt mit dem für ihn bislang unbekannten anglo-amerikanischen Schulsystem hinzu, was sich wohl maßgeblich auf sein späteres Schaffen auswirkte. „Ich kam in einen Klassenraum und sah, dass da nicht ein Lehrer vorne an der Tafel steht und doziert und über die Köpfe der Schüler hinweg redet. Stattdessen gibt es dort in einem etwas größeren Raum verteilt Arbeitsgruppen, die an bestimmten Problemstellungen arbeiten. [...] Das war eine ganz andere Rolle des Lehrers:

[254] Ebd.
[255] Vgl. Bayerischer Rundfunk 2006, S. 1f.
[256] Ebd., S. 4.

Er hatte hauptsächlich das selbstständige Arbeiten der Schüler zu organisieren und zu managen."[257]

Von diesen neuen Erfahrungen geprägt und inspiriert, konzipierte Dohmen 1953 in Mannheim die sogenannte „Free School", die es Schülern unterschiedlicher Altersstufen ermöglichen sollte, an Nachmittagen freiwillig selbstgewählte Interessensgebiete oder Orte in der eigenen Stadt zu erkunden und zu verstehen. „Diese Nachmittagsunternehmungen wurden im Laufe der Zeit so beliebt, dass dort z.T. mehr Schüler anwesend waren, als morgens im Unterricht."[258] „Alle Schüler, die morgens in der Schule krank waren, waren am Nachmittag da – weil das spannend war: Sie mussten das selbst organisieren."[259] Das durchaus engagierte, aber von behördlicher Seite kritisch beäugte Projekt war allerdings nur von kurzer Dauer, da Dohmen befördert und versetzt wurde, um ihn mittels Personalpolitik so „quasi ehrenvoll aus dem Geschäft"[260] zu ziehen, wie er selbst zu verstehen gibt.

Doch das Fundament für Dohmens Konzeption eines lebenslangen informellen Lernens, gepaart mit der Befähigung sich selbst aktuell und situationsbezogen Wissen anzueignen, welches stets im Widerstreit mit dem Wissen auf Vorrat für ungewisse Anwendung steht[261], war hier bereits gelegt. Der Beschäftigung mit Einzelthemen von der allgemeinen und Hochschulpolitik über die Schule, die Volkshochschule sowie die Lehrerfortbildung bis hin zur universitären Erwachsenenbildung war stets der Blick auf das „Verhältnis zwischen beruflicher und allgemeiner Bildung"[262] übergeordnet immanent. Abschließend und allgemein betrachtet enspricht „Dohmens fortgesetzter Auseinandersetzung mit dem Bildungsbegriff [...] die Frage nach dem zugrundeliegenden Verständnis der Ziele und der Funktion der Erwachsenenbildung heute."[263] Und diese lassen sich nur dann hinreichend erschließen, „wenn ein weiter, neben der formellen auch die informelle Bildung, die Selbstbildung und Selbsterziehung einschließender Begriff von Erwachsenenbildung als Humanum zugrundegelegt wird."[264] Veröffentlichungen wie „Weiterbildungsinstitutionen, Medien, Lernumwelten" (1999) oder „Das informelle Lernen" (2001) zeugen von dieser Auseinandersetzung.

Für seine Arbeit im Feld der Erwachsenenbildung/Weiterbildung wurde Dohmen 1999 in die „International Adult and Continuing Education Hall of Fame" aufgenommen. Er lebt und arbeitet in Tübingen.

---

[257] Ebd., S. 6.
[258] Ebd., S. 8.
[259] Bayerischer Rundfunk 1999, S. 4.
[260] Bayerischer Rundfunk 2006, S. 8.
[261] Vgl. ebd., S. 6.
[262] Süssmuth 1991, S. 12.
[263] Ebd., S. 12.
[264] Friedenthal-Haase/Reischmann/Tietgens/Vogel 1991, S. 17.

Grundlegendes Problem der Stiftung war die Personalgewinnung im Führungsbereich, da keine Planstellen mit Hochschullehrerbesoldung vorhanden waren. Das Land Baden-Württemberg versuchte bis 1975 mit so genannten Leerstellen im Staatshaushalt, dieses Problem zu lösen. Der Inhaber der Leerstelle war für die Dauer seiner Tätigkeit beim DIFF an der jeweiligen Hochschule beurlaubt und belastete so den Haushalt dieser Hochschule nicht. Trotz dieser scheinbar kostenneutralen Regelung scheuten sich die Hochschulen davor mitzuwirken, da sie nach Beendigung der Tätigkeit verpflichtet gewesen wären, den Leerstelleninhaber auf einer anderen Planstelle zu übernehmen. Dieser personell unbefriedigende Zustand veranlasste 1976 das Kultusministerium eine Vereinbarung mit dem DIFF und der Universität Tübingen „über das Verfahren bei der Besetzung von Leitungspositionen im Institut über die für diesen Zweck ausgebrachten Leerstellen"[265] zu treffen. In Zukunft sollten grundsätzlich die Hauptbereichsleiter des DIFF von der Universität Tübingen für die Dauer ihrer Tätigkeit zu Professoren berufen werden. Das spätere Recht auf Übernahme an der jeweiligen Fakultät erwarb der Inhaber der Leerstelle erst ab einer Mindesttätigkeitsdauer von fünf Jahren.[266] Die Hauptbereichsleiter waren nur nominell dem jeweiligen Universitätsinstitut zugeordnet, faktisch bzw. arbeitsrechtlich waren sie Mitarbeiter des DIFF, saßen in dessen Vorstand und wählten dessen Direktor sowie seinen Stellvertreter. Eine Verpflichtung zur universitären Lehre bestand nicht, allerdings führte die enge Kooperation zwischen dem Pädagogischen Seminar bzw. dem Institut für Erziehungswissenschaft und dem DIFF dazu, dass einige Hauptbereichsleiter Lehrveranstaltungen durchführten.

Die Übergangsmöglichkeit an die Fakultät nach fünf Jahren wurde mit Blick auf die problematische Situation des wissenschaftlichen Nachwuchses sowie auf die Haushaltsmittel von seiten der Fakultät in Frage gestellt. Zu einem Problem wurde außerdem die hochschulrechtliche Stellung der DIFF-Professoren, als nach einer Berufung auf eine DIFF-Professur der erste Antrag auf Vollmitgliedschaft in der Fakultät gestellt wurde. Die Vorbehalte in der Fakultät waren aus verschiedenen Gründen – u.a. wegen des Quorums in den Gremien – groß, so dass in langwierigen Verhandlungen eine Lösung gefunden werden musste, die darin bestand, dass den als Universitätsprofessoren berufenen, für ihre Tätigkeit am DIFF aber beurlaubten Professoren zwar Anwesenheits- und Rederecht, aber kein Stimmrecht zuerkannt wurde. Dies wurde von den DIFF-Professoren als Ungleichbehandlung gekennzeichnet, ohne dass sich freilich an der Situation zunächst etwas änderte.

Im Vorgriff auf die späteren Entwicklungsphasen sollen hier die von den genannten Regelungen betroffenen Personen genannt werden. Heinz Mandl (* 1937) war 1978 auf eine Professur für Erziehungswissenschaft und Pädagogische Psychologie berufen und an das DIFF beurlaubt worden, in dem er über die Zeit hinweg verschiedene Arbeitsbereiche (u.a. Unterrichtstechnologie, Medien-

---

265 Dettinger-Klemm 1978, S. 40; vgl. ders. 1992, S. 25f.

266 Das Folgende beruht auf der „DIFF-Akte" aus der Fakultät für Sozial- und Verhaltenswissenschaften.

forschung) leitete und dessen Direktor er von 1988 bis 1990 war. 1990 nahm er einen Ruf an die Universität München an. Kristian Kunert (* 1941) wurde 1981 berufen und an das DIFF beurlaubt, wo er den Arbeitsbereich Allgemeine wissenschaftliche Weiterbildung leitete. 1987 wurde seine Professur nach Ablauf der Mindestdauer von fünf Jahren auf Antrag in das Institut für Erziehungswissenschaft überführt.[267] Friedemann Maurer (* 1940) war von 1968 bis 1979 Dozent bzw. Professor für Schulpädagogik an der Pädagogischen Hochschule Reutlingen und von 1979 bis 1983 Professor für Schulpädagogik an der Technischen Universität Braunschweig, bevor er 1983 nach Tübingen berufen und an das DIFF beurlaubt wurde. Er leitete dort den Arbeitsbereich Schulpädagogik, bis er 1987 einem Ruf auf eine Professur für Pädagogik an die Universität Augsburg folgte. Franz Schott (* 1942) war von 1977 bis 1989 Professor für Pädagogische Psychologie an der Universität Gießen, von wo er an die Universität Tübingen bzw. das DIFF wechselte. Hier leitete er den Arbeitsbereich Erziehungswissenschaft/Erwachsenenbildung und war zuletzt auch Direktor des DIFF. 1993 nahm er den Ruf auf eine Professur für Pädagogische Psychologie an die Technische Universität Dresden an.

Lediglich Kunert nahm also die Möglichkeit wahr, mit seiner Professur an das Institut zu wechseln. Mandl, Maurer und Schott waren (fast) ausschließlich im Rahmen des DIFF tätig. In der erziehungswissenschaftlichen Lehre waren sie kaum (Mandl – und auch Kunert während seiner Zeit am DIFF – mit einer Veranstaltung pro Semester, Maurer mit wenigen unregelmäßigen Veranstaltungen) bis gar nicht (Schott) vertreten, und auch an Promotions- oder Habilitationsverfahren nicht beteiligt.

Zu erwähnen ist schließlich noch Karlheinz Rebel (* 1923), der nach einem berufsbegleitenden Studium 1975 in Tübingen promoviert wurde („Studien zur Didaktik und zu Medienproblemen des Fernstudiums. Zugleich ein Beitrag zur Lehrerbildung durch Fernstudium", Erstgutachter Andreas Flitner), wo der Gymnasiallehrer bereits seit 1966 am DIFF tätig war. Von 1970 bis 1979 war er stellvertretender, von 1979 bis 1988 geschäftsführender Direktor. 1979 wurde er als Honorarprofessor bestellt und lehrte seitdem regelmäßig bis zum Jahr 2003. Er hat zahlreiche Schriften zu den Themen Fernstudium und Weiterbildung sowie zur Lehrerbildung vorgelegt[268] und war von 1997 bis 2002 Mitherausgeber der Zeitschrift „Pädagogisches Handeln".

Die dritte neue Professur war seit 1969 den Neuen Lernverfahren und der Unterrichtstechnologie gewidmet. Auf diese Professur für Neue Lernverfahren wurde Walther Zifreund berufen.

---

267 Zu Kunert vgl. ausführlich unten, Kap. 2.3.

268 U.a. als Herausgeber „Wissenschaftstransfer in der Weiterbildung. Der Beitrag der Wissenssoziologie", 1989; „Issues in Teacher Education: Policy and Practice, Vol. 1", 1996; „Teacher Education – Theoretical Requirements and Professional Reality", 2 Bände, gemeinsam mit W. Bünder 1997; „E-Learning. Potenziale, Probleme, didaktische Gestaltung", gemeinsam mit W. Thorns 2006.

Walther Zifreund (1928-2005)

In Wettern (Tschechoslowakei) geboren, absolvierte Zifreund 1946 an der staatlichen Oberschule Büsum („Internat für entlassene Soldaten“) die Abiturprüfung.[269] Zwischen 1946 und 1953 studierte er in Frankfurt a.M. und in Bonn Philosophie, Psychologie und Germanistik. Bereits 1951 wurde er in Bonn mit einer philosophischen Arbeit zum Thema „Probleme der Wahrnehmung im Lichte neuerer gegenstandstheoretischer Untersuchungen“ bei Johannes Thyssen promoviert. 1953 folgte der Abschluss als Diplom-Psychologe. Parallel dazu legte er die Erste Prüfung für das Lehramt an Volksschulen ab.[270] Die Zweite Prüfung erfolgte 1955 in Münster, „von wo er im Jahre 1957 an die Pädagogische Hochschule Osnabrück abgeordnet wurde.“[271] Nach weiteren Anstellungen, zuerst als Akademiedozent an der Pädagogischen Akademie Kaiserslautern und dann als Wissenschaftlicher Rat an der Universität Tübingen (seit 1964), habilitierte sich Zifreund 1969 auf der Grundlage verschiedener Veröffentlichungen zur Entwicklung neuer Lernverfahren in Tübingen für das Fach Pädagogik mit besonderer Berücksichtigung neuer Lernverfahren, um noch im selben Jahr hier zum ordentlichen Professor für Pädagogik mit besonderer Berücksichtigung Neuer Lernverfahren ernannt zu werden.[272] Trotz einiger an ihn gerichteter Rufe anderer Universitäten, blieb Zifreund bis zu seiner Emeritierung 1998 in Tübingen.

Das erstmals 1966/67 im Namens- und Vorlesungsverzeichnis genannte , Zentrum für Neue Lernverfahren, dessen Leitung zunächst kommissarisch Günther Mühle übernahm, ging auf eine Idee Zifreunds zurück, der es ab 1968 auch leitete.[273] Das Zentrum diente dem Versuch, „der traditionell spekulativen Pädagogik eine handlungsorientierte Alternative“[274] gegenüber zu stellen.

„Zahlreiche Entwicklungs- und Forschungsprojekte wurden am Zentrum für neue Lernverfahren auf dem Gebiet Gestaltung von Instruktionsmaterialien, mediengestützter Lehr- und Lernformen, insbesondere Computeranwendungen im pädagogischen Bereich, Sprachlehr- und -lernforschung, videogestützter Verhaltens- und Interaktionstrainings (z.B. Lehrer-, Management- und Beratertraining) durchgeführt und auf Kongressen, Symposien, Workshops und in unzähligen Publikationen national und international zur Diskussion gestellt.“[275]

[269] Vgl. Hörmann 2007, S. 207.
[270] Vgl. ebd.
[271] Ebd., S. 207.
[272] Ebd.
[273] Klinzing 1998, S. 9.
[274] Leuteritz/Weisbach 1988, S. 7.
[275] Klinzing 1998, S. 9.

Das Institut sollte eine innovative Alternative vor allem zur herkömmlichen Lehrerbildung darstellen, die nur „die Verfestigung und Perpetuierung bestehender pädagogischer Verhaltensweisen begünstigt“[276], denn in Zifreunds Augen setzt(e) sich diese nach wie vor unfruchtbar aus einer dreigliedrigen Ausbildung zusammen, nämlich der am Beginn stehenden hospitierenden Beobachtung, dem anschließenden Praktizieren und der darauffolgenden selbstreflexiven, vergangenheitsbezogenen Kritik.[277] „Der Kerngedanke seiner neuen Methode war so einfach, wie er revolutionär war: Lehren ist durch Training erlernbar.“[278]

Das Konzept basierte v.a. darauf, dass unter Einsatz von audio-visuellen Medien Trainingsversuche aufgezeichnet wurden und exakt wiedergegeben und reproduziert werden konnten, ohne eine Verfälschung durch subjektive Vergangenheitsverfälschung zu provozieren.[279] „Zifreund hat sich stets vehement gegen die übliche retrospektive Verbalkritik verwahrt und stattdessen das Demonstrieren von Alternativen gefordert. Ein derartiges Training dient der Vergrößerung des individuellen Verhaltensrepertoires und stellt in keinem Fall eine Rezeptur für pädagogische Problemlösungen dar. Bestehenden Klischees soll gerade dadurch begegnet werden, daß durch das experimentelle Erproben alternativer Verhaltensweisen den Auszubildenden bewußt wird, daß es für eine pädagogische Situation verschiedene und gleichermaßen mögliche Verhaltensweisen gibt.“[280]

Von 1985 bis 1989 studierte Zifreund Kunsttherapie an der Fachhochschule in Nürtingen, an deren Gründung er ebenfalls beteiligt war, und durfte bereits seit 1985 als Psychotherapeut tätig sein.[281] Im weiteren Verlauf hat sich Zifreund verstärkt „den Künstlerischen Therapien und den kreativen Ansätzen in der Pädagogik zugewandt“.[282] Weiterhin war Zifreund 1993 maßgeblich an der Gründung sowie am Auf- und Ausbau der Internationalen Hochschule Calw (IHC) beteiligt, die seit 1998 als staatliche Fachhochschule anerkannt ist („Staatlich anerkannte Fachhochschule für Kreativpädagogik und künstlerische Therapien des Zentrums für Neue Lernverfahren GmbH“).

[276] Leuteritz/Weisbach 1988, S. 8.

[277] Vgl. ebd.

[278] Ebd.

[279] Vgl. ebd., S. 8f.

[280] Ebd., S. 9. In diesem Zusammenhang wären u.a. Zifreunds Publikationen „Konzept für ein Training des Lehrverhaltens mit Fernsehaufzeichnungen in Kleingruppenseminaren“ (1966) und „Training des Lehrverhaltens und Interaktionsanalyse: Dokumentation und Bilanz des 1. Internationalen Microteaching-Symposiums“ (1976) zu nennen.

[281] Hörmann 2007, S. 207. Vgl. dazu den Band „Therapien im Zusammenspiel der Künste“ (1996) von Zifreund.

[282] Klinzing 1998, S. 10.

„[I]n unerschütterlichem Optimismus“ gegründet sollte diese ihn aber „alsbald zutiefst“ enttäuschen.[283]

„Nach seiner Emeritierung betätigte sich Zifreund mit vermehrtem Engagement auf dem Feld der künstlerischen Therapien und gab sein profundes Wissen und seine Praxiserfahrung im Rahmen der regelmäßig in Münster, Köln, Tübingen und Hamburg stattfindenden Symposien und Tagungen des Berufsverbandes für Kunst-, Musik- und Tanztherapie an die zahlreiche Teilnehmerschar weiter.“[284] Über lange Jahre war er zudem Mitherausgeber der Zeitschrift „Musik,- Tanz- und Kunsttherapie“ und Vorsitzender des Berufsverbands künstlerischer Therapien (BKMT). Und noch 2001 erhielt er die Approbation zum psychologischen Psychotherapeuten mit Eintrag in das Arztregister.[285]

„Anstelle akademischer Eitelkeiten legte [...] Zifreund um so größeren Wert auf akademische Ausbildungsstandards. Die Bedeutsamkeit wissenschaftlicher Qualitätsmerkmale wird nicht zuletzt an seiner eindrucksvollen (perpetuierenden Nach-) Qualifikationslaufbahn deutlich, in welcher er nicht nur neue Lernverfahren propagierte, sondern auch konkret praktizierte.“[286]

Mit diesen neuen Professuren hatte das Pädagogische Seminar 1969 nun das folgende Gesicht: Otto Friedrich Bollnow hatte den Lehrstuhl für Philosophie und Pädagogik inne, Andreas Flitner den Lehrstuhl für Pädagogik, Günther Mühle den Lehrstuhl für Pädagogische Psychologie, Günther Dohmen war ordentlicher Professor für Pädagogik mit der besonderen Aufgabe der Betreuung akademischer Fernstudien und Direktor des DIFF, wo er auch sein Büro hatte, Walther Zifreund schließlich war Ordinarius für Neue Lernverfahren. Das Pädagogische Seminar hatte seinen Sitz (bis zum Sommersemester 1971) in der Stauffenbergstraße, während die Abteilung Pädagogische Psychologie in die Friedrichstraße 21 zu den Psychologen zog, das DIFF an verschiedenen Stellen in der Stadt, u.a. in der Biesinger-, in der Wöhrd- und in der Friedrichstraße, angesiedelt war, und das zum Pädagogischen Seminar gehörende Zentrum für Neue Lernverfahren in der Münzgasse 11 untergebracht war.

Die geisteswissenschaftliche Schwerpunktsetzung, die nach dem Kriegsende durch die Neuberufungen Einzug gehalten hatte, war zwar noch zu erkennen – Bollnow und Flitner waren auch diejenigen, die am längsten im Amt waren –, doch erhielt das Seminar mit den neuen Professuren eine neue Struktur, die zum Teil sogar an die Schwerpunktsetzung bis 1945 anschloss. Dies sollte allerdings erst der Anfang einer weiteren Differenzierung und neuen Schwerpunktsetzung der Tübinger Erziehungswissenschaft sein.

---

283 Hörmann 2007, S. 207.
284 Ebd.
285 Vgl. ebd.
286 Ebd., S. 208.

2.3 Das Institut für Erziehungswissenschaft 1970 bis 2002: Die Phase der Versozialwissenschaftlichung

Nach der erneuten Konsolidierung der Erziehungswissenschaft an der Universität Tübingen in den 1960er Jahren sollten die 1970er Jahre eine eher stürmische Zeit werden. Dies hatte insbesondere seine Ursache in der rasanten Zunahme der Studierendenzahlen, die wiederum mit einer Ausweitung des Personalbestandes einherging (wenngleich beide nicht annähernd kongruent waren!) und zu einer weiteren Binnendifferenzierung des Faches führte. Der Studentenberg, der bekanntlich untertunnelt werden sollte,[287] ist zurückzuführen auf die Zunahme der Lehramtsstudierenden sowie v.a. auf den neuen Diplom-Studiengang, der zu Beginn der 1970er Jahre etabliert wurde. Zugleich wurden organisatorische Veränderungen durchgeführt, in deren Folge aus dem Pädagogischen Seminar das Institut für Erziehungswissenschaft wurde, das zugleich aus der Philosophischen Fakultät ausschied und im Fachbereich, später der Fakultät für Sozial- und Verhaltenswissenschaften zugeordnet wurde: Im Wintersemester 1972/73 kommt es zu einer Neuorganisation der Fakultäten, in deren Rahmen Fachbereiche gegründet werden, darunter der Fachbereich 8 Sozial- und Verhaltenswissenschaften, Pädagogik. Hier waren folgende Fächer zusammengeführt: Empirische Kulturwissenschaft, Erziehungswissenschaft, Politikwissenschaft, Psychologie, Soziologie und Sportwissenschaft. Das Pädagogische Seminar wurde umbenannt in Institut für Erziehungswissenschaft, kurz IfE, trägt seitdem also die Bezeichnung, die heute noch existiert. Der Fachbereich 8 wurde 1979 in einer neuerlichen Reorganisation schließlich in Fakultät für Sozial- und Verhaltenswissenschaften umbenannt, deren Zusammensetzung bis 2004 gleich blieb.

Das Institut für Erziehungswissenschaft selbst sollte ebenfalls verschiedenen Veränderungen unterworfen werden, wobei vornehmlich die Trennung in ein Institut für Erziehungswissenschaft I und ein Institut für Erziehungswissenschaft II auffällt, die vom Wintersemester 1978/79 bis zum Wintersemester 1996/97 Bestand hatte. Diese Trennung beruhte freilich nicht, wie in der Regel vermutet, auf einer fachlichen Spaltung oder kollegialen Zerwürfnissen, sondern auf pragmatischen, v.a. haushaltstechnischen Überlegungen. Seit dem Sommersemester 1997 gibt es wieder ein Institut für Erziehungswissenschaft.

Intern gliederte sich das Institut für Erziehungswissenschaft seit 1972 in verschiedene Arbeitsbereiche: Allgemeine Pädagogik (Stauffenbergstraße 42), Fernstudien/Mediendidaktik (Friedrichstraße 6), Neue Lernverfahren/Unterrichtstechnologie: Zentrum für neue Lernverfahren (ZNL) (Münzgasse 11), Pädagogische Psychologie (Friedrichstraße 21), Schulpädagogik (Stauffenbergstraße 42), Sozialpädagogik (Alte Burse). Die Geschäftsführung hatte ihren Sitz in der Burse. Die räumliche Zersplitterung des Instituts blieb also zunächst erhalten, doch setzte langsam ein Konzentrationsprozess in der Münzgasse ein. Die Arbeitsbereiche Schulpädagogik und Sozialpädagogik zogen Ende 1974 ebenso wie die Geschäftsführung in die Münzgasse 26/28, wohin 1975 auch Teile des

[287] Dohmen 1992, S. 14.

Arbeitsbereichs Allgemeine Pädagogik zogen. Der Arbeitsbereich Fernstudien/Mediendidaktik erhielt Räume in der Münzgasse 24. Schließlich wurden ab dem Sommersemester 1978 alle bis dato existierenden Arbeitsbereiche in der Münzgasse 11 bzw. der Münzgasse 22-30 zusammengeführt, aber der neue Arbeitsbereich Zentrum für Hochschuldidaktik am Holzmarkt 7 untergebracht. Die 1978 erfolgte Aufteilung in die beiden Institute für Erziehungswissenschaft brachte keine örtliche Verlagerung mit sich. Dem Institut I gehörten die Arbeitsbereiche Allgemeine Pädagogik, Pädagogische Psychologie, Schulpädagogik, Sozialpädagogik und das Zentrum für Hochschuldidaktik an, dem Institut II die Arbeitsbereiche Fernstudien/Mediendidaktik/Weiterbildung sowie Neue Lernverfahren/Unterrichtstechnologie/Zentrum für neue Lernverfahren. Ein Jahr später, zum Wintersemester 1979/80 wurden die Arbeitsbereiche in Abteilungen umbenannt[288] – wobei aus dem Arbeitsbereich Fernstudien/Mediendidaktik/Weiterbildung die Abteilung Erwachsenenbildung/Weiterbildung entstand –, ohne dass sich an der Institutsgliederung oder den Räumlichkeiten etwas änderte. 1980/81 ging das Zentrum für Hochschuldidaktik verloren und Teile des Instituts II, ab 1982/83 auch Teile des Instituts I, mussten auf den Holzmarkt ausweichen. Zum Sommersemester 1990 wurde eine Arbeitsstelle Religionspädagogik, zunächst in der Hölderlinstraße 29, ab 1994/95 in der Brunnenstraße 6, eingerichtet. Diese Arbeitsstelle diente der Aufnahme des bisherigen Professors für Praktische Theologie mit Schwerpunkt Religionspädagogik und Kerygmatik in der Katholisch-Theologischen Fakultät, Wolfgang Bartholomäus, dem aufgrund seiner 1988 geschlossenen Ehe von der Kirche die missio canonica entzogen wurde, der aber aufgrund seiner beamtenrechtlichen Stellung als Professor weiterbeschäftigt werden musste und naheliegenderweise in das IfE integriert wurde. Mit der Emeritierung von Bartholomäus 1997 wurde die Arbeitsstelle wieder aufgelöst und das Institut erhielt die innere Gestalt, die es bis Mitte des ersten Jahrzehnts des neuen Jahrtausends aufweisen sollte mit den fünf Abteilungen (Allgemeine Pädagogik, Erwachsenenbildung/Weiterbildung, Pädagogische Psychologie, Schulpädagogik, Sozialpädagogik).

Die Einrichtung von Arbeitsbereichen bzw. Abteilungen erfolgte nicht im luftleeren Raum, sondern mit Blick auf die vorhandenen Professuren und Arbeitsschwerpunkte. Dies lässt zwar vermuten, dass spätestens ab 1972 eigene Professuren für Schulpädagogik und Sozialpädagogik existierten. Doch geht diese Vermutung etwas fehl, wie die folgende Übersicht zeigt.

---

[288] Allerdings kam es immer wieder auch zur Benennung der Abteilungen als Arbeitsbereiche. Eine durchgehende Bezeichnung als Abteilungen scheint sich erst ab Ende der 1990er Jahre durchgesetzt zu haben.

Arbeitsbereich/Abteilung	Professur(en)
Allgemeine Pädagogik	Bollnow (1953-1970) Flitner (1958-1988) → Prange (1989-2003) Liegle (1973-2006) Herrmann (1976-1994)
Fernstudien/Mediendidaktik, ab 1979/80 Erwachsenenbildung/ Weiterbildung	Dohmen (1967-1979 DIFF, 1979-1994)
Hochschuldidaktik	—
Neue Lernverfahren/ Unterrichts-technologie: Zentrum für neue Lernverfahren (ZNL)	Zifreund (1969-1997) Kunert (1987-1997) *auf Zeit*: Klinzing (1983-1988)
Pädagogische Psychologie	Mühle (1964-1971) → Schmalohr (1974-1977) → Huber (1980-2006) *auf Zeit*: Brunner (1985-1989)
Religionspädagogik	Bartholomäus (1990-1997)
Schulpädagogik	Knab (1982-1993) → Grunder (1995-2005) Kunert (1997-2004) *auf Zeit*: Treml (1983-1987)
Sozialpädagogik	Thiersch (1970-2002) Müller (1982-2006) Heiner (1992-2009)

Die weitere Darstellung der Personalentwicklung wird im Folgenden entlang der Arbeitsbereiche bzw. Abteilungen vorgenommen, um einen besseren Überblick zu bewahren. Dabei werden die Abteilungen in der alphabetischen Reihenfolge dargestellt.

Zuvor aber soll noch auf die Studiengänge am Institut eingegangen werden. Der Studiengang für Volksschulehrer zur Vorbereitung auf die Höheren Prüfung, der Anlass für die Etablierung der Pädagogik in Tübingen gewesen war, existierte weiterhin. Die Ausgangsbedingungen hatten sich zwar etwas verändert – für die inzwischen auf Hochschulniveau angesiedelte Ausbildung zum Volksschullehrer benötigte man schon seit Längerem das Abitur, so dass die Ausgangsbedingungen dieser Studenten sich nicht mehr so deutlich von den „normalen" Studierenden unterschieden, wie dies noch zu Beginn der Fall gewesen war –, aber die Intention war geblieben. Der Studiengang bot die Möglichkeit, befähigte Volksschullehrer für Tätigkeiten in der Schulaufsicht und Schulverwaltung oder in der Lehrerbildung zu qualifizieren.[289] Und diese Möglichkeit wurde intensiv genutzt.[290]

Das Studium für das Lehramt an Gymnasien hingegen bot dafür wenig Ansatzmöglichkeiten, war die Pädagogik hier doch lediglich mit insgesamt drei, zeitweise nur mit zwei Lehrveranstaltungen vertreten. Ab 1959 konnte eine zusätzliche Prüfung in Pädagogik abgelegt werden, deren Ergebnis aber nicht in

[289] Vgl. Flitner 1961.

[290] Vgl. dazu die biografischen Daten zu einigen in diesem Band genannten Personen, z.B. Gerhard Pfahler, Klaus Giel, Heinrich Roth.

die Gesamtnote einfloss. Der geringe Anteil der Erziehungswissenschaft an der universitären gymnasialen Lehrerausbildung hat sich bis in dieses Jahr hinein fast unverändert erhalten.[291]

Eines der zentralen Kennzeichen „einer ausdifferenzierten und voll entwikkelten Disziplin ist die Existenz eines Hauptfachstudiengangs".[292] In den ausgehenden 1960er und beginnenden 1970er Jahren herrschte eine Konstellation, die relativ günstige Bedingungen für die Einführung des Diplomstudiengangs Erziehungswissenschaft bot. Die „politisch-gesellschaftliche Nachfrage nach pädagogischem Expertenwissen und nach pädagogischen Experten im Rahmen der Bildungsreform und der Entwicklung des Sozial- und Wohlfahrtsstaates [traf] auf ein Angebot und Versprechen der akademischen Pädagogik [...], diese Nachfrage befriedigen zu können".[293]

Bereits seit den 1950er Jahren gab es durch vereinzelt eingerichtete Magisterstudiengänge im Fach Pädagogik ein grundständiges erziehungswissenschaftliches Studienangebot, allerdings wurde in diesen Jahren nur eine kleine Gruppe von „HauptfachpädagogInnen im Magisterstudium ausgebildet".[294] Dieser Zustand änderte sich, als 1969 die Einführung eines erziehungswissenschaftlichen Diplomstudiengangs beschlossen wurde. Der neu gegründete Diplomstudiengang stand von Anfang an im Spannungsverhältnis, zur Konsolidierung der Erziehungswissenschaft als eigenständiger Disziplin beizutragen und zugleich durch wissenschaftliche Ausbildung auf eine Vielzahl pädagogischer Berufe vorbereiten zu sollen.[295] Er sollte in erster Linie Akademiker ausbilden, die außerhalb von Schule und Hochschule eingesetzt werden sollten. Das Studiengangskonzept sah neben dem „erziehungswissenschaftlichen Kern- bzw. Grundlagenstudium vor allem die Wahlmöglichkeit einer vertiefenden Studienrichtung" vor.[296] Dieser Ansatz brachte zwei Schwierigkeiten mit sich: zum einen den ungeklärten Zustand der Anteile der Allgemeinen Pädagogik und der teildisziplinären Studienanteile, zum anderen die Erkennbarkeit der jeweiligen Studienrichtung nach außen. Mit der Umsetzung eines studiengangspezifischen Konzeptes wurde es erstmals möglich, innerhalb der Erziehungswissenschaft systematisch ein Studium mit den Schwerpunkten „Pädagogik der frühen Kindheit", „Sozialpädagogik", „Sonderpädagogik", „außerschulische Jugendarbeit und Erwachsenenbildung" sowie „betriebliche Bildung" zu studieren.

Bis Mitte der 1960er Jahre hatte sich die Erziehungswissenschaft zwar an den deutschen Universitäten etabliert, jedoch fiel bis dato die personelle Ausstattung eher schmal aus.[297] Dieser Zustand bot eine schlechte Ausgangslage für

---

[291] Die neue, modularisierte, aber nicht auf BA/MA-Struktur umgestellte Studien- und Prüfungsordnung, die ab dem Wintersemester 2010/11 gültig ist, sieht inzwischen mehr Veranstaltungen im nun bildungswissenschaftlichen Begleitstudium vor.

[292] Rothland 2008, S. 208.

[293] Horn 1999, S. 297f.; vgl. auch Lüders 1989.

[294] Rauschenbach 1994, S. 275. Zu den Magisterstudiengängen vgl. Gängler 1994.

[295] Vgl. Horn 1999, S. 298.

[296] Rauschenbach 1994, S. 276.

[297] Vgl. Horn 1999, S 298.

die schnell ansteigenden Studierendenzahlen, die sich nach der Einführung des Diplomstudiengangs einstellten. Im Wintersemester 1972/73 waren bundesweit bereits mehr als 13.000 Studenten zu verzeichnen und seit Mitte der 1970er Jahre waren konstant zwischen 25.000 und 30.000 Studierende immatrikuliert.[298]

Trotz der hohen Studierendenzahlen sahen sich die Absolventen des Diplomstudiengangs „in dem ideologisch erhitzten Klima der 1970er Jahre [...] dem generellen Vorbehalt ihrer gesellschaftlichen Nutzlosigkeit ausgesetzt und wurden vom Arbeitsmarkt nicht gerade mit offenen Armen empfangen“.[299] Das eingangs angesprochene Dilemma, im Rahmen des Diplomstudiengangs qualifiziertes Personal zu generieren und gleichzeitig die Stellung der eigenen akademischen Disziplin zu stützen, setzte sich bald in einer Debatte über die ungenügenden inhaltlich-konzeptionellen Vorbereitungen des Diplomstudiengangs fort. Diese „(Selbst-)Kritik [...] wurde extern von kritischen Einschätzungen der beruflichen Einsetzbarkeit von Diplompädagogen nicht minder kritischen Prognosen [...] begleitet.“[300] Entgegen diesen kritischen Einschätzungen zeigten Studien über den beruflichen Verbleib von Diplompädagogen, dass sich diese auf dem Arbeitsmarkt überraschend gut durchsetzten.[301]

In Tübingen trat die „Ordnung für die gemeinsame Diplomprüfung in Erziehungswissenschaft der Universität Tübingen und der Pädagogischen Hochschule Reutlingen“ mit der Veröffentlichung im Amtsblatt des Kultusministeriums im September 1972 in Kraft. Zu dieser Zeit war der Studiengang de facto freilich schon längst eingeführt und überfüllt.[302] In den Vorlesungsverzeichnissen wurde erstmals zum Wintersemester 1973/74 unter der Rubrik „Prüfungsausschüsse“ ein Ausschuss für die Diplomprüfung für Erziehungswissenschaftler aufgeführt, dessen Mitglieder am 7. September 1972 vom Großen Senat gewählt worden waren. Das erste nach bestandener Prüfung ausgestellte Diplom datiert vom 12. Juli 1973.

Im Rahmen des Diplomstudiengangs sind drei Besonderheiten zu ergänzen: 1. 2001 wurde, zunächst als Modellversuch, später regulär, die Möglichkeit eines Teilzeitstudiums eingeführt, die sich guter Nachfrage erfreute. 2. Die Höhere Prüfung für den Volksschuldienst wurde dadurch weitergeführt, dass Absolventen der Pädagogischen Hochschulen sich nun über ein Aufbaustudium, das dem Hauptstudium des Diploms entsprach, weiter qualifizieren konnten. 3. Eine weitere Zusatzqualifikation war gegeben durch eine Vereinbarung mit dem Kultusministerium, dass Absolventen des Diplomstudiengangs, sofern sie im Bereich Kinder- und Jugendliteratur und Medienpädagogik sowie in der Pädagogischen Psychologie ergänzende Veranstaltungen und eine zusätzliche Ab-

---

298 S. ebd., S. 303. Zur Entwicklung der Studierendenzahlen in Tübingen s. u. Kap. 3.

299 Rauschenbach 1994, S. 279.

300 Horn 1999, S. 304.

301 Langenbach/Leube/Münchmeier 1974; Münchmeier/Thiersch 1976; Krüger/Rauschenbach 2004.

302 Vgl. dazu unten, Kap. 3.

schlussprüfung absolviert hatten, zum Vorbereitungsdienst das Lehramt an beruflichen Schulen (und an Fachschulen, z.B. für die Erzieherinnenausbildung) zugelassen werden konnten. Auch diese Zusatzqualifikation erfreute sich großer Nachfrage.

Arbeitsbereich/Abteilung Allgemeine Pädagogik

Nachdem seit 1958 zwei Professoren die Allgemeine Pädagogik vertreten haben, kam 1970 mit Bollnows Emeritierung wieder Bewegung in die Personallandschaft. Bollnows Professur für Philosophie und Pädagogik wurde in zwei Teile geteilt: die philosophische Hälfte wanderte in das Philosophische Seminar, die pädagogische verblieb im Pädagogischen Seminar. Auf diese in gewissem Sinne neue Professur für Pädagogik wurde Hans Thiersch berufen, der binnen Kurzem den Arbeitsbereich Sozialpädagogik aufbauen sollte, so dass Andreas Flitner ab 1970 die Allgemeine Pädagogik allein abdecken musste. Dies änderte sich erst 1973, als eine weitere Professur für Allgemeine Pädagogik eingerichtet und mit Ludwig Liegle besetzt wurde. Weitere drei Jahre später kam eine dritte allgemeinpädagogische Professur hinzu, auf die Ulrich Herrmann berufen wurde. Liegle und Herrmann hatten dabei je unterschiedliche Schwerpunktsetzungen aufzuweisen: Bei Liegle waren es thematisch die Familie und die frühkindliche Erziehung sowie methodisch der internationale Vergleich, bei Herrmann ging es lange Zeit sehr intensiv um die Geschichte von Kindheit und Jugend sowie um die Geschichte der Pädagogik resp. Erziehungswissenschaft.

Ludwig Liegle (1941)*

Ludwig Liegle studierte von 1960-1963 Germanistik, Philosophie, Soziologie und Slawistik in Freiburg und Berlin. Nach der allgemeinen Prüfung für das Amt des Studienrates nahm er ab 1963 erneut ein Studium an der Freien Universität Berlin auf, nun mit der Fächerkombination Pädagogik, Germanistik und Soziologie. Anschließend ging er zu Forschungszwecken für ein Jahr nach Israel und wurde daraufhin 1967 bei Fritz Borinski mit einer Arbeit über „Familie und Kollektiv im Kibbutz. Eine Studie über die erzieherischen Funktionen der Familie in einem kollektiven Erziehungssystem" (veröffentlicht 1971) promoviert. Hierin analysierte Liegle das Spannungsverhältnis zwischen der Erziehungsfunktion der Familie und dem kollektiven Erziehungssystem der Kibbutzim. Die Arbeit trug zur Begründung einer eigenständigen erziehungswissenschaftlichen Kibbutzforschung in Deutschland bei.[303]

Die Frage nach dem Einfluss eines Kollektivs bzw. der Gesellschaft auf die Familienerziehung verfolgte Liegle auch nach der Promotion weiter, diesmal allerdings im Zusammenhang mit dem kommunistischen System der Sowjetunion. Ab 1967 war Liegle in einem Forschungsprojekt der Volkswa-

[303] Vgl. Konrad 2001, S. 16.

genstiftung tätig, aus dem eine weitere Buchveröffentlichung hervorging: In „Familienerziehung und sozialer Wandel in der Sowjetunion“ (1970) beschreibt Liegle das ambivalente Verhältnis zwischen Familie und kommunistischer Gesellschaft, denn in „der Erfüllung ihrer Funktion entspricht die Familie [...] nur in geringem Maße den Forderungen des Staates“.[304]

Nach Beendigung dieses Forschungsprojektes arbeitete Ludwig Liegle ab 1969 als wissenschaftlicher Assistent am Institut für Pädagogik der Ruhr-Universität Bochum bevor er 1973 an die Universität Tübingen berufen wurde. In Tübingen widmete er seine Forschungen weiterhin den Bereichen der Erziehung im Kibbutz und der Familienerziehung, welche auch in die seine Arbeiten im Bereich der vergleichenden Erziehungswissenschaft Eingang fanden („Welten der Kindheit und Familie. Beiträge zu einer pädagogischen und kulturvergleichenden Sozialisationsforschung“, 1987). Zudem stellte die Pädagogik der frühen Kindheit einen Schwerpunktbereich in Liegles Arbeit dar: Neben einem Einführungswerk zum Thema, das er gemeinsam mit Kollegen herausgab („Einführung in die Pädagogik der frühen Kindheit“, 2003), ist das Buch „Bildung und Erziehung in früher Kindheit“ (2006) eines seiner wichtigsten Werke auf diesem Gebiet.

Die publizistische Arbeit zu den genannten Themengebieten beschränkte sich jedoch natürlich nicht nur auf den Bereich der Buchveröffentlichungen. Unter anderem publizierte Ludwig Liegle regelmäßig in der Zeitschrift „Neue Sammlung“, bei der er ab 2001 als Mitherausgeber fungierte.

Zudem war er in Beratungstätigkeiten involviert: Zum einen in Form von Politikberatung beim Bundesministerium für Jugend, Frauen und Gesundheit, wo er seit 1973 Mitglied des wissenschaftlichen Beirats für Familienfragen war und auch einige Jahre das Amt des Vorsitzenden inne hatte. Zum anderen ab 2001 im wissenschaftlichen Beirat des Deutschen Jugendinstitut (DJI) in München, wo er zuvor auch Mitglied des Kuratoriums gewesen war.

Im Jahre 2006 wurde Ludwig Liegle pensioniert; er lebt und arbeitet in Tübingen.

Ulrich Herrmann (1939)*

Nach Abitur und Wehrdienst studierte Ulrich Herrmann seit 1960 Germanistik, Geschichtswissenschaft, Pädagogik, Philosophie und Politikwissenschaft zuerst in Heidelberg und später in Köln, wo er 1968 bei Hans-Hermann Groothoff mit einer Dissertation über „Die Pädagogik Wilhelm Diltheys. Ihr wissenschaftstheoretischer Ansatz in Diltheys Theorie der Geisteswissenschaften“ promoviert wurde. Die Arbeit stellte einen Beitrag „zur Geschichte der die

[304] Liegle 1970, S. 191.

Gegenwart bestimmenden pädagogischen Theorien, im besonderen [...] zur Geschichte der ‚geisteswissenschaftlichen Pädagogik'" dar.[305]

Nach der Promotion wurde Herrmann Referent im Sekretariat der Studienstiftung des deutschen Volkes in Bad Godesberg, wo er jedoch nur kurze Zeit blieb, um 1969 die Stelle des Persönlichen Referenten des Rektors der Universität Tübingen zu übernehmen. Diesen Posten bekleidete er ein Jahr und wechselte 1971 auf eine Stelle als Wissenschaftlicher Assistent bzw. Akademischer Rat bei Andreas Flitner am Tübinger Institut für Erziehungswissenschaft. 1975 folgte die Habilitation für Erziehungswissenschaft, 1976 die Ernennung zum Professor für Allgemeine und Historische Pädagogik.

Den Schwerpunkt seiner Forschungs- und Publikationstätigkeit bildeten in dieser Zeit v.a. bildungshistorische Themen, ohne dass sich seine Arbeiten darauf allein reduzieren ließen. Im Bereich der sich neu formierenden Historischen Pädagogik sind jedoch seine bekanntesten Schriften und Editionen angesiedelt. Herrmann war maßgeblich mitbeteiligt an dieser Neuformierung der Historischen Pädagogik, indem er „die herkömmliche Historische Pädagogik über ihre traditionelle Ideen- und Institutionengeschichte hinaus weiterzuentwickeln"[306] suchte und sich der Historischen Sozialisations- und Biografieforschung sowie der Geschichte des Familien-, Kinder- und Jugendlebens zuwandte. Gesammelte Aufsätze dazu liegen in dem Band „Historische Bildungsforschung und Sozialgeschichte der Bildung. Programme – Analysen – Ergebnisse" (1991) vor. Auch in editorischer Hinsicht, u.a. als (Mit-) Herausgeber der Werke Wilhelm Flitners und Siegfried Bernfelds, einer Schriftenreihe zur Historischen Jugendforschung sowie von 1987 an als Mitbegründer und Mitherausgeber des „Handbuchs der deutschen Bildungsgeschichte" (6 Bde.) und von 1993 bis 1998 des „Jahrbuchs für Historische Bildungsforschung", trat Herrmann prominent hervor. Hinzu kommt die langjährige Tätigkeit als Mitherausgeber (von 1975 bis 2001) und Redakteur der lange Zeit führenden deutschen erziehungswissenschaftlichen Fachzeitschrift „Zeitschrift für Pädagogik", in der er selbst zahlreiche Aufsätze veröffentlichte. Seit mehreren Jahren ist Herrmann in der Redaktion der baden-württembergischen Schulzeitschrift „Lehren und Lernen" aktiv.

1994 folgte Ulrich Herrmann Tübingen dem Ruf auf eine ordentliche Professur für Pädagogik an der Universität Ulm. Neben seiner dortigen Tätigkeit kam er zudem Lehraufträgen an verschiedenen Universitäten (u.a. in Bern und Zürich) nach und wurde 2003 als Honorarprofessor der Universität Potsdam bestellt, wo er zu Beginn der 1990er Jahre als Mitglied des Gründungssenats zusammen mit Wolfgang Edelstein das Potsdamer Modell der Lehrerbildung entwickelt hatte.

Seine Forschungsarbeit konzentrierte sich in Ulm neben der Historischen Pädagogik nun stärker auf Fragen der Lehrerausbildung und der Schulpäd-

[305] Herrmann 1971, S. 7.
[306] Herrmann 1991, S. 7.

agogik. In „Wie lernen Lehrer ihren Beruf? Empirische Befunde und praktische Vorschläge" (2002) erörtert Herrmann auf Grundlage von Interviews mit Gymnasiallehrern die Situation in der Lehrerbildung und gibt Hinweise auf deren notwendige Modifizierung. In dem von ihm herausgegebenen Band „Neurodidaktik: Grundlagen und Vorschläge für gehirngerechtes Lehren und Lernen" (2. Aufl. 2009) schließlich geht es um neue Wege des Lehrens und Lernens, die sich an der Schnittstelle von Neurowissenschaften und Pädagogik auftun.

Auch nach seiner Emeritierung im Jahre 2004 ist er in den genannten Feldern weiter aktiv, hat sich zuletzt u.a. intensiv an den Debatten um die Reformpädagogik angesichts der Missbrauchsfälle an der Odenwaldschule beteiligt und betreut ein Internetforum „Kritische Pädagogik" (http://forum-kritische-paedagogik.de/), in dessen Rahmen er selbst zu aktuellen bildungspolitischen und pädagogischen Fragen immer wieder dezidiert Stellung nimmt, aber auch zahlreiche Beiträge anderer Autoren zu entdecken sind.

Ulrich Herrmann lebt und arbeitet in Tübingen.

Der Arbeitsbereich bzw. die Abteilung Allgemeine Pädagogik erfuhr auf diese Weise nicht nur einen personellen Ausbau, der freilich nach dem Weggang Herrmanns nach Ulm wieder zurückgenommen wurde – seine Professur wurde nicht wieder besetzt –, sondern auch eine fachliche Differenzierung, wurden doch nun die unterschiedlichen Bereiche der Allgemeinen Pädagogik – der systematische, der historische und der vergleichende – jeweils von eigenen Professuren vertreten.

Die systematische Pädagogik wurde nach der Emeritierung von Andreas Flitner von Klaus Prange mit anderer Akzentuierung weiter geführt.

Klaus Prange (1939)*

In Ratzeburg in Holstein geboren, legte Prange 1958 am Eutiner Johann Heinrich Voßgymnasium sein Abitur ab. Danach studierte Prange bis 1963 in Kiel die Fächer Deutsch, Englisch, Philosophie und Pädagogik. Zwischenzeitlich (1960-1961) war er als Assistant Teacher an einer walisischen Comprehensive School tätig. 1963 legte er das erste, 1967 das zweite Staatsexamen für das Lehramt an höheren Schulen ab. Es folgte 1969 die Promotion in Philosophie an der Universität Kiel zum Thema „Form und Sinn. Untersuchungen zur Auseinandersetzung Heideggers und Ryles mit der cartesisch-dualistischen Ontologie", bei Karl-Otto Apel und Hermann Schmitz. Daneben arbeitete Prange insgesamt zwölf Jahre (1964-1976) als Lehrer am Gymnasium. Mit der Schrift „Pädagogische Untersuchungen zum Begriff der Erfahrung" habilitierte er sich schließlich 1975 in Kiel. Diese Arbeit stellt den ersten Teil des später in insgesamt drei Bänden veröffentlichten Werks „Pädagogik als Erfahrungsprozess“ (1978-1981) dar, in dem sich bereits der Kernpunkt von Pranges Schaffen manifestiert: „[d]ie Auseinandersetzung mit gleichgerichteten und entgegengesetzten Versuchen, die Sache der Pädagogik inhaltlich zu bestimmen“[307].

Bevor Prange 1989 auf den Lehrstuhl für Allgemeine Pädagogik nach Tübingen berufen wurde, bekleidete er das Amt des Ordinarius für Pädagogik zuerst an der Universität Kiel (1976-1985) und später (1985-1989) in Bayreuth. In Tübingen blieb er bis zu seiner Emeritierung im Jahr 2003. Seitdem lebt Prange in Oldenburg, wo er 2004 an der Universität zum Honorarprofessor bestellt wurde.

Wie bereits angedeutet ist Pranges Werk vor allem geprägt durch die Beschäftigung mit dem folgenreichen Verlust oder der zunehmenden Vernebelung des eigentlichen Gegenstandes sowie der damit einhergehenden Ausdifferenzierung der Erziehungswissenschaft: „Es ist, als werde der Gegenstand der Erziehungswissenschaft mehr durch die formelle Zugehörigkeit ihrer Protagonisten zu den akademischen Einrichtungen und bürgerlichen Wohltaten der Disziplin als durch Beiträge zur Grundlegung, Beschreibung und Gestaltung der Erziehung bestimmt.“[308] Diesen eigentlichen Gegenstand, die Erziehung, stellt er in den Mittelpunkt seiner theoretischen Bemühungen. Damit verbunden ist stets der Rückbezug auf historische Entwicklungen, denn „[w]ir bleiben [...] immer auch im Schutz und Bann unserer Herkünfte und Geschichten, der verdeckten und offenen Erfahrungen, der *longue durée*, die wir nicht einfach hinter uns lassen, sondern die wir mitführen und abwandelnd wiederholen.“[309]

Gleichzeitig verweist Prange immer wieder auf die (notwendig) entstehenden Diskrepanzen zwischen pädagogisch-praktischem Handeln und den allgemeinen wie speziellen Theoriebildungsprozessen in der Pädagogik. „So kann von einem pädagogischen Können erst die Rede sein, wenn geklärt ist, was unter dem Attribut ‚pädagogisch‘ zu verstehen ist und worin der Kern dessen besteht, was Pädagog(inn)en tun, wenn sie erziehen und bilden. Insofern stehen die Frage nach der pädagogischen Kompetenz und die Frage nach dem Begriff der Erziehung in einem engen Zusammenhang.“[310] In den jüngsten Werken – „Die Zeigestruktur der Erziehung. Grundriss der Operativen Pädagogik“ (2005) sowie „Die Ethik der Pädagogik. Zur Normativität erzieherischer Handlungen“ (2010) – wird dieses Programm weiter ausgeführt, indem Prange den Gegenstand Erziehung im Rahmen einer operativen Pädagogik herausarbeitet und dabei auf das Zeigen als der grundlegenden Operation der Erziehung abhebt.

Zudem fand der Emeritus noch Zeit, in einer zweibändigen Darstellung

[307] Prange 1978, S. 7.
[308] Ders. 2000, S. 7.
[309] Ebd., S. 26.
[310] Fuhr/Schultheis 1999, S. 9.

der „Schlüsselwerke der Pädagogik“ (2008 und 2009) seine Auswahl und Lesart von Klassikerschriften vorzuführen.

In der Abteilung Allgemeine Pädagogik waren in dieser Phase von 1970 bis 2002 als Mitarbeiter, Assistenten oder Akademische Räte beschäftigt, haben hier geforscht und gelehrt, wurden promoviert und haben sich habilitiert u.a. Gotthilf Gerhard Hiller (1970-1972 Assistent, Promotion 1969 bei Flitner, seit 1973 Professor für Sonderpädagogik an der Pädagogischen Hochschule Reutlingen bzw. Ludwigsburg-Reutlingen), Reinhard Fatke (1971-1983 Assistent und Akademischer Rat, 1974 Promotion und 1983 Habilitation, seitdem Professuren für Sozialpädagogik in Lüneburg, Fribourg und Zürich), Urs Haeberlin (Assistent von 1974 bis 1976, kumulative Habilitation 1975, 1976 Berufung auf eine Professur für Erziehungswissenschaft an der Pädagogischen Hochschule Heidelberg, von 1979 bis 2006 Professor für Heilpädagogik an der Universität Fribourg), Peter Fauser (Assistent von 1983 bis 1993, 1984 Promotion und 1992 Habilitation, seit 1993 Professor für Schulpädagogik und Schulentwicklung an der Universität Jena), Jürgen Reyer (1985-1992 Akademischer Rat und außerplanmäßiger Professor, ab 1992 Professor für Erziehung in früher Kindheit und Sozialpädagogik an der Universität Erfurt), Edith Glaser (1984-1992 Lehrbeauftragte und Wissenschaftliche Angestellte in verschiedenen Forschungsprojekten, 1989 Promotion, danach Habilitation an der Universität Halle, seit 2006 Professorin für Erziehungswissenschaft mit dem Schwerpunkt Sozialgeschichte der Erziehung und des Bildungswesens an der Universität Kassel), Franz-Michael Konrad (1984-1998 Wissenschaftlicher Mitarbeiter in Forschungsprojekten bzw. Assistent am Institut, 1991 Promotion, 1997 Habilitation, seit 1998 Professor für Historische und Vergleichende Pädagogik an der Katholischen Universität Eichstätt-Ingolstadt), Thomas Fuhr (1991-1998 Wissenschaftlicher Assistent, 1997 Habilitation, 1999-2001 Hochschuldozent, seit 2001 Professor für Erwachsenenbildung/Weiterbildung an der Pädagogischen Hochschule Freiburg), Ralf Koerrenz (1992-1998 Wissenschaftlicher Assistent, 1996 Habilitation, seit 1998 Professur für Historische Pädagogik und Erziehungsforschung an der Universität Jena), Karin Priem (1990 Promotion, 1993-2000 Wissenschaftliche Angestellte, 1999 Habilitation, 2005-2010 Professorin für Allgemeine Pädagogik an der Pädagogische Hochschule Schwäbisch Gmünd, seitdem an der Universität Luxemburg), Gabriele Strobel-Eisele (1991 Promotion, 1995-2000 Vertretung einer Assistentenstelle sowie einer Hochschuldozentur, 2000 Habilitation, seit 2000 Professorin für Erziehungswissenschaft mit dem Schwerpunkt Schulpädagogik an der Pädagogischen Hochschule Ludwigsburg) und Karin Reiber (1998-2003 Wissenschaftliche Angestellte, 2003 Promotion, 2006 Professorin für Pflegepädagogik/-didaktik an der Hochschule Weingarten, 2008 an der Hochschule Esslingen). Außerdem ist Eckart Liebau zu nennen, der von 1988 bis 1992 Heisenberg-Stipendiat war und Lehrveranstaltungen durchführte, sowie Wilfried Lippitz, der neben seiner Tätigkeit als Wissenschaftlicher Angestellter am Deutschen Institut für Fernstudien (1987-94) im Bereich der Erziehungswissenschaft lehrte und 1991 zum Honorarprofessor an der Universität Tübingen bestellt wurde. Ebenfalls Honorarprofessor war seit 1986 Klaus Giel, der bis 1992 regelmäßig mit einem Lehrangebot vertreten war.[311]

Arbeitsbereich/Abteilung Fernstudien/Mediendidaktik, ab 1979/80 Erwachsenenbildung/Weiterbildung

Nachdem G. Dohmen eine Änderung der Denomination seines Lehrstuhls erreicht hatte, wurde auch der bisherige Arbeitsbereich in eine Abteilung für Erwachsenenbildung/Weiterbildung umgewandelt. Dohmen leitete diese Abteilung bis zu seiner Emeritierung 1994. Eine Reihe von Hochschullehrern ging aus diesem Institut (z.T. in Verbindung mit dem DIFF) hervor.

Gerhard Glück (* 1941) war hier von 1969 bis 1976 Assistent am Seminar (ab 1972 im Arbeitsbereich Fernstudien/Weiterbildung). Er wurde 1970 in Tübingen promoviert und hatte danach Professuren an der Pädagogischen Hochschule Rheinland, der Technischen Hochschule Aachen und zuletzt von 1988 bis 1996 an der Universität Köln inne. Von hochschuldidaktischen und schulpädagogischen Themen bis hin zur humanistischen Pädagogik und Psychologie reicht das Spektrum seiner Arbeiten.

Jost Reischmann (* 1943) hat nach einer mehrjährigen Tätigkeit als Volksschullehrer in Tübingen studiert, wo er 1974 promoviert wurde. Seit 1972 war er zunächst Wissenschaftlicher Angestellter bzw. Assistent in der Abteilung Pädagogische Psychologie, ab 1973 in der Abteilung Fernstudien/Weiterbildung, von 1979 bis 1984 Leiter des Zeitungskollegs am DIFF und von 1984 bis 1990 wieder wissenschaftlicher Mitarbeiter in der Abteilung Erwachsenenbildung/Weiterbildung. 1990 folgte die Habilitation, 1993 ein Ruf an die Universität Bamberg auf den Lehrstuhl für Andragogik. 2008 wurde Reischmann emeritiert.

1981 kam Martha Friedenthal-Haase aus Hannover, wo sie zuvor an der Universität bzw. an der Landesbibliothek sowie am Leibniz-Archiv gearbeitet hatte, als Wissenschaftliche Assistentin an den Lehrstuhl für Erwachsenenbildung/Weiterbildung. 1987 habilitierte sie sich hier und wurde in der Folge Hochschuldozentin. 1992 ging sie zunächst vertretungsweise, ab 1993 dann dauerhaft, als Professorin für Erwachsenenbildung an die Universität Jena.

Die Konstante in der Abteilung Erwachsenenbildung/Weiterbildung nach 1994 bildete Norbert Vogel.

Norbert Vogel (1949)*

Nach dem Studium der Erziehungswissenschaft mit dem Schwerpunkt Erwachsenenbildung/Außerschulische Jugendbildung in Heidelberg, Kopenhagen und Hannover war Vogel von 1975 bis 1981 Wissenschaftlicher Mitarbeiter/Wissenschaftlicher Rat an der Universität der Bundeswehr in Hamburg. Seine Promotion fand allerdings 1981 in Hannover bei Horst Siebert statt: „Professionalisierung in der dänischen Erwachsenenbildung. Ein explorativer Vergleich zur

[311] Zu ihm s.o. Kap. 2.2.

Erwachsenenbildung in Abendeinrichtungen". 1981 erfolgte dann auch der Wechsel nach Tübingen, wo er eine Stelle als Wissenschaftlicher Angestellter antrat, die 1989 zu einer Ratsstelle umgewandelt wurde. 1993 habilitierte sich Vogel in Tübingen wieder mit einer historischen Arbeit über „Die Bedeutung Grundtvigs für die Neuorientierung der deutschen Erwachsenenbildung zwischen 1890 und 1920. Eine rezeptionsgeschichtliche Untersuchung zur Konstituierung und Konzeptualisierung der Erwachsenenbildung". Nachdem Dohmen 1994 emeritiert wurde, kam es bis 2003 nicht zu einer Neubesetzung der Stelle. In dieser Zeit hat Vogel die Professur für Erwachsenenbildung/Weiterbildung vertreten, seit 1999 mit dem Titel eines außerplanmäßigen Professors.

Die inhaltlichen Schwerpunkte Vogels sind zum einen die Erwachsenenbildung in Skandinavien und ihre Bedeutung für die Entwicklungen der Erwachsenenbildung in Deutschland, wie dies bereits an den beiden genannten Qualifikationsschriften deutlich wird; hinzu kommen weitere historische und international vergleichende Arbeiten. Zum anderen befasst sich Vogel mit Fragen der Kompetenzentwicklung und der Professionalität in der Erwachsenenpädagogik.

Arbeitsbereich/Abteilung Zentrum Hochschuldidaktik

Dieser Arbeitsbereich hat nur kurzzeitig von 1972 bis 1980 existiert und ist ohne Professur geblieben. Als wichtigste, weil dauerhafte Mitarbeiter sind zu nennen Josef Held und Gerd Rosenbrock. Rosenbrock war von 1974 bis 1981 im Zentrum für Hochschuldidaktik tätig, wo er auch regelmäßig Lehrveranstaltungen durchführte.[312] Held (* 1942) kam nach dem Studium der Psychologie in München als Mitarbeiter an einem Forschungsprojekt nach Tübingen, wo er zudem als Tutor und in der Durchführung von experimentalpsychologischen Praktika am Psychologischen Institut tätig war. Von 1972-1981 war er Wissenschaftlicher Angestellter am Zentrum für Hochschuldidaktik, danach in der Abteilung Pädagogische Psychologie. 1973 wurde er promoviert („Jugendclubs als Feld der Sozialarbeit", Referenten waren Flitner und Thiersch). 2005 habilitierte sich Held an der Freien Universität Berlin („Praxisorientierte Jugendforschung") und wurde 2007 zum außerplanmäßigen Professor am Institut für Erziehungswissenschaft der Universität Tübingen ernannt. Seine Arbeitsschwerpunkte liegen in der Kritischen Psychologie sowie in der Migrations- und Jugendforschung.

Arbeitsbereich/Abteilung Neue Lernverfahren/Unterrichtstechnologie: Zentrum für neue Lernverfahren (ZNL)

Nach Hirzel, der zu Beginn kurzeitig als Assistent im ZNL geführt worden war, waren Ursula Zifreund (von 1969 bis zur Auflösung des ZNL), Eberhard Umbach (1969 bis 1972, dann in der Abteilung Schulpädagogik), Hans-Jürgen

312 Seine Promotion erfolgte 1979 in der Evangelisch-Theologischen Fakultät („Sprung und Akkomodation. Franz Overbeck und der Kulturprotestantismus").

Krumm (1970 bis 1976) und Hans-Gerhard Klinzing (1972 bis zur Auflösung des ZNL) als Assistenten im ZNL tätig. Christian-Rainer Weisbach habilitierte sich hier 1986.

Hans-Gerhard Klinzing (1940)*

Klinzing, der sich als Einziger aus dem Kreis der Assistenten des ZNL habilitieren sollte, hatte ein Lehramtsstudium und ein Ergänzungsstudium (Erweiterungsprüfung in Pädagogik an der Universität Tübingen) absolviert, bevor er als Assistent ins ZNL kam. 1975 erfolgte hier die Promotion („Training kommunikativer Fertigkeiten zur Gesprächsführung und für Unterricht") bei Zifreund und Dohmen; 1983 folgte die Habilitation („Interagieren als Experimentieren: Untersuchungen zum unterrichtlichen Verhaltenstraining nach einem Konzept ausbildungsintegrierter Forschung"). Von 1983 bis 1988 Professor auf Zeit für Schulpädagogik, blieb Klinzing aber im Zentrum für neue Lernverfahren/Unterrichtstechnologie. Nach dem Ende des ZNL wurde er, der 1988 an der Universität Stuttgart zum Honorarprofessor bestellt und 1989 in Tübingen zum außerplanmäßigen Professor ernannt worden war, in der Abteilung Schulpädagogik weiter beschäftigt. Seit den frühen 1970er Jahren war er zudem international tätig, u.a. als Consultant und Gastdozent an verschiedenen Institutionen der Lehrerbildung in Senegal, der Elfenbeinküste, Israel, den USA, Australien und verschiedenen europäischen Staaten. Der Experte für Microteaching und Didaktisches Design ist ein begehrter Referent, Coach und Trainer in der schulischen, betrieblichen und universitären Fort- und Weiterbildung (z.B. Kommunikationstraining, didaktische Kompetenzen, Gruppenmanagement).

1987 bekam der Arbeitsbereich Neue Lernverfahren/Unterrichtstechnologie weitere Verstärkung durch Kristian Kunert, der vom DIFF an das Institut wechselte.

Kristian Kunert (1941)*

Kunert studierte nach Abitur und Wehrdienst ab 1962 an der Pädagogischen Hochschule Augsburg und legte die erste und zweite Lehramtsprüfung für den Grund- und Hauptschulbereich 1965 bzw. 1968 ab. 1968 nahm er parallel zu seiner Lehrertätigkeit (bis 1972) ein Zweitstudium (Pädagogik, Psychologie und katholische Religionspädagogik) an der Universität München auf. 1974 erfolgte dort auch die Promotion („Curriculumerstellung und Curriculumevaluation. Reflexion und Realisierung eines Modellcurriculums") bei Hans Schiefele und Richard Schwarz. Ab 1969 war er Mitarbeiter an der Universität München und ab 1972 wissenschaftlicher Assistent am Lehrstuhl für Pädagogik an der Pädagogischen Hochschule Augsburg, wo er 1977 bei der Eingliederung der Pädagogischen Hochschule Augsburg in die

Universität Augsburg mitwirkte.

1981 wurde er an die Universität Tübingen berufen und an das Deutsche Institut für Fernstudien beurlaubt, wo er den Arbeitsbereich „Allgemeine wissenschaftliche Weiterbildung“ leitete. 1987 erfolgte auf seinen Antrag die Umsetzung seiner Professur in das Institut für Erziehungswissenschaft. Obwohl sein Schwerpunkt im Bereich der Schulpädagogik,[313] mithin eine Zuordnung zum Arbeitsbereich Schulpädagogik, der ja noch ohne Professur war, nahe lag, wurde er dem Arbeitsbereich Neue Lernverfahren zugeordnet, weil die Vereinbarungen zwischen dem DIFF, der Universität und der Fakultät vorsahen, dass vom DIFF in die Fakultät wechselnde Professoren dem Institut für Erziehungswissenschaft II zugeordnet werden sollten.[314]

Kunert führte in der Folge insbesondere Lehrveranstaltungen für Lehramtskandidaten durch. In der Forschung waren die schulinterne Lehrerfortbildung, Konzepte der Humanistischen Pädagogik in ihrer Bedeutung für das schulische Lernen, alternative Schulmodelle und transpersonale Lehr-Lern-Methoden seine wissenschaftliche Schwerpunkte. Seit langem ist Kunert zudem in der Lehrerfortbildung in Bayern, Rheinland-Pfalz, Baden-Württemberg und in der Schweiz aktiv. Außerdem hat er seit Jahren einen Lehrauftrag für Kreativpädagogik und zur emotionalen Kompetenz an der Internationalen Hochschule Calw und am Bildungszentrum des Internationalen Bundes in Stuttgart.

Arbeitsbereich/Abteilung Pädagogische Psychologie

Die Professur für Pädagogische Psychologie wurde 1971 vakant, als Mühle nach Osnabrück ging. Da sich das Verfahren hinzog, vertrat Martin Hirzel die Professur von 1972 bis 1974. Hirzel (* 1938) legte 1965 die Höhere Prüfung für den Volksschuldienst an der Universität Tübingen ab und war danach bis 1966 Wissenschaftlicher Assistent am Seminar, von 1966 bis 1968 am Zentrum für Neue Lernverfahren und von 1968 bis 1976 Wissenschaftlicher Assistent in der Abteilung Pädagogische Psychologie. In dieser Zeit erfolgten auch seine Promotion bei Mühle und Flitner („Partnerarbeit im Programmierten Unterricht. Eine Möglichkeit zur Differenzierung“, 1968) und Habilitation („Unterrichtsdauer und Unterrichtserfolg“, 1975).

Als Nachfolger Mühles wurde 1974 schließlich Emil Schmalohr berufen.

---

[313] Vgl. die Publikationen „Theorie und Praxis des offenen Unterrichts“ (1978); „Studienreihe Schulpädagogik“ (5 Bde., 1980); „Kritik und Erneuerung der Unterrichtsplanung“ 1986; „Lernen im Kollegium – Theorie und Praxis der schulinternen Lehrerfortbildung“ (1992); „Schule im Kreuzfeuer – Auftrag, Aufgaben, Probleme“ (1993); „Neue Lernmethoden für pädagogische Berufe“ (1997); „Wie schwierig sind schwierige Schüler/innen wirklich? Wahrnehmung, Gründe und Lösungen in einem Konflikt – ein Arbeitsbuch“ (2003).

[314] Vgl. DIFF-Akte.

Emil Schmalohr (1927)*

Nach dem Studium an der Pädagogischen Akademie Oberhausen (1946-1948) war Schmalohr zunächst als Volksschullehrer und auch an Sonderschulen in Krefeld tätig, bis er ab 1953 das Studium der Psychologie aufnahm. Parallel zu diesem Studium hatte er einen Lehrauftrag am Heilpädagogischen Institut in Köln inne. 1959 wurde er bei Udo Undeutsch mit einer Arbeit über „Die Auswirkungen des ganzheitlichen und lautsynthetischen Schreibleseunterrichts auf den späteren Schulerfolg" promoviert. Auf Grundlage einer empirischen Untersuchung an 400 Schulkindern, kam Schmalohr hierin zu dem Ergebnis, dass sich verschiedene Methoden zur Vermittlung der Lese- und Schreibfähigkeit nicht signifikant auf den späteren Schulerfolg der Kinder auswirkten.

Nach der Promotion war er bis 1961 Dozent an der Pädagogischen Akademie Essen, um dann eine Professur für Psychologie an der damals neu gegründeten Pädagogischen Akademie Neuss zu übernehmen. Dort war Schmalohr nebenamtlich als Leiter der städtischen Erziehungsberatungsstelle auch in der Beratungspraxis tätig. Während dieser Zeit forschte er weiter zur Lesepsychologie, beschäftigte sich aber auch mit entwicklungspsychologischen Fragestellungen, die sich unter anderem aus seiner praktischen Tätigkeit heraus ergaben. Im Zusammenhang mit Erfahrungen aus der Arbeit in der Erziehungsberatungsstelle entstand beispielsweise auch sein 1968 erschienenes Werk „Frühe Mutterentbehrung bei Mensch und Tier". In dieser entwicklungspsychologischen Studie, die bis 1994 in mehreren Auflagen erschien, untersucht Schmalohr die Phänomene von Hospitalismus und Deprivation. Ab 1970 war Schmalohr Professor für Psychologie an der Pädagogischen Hochschule Rheinland, zuletzt in der Abteilung Köln, wo er auch Leiter der Projektgruppe Kleinkindforschung war, die im Rahmen des „Modellversuchs Vorklasse – Kindergarten im Lande NRW" entstand.

1974 schließlich folgte er dem Ruf auf den Lehrstuhl für Pädagogische Psychologie an die Universität Tübingen. Die Arbeit in Tübingen „[...] stand [aber] in der Fakultät zwischen den Fächern Psychologie und Pädagogik unter keinem guten Stern"[315]. Vielleicht auch deswegen verließ Schmalohr Tübingen schon nach drei Jahren wieder, um eine Professur für Psychologie (insbesondere Entwicklungspsychologie und Pädagogische Psychologie) an der Gesamthochschule, jetzt Universität Wuppertal zu übernehmen. Dort blieb er bis zu seiner Emeritierung im Jahre 1992.

Auch nach der Versetzung in den Ruhestand arbeitet und veröffentlicht Emil Schmalohr unter anderem zu den bereits genannten Themenbereichen der Entwicklungs- und der Lesepsychologie („Kann ich lesen, hab ich Flügel.

[315] Brief Schmalohr an die Autoren vom 26.4.2010.

Lesegespräche mit Kindern“, 2008) sowie zu anderen Themenfeldern seines Berufslebens („Klären statt Beschuldigen. Beratungspsychologie mit Eltern, Kindern und Lehrern“, 1995; „Klassenzimmer als Bildungsgipfel. Lehrer, Schüler und Eltern in eigener Sache“, 2009).

Nach dem Ausscheiden Schmalohrs sollte es erneut drei Jahre dauern, bis die Professur wieder besetzt wurde. Neuer Amtsinhaber wurde 1980 Günter L. Huber.

Günter L. Huber (1940)*

Hubers pädagogische Laufbahn begann mit einem Lehramtsstudium an der Pädagogischen Hochschule Augsburg von 1963 bis 1966, in dessen Anschluss er drei Jahre als Lehrer tätig war. Gleichzeitig studierte er an der Universität München Psychologie, Pädagogik und Politikwissenschaft, erwarb 1972 den Grad eines Diplom-Psychologen und wurde 1976 promoviert. Bereits 1969 wurde er wissenschaftlicher Assistent bzw. Studienrat im Hochschuldienst an der Pädagogischen Hochschule Augsburg. 1980 wechselte er auf die Professur für Pädagogische Psychologie an der Universität Tübingen, wo er 25 Jahre lang bis zu seiner Emeritierung 2005 tätig war.

Die Arbeitsschwerpunkte Hubers waren Lehren und Lernen – Förderung von Kompetenzen und Verantwortung für eigene Veränderungsprozesse bei Lehrenden und Lernenden, aktives und selbst reguliertes Lernen (z.B. „Self-regulated learning by individual students“, 1997), Lernen durch Medien; Soziale Interaktion – Bedingungen und Wirkungen von Gruppenprozessen, Kooperative Lernformen (z.B. „Lernprozesse in Kleingruppen: Wie kooperieren die Lerner?“ in der Zeitschrift Unterrichtswissenschaft 1995), Humor in sozialen Interaktionen; Interindividuelle Unterschiede – Wechselwirkung von individuellen Voraussetzungen (Erfahrungen, Orientierungen, Fähigkeiten) und pädagogischen Einflüssen (welche Maßnahmen sind für welche Menschen optimal?), Kognitive Komplexität und Ungewissheits- vs. Gewissheitsorientierung (z.B. „Uncertainty orientation and cooperative learning: Individual differences within and across cultures“, gemeinsam mit anderen Autoren in der Zeitschrift Learning and Individual Differences 1992; „Uncertainty in interpersonal and intergroup relations: An individual differences perspective“, 1995, gemeinsam mit Richard M. Sorrentino); Methodologie qualitativer Sozialforschung – komplementäre Nutzung qualitativer und quantitativer Forschungsansätze. Im Rahmen der zuletzt genannten Thematik hat Huber das Zentrum für qualitative Psychologie gegründet und die Analyse-Software AQUAD (mit-)entwickelt („AQUAD Sechs. Manual des Programms zur Analyse qualitativer Daten“, gemeinsam mit Leo Gürtler, 1996).

Im Übergang zwischen dem Ausscheiden Schmalohrs und dem Amtsantritt Hubers wurde die Arbeit der Abteilung u.a. von Ewald Johannes Brunner (* 1941) getragen, der nach einem abgeschlossenen Theologiestudium ein Studium der Psychologe absolvierte und seit 1975 Wissenschaftlicher Assistent am Lehrstuhl Pädagogische Psychologie war. 1983 habilitierte er sich hier („Analysen familialer Interaktion im Kontext systemorientierter Familienberatung") und erhielt 1985 eine Professur auf Zeit für Pädagogische Psychologie, die er bis 1989 innehatte. 1990-1992 vertrat er eine Professur für Sozialpädagogik an der Universität Tübingen, 1991 wurde er zum außerplanmäßigen Professor ernannt. Seit 1994 war er Professor für Pädagogische Psychologie an der Universität Jena, wo er schon seit 1992 die Professur vertreten hatte. 2007 wurde er dort pensioniert.

Weitere Assistentinnen waren Claudia Dalbert (seit 1990), die sich 1995 habilitierte („Bewältigung persönlicher Ungerechtigkeitserfahrungen – Eine Analyse der dispositionalen Merkmale Glaube an die gerechte Welt und Ungewißheitsorientierung") und von 1996 bis 1999 Hochschuldozentin war, bevor sie auf eine Professur für Pädagogische Psychologie an die Universität Halle wechselte, und Mechthild Kiegelmann, die sich 2006 habilitierte. Die letzte Habilitation unter Huber war die von Irene Goch 2007.[316]

Arbeitsbereich/Abteilung Religionspädagogik

Wolfgang Bartholomäus (1934-2008)

Der katholische Theologe und Priester Bartholomäus begann seine wissenschaftliche Laufbahn als Wissenschaftlicher Assistent an der Universität München (1972-1975).[317] Von 1975 bis 1981 war er Wissenschaftlicher Rat und außerplanmäßiger Professor, von 1981-1989 dann ordentlicher Professor für Praktische Theologie mit Schwerpunkt Religionspädagogik und Kerygmatik an der Universität Tübingen. In diesem Zeitraum verfasste er einige seiner Hauptwerke („Einführung in die Religionspädagogik", 1983; „Glut der Begierde – Sprache der Liebe. Unterwegs zur ganzen Sexualität", 1987; „Unterwegs zum Lieben. Erfahrungsfelder der Sexualität", 1988).

Bartholomäus gehörte zu den führenden katholischen Religionspädagogen, war aber auch ein Kritiker der Kirche. So äußerte er sich in einem Interview im Spiegel im Jahre 1989 offen über seine gegenteilige Meinung ge-

---

316 1989 hat sich Diethelm Wahl hier habilitiert, später Professor an der Pädagogischen Hochschule Weingarten, 1991 Wolfgang Schnotz, 1993-1995 Professor für pädagogische Psychologie, Universität Jena, seit 1995 Professor für Allgemeine und Pädagogische Psychologie an der Universität Koblenz-Landau.

317 Vgl. neben den allgemeinen Quellen (Kürschners Gelehrtenkalender) zu Bartholomäus auch http://www.ub.uni-tuebingen.de/fachgebiete/sondersammelgebiete/ssg-1-theologie/theologie-in-tuebingen/kath-praktische.html#c7199 (letzter Zugriff 24.8. 2010).

genüber der Kirche und dem Papst zu den Themen Empfängnisverhütung, Abtreibung und Sexualität: „Hinter der amtskirchlichen Lehre steckt ein Sexualpessimismus, der die sexuelle Lust als etwas Böses ansieht. Für mich ist sie etwas Gutes."[318] Im August 1988 entzog ihm das Bischöfliche Ordinariat der Diözese Rottenburg-Stuttgart die missio canonica, d.h. die kirchliche Lehrerlaubnis, nachdem er geheiratet hatte. Er war damit nicht mehr befugt, in der Katholisch-Theologischen Fakultät zu lehren. Da er aber Staatsbeamter war, war das Land aufgrund des Konkordatsrechts verpflichtet, ihn weiterhin an der Universität Tübingen forschen und lehren zu lassen. Er wurde daraufhin von 1990 bis 1997 als ordentlicher Professor für Religionspädagogik dem Institut für Erziehungswissenschaft an der Universität Tübingen zugeordnet, wo zugleich ein eigener Arbeitsbereich gegründet wurde, der mit seiner Emeritierung wieder aufgelöst wurde. In seiner Lehre am Institut befasste er sich weiterhin intensiv mit Fragen der Religions- und Sexualpädagogik.

Arbeitsbereich/Abteilung Schulpädagogik

Schulpädagogische Lehrveranstaltungen, Promotionen und Habilitationen gab es in Tübingen bereits lange vor der Einrichtung eines eigenen Arbeitsbereichs im Jahr 1972. Allerdings dauerte es noch zehn Jahre, bis eine entsprechende Professur besetzt werden konnte. Bis es dazu kam, haben vornehmlich verschiedene Assistenten und Räte die Schulpädagogik vertreten. Am längsten war Heribert Weber (* 1936), seit 1970 Assistent am Pädagogischen Seminar, in dieser Funktion tätig, nämlich von 1972 bis 2001, zuletzt als Akademischer Oberrat (Promotion bei Flitner 1971 über „Ratlosigkeit und Rebellion. Jugend und politische Erziehung in der zweiten Hälfte der Weimarer Republik"). Weitere Assistenten in der Abteilung waren in diesem Zeitraum Eberhard Umbach (1972-1981, Promotion 1972 bei Nipkow), Christoph Th. Scheilke (1972-1981, Promotion 1975 bei Nipkow) und Gerd Bachmair (1973-1983, Habilitation 1981).

Geleitet wurde der Arbeitsbereich bis 1982 kommissarisch von Karl-Ernst Nipkow, kooptierter Professor aus der Evangelisch-Theologischen Fakultät.[319] Nipkow (* 1928) hat an den Universitäten Heidelberg und Marburg studiert und 1956 das Zweite Staatsexamen für das gymnasiale Lehramt abgelegt. Danach war er als Lehrer tätig. 1961 wurde er in Marburg bei Elisabeth Blochmann promoviert („Die Individualität als pädagogisches Problem bei Pestalozzi, Humboldt und Schleiermacher") und wurde dort dann als Studienrat im Hochschul-

[318] Vgl. das Interview mit Bartholomäus im Spiegel 18/1989, S. 62-67, das Zitat S. 64 (http://www.spiegel.de/spiegel/print/d-13492964.html, letzter Zugriff 21.8.2010).

[319] Vgl. zu ihm auch oben, Kap. 1. Seine Assistenten waren ebenfalls in die Lehre am Pädagogischen Seminar bzw. am Institut für Erziehungswissenschaft involviert, z.B. Heinrich Dauber (1972 Promotion bei Nipkow, 1978-2009 Universitätsprofessor für Erziehungswissenschaft mit dem Schwerpunkt Erziehungs- und Schultheorie einschließlich Weiterbildung an der Universität Kassel).

dienst mit einem Lehrauftrag für Gymnasialpädagogik tätig. 1965 wurde er auf eine Professur für Pädagogik an die Pädagogische Hochschule Hannover berufen. 1968 folgte die Berufung auf die Professur für Praktische Theologie mit dem Schwerpunkt Religionspädagogik an die Universität Tübingen, die er bis zu seiner Emeritierung 1994 innehatte. Zugleich wurde er kooptiertes Mitglied des Pädagogischen Seminars, wo er neben der Religionspädagogik auch die Schulpädagogik vertrat. Seine Arbeitsschwerpunkte waren vielfältig im Bereich der Pädagogik (Geschichte der Pädagogik, Bildungstheorie, Friedenserziehung) und der Religionspädagogik (Religionsdidaktik – thematisch-problemorientierter Religionsunterricht, Elementarisierung –, interreligiöses Lernen, Verhältnis von Christentum und Islam) angesiedelt.

1981 wurde schließlich eine Professur für Schulpädagogik eingerichtet, die 1982 besetzt werden konnte.

Doris Knab (1928)*[320]

Nach einem Lehramtsstudium an den Universitäten Tübingen und München und Tätigkeit als Lehrerin war Knab von 1959 bis 1964 beurlaubt für die Tätigkeit als wissenschaftliche Referentin beim Deutschen Ausschuß für das Erziehungs- und Bildungswesen in Bonn, wo sie schon seit 1955 nebenamtlich Protokollantin gewesen war. In dieser Zeit wurde sie 1960 an der Universität München promoviert („Das Annolied. Probleme seiner literarischen Einordnung"). Von 1964 bis 1971 arbeitete sie als Wissenschaftliche Mitarbeiterin am Max-Planck-Institut für Bildungsforschung in Berlin und war dort zuletzt Leiterin der Curriculum-Arbeitsgruppe. Als Mitglied (1968-1973) im Arbeitskreis Curriculum Institutionalisierte Elementarerziehung der Stiftung Volkswagenwerk beschäftigte sie sich mit der Curriculumrevision, d.h. der Überarbeitung des Gesamtzusammenhangs von Inhalten, Zielen, Lehr-Lernformen und den Arbeitsstrukturen der Schule (vgl. dazu „Ansätze zur Curriculumreform in der BRD", 1971). Im Zeitraum von 1969 bis 1976 hatte sie Lehraufträge an den Pädagogischen Hochschulen Berlin und Münster sowie an der Universität Köln inne. 1971-1982 war sie Direktorin der Abteilung III (Theorie und Praxis) am Deutschen Institut für wissenschaftliche Pädagogik in Münster. In dieser Zeit wurde Knab zur Honorarprofessorin an der Pädagogischen Hochschule Westfalen-Lippe, Abteilung Münster bestellt. 1982 wurde sie auf die neue Professur für Schulpädagogik an der Universität Tübingen berufen, die sie bis zur

[320] Umfassende biografische Informationen finden sich in der Selbstdarstellung im Rahmen des Angebots Vox Paedagogica Online der Bibliothek für Bildungsgeschichtliche Forschung in Berlin (vgl. http://www.bbf.dipf.de/vpo/knab/knab.html, letzter Zugriff: 21.8.2010). Vgl. außerdem Diemer/Kirsch-Auwärter/Philipps 1998; Glaser/Maurer/Schönig 2008.

Emeritierung 1993 innehatte.

Im Zentrum ihres Wirkens standen neben der Curriculumforschung und der Bildungspolitik – hier nahm sie verschiedene Funktionen wahr, z.B. als Mitglied der Planungskommission Erwachsenenbildung des Landes Nordrhein-Westfalen, der Wissenschaftlichen Beratergruppe Gesamtschulversuch des Landes Nordrhein-Westfalen, der Strukturkommission Lehrerbildung 2000 Baden-Württemberg oder auch der Akademie für Bildungsreform – insbesondere auch Fragen der geschlechtsspezifischen Erziehung und der Geschlechterpolitik sowohl in der Alltagspraxis, als auch in der Forschung. So spielte sie eine große Rolle bei der institutionellen Entwicklung von einschlägigen Vorlesungsreihen und Arbeitskreisen. In Tübingen wurde sie die erste Frauenbeauftragte der Universität und war auch Sprecherin der Landeskonferenz der Frauenbeauftragten an den Wissenschaftlichen Hochschulen in Baden-Württemberg sowie der Bundeskonferenz der Frauenbeauftragten an Hochschulen. Außerdem engagierte sie sich als Mitglied der Senats-Kommission zur Förderung von Wissenschaftlerinnen und Studentinnen. Weiterhin war sie Mitglied in der Förderkommission für Frauenforschung Baden-Württemberg, der Arbeitsgruppe Frauen in den Hochschulen der Westdeutschen Rektorenkonferenz, der Kommission Institutionalisierung der Frauen- und Geschlechterforschung an baden-württembergischen Hochschulen, der Arbeitsgruppe Frauen in Forschung und Lehre des Landes Baden-Württemberg und des Auswahlgremiums im Cusanuswerk. In Publikationen – vornehmlich in Zeitschriftenaufsätzen und Buchbeiträgen – schlug sich diese Themenstellung auch vielfältig nieder (z.B. „Mädchenbildung“, 1970; „Lehrerinnen und Schulreform“, 1997; „Mädchenbildung – Jungenbildung. Wider die Geschlechterideologie“, 1999; „Frauen- und Geschlechterforschung – eine neue Mode?“, 1999; „Was macht die Universität mit den Frauen?“, 2004).

In der Fachgesellschaft der Erziehungswissenschaft, der Deutschen Gesellschaft für Erziehungswissenschaft, war sie von 1974 bis 1978 Vorstandsmitglied und wurde 1998 zum Ehrenmitglied ernannt. Darüber hinaus war sie von 1982 bis 2002 Mitherausgeberin der „Zeitschrift für Pädagogik“.

In die Zeit von Doris Knab fällt auch die vierjährige Zeitprofessur von Alfred Treml (* 1944). Treml hat nach der Mittleren Reife, Seemannsausbildung und einer kaufmännischen Lehre zunächst an der Pädagogischen Hochschule Reutlingen, sodann an der Universität Tübingen studiert. 1976 wurde er hier bei Nipkow und Dohmen promoviert („Logik der Lernzielbegründung. Umrisse einer Theorie der Legitimation pädagogischer Normen“) und habilitierte sich auch hier 1981 („Theorie struktureller Erziehung“). Von 1981 bis 1984 war er Assistent, von 1984 bis 1988 hatte er eine Professur auf Zeit für Schulpädagogik inne. 1989 folgte er dem Ruf auf eine Professur für Allgemeine Pädagogik an der Universität der Bundeswehr in Hamburg, wo er 2009 in den Ruhestand übertrat.

Ein weiterer Assistent bei Knab war Wolfgang Schönig, der von 1984 an zunächst wissenschaftlicher Angestellter am Arbeitsbereich Schulpädagogik, ab

1989 dann Mitarbeiter am bundesweiten Schulförderungs- und Schulentwicklungsprojekt "Praktisches Lernen in der Schule" der Akademie für Bildungsreform und der Robert Bosch Stiftung war. 1993 ging er als Assistent nach Jena und ist seit 2001 Professor für Schulpädagogik an der Katholischen Universität Eichstätt-Ingolstadt.

Nach der Emeritierung von Knab wurde die Professur erst zwei Jahre später wieder besetzt.

Hans-Ulrich Grunder (1954)*

Nach einem Lehramtsstudium an der Universität Bern unterrichtete Grunder zwei Jahre an der Freien Volksschule Bern. Von 1980 bis 1983 folgte ein Zweitstudium ebenfalls in Bern. Seit 1983 war Grunder als Wissenschaftlicher Assistent am dortigen pädagogischen Institut tätig. Mit einer Arbeit über „Das schweizerische Landerziehungsheim zu Beginn des 20. Jahrhunderts. Eine Erziehungs- und Bildungsinstitution zwischen Nachahmung und Eigenständigkeit" wurde er dort 1987 auch bei Traugott Weisskopf und Beatrix Mesmer promoviert. Nach seiner Habilitation über „Seminarreform und Reformpädagogik" (1992) hatte Grunder das Amt des Vizedirektors der Ausbildung für Sekundarlehrerinnen und Sekundarlehrer an der Universität Bern inne und erhielt Lehraufträge in Zürich, Bern und Göttingen.

1995 erfolgte der Ruf nach Tübingen als Nachfolger von Doris Knab, wo Grunder bis zu seinem Weggang 2005 an die Pädagogische Hochschule Aargau-Nordwestschweiz blieb. In Tübingen gründete er die Forschungsstelle für Schulpädagogik, wo er sich zusammen mit Mitarbeitern breitgefächert mit Fragen der Schulpädagogik beschäftigte. Gemeinsam mit seinem Nachfolger Thorsten Bohl gibt Grunder eine Buchreihe zur „Schul- und Unterrichtsforschung" heraus. Gemeinsam haben sie auch den Band „Neue Formen der Leistungsbeurteilung. In den Sekundarstufen I und II" (2. Aufl. 2008) herausgegeben.

Assistenten bei Grunder waren u.a. Thorsten Bohl[321] und Katja Kansteiner-Schänzlin (2002-2008, seitdem Professorin für Schulpädagogik an der Pädagogischen Hochschule Weingarten). Die Habilitationen von Otto Reichert 2005 und Lothar Albert 2006 fallen zwar zeitlich gesehen erst in die nächste Phase der Institutsentwicklung, sind aber von Grunder angeregt und betreut worden.

[321] Zu Bohl s.u., Kap. 2.4.

Arbeitsbereich/Abteilung Sozialpädagogik

Die größten Veränderungen waren mit dem Arbeitsbereich Sozialpädagogik verbunden. Mit der Berufung von Hans Thiersch auf die „neue“[322] Professur für Pädagogik 1970 begann auch im Zusammenhang mit der Einführung des Diplomstudiengangs eine neue Ära des Pädagogischen Seminars bzw. Instituts für Erziehungswissenschaft.

Hans Thiersch (1935)*[323]

Nach dem Abitur 1953 nahm Thiersch ein Studium mit dem Ziel des gymnasialen Lehramts auf, das 1962 mit einer Promotion in Germanistik bei Walther Killy in Göttingen endete („Die kosmischen Visionen Jean Pauls und die kosmischen Vorstellungen in der deutschen Dichtung des 18. Jahrhunderts“). Da ihn die Germanistik als mögliche Lebensaufgabe nicht mehr ausfüllte, widmete er sich neuen Fragen und Perspektiven und wandte sich nach einem Schulpraktikum der Pädagogik zu. Er studierte diese v.a. bei Erich Weniger in Göttingen und kam dadurch auch mit sozialpädagogischen Fragen in Berührung. Seine wissenschaftliche Karriere begann 1961, als er, nach Wenigers Tod, der ihn bereits hatte einstellen wollen, Wissenschaftlicher Assistent bei Heinrich Roth[324] an der Universität Göttingen wurde. Parallel zu seiner Tätigkeit an

---

[322] In gewissem Sinne handelte es sich um eine neue Professur, da die Bollnowsche Professur, aus deren Erbmasse diese Professur hervorging, ursprünglich eine reine philosophische Professur gewesen ist und dem Philosophischen Seminar angehört hatte. Nur aufgrund der Mangelsituation nach der Beurlaubung Wenkes wurde daraus eine Professur für Philosophie und Pädagogik. Die Nachwirkungen dieser Entscheidung waren zu spüren, als zu Beginn der 1970er Jahre die neue Fakultätsstruktur in Kraft trat und der inzwischen emeritierte Bollnow plötzlich aufgrund seiner Zugehörigkeit zu einer anderen Fakultät de jure seine Rechte im Bereich der Pädagogik verlor. Die Lösung bestand darin, dass er in die Fakultät für Sozial- und Verhaltenswissenschaften kooptiert wurde, um hier seine Rechte in Bezug auf Promotionen und Habilitationen zu wahren.

[323] Umfassende biografische Informationen finden sich in der Selbstdarstellung im Rahmen des Angebots Vox Paedagogica Online der Bibliothek für Bildungsgeschichtliche Forschung in Berlin (vgl. http://www.bbf.dipf.de/vpo/thiersch/thiersch.html, letzter Zugriff: 21.8.2010). Vgl. außerdem Thiersch 2002 und 2009.

[324] Roth war im Übrigen auch ein ehemaliger Tübinger. Er hatte als Volksschullehrer in Tübingen studiert und die Höhere Prüfung für das Volksschullehramt abgelegt und wurde 1933 bei Kroh promoviert („Psychologie der Jugendgruppe. Aufbau, Sinn und Wert jugendlichen Gemeinschaftslebens“). Diese Dissertation, ursprünglich 1932/33 abgeschlossen, später aber um Abschnitte zur Vollendung der Jugendbewegung durch die Hitlerjugend ergänzt, war in den 1960er Jahren Gegenstand kontroverser Diskussionen (vgl. dazu Thiersch 2009, S. 234).

der Universität engagierte sich Thiersch im sozialpädagogischen Feld, so z.B. im „Haus auf der Hufe“, einer Einrichtung für problemorientierte Jugendarbeit, Schularbeitenhilfe, Freizeitunternehmungen und Beratungen in allgemeinen Erziehungsschwierigkeiten.[325]

1967 erhielt er einen Ruf auf die Professur für Allgemeine Pädagogik an der Pädagogischen Hochschule Kiel, wo er bis zu seinem Wechsel nach Tübingen 1970 lehrte. Nach Tübingen wurde er auf eine noch unspezifizierte Professur für Pädagogik berufen, aber von Anfang an mit der Sozialpädagogik identifiziert. Von 1970 bis zur Emeritierung 2002 wirkte er hier, baute die Sozialpädagogik mit Unterstützung vieler Mitarbeiter – „als gleichsam verschworene Gemeinschaft von Freundinnen und Freunden mit sehr unterschiedlichen politischen, fachlichen und praktischen Profilen“[326] – auf und aus. Dieser Aufbau war verbunden mit der Einführung des Diplomstudiengangs Erziehungswissenschaft, dessen einer Fachschwerpunkt die Sozialpädagogik war.

„Grundmuster“ seiner „Sozialpädagogik [sei] bis heute: Sozialpädagogik im Alltag, Sozialpädagogik im Wissen vom Zusammenhang von Leidenschaft, Komik und Elend, von Respekt, Selbstverständlichkeit und Hilfsangebot, Sozialpädagogik im Wissen und die Mühsal, auszuhalten und zu Ende zu bringen, was man angefangen hat (…), Sozialpädagogik schließlich im Widerstreit von Präsenz und Distanz.“[327]

Thiersch hat das gesamte Gebiet der Sozialpädagogik bearbeitet, so dass eine eindeutige Schwerpunktnennung kaum möglich ist. Am stärksten ist sein Name jedoch mit dem Konzept der Lebensweltorientierung, das er in den 1980er Jahren entwickelt hat, verknüpft. Von 1987 bis 1990 war er Mitglied der Sachverständigenkommission des 8. Jugendberichtes der Bundesregierung. In diesen Jugendbericht floss sein Konzept der „lebensweltorientierten Jugendhilfe“ als ein Programm für eine sich reformierende Jugendhilfe in Deutschland ein. Spätestens seit diesem Zeitpunkt ist er in der Wissenschaft und Praxis der Sozialen Arbeit untrennbar mit dem Konzept einer „lebensweltorientierten Jugendhilfe“ verbunden.[328] Berufliches Handeln von Sozialpädagogen soll seinen „Ausgang […] in den Erfahrungen, Problemen und Ressourcen der Adressaten im Alltag ihrer Lebenswelt“ nehmen.[329] In verschiedenen Werken hat Thiersch dieses Konzept dargestellt und weiter entwickelt (v.a. „Lebensweltorientierte Soziale Arbeit“, 1992; „Praxis der Lebensweltorientierten Sozialen Arbeit“, 2004 herausgegeben mit Klaus Grunwald).

Neben und mit Klaus Mollenhauer, C. Wolfgang Müller, Hans-Uwe Otto

325 Vgl. Thiersch 2002, S. 384; ders. 2009, S. 236.
326 Thiersch 2002, S. 390.
327 Ebd., S. 385f.; ders. 2009, S. 238.
328 Vgl. Grunwald/Ortmann/Rauschenbach/Treptow 1996, S. 260.
329 Thiersch 2009, S. 281.

u.a. hat Thiersch die Etablierung und Weiterentwicklung der Sozialpädagogik als einer sozialwissenschaftlich fundierten, kritischen Disziplin vorangetrieben und sich immer wieder zu grundlegenden Theoriefragen zu Wort gemeldet („Kritik und Handeln“, 1977; „Positionsbestimmungen der Sozialen Arbeit“, 2001; „Sozialpädagogisches Denken. Wege zu einer Neubestimmung“, 2005 mit Lothar Böhnisch und Wolfgang Schröer). Von großer Bedeutung war und ist in diesem Bereich auch seine Tätigkeit als Mitherausgeber des „Handbuchs Sozialarbeit/Sozialpädagogik“ (zuerst 1984 mit Hanns Eyferth und Hans-Uwe Otto, 3. neu bearbeitete Auflage 2001 mit Hans-Uwe Otto), das einen wichtigen Schritt auf dem Weg einer sich konsolidierenden Sozialpädagogik/Sozialarbeit markiert,[330] als Mitbegründer und -herausgeber zentraler Zeitschriften der Sozialpädagogik („Neue Praxis“, „Sozialwissenschaftliche Literaturrundschau“) sowie von Buchreihen („Kritische Texte“ im Luchterhand Verlag, „Edition soziale Arbeit“ im Juventa Verlag).[331]

In der Disziplin hat er gleichfalls an verschiedenen Stellen gewirkt. Von 1974 bis 1982 war er Vorstandsmitglied, von 1978-1982 war er Vorsitzender der Deutschen Gesellschaft für Erziehungswissenschaft, die ihm 2004 die Ehrenmitgliedschaft und 2010 den Ernst-Christian-Trapp-Preis verlieh. In dieser Fachgesellschaft hat Thiersch lange Jahre maßgeblich die Arbeit der Kommission Sozialpädagogik geprägt. Von 1969-1972 war er Mitglied der Gründungskommission Lehrerbildung der Universität Bremen, in den Jahren 1981-1984 Mitglied der Studienreformkommission Pädagogik und Sozialarbeit (Bund-Länder-Kommission). Weiterhin war er von 1984-1992 Mitglied im Kuratorium des Deutschen Jugendinstitutes und Mitglied, zeitweise Vorsitzender des Wissenschaftlichen Beirats des Deutschen Jugendinstitutes (DJI) in München. Seine Kontakte zu Einrichtungen der Praxis und zu Forschungseinrichtungen hat er regelmäßig mit Erfolg auch dazu genutzt, Lehrbeauftragte für Tübingen zu gewinnen.

Die Bezugnahme auf die Praxis blieb ihm immer ein wichtiges Anliegen. So hat er sich in Tübingen vielfältig für sozialpädagogische Einrichtungen engagiert, u.a. seit 1974 als Vorstandsmitglied und zeitweise Vorstandsvorsitzender der Jugendhilfeeinrichtung „Tübinger Verein für Sozialtherapie – Martin-Bonhoeffer-Häuser“ oder von 1991 als Vorstandsmitglied der „Drogenhilfe Tübingen“.

Die Ausstattung der neuen Professur war „üppig“, aber nie ausreichend.[332] In den ersten Jahren waren es neben Thiersch und zahlreichen Lehrbeauftragten[333]

---

[330] Vgl. Thiersch 2002, S. 400.

[331] Vgl. ebd.

[332] Thiersch 2009, S. 242. Der unerwartete Andrang von Studierenden überflutete das Institut in den 1970er Jahren, vgl. dazu unten, Kap. 3.

[333] Projektmitarbeiter und/oder Lehrbeauftragte waren in den 1970er und 1980er Jahren u.a. (in alphabetischer Folge) Lothar Böhnisch, Martin Bonhoeffer, Michael-Sebastian Honig, Konrad Leube, Albrecht Müller-Schöll (seit 1978 Honorarprofes-

insbesondere die Mitarbeiterinnen und Mitarbeiter Kreszentia Barth (bis 1992), Herbert E. Colla (bis 1974, dann Professor für Sozialpädagogik an der Pädagogischen Hochschule, jetzt Universität Lüneburg), Anne Frommann (bis 1991, zuletzt als Akademische Rätin), Burkhard Müller (1973-1982, 1983 bis 2004 Professor für Sozialpädagogik an der Universität Hildesheim), Friedrich Ortmann (bis 1978, danach Professor für Sozialplanung und kommunale Sozialpolitik an der Universität Kassel), Hedwig Ortmann (1974, später Professorin für Erziehungswissenschaft an der Universität Bremen), Ulrich Seibert (bis 1992) und Margot Umbach (bis 1981), die den Lehrbetrieb aufrecht erhielten.

Der ersten folgten 1982 eine zweite und 1993 eine dritte Professur für Sozialpädagogik.

Siegfried Müller (1940)*

Nach dem Besuch der Volks- und Realschule und einer Lehre als Schlosser und Technischer Zeichner war Müller bis 1965 als Technischer Zeichner und als Detailkonstrukteur in der Maschinenbauindustrie angestellt. Von 1965 an studierte er Sozialarbeit an der Höheren Fachschule für Sozialarbeit in Bielefeld, wo er die staatliche Prüfung als Sozialarbeiter und die Sonderprüfung zur Erlangung der fachgebundenen Hochschulreife ablegte. Im Anschluss daran absolvierte er ein einjähriges Berufspraktikum als Anerkennungsjahr. 1969 nahm er als Stipendiat der Victor Gollancz-Stiftung ein Studium der Sozialwissenschaften, Sozialpsychologie und Erziehungswissenschaft an der Ruhr-Universität Bochum auf, das er von 1970 bis 1974 an der Universität Bielefeld im Fach Soziologie fortsetzte (Diplom-Soziologe 1974). In dieser Zeit arbeitete er bereits an einem Forschungsprojekt des Bundesministeriums für Jugend, Familie und Sport zur Berufsfeldanalyse von Freizeitberufen mit. Von 1974 an war er zunächst Lehrbeauftragter an der Pädagogischen Hochschule Westfalen-Lippe und der Fachhochschule für Sozialwesen Bielefeld, bevor er von 1975 bis 1980 als Wissenschaftlicher Assistent an der Pädagogischen Hochschule Westfalen-Lippe tätig war. 1978 wurde er dort bei Hans-Uwe Otto promoviert („Soziale Probleme. Theoretische Vorarbeiten zur Analyse sozialpädagogisch relevanter Problembereiche. Ein Forschungsleitfaden"). 1981 habilitierte er sich an der zwischenzeitlich entstandenen Universität Bielefeld für Sozialpädagogik („Sozialarbeitsforschung: Theoretische, empirische und methodische Arbeiten zur Sozialpädagogik/Sozialarbeit", vgl. hierzu auch „Aktenanalyse in der Sozialarbeitsforschung", 1980) und wurde zum Professor für dieses Fach ernannt. 1982 folgte Müller dem

sor), Richard Münchmeier, Thomas Rauschenbach (1980-1989, dann Professor für Sozialpädagogik in Dortmund, seit 2002 Direktor des Deutschen Jugendinstituts in München), Walther Specht (seit 1993 Honorarprofessor), Renate Thiersch, Rainer Treptow und Wolfgang Trede.

Ruf auf die zweite Sozialpädagogikprofessur an der Universität Tübingen, wo er bis zu seiner Pensionierung im Jahr 2006 lehrte und forschte.

Müllers Arbeiten gelten insbesondere den Themenfeldern Devianz und Strafe („Graffiti: Tätowierte Wände", herausgegeben 1985; „Erziehen – Helfen – Strafen. Das Spannungsverhältnis von Hilfe und Kontrolle in der Sozialen Arbeit", 2001). Er ist Mitglied der Deutschen Gesellschaft für Erziehungswissenschaft und der Deutschen Gesellschaft für Soziologie, der deutschen Vereinigung für Jugendgerichte und Jugendgerichtshilfen und der Gesellschaft für interdisziplinäre wissenschaftliche Kriminologie sowie der Gilde Soziale Arbeit.

Maja Heiner (1944)*

Nach Abitur und Studium war Heiner von 1968 bis 1973 an einem technischen Gymnasium als Lehrerin tätig. Die Erkenntnis, „die falsche Person an der falschen Stelle"[334] zu sein, veranlasste sie 1973 dazu, sich auf eine Professur für Sozialarbeit und Jugendbildungsarbeit an der Fachhochschule Bremen zu bewerben, die sie dann auch erhielt und bis 1992 bekleidete. Während dieser Jahre wurde sie 1985 bei Hartmut Diessenbacher promoviert („Evaluation einer Beratungsstelle für Wohnungslose in Bremen") und holte auf, was ihr für die professionelle Ausübung dieses Berufes fehlte.[335] „Neben Gemeinwesenarbeit war damals die Sozialplanung gerade erfunden worden und dies war das zweite Praxisfeld, in das ich mich einarbeitete."[336]

Von 1988 bis 1990 war Heiner zur Leitung des Landessozialamts Bremen beurlaubt. Dieser „Ausflug" in die Politik bzw. Verwaltung stellte für sie eine der größten Herausforderungen dar und das nicht nur wegen der Anders- und Neuartigkeit der Anforderungen.[337]

Nach eigenen Angaben „wieder ohne gezielte Planung und bewusste Absicht"[338] kam Heiner 1993 an die Tübinger Universität. „An der Universität Tübingen lockte mich dann die gut ausgebaute Sozialpädagogik mit drei Professuren, mit sehr sympathischen Kollegen und mit einer Ausbildungsstruktur, die ein halbjähriges Praktikum enthält. Auch der aus den Vorgesprächen erkennbare Praxisbezug der Kollegen – vor allem von Hans Thiersch – hat mir den Abschied von der Fachhochschule erleichtert. Und nicht zuletzt lock-

334 Heiner 2005, S. 66.
335 Ebd.
336 Ebd.
337 Vgl. ebd., S. 70.
338 Ebd., S. 67.

te mich auch die Möglichkeit Promotionen in wichtigen Themenbereichen zu initiieren und zu fördern."[339] Den Tübinger Lehrstuhl für Sozialpädagogik hatte Heiner bis zu ihrer Emeritierung 2008 inne.

Nachdem sie in ihrer Dissertation noch mit quantitativer Methodik gearbeitet hatte, wurde Heiner in ihrer Beschäftigung mit der empirischen Sozialforschung zu einer, wie sie selbst sagt, „bekennende[n] qualitativen Sozialforscherin".[340] Insbesondere die Evaluationsforschung steht dabei im Mittelpunkt, „die Frage nach der Wirkung und Wirksamkeit sozialer Arbeit und die Möglichkeit, sie empirisch zu überprüfen"[341] (vgl. dazu die von ihr herausgegebenen Bände „Selbstevaluation in der Sozialen Arbeit", 1988; Experimentierende Evaluation. Ansätze zur Entwicklung lernender Organisationen", 1998). Daneben bildet die Professionsforschung, vornehmlich mit Blick auf die Handlungskompetenzen, einen Schwerpunkt der Arbeiten Heiners („Methodisches Handeln in der Sozialen Arbeit", mit anderen Autoren 1994; „Diagnostik und Diagnosen in der Sozialen Arbeit. Ein Überblick", 2004; „Soziale Arbeit als Beruf. Fälle, Felder, Fähigkeiten", 2007, 2. Aufl. 2010; „Kompetent handeln in der Sozialen Arbeit", 2010).

Als Mitarbeiter, Assistenten und Räte bzw. Lehrbeauftragte waren in den 1990er Jahren (und sind teilweise bis heute) u.a. Maria Bitzan (seit 1990), Eberhard Bolay (seit 1995 bis heute), Klaus Grunwald (seit 1996), Matthias Hamberger (seit 1997), Regine Maier-Aichen (seit 1992), Susanne Maurer (seit 1990), Ulrich Otto (seit 1990), Ingo Richter (seit 1997, ab 2002 Honorarprofessor), Gabriele Stumpp (seit 1997) und Rainer Treptow (1983-1991, 1993-1997 Hochschuldozent)[342] in der Abteilung Sozialpädagogik tätig. Außerdem bestehen enge Verbindungen zur Kriminologie und zur Kinder- und Jugendpsychiatrie an der Universität Tübingen. Schon in den 1970er und 1980er Jahren war der seinerzeitige Inhaber der Professur für Kinder- und Jugendpsychiatrie, Reinhart Lempp, kooptiert, was dann auch für seinen Nachfolger, Gunther Klosinski, galt.

Das Ende dieser Phase der Versozialwissenschaftlichung ist gesetzt mit dem Ausscheiden Hans Thierschs, dessen Amtsantritt ja schon die Phase eingeläutet hatte. Die Versozialwissenschaftlichung tritt zunächst einmal ganz äußerlich im neuen Fachbereich, später Fakultät für Sozial- und Verhaltenswissenschaften hervor, dem das Institut für Erziehungswissenschaft, wie es sich zugleich neu benannt hat, bis heute zugehört.[343] Aber auch in fachlicher Hinsicht war die Veränderung zu bemerken, wenn z.B. die Sozialpädagogik auf eine sozialwissen-

339 Ebd.

340 Ebd.

341 Ebd.

342 Zu ihm vgl. unten, Kap. 2.4.

343 Zum Wintersemester 2010/11 werden die Fakultät für Sozial- und Verhaltenswissenschaft und die Wirtschaftswissenschaftliche Fakultät zur Fakultät für Wirtschafts- und Sozialwissenschaften zusammengelegt. Das Institut für Erziehungswissenschaft wird in der neuen Fakultät Teil des Fachbereichs Sozialwissenschaften sein.

schaftliche Basis gestellt werden sollte oder in der Allgemeinen Pädagogik historische und vergleichende Sozialisationsforschung betrieben wurden oder in der Abteilung Schulpädagogik Rollen- und Professionstheorie prominent wurden. Es gab freilich auch weiterhin andere Positionen und durchaus Kritik, z.B. von Andreas Flitner, der sich den neuen Strömungen der Erziehungswissenschaft zwar öffnete, wenngleich er einer Szientifizierung gegenüber kritisch blieb,[344] oder bei Klaus Prange, der einen Verlust des eigentlichen Gegenstandes des Erziehungswissenschaft diagnostiziert hat und im kritischen Rückbezug auf die Klassiker, insbesondere Herbart, zu argumentieren sucht.[345] Das Bild der Tübinger Erziehungswissenschaft, das bis 1945 als experimentell orientierte Pädagogik, oder in den ersten Jahren nach dem Zweiten Weltkrieg als geisteswissenschaftliche Pädagogik gezeichnet werden konnte, ist in der dritten Phase zwar nicht ganz so einheitlich, aber die Hauptlinie ist doch eine sozialwissenschaftliche.

Exkurs: Das Institut für Erziehungswissenschaft im Rahmen der Evaluation der Erziehungswissenschaft an den Universitäten des Landes Baden-Württemberg durch die Evaluationsagentur Baden-Württemberg (evalag)

Die Evaluationsagentur Baden-Württemberg (kurz evalag), gegründet 2000, ist eine Stiftung des öffentlichen Rechts, die es sich zur Aufgabe gemacht hat, ein evaluationsbasiertes Qualitätssicherungssystem für Hochschulen zu etablieren. Zu den Aufgabenbereichen der evalag gehören Akkreditierungen, Evaluationen, Qualitätsmanagement und Wissenschaftsförderung der Hochschulen.[346]

2003 berief der Minister für Wissenschaft, Forschung und Kunst des Landes Baden-Württemberg eine Kommission, die eine Strukturevaluation der Erziehungswissenschaft an den Universitäten und Pädagogischen Hochschulen in Baden-Württemberg durchführen sollte. Der Kommission gehörten 19 Gutachter an, die operative Durchführung des Verfahrens lag bei der evalag.

Der Auftrag an die Kommission bestand darin, „eine Bestandsaufnahme, Überprüfung und Bewertung der wissenschaftlichen Qualität und der Strukturen der Erziehungswissenschaft an Universitäten und Pädagogischen Hochschulen in Baden-Württemberg im Hinblick darauf [vorzunehmen], ob das Fach auf die aktuellen und künftigen Anforderungen in Forschung, Lehre und Lehrerbildung

---

344 Betont wird dies z.B. in einer Abhandlung über die Sprache der Pädagogik, die sich, statt „die Wissenschaft, ihre klärende Kraft, ihre Unabhängigkeit, ihr Unterscheidungsvermögen dorthin zu bringen, wo die Praktiker sie brauchen“, eher zu einem „Fachjargon“ entwickelt hätte, der von Seiten der Praktiker abglehnt würde (vgl. Flitner 1977, das Zitat S. 7). Vgl. auch die Ausführungen zur Erziehungswissenschaft als Wissenschaft für die Praxis, die im Titel mit einem Fragezeichen versehen sind (Flitner 1978).

345 Vgl. Prange 2000.

346 Eine detaillierte Auflistung der Aktivitäten findet sich auf der Homepage der evalag: http://www.evalag.de/dedievl/projekt01/index.php?idcat=7 (letzter Zugriff 24.8. 2010).

ausgerichtet ist und diese angemessen bearbeiten kann“. Besonderes Augenmerk sollte darauf gelegt werden, die Schwächen und Stärken der Erziehungswissenschaft zu analysieren, ihre Leistungsfähigkeit unter Berücksichtigung internationaler Entwicklungen zu bewerten sowie Empfehlungen zur „Struktur, fachlichen Entwicklung und Schwerpunktbildung in Forschung, Lehre und Weiterbildung“ vorzulegen, wobei insbesondere die Lehrerbildung und die empirische Bildungsforschung berücksichtigt werden sollten.[347]

Für die Datenerhebung wurden von der Kommission der evalag drei Schritte festgelegt. Zunächst wurden die Analyse- und Bewertungskriterien entwickelt, wobei sich die Kommission an international bewährten Verfahren orientierte und an diese anknüpfte. Anhand dieser Kriterien wurde ein Fragenkatalog entworfen, der die Grundlage für die Befragung der einschlägigen Einrichtungen in Baden-Württemberg bildete. Zusätzlich wurde eine Begehung aller in Frage kommenden Standorte durchgeführt.

Die Befragung fand im Sommer 2003 statt, die Auswertung der Daten wurde im September desselben Jahres vorgenommen und gleichzeitig ein vorläufiger Kriterienkatalog entwickelt, der als Leitfaden der Evaluation dienen sollte. Die Begehungen wurden zu Beginn des Wintersemesters 2003/04 durchgeführt.

Die so gewonnenen Daten wurden in dem Bericht der Gutachterkommission zusammengestellt und bieten nun ein Bild der Erziehungswissenschaft an der Universität Tübingen im Vergleich zu allen anderen Universitäten und Pädagogischen Hochschulen in Baden-Württemberg. Einige der Ergebnisse werden im Folgenden kurz zusammengefasst.

Mit Blick auf die Forschung wurde bemerkt, dass am Institut für Erziehungswissenschaft keine strategische Forschungsplanung vorhanden sei. Es gebe keine Forschungsschwerpunkte, sondern nur „Auflistungen breiter Interessensgebiete“[348], Forschungsprojekte stünden, bis auf wenige Ausnahmen, unverbunden nebeneinander und könnten sich nicht oder nur geringfügig wechselseitig verstärken. Dies würde, so die Kommission, die nationale und internationale Kommunikation wichtiger Forschungsbeiträge erschweren.

Die Mittelausstattung (inklusive Drittmittel) lag in den Jahren 1998 bis 2002 relativ konstant bei über 800.000,- €, was u.a. der relativ gleichmäßigen Einwerbung von Drittmitteln zu verdanken war. Tübingen lag damit im Vergleich der baden-württembergischen erziehungswissenschaftlichen Standorte weit an der Spitze. Auch hinsichtlich der Publikationen und der Nachwuchsförderung (Anzahl der Promotionen und Habilitationen) lag das Tübinger Institut in den Jahren 1998 bis 2002 deutlich vor den anderen Instituten im Land, lediglich Heidelberg reichte bei letzterem noch annähernd heran. Dennoch wurde zur Forschung ins-

[347] Vgl. für dies und das Folgende Evaluation 2004, S. 8. Der Abschlussbericht ist auf der Homepage der evalag verfügbar (vgl. http://www.evalag.de/dedievl/projekt01/media/pdf/evalag_berichte/erziehungswissenschaft.pdf, letzter Zugriff 24.8.2010).

[348] Evaluation 2004, S. 169.

gesamt kritisch vermerkt, dass das Institut „sein Potenzial zur systematischen Nachwuchsförderung bislang nicht wirklich“ ausnutze.[349]

Mit Blick auf Studium und Lehre wurde konstatiert, dass die Studiengänge am Institut grundsätzlich „differenziert und gut aufgebaut“ gewesen seien und im Grundstudium durch die Modularisierung[350] ein breit gefächertes Grundwissen erworben werden könne, welches im Prinzip die Voraussetzung für die Spezialisierung im Hauptstudium liefert. Jedoch bleibe fraglich, ob tatsächliche eine gemeinsame Grundlegung von Basiswissen gelänge, seien doch die Veranstaltungsthemen und -formate stark personengebunden.

Hinsichtlich der Lehrerbildung wurde angemerkt, dass die Pädagogischen Studien für die Lehramtsstudierenden „für das Institut für Erziehungswissenschaft eine eher unwillkommene Pflicht“ sei und hier viele Optimierungsmöglichkeiten vorhanden seien.[351]

Abschließend wurde festgehalten, dass eine stärker empirische Ausrichtung des Instituts begrüßt werde, und empfohlen, „die Erziehungswissenschaft und die Hochschule insgesamt zur Entwicklung einer inhaltlich gestalteten, personell abgesicherten und mit den Studienseminaren abgestimmten Konzeption für die Lehrerbildung zu veranlassen“.[352]

Wie andere Evaluationen auch, hat diese zum Teil die weitere Entwicklung des Instituts befördert (z.B. hinsichtlich der Verstärkung der empirischen Forschung). Zu einem anderen Teil jedoch war der Bericht auch ein Papier für die Schublade, denn seitens des Ministeriums oder der Hochschulleitung gab es in der Folgezeit so gut wie keine Bezugnahme auf den Bericht. Insbesondere die Lehrerbildung krankt, trotz mancher Initiativen aus dem Institut heraus, immer noch an der Unverbundenheit der verschiedenen Ausbildungsbestandteile und dem Fehlen personell abgesicherter Fachdidaktiken. Im Verhältnis zu manch anderen Standorten hat das Institut für Erziehungswissenschaft in Tübingen bei dieser Evaluation letztlich insgesamt aber sehr gut abgeschnitten.

2.4 Das Institut für Erziehungswissenschaft seit 2003: Der Generationenumbruch

Die vierte Phase der Institutsentwicklung ist – anders als die vorherigen – nicht mehr aufgrund eines paradigmatischen Wandels hervorzuheben, sondern aus dem schlichten Grund, dass die heute hier lehrenden Professorinnen und Professoren allesamt erst seit 2003 im Amt sind, mithin ein Generationenumbruch

349 Ebd., S. 170.

350 Die Modularisierung bestand in der Ausweisung von fünf Studienbereichen Theoretische Pädagogik, Kontexte der Pädagogik, Praktische Pädagogik, Forschen und Erkennen in der Erziehungswissenschaft, Rechtsfragen der Erziehung und Bildung), die im Grundstudium studiert werden sollten. Eine Modularisierung wie in den neuen Studiengängen war damit nicht verbunden.

351 Ebd., S. 172.

352 Ebd., S. 173.

stattgefunden hat. Die Neubesetzung der verschiedenen Professuren hat insgesamt nicht zu einem Bruch, aber doch zu Veränderungen in Details geführt. In kurzer Folge sind nacheinander Thiersch, Prange, Liegle, Huber, Müller, Heiner aus Altersgründen und Grunder durch seinen Wechsel in die Schweiz ausgeschieden. Sechs Professuren mussten also zwischen 2002 und 2009 wieder besetzt werden; hinzu kam die Wiederbesetzung der bereits seit Längerem unbesetzten Professur für Erwachsenenbildung/Weiterbildung sowie die mehrerer neu geschaffener Professuren. Wer weiß, wie lange sich solche Verfahren heutzutage im Gegensatz zum Beispiel zu 1910 manchmal hinziehen, der weiß, welche Probleme mit den vielen Vakanzen verbunden waren.

Das Institut mit Sitz in der Münzgasse 22-30 und Münzgasse 11 bestand 2003 aus den Abteilungen Allgemeine Pädagogik, Erwachsenenbildung/Weiterbildung, Pädagogische Psychologie, Schulpädagogik und Sozialpädagogik. Die Abteilung Pädagogische Psychologie ist infolge des Solidarpakts zwischen dem Land und den Hochschulen Ende 2005 mit der Emeritierung des Lehrstuhlinhabers geschlossen worden. Die Stellen, neben der Professur zwei Mitarbeiterstellen, entfielen ersatzlos, die Aufgaben der Abteilung sollten vom Psychologischen Institut übernommen werden.

Nach der erfolgreichen Einwerbung einer Forschergruppe im Rahmen des Programms der Deutschen Forschungsgemeinschaft zur Förderung der Empirischen Bildungsforschung in der Erziehungswissenschaft durch Josef Schrader und Kollegen v.a. aus der Psychologie wurde eine Stiftungsprofessur für Empirische Bildungsforschung geschaffen, die 2008 besetzt werden konnte. Im Zuge der Verhandlungen des neuen Lehrstuhlinhabers, Ulrich Trautwein, mit dem Ministerium für Wissenschaft und Kunst Baden-Württemberg und dem Rektorat der Universität ergab sich, dass diese weitere Professuren im Bereich der Empirischen Bildungsforschung und der Pädagogischen Psychologie zusagten, so dass ab 2008 eine neue Abteilung für Empirische Bildungsforschung und Pädagogische Psychologie gegründet werden konnte. 2010 besteht das Institut also aus den Abteilungen Allgemeine Pädagogik, Empirische Bildungsforschung und Pädagogische Psychologie, Erwachsenenbildung/Weiterbildung, Schulpädagogik und Sozialpädagogik. Da die Unterbringung der neuen Abteilung in den vorhandenen Räumen des Instituts nicht dauerhaft möglich war, wurde ihr 2009 ein eigenes Gebäude in der Europastraße 6 zugewiesen.

Eine weitere Neuerung in dieser Zeit, die dazu berechtigt, von einer neuen Phase zu sprechen, war die Einführung der Bachelor- und Masterstudiengänge anstelle der bisherigen Diplom- und Magisterstudiengänge. Die Umstellung auf die neuen Studiengänge wurde intensiv in den Jahren 2005 bis 2007 vorangetrieben, so dass zum Wintersemester 2007/08 die ersten Studierenden für die neuen Studiengänge immatrikuliert werden konnten. Die alten Studiengänge laufen seitdem aus; bis 2015 ist dieser Prozess wohl weitgehend abgeschlossen.[353]

---

[353] Abgesehen von den Teilzeitstudierenden, die eine längere Gewährleitsung dafür haben, ihren Abschluss zu machen. Das Teilzeitstudium wurde in den 1990er Jahren als Modellversuch eingeführt und im Anschluss aufgrund der regelmäßig vorhande-

Bei der Umstellung auf die neuen Strukturen wurde versucht, eine Grundidee des Diplomstudiengangs, die des „wissenschaftlich gebildeten Praktikers", aufzunehmen. Der neue Bachelorstudiengang sollte weiterhin durch eine enge Berufsbezogenheit der wissenschaftlichen Ausbildung gekennzeichnet sein, ohne die wissenschaftlichen Grundlagen zu vernachlässigen. Basierend auf diesen Überlegungen und mit Blick auf seinerzeit bereits vorhandene Studiengänge und den Lerncurriculumvorschlag der Deutschen Gesellschaft für Erziehungswissenschaft[354] wurde ein Studiengang entwickelt, der 1. eine breite fachliche Grundlagenbildung inklusive der Forschungsmethoden bietet, in dessen Mittelpunkt 2. die berufsvorbereitenden Studienschwerpunkte stehen, die 3. ergänzt werden um ein obligatorisches Praktikum sowie um die überfachlichen Qualifikationen, die unabdingbar sind für die spätere berufliche Tätigkeit. Schließlich wurden 4. mit dem zwar kleinen, aber immerhin vorhandenen Studium freier Wahl Optionen gelassen für den Besuch von Veranstaltungen in anderen Fächern und 5. mit Mentoraten versucht, die Beziehungen zwischen den Studierenden und den Lehrenden zu verbessern. Manche Studierende haben das als „Belagerungszustand" wahrgenommen, aber für viele hat sich die intensive Betreuung doch als vorteilhaft erwiesen. Die stärkere Strukturierung des Studiums, von manchen als Verschulung bezeichnet, kommt einem Verständnis entgegen, demzufolge Wissenschaften als systematische Wissensbestände, in deren Rahmen gegebene Erkenntnisse immer neu zum Problem werden und hinterfragt werden müssen, auch strukturiert vermittelt werden können müssen. Dass dies nicht gleichbedeutend ist mit Verschulung, wird deutlich, wenn man bedenkt, dass im Studium – anders als in der Schule – der Fokus nicht auf der Reproduktion von Wissen, sondern auf der methodisch geschulten und problembewussten Anwendung dieses Wissens liegt. Inzwischen wurden die ersten Absolventinnen und Absolventen des Bachelorstudiengangs Erziehungswissenschaft und des Masterstudiengangs Forschung und Entwicklung in der Erziehungswissenschaft verabschiedet. Ob sie im Berufsleben oder bei Bewerbungen um weiterführende Studiengänge erfolgreich sein werden, muss die Zukunft erweisen.

Die Darstellung der Entwicklungen des Instituts für Erziehungswissenschaft wird im Folgenden wieder entlang der Abteilungen vorgenommen.[355]

---

nen Nachfrage weiter geführt. Auch die neuen Studiengänge sind für Teilzeitstudierende konzipiert (vgl. dazu die Informationen auf der Homepage des Instituts: http://www.uni-tuebingen.de/fakultaeten/fakultaet-fuer-sozial-und-verhaltenswissenschaften/institute/institut-fuer-erziehungswissenschaft.html, letzter Zugriff 24.8.2010).

354 Vgl. Kerncurriculum Erziehungswissenschaft 2008.

355 Weiterführende und jeweils aktuelle Informationen sind auf den Internetseiten des Instituts für Erziehungswissenschaft zu finden.

Abteilung Allgemeine Pädagogik

Klaus-Peter Horn (1960)*

1987 schloss Horn sein Studium mit dem Diplom in Erziehungswissenschaft ab und wurde wissenschaftlicher Mitarbeiter in Forschungsprojekten zur Wissenschaftsgeschichte der deutschen Erziehungswissenschaft am Institut für Allgemeine Erziehungswissenschaft der Universität Frankfurt a.M. 1991 wechselte er nach Berlin, wo er bis 2004 als wissenschaftlicher Mitarbeiter und später als Assistent in der Abteilung für Historische Erziehungswissenschaft der Humboldt-Universität und zudem nebenamtlich als Dozent in der Lehrerweiterbildung im Land Brandenburg arbeitete. Seine Promotion erfolgte 1995 bei Heinz-Elmar Tenorth („‚Es wird jetzt sehr schwer sein, die Zeitschrift zu steuern'. Zur Kontinuitätsproblematik pädagogischer Zeitschriften nach 1933"). In dieser Zeit versah er Vertretungsprofessuren an den Universitäten Frankfurt a.M. (1999/2000) und Dortmund (2000 bis 2002). Im Jahr 2002 habilitierte er sich an der Humboldt-Universität („Erziehungswissenschaft in Deutschland im 20. Jahrhundert. Zur Entwicklung der sozialen und fachlichen Struktur der Disziplin von der Erstinstitutionalisierung bis zur Expansion"). 2004 wurde Horn schließlich als Nachfolger Klaus Pranges auf die Professur für Allgemeine Pädagogik an die Universität Tübingen berufen.

Wissenschaftsforschung und insbesondere die Geschichte der Erziehungswissenschaft im 20. Jahrhundert stehen im Mittelpunkt der Arbeiten Horns. Daneben befasst er sich mit historischen Forschungen zu den pädagogischen Professionen (u.a. in einem Forschungsprojekt zur Lehrerausbildung in Deutschland seit 1945) sowie mit Fragen der Allgemeinen Erziehungswissenschaft und der erziehungswissenschaftlichen Ausbildung.

Horn ist Mitglied in der Deutschen Gesellschaft für Erziehungswissenschaft (Sektionen Allgemeine Erziehungswissenschaft und Historische Bildungsforschung) und außerdem Mitherausgeber der Online-Rezensions-Zeitschrift „Erziehungswissenschaftliche Revue" und des „Jahrbuchs für Historische Bildungsforschung".

Karin Amos (1961)*

Nach dem Studium der Anglistik/Amerikanistik und Geschichte für das Lehramt an Gymnasien hat Amos von 1988 bis 1990 als Teaching Assistant am Mills College in Oakland, Kalifornien, USA unterrichtet. 1994 wurde sie an der Universität Eichstätt bei Roland Hagenbüchle und Heinz Hürten promoviert ("Alexis de Tocqueville and the American National Identity. The Reception of

‚De la démocratie en Amérique' in the United States in the Nineteenth Century"). Bis 2006 arbeitete sie als wissenschaftliche Mitarbeiterin bzw. Assistentin und zuletzt als Hochschuldozentin am Institut für Allgemeine Erziehungswissenschaft der Universität Frankfurt a.M., wo sie sich 2002 für Erziehungswissenschaft habilitierte („The American Black Ghetto. Education and the Constitution of Membership in the National Community"). Im Sommersemester 2006 war sie Gastprofessorin für Allgemeine Pädagogik an der Universität Wien. 2006 erhielt sie den Ruf auf die zweite Professur für Allgemeine Pädagogik an der Universität Tübingen in der Nachfolge von Ludwig Liegle.

Der Schwerpunkt ihrer Forschung liegt im Bereich der international vergleichenden Bildungsforschung, insbesondere mit Blick auf die Governance-Thematik, in der interkulturellen Pädagogik (u.a. als Projektverantwortliche für die Arbeitsstelle Talent im Land Baden-Württemberg am Institut für Erziehungswissenschaft) sowie in der frühkindlichen Erziehung (mit dem Forschungsprojekt „Institutionen und Akteure in der Ausbildungsphase der ErzieherInnen/KinderpflegerInnen" gemeinsam mit Rainer Treptow).

Sie ist Mitherausgeberin der Internet-Zeitschrift „Erziehungswissenschaftliche Revue" und Mitglied des Advisory Board der Zeitschrift „European Education". Sie ist Mitglied in der Deutschen Gesellschaft für Erziehungswissenschaft (Sektion International und Interkulturell Vergleichende Erziehungswissenschaft) und in einschlägigen internationalen Gesellschaften der Vergleichenden Erziehungswissenschaft, u.a. im Research Council im World Council of Comparative Education Societies (WCCES).

Seit Beginn der 2000er Jahre waren in der Abteilung u.a. Martha Bergler, Ursula Pfeiffer (seit 2005 Professorin an der Pädagogischen Hochschule Weingarten) und Gerhard Schneider (seit 2006 im Ruhestand) beschäftigt. Mit den Neuberufenen kamen auch neue Wissenschaftliche Mitarbeiterinnen und Mitarbeiter hinzu. Aktuell sind das Jeanette Bair, Nina Beck, Nicole Becker und Anne Hild.

Abteilung Empirische Bildungsforschung und Pädagogische Psychologie

Die Abteilung Empirische Bildungsforschung und Pädagogische Psychologie hat seit ihrer Gründung eine enorme Expansion erlebt. Als Wissenschaftliche Mitarbeiterinnen und Mitarbeiter sind zu nennen Jochen Kramer, Christine Sälzer, Tobias Sälzer, Albrecht Wacker und Wolfgang Wagner. Dazu kommt eine Reihe von Promotionsstipendiatinnen und -stipendiaten.

Ulrich Trautwein (1972)*

Trautwein studierte bis 1999 Psychologie an der Universität Göttingen und der University of California, Santa Cruz und war im Anschluss daran als Wissenschaftlicher Mitarbeiter im Max-Planck-Institut für Bildungsforschung tätig, zuletzt von 2007 an als Forschungsgruppenleiter. 2002 wurde er an der Freien Universität Berlin bei Ralf Schwarzer und Jürgen Baumert promoviert („Die Entwicklung und Bedeutung des Selbstwertgefühls Jugendlicher im schulischen Kontext"). 2005 folgte – ebenfalls an der Freien Universität – die Habilitation („Hausaufgabenvergabe und Hausaufgabenerledigung: Entwicklung und Überprüfung eines pädagogisch-psychologischen Mehrebenenmodells"). 2008 nahm er den Ruf auf die neu geschaffene Professur für Empirische Bildungsforschung an der Universität Tübingen an.

Trautweins Hauptforschungsgebiete sind der Einfluss von Lernumgebungen auf den Wissenserwerb sowie auf die Motivation und Persönlichkeit, die Veränderungen der gymnasialen Oberstufe und ihre Folgen sowie die Determinanten und Effekte von Hausaufgabenvergabe und -erledigung. Seine Arbeiten folgen einem evidenz-basierten, international orientierten und integrierten Ansatz. Aktuell beteiligt sich die Abteilung an verschiedenen nationalen und internationalen Forschungsprojekten. Hervorzuheben sind die Studien TRAIN (Tradition und Innovation: Entwicklungsverläufe an Haupt- und Realschulen in Baden-Württemberg und Mittelschulen in Sachsen) sowie TOSCA Sachsen (Transformation des Sekundarschulsystems und akademische Karrieren in Sachsen) sowie das Nationale Bildungspanel.

Trautwein ist Mitglied der Deutschen Gesellschaft für Psychologie, der Deutschen Gesellschaft für Erziehungswissenschaft (Arbeitsgruppe für Empirische Pädagogische Forschung) und der American Educational Research Association.

Oliver Lüdtke (1973)*

Nach dem Abitur 1992 studierte Lüdtke an der Freien Universität Berlin Psychologie. Von 2000 bis 2008 war er Wissenschaftlicher Mitarbeiter am Max-Planck-Institut für Bildungsforschung Berlin. In dieser Zeit wurde er 2004 bei Bettina Hannover und Jürgen Baumert promoviert („Persönliche Ziele im frühen Erwachsenenalter"). 2007 habilitierte er sich ebenfalls in Berlin für Psychologie („Methodische und statistische Aspekte der Erfassung von schulischen Kontextmerkmalen: Grundlagen und Anwendungen"). 2008 folgte er dem Ruf auf die Professur für Pädagogische Psychologie an der Universität Tübingen, wird aber Tübingen 2010 wieder verlassen, um eine Professur für

Psychologische Methodenlehre an der Humboldt-Universität zu Berlin zu übernehmen.

Der Methodenexperte Lüdtke befasst sich v.a. mit Fragen der Mehrebenenanalyse und der Persönlichkeitsentwicklung im jungen Erwachsenenalter. Er ist beteiligt an verschiedenen Studien des Max-Planck-Instituts und an der Universität Tübingen, so z.B. an TOSCA, TRAIN und dem Nationalen Bildungspanel.

Kathrin Jonkmann (1980)*

Nach dem Studium der Psychologie an der Justus-Liebig-Universität Gießen und der Humboldt-Universität zu Berlin war Jonkmann ab 2006 als Promotionsstipendiatin am Berliner Max-Planck-Institut für Bildungsforschung im Forschungsbereich Erziehungswissenschaft und Bildungssysteme bei Jürgen Baumert tätig und Fellow der International Max Planck Research School „The Life Course: Evolutionary and Ontogenetic Dynamics“ (LIFE). Im Jahr 2009 wurde sie in Berlin bei Baumert promoviert („Soziale Dynamik im Klassenzimmer: Person- und Kontextperspektiven auf Dominanz und Affiliation in der Adoleszenz“). In dieser Arbeit geht es u.a. um Schüler, die Normen für die eigene Peergroup zu generieren vermögen. Untersucht werden einzelne Faktoren, die für das Ausüben von solcher sozialer Dominanz ausschlaggebend sind. Seit 2010 ist Jonkmann Juniorprofessorin für Empirische Bildungsforschung an der Universität Tübingen.

Gabriel Nagy (1973)*

Geboren in Lippa (Rumänien) studierte Nagy ab 1996 Psychologie an der Freien Universität Berlin und war parallel zu seinem Studium Hilfskraft am Max-Planck-Institut für Bildungsforschung, wo er nach Abschluss seines Studiums auch ein Promotionsstipendium erhielt (Fellow an der International Max Planck Research School „The Life Course: Evolutionary and Ontogenetic Dynamics“ (LIFE). Seine Promotion erfolgte 2006 bei Jürgen Baumert „Berufliche Interessen, kognitive und fachgebundene Kompetenzen: Ihre Bedeutung für die Studienfachwahl und die Bewährung im Studium“). Hierin wird untersucht, welche Rolle berufliche Interessen, kognitive und fachgebundene Fähigkeiten beim Übergang vom Gymnasium in das Studium spielen. Nach der Promotion arbeitete Gabriel Nagy weiterhin am Max-Planck-Institut, bis er 2010 als Juniorprofessor für Empirische Bildungsforschung an das Institut für Erziehungswissenschaft der Universität Tübingen kam.

Abteilung Erwachsenenbildung/Weiterbildung

Josef Schrader (1958)*

Nach dem Studium der Erziehungswissenschaft, Geschichte und Politikwissenschaft an der Universität Marburg legte Schrader sowohl die Diplomprüfung in Erziehungswissenschaft (1984) als auch das Erste Staatsexamen in Geschichte und Politikwissenschaft (1987) ab. Von 1984 bis 1991 war er Wissenschaftlicher Mitarbeiter am Lehrstuhl für empirische Pädagogik an der Universität Marburg, außerdem von 1989 bis 1992 frei- und hauptberuflich als Trainer und Referent in der innerbetrieblichen Weiterbildung tätig. In Marburg wurde er 1992 promoviert („Lerntypen bei Erwachsenen"). Von 1993 bis 1999 arbeitete er als Wissenschaftlicher Assistent im Institut für Erwachsenen-Bildungsforschung an der Universität Bremen, wo er sich im Jahr 2000 auch habilitierte („Systembildung der Weiterbildung unter den Bedingungen halbierter Professionalisierung. Weiterbildungsprogramme und Weiterbildungsinstitutionen im Wandel"). Von 2000 bis 2003 leitete er die Abteilung Planung und Entwicklung im Deutschen Institut für Erwachsenenbildung in Frankfurt a.M. und Bonn. 2002 übernahm er eine Vertretung der Professur für Erwachsenenbildung an der Universität Bochum. Seit 2003 ist Josef Schrader Professor für Erwachsenenbildung und Weiterbildung an der Universität Tübingen. In dieser Funktion hat er die Forschergruppe („Orchestrierung computerunterstützter Lehr-Lern-Prozesse") im Rahmen des Programms der Deutschen Forschungsgemeinschaft zur Stärkung der Empirischen Bildungsforschung in der Erziehungswissenschaft mit eingeworben und damit entscheidend zum Ausbau des Instituts für Erziehungswissenschaft in Tübingen beigetragen.

Seine Arbeitsschwerpunkte liegen in der empirischen Weiterbildungsforschung, wobei ihn insbesondere Fragen des Lehrens und Lernens, des institutionellen Wandels, der Fallarbeit in Erziehungswissenschaft und Erwachsenenbildung sowie der Professionalisierung interessieren (vgl. die Forschungsprojekte „Förderung von Lehrerexpertise: Zum Zusammenhang von individuellen Voraussetzungen und instruktionalen Prozessen in computerunterstützten fallbasierten Lernumgebungen" und, „Innovative digitale Videotechnologien für kollaborative Gestaltungsaufgaben im Deutschunterricht – Bedingungen effektiven Kooperierens und Lernens").

Schrader ist Mitglied der Deutschen Gesellschaft für Erziehungswissenschaft (Sektion Erwachsenenbildung und Arbeitsgruppe für Empirische Pädagogische Forschung) und Mitglied im wissenschaftlichen Beirat der Zeitschrift „Report".

Neben Norbert Vogel waren bzw. sind in der Abteilung Thomas Hallmayer, Stefanie Hartz (seit 2008 Professorin an der Technischen Universität Braunschweig), Alexandra Ioannidou und Ulrike Zentner als Mitarbeiterinnen und Mitarbeiter tätig.

Abteilung Schulpädagogik

Thorsten Bohl (1965)*

Bohl absolvierte von 1987 bis 1992 zunächst ein Lehramtsstudium an der Pädagogischen Hochschule Heidelberg. Während seiner darauffolgenden Tätigkeit als Realschullehrer studierte er Erziehungswissenschaft an der Universität Tübingen und legte 1997 die Diplomprüfung ab. Daran schloss sich bis 2000 eine Tätigkeit als Wissenschaftlicher Mitarbeiter an der Forschungsstelle für Schulpädagogik an der Universität Tübingen an. Im Jahr 2000 wurde er hier bei Hans-Ulrich Grunder promoviert („Unterrichtsmethoden in der Realschule. Eine empirische Untersuchung zum Gebrauch ausgewählter Unterrichtsmethoden an staatlichen Realschulen in Baden-Württemberg. Ein Beitrag zur deskriptiven Unterrichtsforschung“). Ab 2001 war er Wissenschaftlicher Assistent in der Abteilung Schulpädagogik an der Universität Tübingen und habilitierte sich 2004 („Reformpädagogik und Leistungsbeurteilung. Eine historische, theoretisch-systematische, methodisch-didaktische und empirische Studie“). Bereits seit 2003 als Professurvertreter an der Pädagogischen Hochschule Weingarten tätig, wurde er 2004 dorthin berufen. 2007 erhielt er den Ruf auf die Professur für Schulpädagogik an der Universität Tübingen und trat damit die Nachfolge von Hans-Ulrich Grunder an.

Seine Forschungs- und Arbeitsschwerpunkte sind die Unterrichts- und Schulforschung sowie die Rezeption und Aktualisierung der Reformpädagogik, v.a. mit Blick auf Fragen des offenen Unterrichts und der Leistungsbeurteilung. Lehrerprofessionalisierung sowie Konsequenzen aus nationalen und internationalen Schulleistungsvergleichsstudien sind weitere Arbeitsschwerpunkte. Aktuelle Forschungsprojekte befassen sich u.a. mit der „Aufgabenkultur in verschiedenen Schularten. Eine vergleichende Analyse von Aufgaben und Lehrerhandeln im Hauptschul-, Realschul- und Gymnasialunterricht“ oder mit „Effekte[n] testbasierter Rechenschaftslegung auf die datenbasierte Schul- und Unterrichtsentwicklung – Eine ländervergleichende Studie“.

Bohl ist Mitherausgeber des „Jahrbuchs für Allgemeine Didaktik“, Mitglied im wissenschaftlichen Beirat der Zeitschrift „Schulpädagogik Heute“ und Mitherausgeber verschiedener Handbücher („Handbuch Schule“, 2009; „Handbuch Schulentwicklung“, 2010). Er ist Mitglied in der Deutschen Gesellschaft für Erziehungswissenschaft (Sektion Schulpädagogik) und im wissenschaftlichen Beirat der Pädagogischen Hochschule Thurgau (Schweiz).

In der Abteilung sind Dirk Bogner, Marc Kleinknecht und Britta Kohler als Assistenten tätig. Außerdem lehren hier, aus Studiengebühren finanziert, die aus dem Schuldienst abgeordneten Lehrkräfte Tanja Bach-Blattner, Anja Nold und Anke Reuschling.

Abteilung Sozialpädagogik

Rainer Treptow (1954)*

Nach einem Semester in Düsseldorf studierte Treptow ab 1972 in Tübingen Erziehungswissenschaft, schloss das Studium 1978 mit dem Diplom ab und sammelte im Anschluss daran für zwei Jahre praktische Erfahrungen als Sozialarbeiter in der Heimerziehung. Schließlich wandte er sich jedoch der Forschungsarbeit zu und war in verschiedenen Projekten zur Untersuchung der beruflichen Sozialisation von Sozialpädagogen an der Universität Tübingen tätig. Er wurde 1983 Assistent am Institut für Erziehungswissenschaft und 1985 bei Hans Thiersch promoviert („Raub der Utopie. Zukunftskonzepte bei Schütz und Bloch. Kritik der Alltagspädagogik"). 1992 habilitierte er sich hier auch mit einer Arbeit über die „Pädagogische Thematisierung der Bewegungsweisen und jugendliche Bewegungssouveränität" und war daraufhin bis 1996 Privatdozent bzw. Hochschuldozent. Parallel dazu übernahm er eine Vertretungsprofessur an der Universität Jena, wohin er 1996 schließlich als Professor für Sozialpädagogik berufen wurde. 2003 folgte Treptow schließlich einem Ruf auf die Professur für Erziehungswissenschaft mit besonderer Berücksichtigung der Sozialpädagogik an der Universität Tübingen und trat damit die Nachfolge von Hans Thiersch an.

Neben der Auseinandersetzung mit der Lebenswelt- bzw. Alltagsorientierten Sozialpädagogik arbeitet Treptow kontinuierlich v.a. zu Themen der Sozialen Arbeit in international vergleichender Perspektive, zur Verbindung zwischen sozialpädagogischen Handlungsfeldern und kultureller Praxis, zur Thematik der Humanitären Hilfe sowie in aktuellen Forschungsprojekten zur frühkindlichen Erziehung („Institutionen und Akteure in der Ausbildungsphase der ErzieherInnen/KinderpflegerInnen", gemeinsam mit Karin Amos) und zur Elternbildung („Evaluation des Landesprogramms zur Stärkung von Elternkompetenzen").

Seit 1995 ist Treptow Redaktionsmitglied der sozialpädagogischen Fachzeitschrift „Neue Praxis", seit 2004 Redaktionsmitglied der Online-Zeitschrift „Social Work and Society" und seit 2010 Mitglied im Beirat der Österreichischen Zeitschrift für Bildungsforschung.

Treptow ist Mitglied in der Deutschen Gesellschaft für Erziehungswissenschaft (Sektion Sozialpädagogik, Mitglied im Ethik-Rat), engagiert sich zudem in verschiedenen Vereinen und Einrichtungen der sozialpädagogischen Praxis, u.a. im Vorstand des Vereins Martin-Bonhoeffer-Häuser, und ist seit 2010 im Forschungsbeirat des Kommunalverbandes Jugend und Soziales des Landes Baden Württemberg tätig.

Barbara Stauber (1963)*

Nach dem Abschluss des Studiums der Politikwissenschaft und Philosophie an der Universität Tübingen nahm Stauber eine Stelle als freie wissenschaftliche Mitarbeiterin beim Institut für regionale Innovation und Sozialforschung (IRIS) mit Sitz in Hechingen und Tübingen an. 1995 wurde sie bei Hans Thiersch promoviert („Lebensgestaltung alleinerziehender junger Frauen – Balancen zwischen Anpassung und Eigenständigkeit in ländlichen Regionen"). Hier habilitierte sie sich auch im Jahr 2003 („Junge Frauen und Männer in Jugendkulturen – Selbstinszenierungen und Handlungspotentiale").

Im Rahmen ihrer Tätigkeit bei IRIS koordinierte sie seit 1996 verschiedene europäische Forschungsprojekte zu sozialpädagogischen und sozialpolitischen Themen, vor allem zur Frage der biografischen Übergänge von Jugendlichen zum Erwachsensein. Auch in ihrer Habilitatonsschrift geht es um die Bewältigungsstrategien Jugendlicher im Hinblick auf einen sich immer riskanter gestaltenden Übergang zum Erwachsenwerden. Die Genderforschung ist darüber hinaus ein weiterer Themenschwerpunkt in der Arbeit Staubers, die auch, seit dessen Gündung im Jahre 1994, beim Tübinger Institut für frauenpolitische Sozialforschung (tifs) mitarbeitet.

Zum Sommersemester 2007 wurde sie als Nachfolgerin von Siegfried Müller auf eine Professur für Sozialpädagogik ans Institut für Erziehungswissenschaft der Universität Tübingen berufen, wo sie die Themenschwerpunkte ihrer bisherigen Arbeit fortführt. Aktuell ist die Nachwuchsforschergruppe „Durchlässigkeit und Chancengleichheit in der Bildungspolitik", gefördert durch die Hans-Böckler-Stiftung, an ihrem Lehrstuhl angesiedelt, außerdem die Forschungsprojekte „Comigo – Unterstützung von Jugendlichen mit Migrationshintergrund durch Einbezug von Eltern und Migrantenorganisationen" und „ELAN – Elternbildung im Einwanderungsland".

Stauber ist Mitglied der Deutschen Gesellschaft für Erziehungswissenschaft (Sektion Sozialpädagogik) und der Deutschen Gesellschaft für Soziologie.

Petra Bauer (1963)*

1994 schloss Bauer ihr Studium der Erziehungswissenschaft in Tübingen mit dem Diplom ab. Nach einer dreijährigen Tätigkeit als Sozialpädagogin im Zentrum für Psychiatrie in Winnenden (1994 bis 1997), absolvierte sie eine Weiterbildung zur systemischen Therapeutin und Beraterin und war als Wissenschaftliche Mitarbeiterin am Institut für Erziehungswissenschaften der Universität Jena beschäftigt. Dort wurde sie 2002 bei Ewald Johannes Brunner und Bruno

Hildebrand promoviert („Systemische Supervision multiprofessioneller Teams in der Psychiatrie“). Daran anschließend ging Bauer als Wissenschaftliche Assistentin an die Freie Universität Berlin, wo 2009 die Habilitation folgte („Professionelles Handeln im Kontext. Exemplarische Analysen zu Konstitutionsbedingungen professionellen Handelns in unterschiedlichen Handlungsfeldern“). Noch im selben Jahr erging an sie der Ruf nach Tübingen auf die dritte Sozialpädagogikprofessur.

Ein Schwerpunkt ihrer Forschung liegt im Bereich der sozialpädagogischen und systemischen Beratung sowie der Supervision. In der Abteilung Sozialpädagogik ist sie insbesondere für den Ausbau und die Weiterentwicklung der 2007 von ihrer Vorgängerin Maja Heiner gegründeten Arbeitsstelle für Beratungsforschung aktiv. In diesem Rahmen werden sowohl Praxisforschungsprojekte als auch grundlagenorientierte Projekte zur sozialpädagogischen Beratung in verschiedenen Settings und Handlungsfeldern konzipiert und durchgeführt. Daneben stehen die Themenfelder Evaluation, die Entwicklung neuer Lehr- und Lernverfahren zur Steigerung und Vermittlung von Beratungskompetenz sowie Aspekte der Schulsozialarbeit im Fokus von Bauers Schaffen.

Bauer ist Mitglied in der Deutschen Gesellschaft für Erziehungswissenschaft (Sektion Sozialpädagogik), Mitglied in der Deutschen Gesellschaft für Soziologie (Sektion Professionssoziologie) sowie Sprecherin der „Fachgruppe Hochschulen“ der Deutschen Gesellschaft für Systemische Therapie und Familientherapie.

Angesichts der Größe der Abteilung ist es nicht überraschend, dass es hier auch eine Reihe von Mitarbeiterinnen und Mitarbeitern gab und gibt. Zu Beginn der 2000er Jahre waren dies u.a. Carola Flad, Angelika Iser (inzwischen Professorin an der Hochschule München), Sabine Schneider (inzwischen Professorin an der Hochschule Esslingen), Andreas Walther (Habilitation 2008, ab Wintersemester 2010/11 Professor an der Universität Frankfurt a.M.) und Karola Vollmer. Gegenwärtig sind hier tätig Eberhard Bolay, Stefan Faas, Sandra Landhäußer, Eva Maria Lohner, Simone Meßmer, Christine Riegel, Marc Weinhardt und Mirjana Zipperle.

Exkurs: Das Institut für Erziehungswissenschaft im Hochschulranking des Centrums für Hochschulentwicklung

Das Centrum für Hochschulentwicklung (CHE) ist eine im Jahr 1994 gegründete gemeinnützige Einrichtung, die sich als Reformwerkstatt für das Hochschulwesen versteht.[356] Es ist in der breiten Öffentlichkeit v.a. durch sein Hochschulranking bekannt, das seit 1998 durchgeführt und mittlerweile von der Wochenzei-

[356] Vgl. CHE Homepage: http://www.che-concept.de/cms/?getObject=237&getLang=de (letzter Zugriff 14.5.2010).

tung „Die Zeit“ veröffentlicht wird.[357] Im Kommentar zur neuesten Veröffentlichung 2010 ist zu lesen: „Mit 34 Fächern und knapp 300 analysierten Universitäten und Fachhochschulen ist das Hochschulranking der größte, seriöseste und detaillierteste Hochschulvergleich.“[358] Zudem ist es laut einer eigenen Untersuchung des CHE unter Abiturienten am bekanntesten.[359] Hochschulrankings sehen sich jedoch auch einer starken Kritik[360] ausgesetzt, tragen allerdings unabhängig davon zur Meinungsbildung in der Öffentlichkeit bei.

Ziel des CHE ist es, mit seinem Ranking eine Entscheidungsgrundlage für Studienanfänger und Hochschulwechsler zu schaffen. Mit der vergleichenden Darstellung soll eine höhere Transparenz der Studienbedingung an den einzelnen Hochschulen gewährleistet werden.[361] Zentral für das Hochschulranking des CHE ist die mehrdimensionale Betrachtung der einzelnen Studienfächer aus unterschiedlichen Perspektiven. Es ordnet die Hochschulen nach Ranggruppen (Spitzen-, Mittel- oder Schlussgruppe), um marginale Unterschiede der Hochschulen nicht durch eine Platzzuweisung zu vergrößern.[362] Die Datenerhebung findet pro Fachbereich im 3-Jahresturnus statt. Es stehen dabei zwei Datengruppen im Vordergrund: „Fakten“ und „Urteile“.

Die standardisierte schriftliche Befragung der Fachbereiche sowie eine bibliometrische Analyse stellen die zentralen Erhebungsmethoden der „Fakten“ dar. Die Ranggruppenbildung der Fakten erfolgt nach Quartilen. Die besten 25% werden der Spitzengruppe zugeteilt, die nächsten beiden Quartile bilden die Mittelgruppe und die letzten 25% die Schlussgruppe.

Auch die „Urteile“ werden durch eine standardisierte schriftliche Befragung ermittelt. Hierfür werden Studierende und Professoren befragt, wobei die Stu-

---

357 Eine Stellungnahme von Thomas Kerstan, dem Ressortleiter „Chancen“ von „Die Zeit“ und Chefredakteur des Studienführers, in dem das Hochschulranking veröffentlicht wird, zu der Entscheidung, das Hochschulranking des CHE zu publizieren, findet sich unter http://www.zeit.de/2010/19/C-Ranglisten (letzter Zugriff 6.5.2010).

358 Hockling 2010, S. 1.

359 Vgl. Hachmeister/Hennings 2007, S. 9.

360 Eine umfassende Auseinandersetzung mit der Kritik an Hochschulrankings ist im Rahmen dieser Darstellung nicht möglich. Sie nimmt jedoch in der Diskussion um die Qualität und Aussagekraft von Hochschulrankings einen hohen Stellenwert ein. Eine kritische Einschätzung von Hochschulrankings im Allgemeinen geben u.a. Liebeskind/Ludwig-Mayerhofer 2005, eine Analyse der Evaluationsqualität des CHE bzgl. der Erziehungswissenschaft findet sich bei Weishaupt/Preuschoff 2002.
Der Kritik begegnet das CHE mit der Rubrik „Die häufigsten Irrtümer über das CHE Ranking“ im CHE MethodenWiki (http://www.che-ranking.de/methodenwiki/index.php/Hauptseite, letzter Zugriff 14.5.2010). Mittlerweile wird das Hochschulranking des CHE jedoch auch in Werken zur Evaluation als positives Beispiel unter den Rankings genannt (vgl. Meyer 2004, S. 46).

361 Vgl. CHE Hochschulranking Projektbeschreibung: http://www.che-concept.de/cms/?getObject=260&strAction=show&PK_Projekt=74&getLang=de (letzter Zugriff 14.5.2010).

362 Vgl. CHE Homepage: http://www.che-ranking.de/cms/?getObject=64&getLang=de (letzter Zugriff 14.5.2010).

dierenden im Zentrum stehen.[363] Diese werden gebeten, ihr Urteil zu verschiedenen Indikatoren auf einer 6-stufigen Skala abzugeben. Ranggruppen werden für die Urteile nach den signifikanten Abweichungen vom Durchschnittsurteil im Fach gebildet: „Maßgeblich für die Einordnung in eine Ranggruppe ist dabei ein Konfidenzintervall um den jeweiligen Mittelwert, welches neben der Anzahl der Urteile berücksichtigt, wie einheitlich die Beurteilungen an einem Fachbereich ausgefallen sind. Liegt der in dieser Untersuchung erhobene bundesweite Mittelwert für den Studienbereich außerhalb des Intervalls eines Faches an einer Hochschule, erfolgt eine Einordnung in eine der Extremgruppen, andernfalls eine Zuordnung zur Mittelgruppe."[364]

Die Erziehungswissenschaft wurde erstmals 2001 untersucht, weitere Untersuchungen folgten in den Jahren 2004, 2007 und 2010.[365] Dabei wurden nur Universitäten einbezogen.[366] Der Rücklauf bei der Fachbereichsbefragung sah fogendermaßen aus: 2010: 47 von 53; 2007: 57 von 53[!]; 2004: 60 von 61; 2001: 53 von 59.[367] Die bibliometrische Analyse findet für die Erziehungswissenschaft auf Grundlage der Daten von FIS-Bildung statt.

Es werden zehn Indikatoren[368] herangezogen, um die Darstellung und das Abschneiden des Instituts für Erziehungswissenschaft im Hochschulranking genauer zu betrachten.[369]

---

363 Gibt es weniger als 300 (seit 2006: 500) Studierende (an Universitäten Diplom 5.-12. Fachsemester, Bachelor (seit 2007) 3.-7. Fachsemester) an der Hochschule werden alle befragt. Ansonsten wird eine Zufallsstichprobe von 300 bzw. 500 gezogen. Einbezogen werden nur aktive Studierende, die seit mindestens einem Semester an der Hochschule sind. Es müssen mindestens 15 Antworten vorliegen, damit die Ergebnisse ausgewiesen werden (Vgl. die Berichte zu „Vorgehensweise und Indikatoren" bzw. CHE MethodenWiki, Kapitel Studierendenbefragung).

364 CHE MethodenWiki, http://www.che-ranking.de/methodenwiki/index.php/Statistische_Ermittlung_von_Ranggruppen (letzter Zugriff 14.5.2010).

365 Eine Beschreibung der Methodik findet sich in den Berichten zu „Vorgehensweise und Indikatoren" der jeweiligen Jahre, die diesem Abschnitt zu Grunde liegen. 2010 wurde diese Form der Berichterstattung durch das online abrufbare „MethodenWiki" abgelöst.

366 2001 und 2004 nur Diplom und Magister; 2007 Diplom, Magister und Bachelor; 2010 Diplom, Magister und Bachelor, in die sich im Wintersemester 2010/2011 noch Studierende einschreiben können.

367 Vgl. die jeweiligen Berichte zu „Vorgehensweise und Indikatoren" bzw. CHE MethodenWiki, Kapitel Fachbereichsbefragung).

368 Die Auswahl der Indikatoren liegt in der Zugänglichkeit der Daten begründet.

369 Die folgenden Tabellen beruhen für die Angaben zu den Jahren 2001-2007auf Angaben des CHE auf Nachfrage; für die Angaben zu 2010 vgl. Zeit Online, http://ranking.zeit.de/che2010/de/ (letzter Zugriff 8.5.2010). Die Bezeichnung der Indikatoren stammt aus dem CHE MethodenWiki, http://www.che-ranking.de/methodenwiki/index.php/Indikatoren (letzter Zugriff 14. 5.2010). Vgl. für die Indikatorenbezeichnung 2.a. und 3.a. die jeweils aktuellsten Berichte zu „Vorgehensweise und Indikatoren" des CHE.

Tab. 2: CHE Hochschulranking 2001-2010: Datenauszug zum Institut für Erziehungswissenschaft – 1. „Fakten“

Indikatoren	**2001**	**2004**	**2007**	**2010**
1. Forschungsgelder pro Wissenschaftler	keine Daten	18,9T€	36,7T€	60,4T€
2.a. Promotionen pro Professor	keine Daten	1,3	1,6	–
2.b. Promotionen/Habilitationen pro Professor	–	–	–	1,6
3.a. Publikationen je Professor	5,6	30,6	–	–
3.b. Veröffentlichungen pro Wissenschaftler	–	–	5,7	4,9

Die unter „Fakten“ genannten Indikatoren beziehen sich alle auf den Bereich der Forschung. Die jährlich durchschnittlich verausgabten Drittmittel, die pro Wissenschaftler zur Verfügung stehen, zeigen seit 2004 zum jeweils nächsten Erhebungsjahr eine beachtliche Steigerung. Es ist demnach von einem enormen Ausbau der Forschungsleistung in den letzen Jahren am Institut für Erziehungswissenschaft auszugehen. Die durchschnittliche Anzahl der Promotionen pro Professor – „Die Kennzahl ist ein Indikator für die Förderung des wissenschaftlichen Nachwuchses, aber auch für die Forschungsintensität am Fachbereich“[370] – stieg von 2004 auf 2007 zunächst an. 2010 wurden zusätzlich noch Habilitationen mit einbezogen. Vor diesem Hintergrund ist bei dem gleich bleibenden Wert also von einer leichten Reduktion in diesem Bereich auszugehen.

Bei den Publikationen fällt das Jahr 2004 mit 30,6 Publikationen pro Professor ins Auge – hier handelt es sich mit ziemlicher Sicherheit um ein fehlerhaftes Datum, über dessen Zustandekommen nur gerätselt werden kann. 2007 wurden die in der bibliometrischen Analyse ermittelten Publikationen nicht mehr nur in Relation zu den Professoren, sondern zu der Gesamtzahl der Wissenschaftler gestellt. In den letzten drei Jahren hat ein Tübinger Erziehungswissenschaftler in Tübingen knapp fünf Publikationen pro Jahr aufzuweisen.

Tab. 3: CHE Hochschulranking 2001-2010: Datenauszug zum Institut für Erziehungswissenschaft – 2. „Studierendenurteile“

Indikatoren	**2001**	**2004***	**2007**	**2010**
1. Kontakt zu Studierenden	2,3	–	1,8	2
2. Lehrangebot	3,1	–	2,7	2,9
3. Studienorganisation	2,5	–	2,9	2,8
4. Bibliotheksausstattung	2,9	–	2,2	2,4
5. Räume	3,5	–	3,4	3
6. IT-Infrastruktur	2,8	–	2,9	2,7
7. Studiensituation insgesamt	2,6	–	2,4	2,7

* 2004 wurden wegen zu geringen Rücklaufs (weniger als 15 Antworten) keine Studierendenurteile ausgewiesen.

370 CHE MethodenWiki, http://www.che-ranking.de/methodenwiki/index.php/Indikatoren (letzter Zugriff 14.5.2010).

Die Daten der Studierendenurteile befinden sich für alle Indikatoren relativ konstant im guten Mittelfeld. Die Studierenden scheinen demnach zufrieden mit der Studiensituation in Tübingen zu sein, was sich auch in dem Indikator „Studiensituation insgesamt“ spiegelt, der sich zwischen den Werten 2,4 und 2,7 bewegt.

Wie das Institut für Erziehungswissenschaft im Vergleich zu anderen Universitäten abschneidet, zeigt sich in den Daten der Ranggruppenbildung (vgl. Tab. 4 und 5). Auch hier zeigt sich ein erfreuliches Bild: Die Tübinger Erziehungswissenschaft ist sowohl bei den „Fakten“, als auch bei den „Studierendenurteilen“ sehr häufig in der „Spitzengruppe“ vertreten. Die vorangegangenen Zahlenwerte erfahren durch die Relationierung mit anderen Universitäten also sogar noch eine Aufwertung. Lediglich bei einem Indikator fällt Tübingen in die Schlussgruppe. Wider Erwarten handelt es sich dabei jedoch nicht um die Räume – diese befinden sich 2010 sogar in der Spitzengruppe – sondern um die IT-Infrastruktur, ebenfalls ein Ausstattungsmerkmal.[371] Die Tübinger Studenten zählen im Vergleich zu den zufriedensten – v.a. 2007 wurden alle bis auf zwei Indikatoren der Spitzengruppe zugeordnet. Auch im Bereich der „Fakten“, bezogen also auf die Forschung, bestätigt sich der erste Eindruck der durchaus positiven Verhältnisse: 2010 ist Tübingen bei allen drei Indikatoren in der Spitzengruppe.

Tab. 4: CHE Hochschulranking 2001-2010, Ranggruppenzuordnung Institut für Erziehungswissenschaft – 1. „Fakten“

Indikatoren	**2001**	**2004**	**2007**	**2010**
1. Forschungsgelder pro Wissenschaftler	keine Daten	2	1	1
2.a. Promotionen pro Professor	keine Daten	1	1	–
2.b. Promotionen/Habilitationen pro Professor	–	–	–	1
3.a. Publikationen je Professor	1	1	–	–
3.b. Veröffentlichungen pro Wissenschaftler	ab 07	ab 07	1	1

1 = Spitzengruppe; 2 = Mittelgruppe; 3 = Schlussgruppe; 0 = keine Daten ausgewiesen

[371] Vgl. dazu die Stellungnahme des Instituts zum CHE-Ranking 2010 auf der Homepage des Instituts (http://www.erziehungswissenschaft.uni-tuebingen.de/erziehungswissenschaft-aktuell/article/che-hochschulranking-2010/4283.html, letzter Zugriff 24.8.2010).

Tab. 5: CHE Hochschulranking 2001-2010, Ranggruppenzuordnung Institut für Erziehungswissenschaft – 2. „Studierendenurteile“

Indikatoren	**2001**	**2004**	**2007**	**2010**
1. Kontakt zu Studierenden	1	0	1	2
2. Lehrangebot	1	0	1	1
3. Studienorganisation	1	0	1	2
4. Bibliotheksausstattung	2	0	1	2
5. Räume	2	0	2	1
6. IT-Infrastruktur	2	0	3	3
7. Studiensituation insgesamt	1	0	1	1

1 = Spitzengruppe; 2 = Mittelgruppe; 3 = Schlussgruppe; 0 = keine Daten ausgewiesen

Die Daten des CHE hinterlassen vom Institut für Erziehungswissenschaft im Allgemeinen einen sehr guten Eindruck. Sowohl den Studieninteressenten als auch dem forschungsinteressierten Betrachter wird ein überaus positives Bild gezeigt.

Ab Wintersemester 2010/11 wird das Institut für Erziehungswissenschaft zur neugebildeten Fakultät für Wirtschafts- und Sozialwissenschaften, Fachbereich Sozialwissenschaften gehören. Eine weitere Professur für empirische Bildungsforschung und eine neue Professur für berufliche und betriebliche Weiterbildung, die im Rahmen der Ausbauplanung 2012 mit Blick auf die kommenden doppelten Abiturjahrgänge vom Land bewilligt wurde, werden ausgeschrieben und hoffentlich bald besetzt. Das Institut ist nach mehreren Einschnitten seit den 1990er Jahren in den letzten Jahren wieder gewachsen. Personell steht es, zumindest mit Blick auf die Professuren, so gut da, wie vor den Sparmaßnahmen des Solidarpakts und Innovationspools.

Abschließend soll eine Übersicht die personellen Entwicklungen bei den Professuren zusammenfassen.

Legende:

Professur

Professur auf Zeit

Beginn einer neuen Professur

Ende einer Professur

Professur aktuell noch besetzt

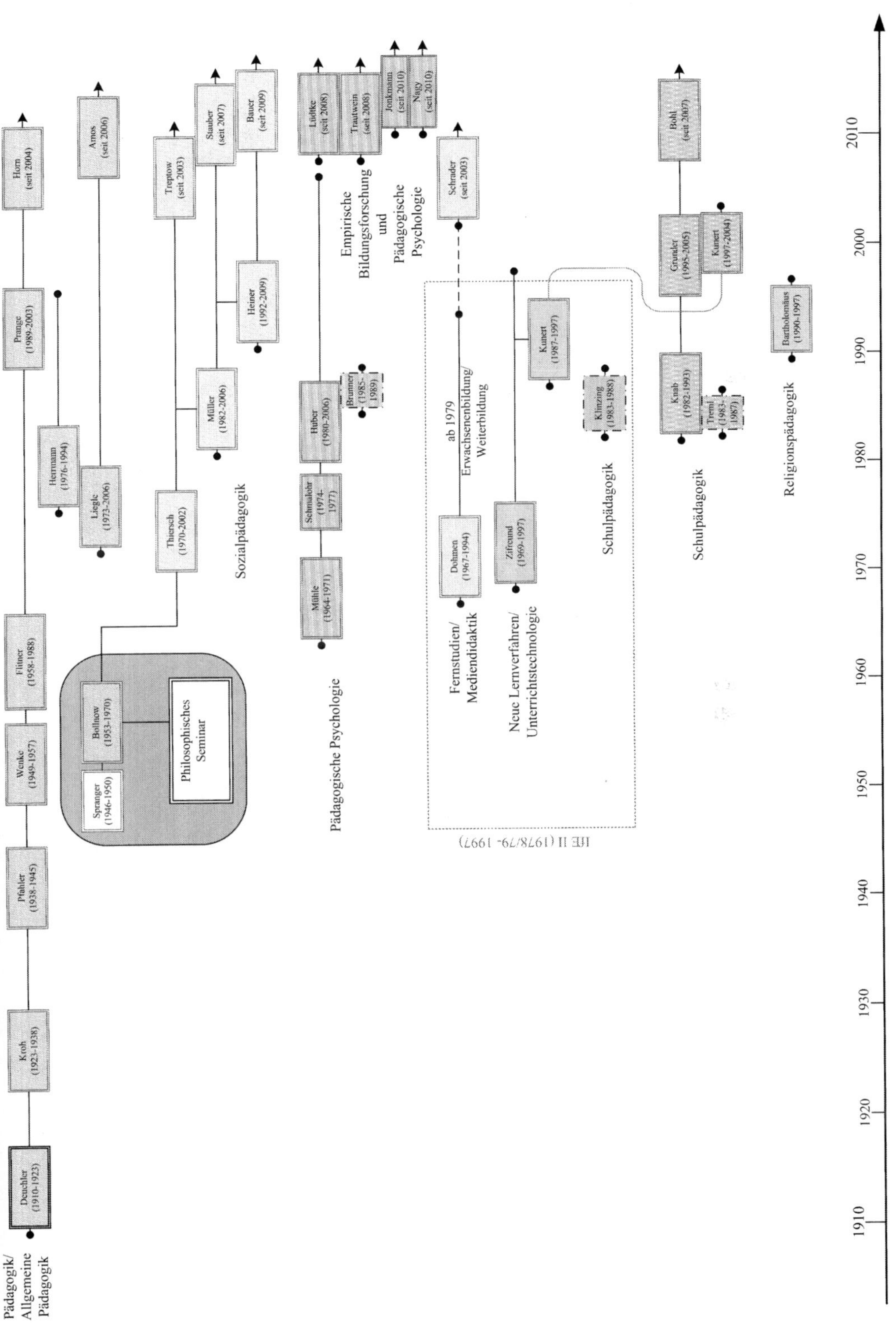

Pädagogik/ Allgemeine Pädagogik
Deuchler (1910-1923)
Kroh (1923-1938)
Pfahler (1938-1945)
Wenke (1949-1957)
Flitner (1958-1988)
Prange (1989-2003)
Horn (seit 2004)
Herrmann (1976-1994)
Liegle (1973-2006)
Amos (seit 2006)
Spranger (1946-1950)
Bollnow (1953-1970)
Philosophisches Seminar
Thiersch (1970-2002)
Treptow (seit 2003)
Müller (1982-2006)
Stauber (seit 2007)
Heiner (1992-2009)
Bauer (seit 2009)
Sozialpädagogik
Pädagogische Psychologie
Mühle (1964-1971)
Schmalohr (1974-1977)
Huber (1980-2006)
Brunner (1985-1989)
Lüdtke (seit 2008)
Trautwein (seit 2008)
Jonkmann (seit 2010)
Nagy (seit 2010)
Empirische Bildungsforschung und Pädagogische Psychologie
Fernstudien/ Mediendidaktik
Dohmen (1967-1994)
ab 1979 Erwachsenenbildung/ Weiterbildung
Schrader (seit 2003)
Neue Lernverfahren/ Unterrichtstechnologie
Zifreund (1969-1997)
Kunert (1987-1997)
Schulpädagogik
Klinzing (1983-1988)
DIFF II (1978/79- 1997)
Schulpädagogik
Knab (1982-1993)
Treml (1983-1987)
Grunder (1995-2005)
Kunert (1997-2004)
Bohl (seit 2007)
Religionspädagogik
Bartholomäus (1990-1997)
1910
1920
1930
1940
1950
1960
1970
1980
1990
2000
2010

3 Die Studierenden

Für das Teilkapitel zu den Studierenden des Pädagogischen Seminars und seiner Nachfolgeeinrichtungen bis zum Institut für Erziehungswissenschaft in den letzten hundert Jahren musste zunächst geklärt werden, auf welche Datengrundlagen wir zurückgreifen konnten. Dies waren auf der einen Seite die Studentenakten im Universitätsarchiv, auf der anderen Seite existieren ab dem Sommersemester 1966 durchgängige Studentenstatistiken, die online über die Homepage der Universität verfügbar sind.[372]

Wir legten unseren Schwerpunkt zunächst auf die Erhebungen im Universitätsarchiv, arbeiteten uns in die Online-Findmittel ein und erhoben auf diese Weise die Studierenden der Pädagogik aus den Jahren 1910 bis 1918. Durch exemplarische Analysen von Studentenakten aus unterschiedlichen Zeiträumen verschafften wir uns einen Überblick darüber, welche Informationen und Merkmale durchgängig aus den Akten generierbar sind und welche durch Veränderungen formaler Abläufe bei der Bewerbung oder Immatrikulation der Studierenden nur zeitweise zur jeweiligen Aktenlage gehörten. Die von uns eingesehenen Studentenakten bestanden aus dem Umschlag mit den persönlichen Daten (Name, Vorname, Geburtsdatum und -ort, Herkunftsort, eigene Berufstätigkeit und die des Vaters, Daten über Aufnahme und Abgang des Studenten), zum Teil dem Schriftverkehr mit der Universität und Nachweisen über die jeweils im Semester besuchten Vorlesungen mit Angabe der Semesterwochenstunden, auf denen auch das zu zahlende Kolleggeld verzeichnet wurde. Da sich unsere Forschungsarbeiten in quantitativer Hinsicht lediglich über die Erfassung von Daten natürlicher Personen realisieren ließen, war es uns aufgrund der festgelegten Sperrfristen[373] nur möglich, Studierende zu erheben, die bis 1938 ihr Studium begonnen haben. Für die erste Phase der Institutsgeschichte liegen damit also aktenbasierte Daten vor. Für die anderen Phasen konnten lediglich die vorhandenen Statistiken sekundär ausgewertet werden – mit einer Ausnahme: für die aktuelle Studierendenschaft des Instituts wurde eine online-gestützte Befragung durchgeführt (s.u., Abschnitt 3.4).

3.1 Die Studierenden 1910-1945

Maßgeblich für die Fachkennzeichnung Pädagogik war die Hauptfachentscheidung des Studierenden. Bereits im Sommersemester 1910 waren 15 Studenten

[372] Vgl. die Übersicht im Anhang. In der Recherche wurde im Übrigen deutlich, wie unterschiedlich und wechselhaft die Studienfachbezeichnungen – „Pädagogik" oder „Erziehungswissenschaft" – selbst innerhalb eines Semesters gehandhabt wurden. Erst ab dem Sommersemester 2000 konnte sich eine einheitliche Bezeichnung des Studienfachs „Erziehungswissenschaft" durchsetzen.

[373] Die Sperrfrist zur Nutzung endet bei natürlichen Personen 90 Jahre nach der Geburt (vgl. § 6 (2) Landesarchivgesetz).

für Pädagogik eingeschrieben, obwohl die Professur für Pädagogik noch nicht besetzt war. Allerdings war die Ordnung der höheren Prüfung für den Volksschuldienst bereits in Kraft getreten. Bei allen Studierenden bezog sich die Immatrikulation jedoch zunächst auf das Fach Philosophie (stud. phil.), die Angabe des Studienfachs wurde im Verlauf des Studiums auf studentischen Wunsch hin in „stud. paed." abgeändert.

Abb. 1: Die Frequenz der Pädagogikstudierenden von 1910-1938

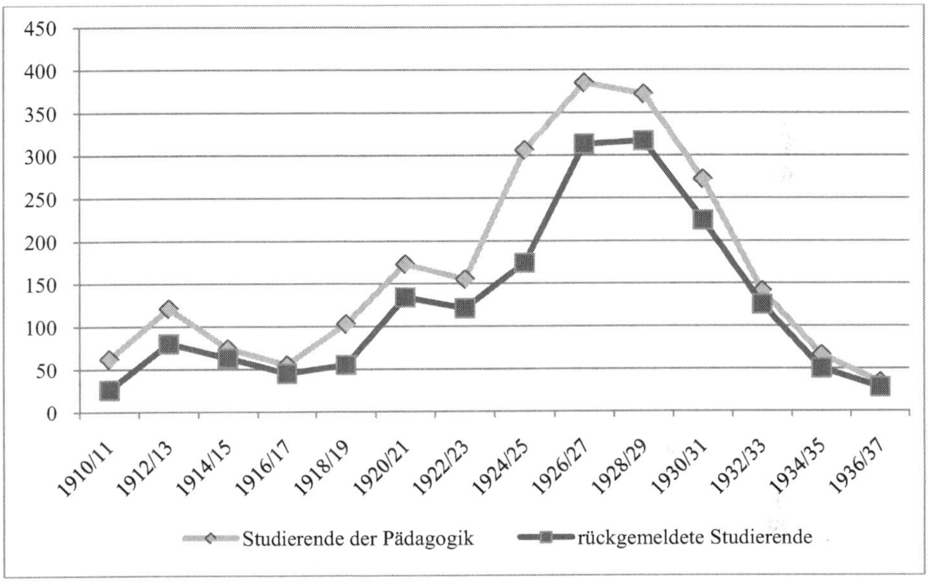

Bei der Beschreibung des Verlaufs der Studierendenzahlen in der Weimarer Republik haben wir uns an die 1971 von Jürgen Schwarz definierten fünf Perioden[374] angelehnt:

1. Die erste Periode von 1910 bis 1914 (nach Schwarz beginnt die Periode 1907) stellt die Vorkriegszeit dar, in der die Hochschulbesuchszahlen im allgemeinen jährlich um zwei bis fünf Prozent zunahmen. In diesen Jahren gelingt auch die Etablierung des Pädagogikstudiums in Tübingen: So wählten im Wintersemester 1910/11 1,4% der an der Universität Tübingen eingeschriebenen Studierenden das Studienfach Pädagogik. 1913 lag der prozentuale Anteil bereits bei 3,1%. Bei den Studenten in den Anfangsjahren des Pädagogischen Seminars handelte es sich weitgehend (96,8%) um „außerordentliche" Studierende, die an der Universität trotz fehlenden Reifezeugnisses aufgenommen wurden, wenn sie sich über eine zum Hören von Vorlesungen genügende Vorbildung auswiesen. Dieser Nachweis war für Volksschullehrer entsprechend den Regelungen der Ordnung der Höheren Prüfung für den Volksschuldienst gegeben, wenn sie über einen überdurchschnittlichen Abschluss ihrer Erstausbildung verfügten und eine mehrjährige

[374] Vgl. Schwarz 1971, S. 413f.

Tätigkeit im Volksschuldienst aufweisen konnten.[375] Dies hatte zur Folge, dass das durchschnittliche Lebensalter der Studierenden zu Beginn des Pädagogikstudiums mit über 27 Jahren wesentlich höher war, als das von Studierenden anderer Studienfächer.[376]

2. Die zweite Periode stellen die Kriegsjahre von 1914 bis 1918 dar, die durch eine generelle Abnahme der Zahl der Studenten gekennzeichnet waren. Dies ist auch im Studienfach Pädagogik einerseits auf die Einberufungen zum Kriegsdienst zurückzuführen, andererseits sahen sich die Schulen aufgrund des Lehrermangels dazu veranlasst, ihre an die Universität entsandten Volksschullehrer wieder an die Schule zurückzurufen.[377]
3. Die Inflationsjahre 1919 bis 1923 beschreibt Schwarz als dritte Periode mit einem Zustrom der Jahrgänge, die ihr Studium aufgrund des Kriegsdienstes nicht hatten aufnehmen können. Auch die Zahl der Pädagogikstudenten stieg in dieser Periode wieder an. Vom Wintersemester 1918/19 ist allerdings von der Universität Tübingen bekannt und damit auch für das Studium der Pädagogik zu vermuten, dass es eine Diskrepanz zwischen anwesenden und noch im Heeres- bzw. Sanitätsdienst stehenden Studenten, die das Studium noch nicht wieder aufnehmen konnten, gibt.[378] Erst im Sommersemester 1920 löste sich diese Diskrepanz für die Gesamtuniversität wieder auf, für die Pädagogikstudenten ist dies aufgrund der zusätzlichen schulischen Inanspruchnahme erst ca. zwei Semester später zu beobachten.
4. Die vierte Periode der Stabilisierungsphase (nach Schwarz die Zeit um 1924/25) ist im Studienfach der Pädagogik 1922/23 bereits zu beobachten, da das Studium der Volksschullehrer mit fünf Semestern bis zum möglichen Abschluss eine kürzere Studiendauer aufwies. Die Studierendenzahlen gehen in dieser Periode zurück, da gleichzeitig mehrere Studierendenjahrgänge, dem Einschnitt des Ersten Weltkrieges geschuldet, das Studium beenden und abgehen. Im Allgemeinen ist diese Phase auch von vermehrten Studienabbrüchen von Studierenden gekennzeichnet, „die in den vorangegangenen Inflationsjahren geglaubt hatten, durch ein Hochschulstudium ihre beruflichen Chancen zu verbessern, und die nun, nach der wirtschaftlichen und gesellschaftlichen Stabilisierung, auch ohne akademische Ausbildung auf dem Ar-

---

375 Zu welchen Karrieren der Abschluss des Studiums an der Universität Tübingen führte, kann jedoch aufgrund der im 2. Weltkrieg durch Brand zerstörten Personalakten des Kultusministeriums in Stuttgart nicht beantwortet werden.

376 Da nicht für den gesamten Zeitraum Angaben zum Alter der Studierenden vorliegen, kann nicht für alle Phasen der Institutsgeschichte nachgewiesen werden, dass hier ein höheres Durchschnittsalter und oft bereits berufliche Erfahrungen vorlagen. Die exemplarischen Ergebnisse des Fragebogens der heute am Institut für Erziehungswissenschaft eingeschriebenen Studentinnen und Studenten (vgl. Kapitel 3.4) weisen dies aber auch aus.

377 In den Studentenakten wird dieser Rückruf häufig bei Anträgen auf Verlängerung der Studienzeit thematisiert.

378 So waren von den 2.727 eingeschriebenen Studenten im Wintersemester 1918/19 nur 660 tatsächlich anwesend (vgl. Schmid 1988, S. 48).

beitsmarkt unterkommen konnten".[379] Für die Pädagogik ist durch den Wegfall des Status des „außerordentlichen" Studierenden festzustellen, dass das Studium nicht mehr nur als Weiterbildungs- und Qualifizierungsmöglichkeit für Volksschullehrer wahrgenommen wurde, sondern vermehrt auch als grundständiges Studium akzeptiert wurde.

5. So beginnen die Jahre des Wiederaufschwungs (nach Schwarz 1926 bis 1931) für das Pädagogikstudium in Tübingen bereits 1924 und die Studenten der Pädagogik stellen in dieser Phase über 5% der Gesamtstudierendenschaft.

Ausgangs der Weimarer Republik wurde die hohe Zahl an Akademikerabschlüssen reichsweit als Problem angesehen[380], ein Umstand, der auch in der Pädagogik den starken Rückgang der Neuimmatrikulationen erklären könnte. Nochmalig verschärft wurde die Situation durch das im April 1933 erlassene „Reichsgesetz gegen die Überfüllung der deutschen Schulen und Hochschulen"[381] und die im Februar 1934 eingeführte Regelung, dass eine Immatrikulation nur nach Ableistung eines zehnwöchigen Arbeitsdienstes möglich war[382], sodass sich zu einem Studium der Pädagogik nur noch einzelne Studierende (meist Nicht-Württemberger) einschrieben und das Verhältnis zur Studentenschaft der Gesamtuniversität wie zu Beginn im Jahre 1910 wieder auf unter 2% absinkt.

Neben der Besucherfrequenz der Pädagogikstudenten ist die regionale Herkunft der Studierenden von Interesse. Bis auf die 6. Periode, die aufgrund der bereits erwähnten historischen Umstände und der geringen Studierendenzahlen (40 Neuimmatrikulierte im gesamten Zeitraum 1932-38) nicht repräsentativ ist, kamen die Pädagogikstudenten zum überwiegenden Teil aus Württemberg. Dies kann einerseits auf die Stellung von Tübingen als Landesuniversität zurückgeführt werden. Andererseits machte sich deutlich bemerkbar, dass das Pädagogikstudium dezidiert für Volksschullehrer des Landes Württemberg eingeführt worden war. Im Gegensatz zu anderen Studienfächern[383] war das Pädagogikstudium, auch aufgrund der in den Ländern des Deutschen Reiches sehr unter-

---

379 Mertens 1991, S. 80.

380 Vgl. zur „Überfüllungsdiskussion" allgemein Titze 1990, S. 263ff.; zu Tübingen Paletschek 2001, S. 134ff.; zu den Auswirkungen auf die universitäre Lehrerausbildung Nath 1988.

381 Nur noch 15.000 Abiturienten sollten jährlich eine Hochschulzulassung erhalten, darunter maximal zehn Prozent Frauen. Zusätzlich sollte der Anteil der Juden bei Neuimmatrikulationen höchstens eineinhalb Prozent betragen und in keiner Fakultät die Fünf-Prozent-Grenze überschreiten (vgl. Lang 2008, S. 25).

382 Vgl. Adam 1977, S. 88.

383 So lag beispielsweise im Sommersemester 1925 der Anteil an Württembergern unter den 365 Medizinstudenten bei 34% (56% waren Nichtwürttemberger; 9% Ausländer). Ebenso verhielt es sich in der juristischen Fakultät mit einem Anteil von 46% Württembergern bei 690 Studierenden (vgl. Schäfer 2009, S. 22). Insgesamt fand bis 1933 eine deutliche Annäherung der Anteile der württembergischen und der nichtwürttembergischen Studierenden unter allen Studierenden statt (vgl. Paletschek 2001, S. 95ff.).

schiedlichen Lehrerbildungssysteme,[384] für Studienwillige aus den anderen Reichsländern nicht besonders attraktiv. Hinzu kam, dass die zur Verfügung stehenden Stipendien zur Finanzierung des Studiums häufig an eine Herkunft aus bestimmten Gebieten oder Orten gebunden waren und Staatsstipendien nur an württembergische Landeskinder vergeben wurden.[385] Auch der Anteil an ausländischen Studierenden war mit 1,6% entsprechend gering und zeigte auch in Bezug auf das Herkunftsland keine besonderen Häufungen.[386]

Abb. 2: Regionale Herkunft der neuimmatrikulierten Pädagogikstudierenden 1910-1938

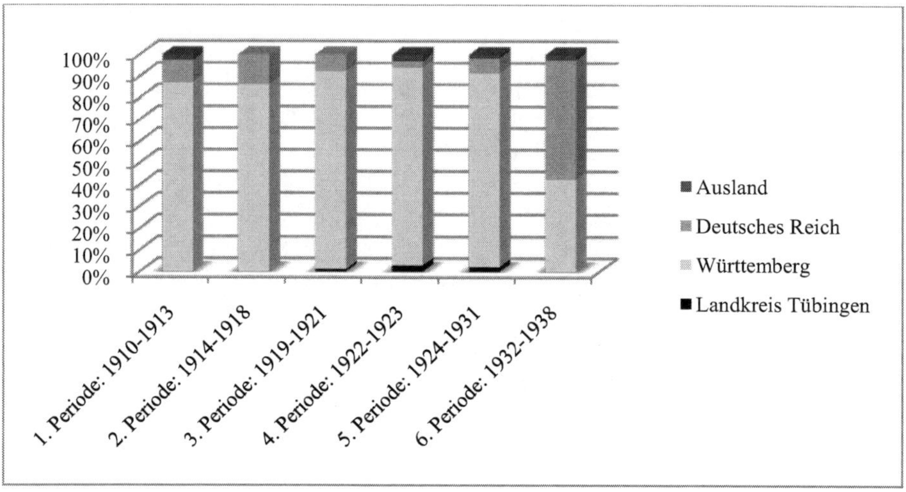

Da sich das Studium der Erziehungswissenschaft zwischenzeitlich zu einer Frauendomäne entwickelt hat, interessierte uns, ob und in welcher Häufigkeit in den Anfangsjahren des Pädagogischen Seminars Studentinnen anzutreffen waren. In den von uns betrachteten Jahren (1910-1938) waren unter den 566 neuimmatrikulierten Pädagogistukdierenden 48 Frauen. Der damit erreichte Anteil von 8,5% lag unter dem Anteil der Studentinnen an der Studierendenschaft in der Philosophischen Fakultät insgesamt, der über den gesamten Zeitraum hinweg 19% betrug.[387] Der im Vergleich zu anderen Fakultäten[388] hohe Anteil von Studentinnen wird u.a. auf die Qualifikation für das Lehramt an Gymnasien zurückgeführt: „Die große Beliebtheit der philosophischen Fakultät ist darauf zurückzuführen, daß es sich bei der anhaltend großen Zahl studierwilliger Frauen um Lehrerinnen handelte, die durch ein Hochschulstudium die Befähigung

[384] Vgl. Herrlitz u.a. 2005, S. 117ff.

[385] Vgl. Biastoch 1996, S. 46ff.

[386] Von den 9 Studenten kamen jeweils 2 aus Frankreich und der Schweiz, jeweils einer aus Armenien, China, Lettland, Persien und Dänemark.

[387] Um 1930 betrug der Frauenanteil unter den Studierenden der Philosophischen Fakultät ca. 30% (Paletschek 2001, S. 110).

[388] Medizinische Fakultät um 1930 ca. 18%, Naturwissenschaftliche Fakultät ca. 15% (ebd.).

für das höhere Lehramt (Oberlehrerin) erwerben wollten."[389] Ob diese Studentinnen auch Veranstaltungen des Pädagogischen Seminars besuchten, konnte in unseren Recherchen nicht abschließend geklärt werden.

66 der 566 Pädagogikstudierenden belegten Zusatzfächer, die in den Studentenakten verzeichnet sind. Diese Zusatzfächer waren zum größten Teil in der Philosophischen Fakultät angesiedelt.

Abb. 3: Zusatzfächer der Pädagogikstudierenden nach Fakultäten

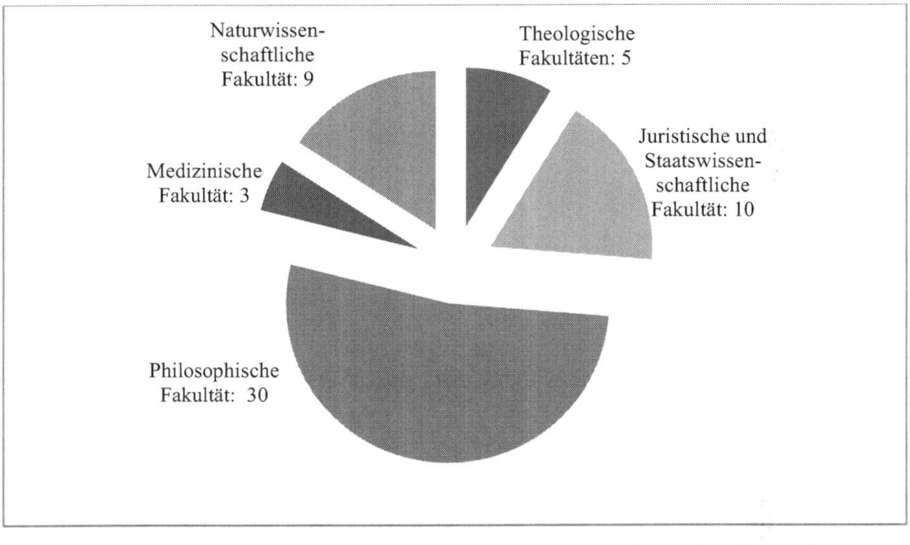

Insgesamt wurde den Studierenden in der Gestaltung ihres Studiums in Bezug auf die Auswahl von Lehrveranstaltungen, aber auch auf den Besuch überhaupt, große Freiheit zugebilligt. „Sie sollte den zukünftigen Akademiker vor die Aufgabe stellen, sich durch eigene Vernunft und Kraft in fachlicher und moralischer Hinsicht selbst auszubilden".[390] Im Abgleich mit der Zuhörerliste von Gustav Deuchler fällt jedoch auf, dass dessen Vorlesungen und Seminare als eine Art Grundlagenveranstaltung für Pädagogikstudenten aufgefasst wurden und zusätzlich auch von Studierenden mit anderer Fachwahl besucht wurden. Für andere Veranstaltungen konnte eine solche Bedeutung von uns nicht herausgearbeitet werden.

[389] Mertens 1991, S. 49
[390] Biastoch 1996, S. 72

3.2 Die Studierenden 1945-1970

Aufgrund der bereits erwähnten datenschutzrechtlichen Bestimmungen zur Nutzung von Archivgut und der noch ausstehenden Übernahme des Aktenbestandes aus den Registraturschichten IV (1949-1964) und V (1965-1972) des Universitätsarchives lagen uns für diese Phase lediglich Daten aus der allgemeinen Studentenstatistik der Sommersemester 1966 und 1970 vor.[391]

Abb. 4: Angestrebte Abschlüsse der Pädagogikstudierenden im Sommersemester 1966 und 1970 sowie im Wintersemester 1970/71 im Vergleich

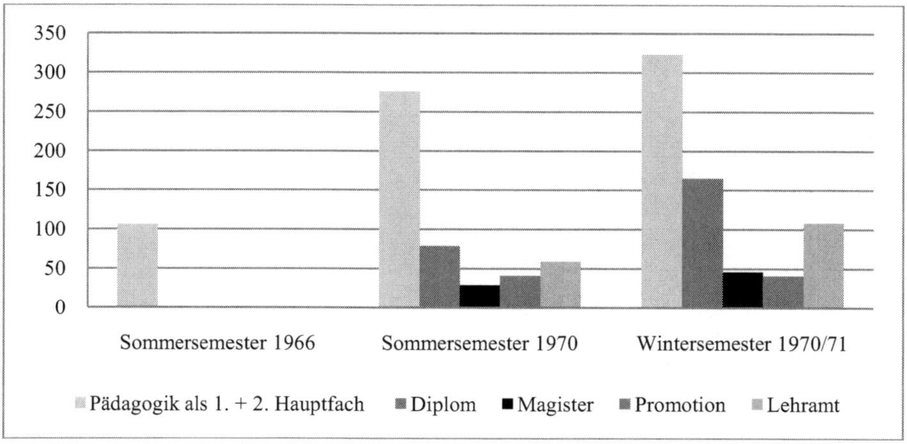

Für das Fach Pädagogik als 1. und 2. Hauptfach hatten sich im Sommersemester 1966 14 Studierende neu eingeschrieben und 92 rückgemeldet. Von den 75 Männern und 31 Frauen hatten acht eine ausländische Staatsangehörigkeit. Die Pädagogikstudenten stellten einen Anteil von 1,02% der Studierenden an der Universität Tübingen dar.[392] Mit Einführung des Diplomstudiengangs änderte sich das Bild deutlich und der Anteil der Studierenden, die Pädagogik als Hauptfachstudium wählten, verdreifachte sich auf 3,6% (Sommersemester 1970)[393] im Vergleich zur Gesamtuniversität und stieg im Wintersemester 1970/71[394] nochmals auf dann 4,7% an. Dabei fällt auf, dass die Zuwächse zum einen auf die Anzahl der neuimmatrikulierten Studenten zurückzuführen sind, zum anderen aber auch die Zahl der Studierenden zunimmt, die sich durch Studienort- oder Studienfachwechsel in höheren Semestern für das Fach Pädagogik an der Uni-

[391] In den dazwischenliegenden Semestern wurden statistisch die Studierenden der Pädagogik gemeinsam mit denen der Psychologie und der Philosophie ausgewiesen.

[392] Vgl. Universität Tübingen 1966, S. 8f.

[393] Vgl. Universität Tübingen 1970, S. 13.

[394] Vgl. Universität Tübingen 1971, S. 17.

versität Tübingen interessierten[395], da Tübingen „[…] eine der ersten Universitäten [war], die das Diplomstudium bezogen auch auf Sozialpädagogik eingerichtet hat“.[396]

War der Anstieg und damit das Interesse an der noch jungen Disziplin mit ihren Teilbereichen zwar einerseits erfreulich, führte es auf der anderen Seite zu chaotischen Zuständen in der Organisation der Lehre. Um den neugeschaffenen universitären Diplomstudiengang nicht zu gefährden, entschlossen sich die Lehrenden, einen Antrag auf Einführung eines numerus clausus zu stellen. Dieser wurde, obwohl die Vorgehensweise bereits bei anderen Studiengängen angewendet wurde, zunächst vom Senat abgelehnt, erhielt nach Intervention des Rektors und nochmaliger Vorlage dann doch die notwendige Stimmenmehrheit.[397]

3.3 Die Studierenden 1970-2003

Die Einführung des Diplomstudiengangs mit der nun möglichen Wahl von Studienschwerpunkten ließ Anfang der siebziger Jahre die Studierendenzahlen stark ansteigen. Die höchsten Steigerungsraten sind mit 26,9% im Sommersemester 1971 (161 Studierende)[398] und mit fast 50,7% im Wintersemester 1972/73 (384 Studierende)[399] zu verzeichnen. In diesem Semester studierte somit jeder 13. Student der Universität Tübingen Pädagogik.[400] Die Studienschwerpunktwahl machte sich auch in den Statistiken bemerkbar, in denen Pädagogik, Pädagogische Psychologie, Sozialpädagogik und Schulpädagogik als gesonderte Studienfächer aufgeführt wurden, obwohl es sich um einen einheitlichen Studiengang handelte. Aufgrund dieser Differenzierung ist feststellbar, dass vor allem Studierende mit dem Studienschwerpunkt Sozialpädagogik Tübingen als Standort wählten. Bis zum Sommersemester 1976 repräsentierten sie zwischen 46% und 54% der pädagogischen, hier hauptsächlich weiblich dominierten Studierendenschaft.[401] Den Höhepunkt erreichte die Zahl der Studentinnen und Studenten in den Wintersemestern 1975/76 und 1976/77 mit fast 1.300. Danach machte sich

---

[395] Im SS 1970 schrieben sich neben 273 Rückmeldern 27 Erstimmatrikulierte und 128 übrige Neuimmatrikulierte ein. Ähnlich verhält es sich im WS 1970/71 mit 88 Erstimmatrikulierten und 106 übrigen Neuimmatrikulierten.

[396] Thiersch 2006, S. 2.

[397] Vgl. Thiersch 2009, S. 243f.

[398] Im WS 1970/71 waren 599 Studierende eingeschrieben. Im SS 1971 steigt die Zahl auf 760.

[399] Im SS 1972 waren 758 Studierende eingeschrieben; im WS 1972/73 1.142.

[400] Die Gesamtzahl der Studierenden an der Universität Tübingen betrug 14.866 (10.181 Studenten und 4.685 Studentinnen). Vgl. dazu auch, bezogen auf 1971, Thiersch 2009, S. 242: Ich „erinnere mich an mein damaliges makabres Vergnügen, ich rechnete mir vor, wenn ich auf der Wilhelmstraße, der Tübinger Studentenmeile, lief, dass jeder 15. der insgesamt 11 000 Studierenden bei uns studierte.“

[401] Von 4.580 Studierenden mit dem Studienschwerpunkt Sozialpädagogik im Zeitraum 1970 bis 1976 waren 2.382 Frauen (52%).

die Einführung des numerus clausus bemerkbar, der sukzessive zu einem Rückgang der Studierendenzahlen am Institut für Erziehungswissenschaft führte. Heinz-Elmar Tenorth bezeichnet diese Phase der Expansion und zugleich des Bildungswesens rückblickend als „zweifache Überforderung“, da weder die Hoffnung auf Gleichheit der Lebensbedingungen durch die Schule, die Erwachsenenbildung, die Universität und die Sozialpädagogik eingelöst werden konnte, noch die Erziehungswissenschaft als Disziplin der von ihr erwartenden Doppelaufgabe als moderne, forschende Sozialwissenschaft und zugleich pädagogische Modernisiererin der Gesellschaft gerecht werden konnte.[402] So könnte auch die allgemeine Ernüchterung in Profession, Disziplin und öffentlicher Debatte neben der Veränderung der organisatorischen Rahmenbedingungen zu dem abgebildeten Rückgang auf Seiten der Studentinnen und Studenten geführt haben.

Über den Gesamtzeitraum 1971 bis 2004 stellt sich die Frequenz des Instituts für Erziehungswissenschaft wie folgt dar:

Abb. 5: Die Frequenz der Pädagogikstudierenden von 1971 bis 2004

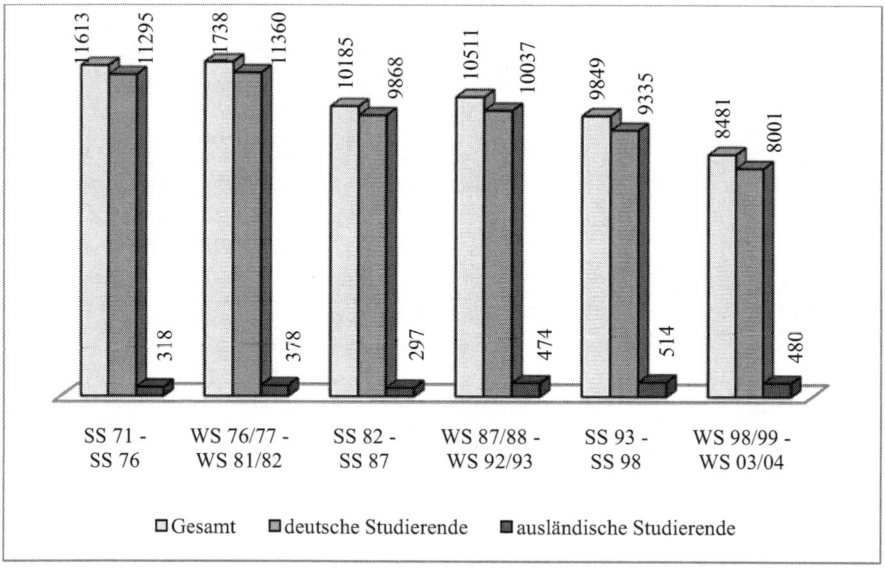

Im Sommersemester 1975 studierten am Institut für Erziehungswissenschaft erstmals mehr Frauen als Männer. Im Studienschwerpunkt Sozialpädagogik war dies bereits von Beginn an so. Seit dem Wintersemester 1998/99 ist dieser Umbruch auch an der Gesamtuniversität zu beobachten.[403]

[402] Vgl. Tenorth 2006, S. 146f.

[403] Im Wintersemester 1998/99 studierten an der Universität 9.832 Frauen und 9.758 Männer.

Abb. 6: Männliche und weibliche Studierende am Institut für Erziehungswissenschaft (1971-2004)

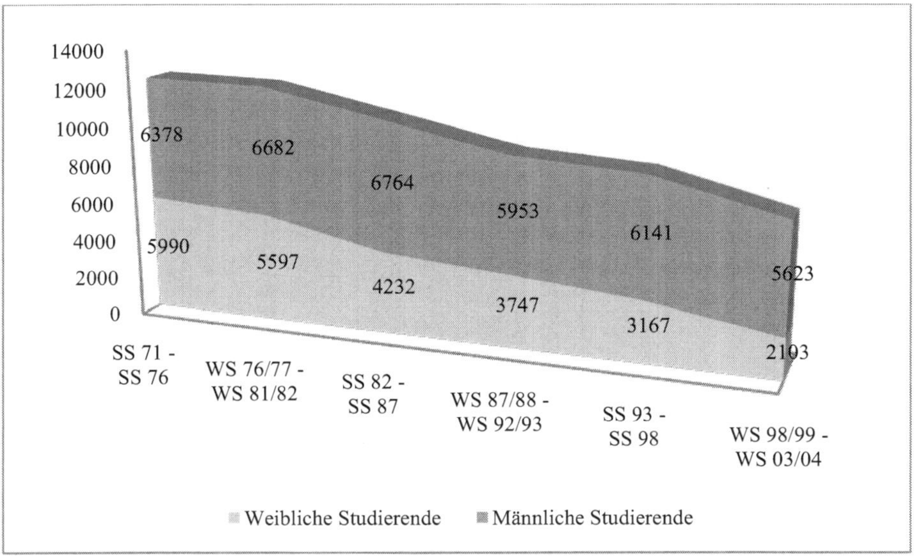

Die Möglichkeit, Studium und Familie, aber auch Studium und Beruf miteinander zu vereinbaren, ergab sich seit dem Wintersemester 2001/02 durch die Einführung der Teilzeitstudiengänge im grundständigen Studium der Erziehungswissenschaft sowie im Aufbaustudiengang Pädagogik. Diese Möglichkeit wurde und wird vor allem von weiblichen Studierenden genutzt.[404]

Ein dritter und letzter Aspekt unserer Betrachtungen richtete sich auf die angestrebten Studienabschlüsse. Die für Tübingen und das Institut ermittelten Daten weichen hierbei in den Jahren 1993 bis 1998 mit einem Verhältnis von 1:5,5 Magister- zu Diplomstudierenden (Hauptfach) und in den Jahren 1998-2003 mit einem Verhältnis von 1:3,9 von denen des Datenreports Erziehungswissenschaft ab.[405] Auffällig ist zudem die hohe Anzahl an Promotionsstudentinnen und -studenten in der Zeit von 1971 bis 1982.[406]

---

404 So studierten vom WS 2001/02 bis WS 2003/04 414 Studierende in Teilzeit. 82% sind davon Frauen (339 Studentinnen und 75 Studenten).

405 Vgl. Rauschenbach/Züchner 2000, S. 36 (für 1993-1998) und vgl. Rauschenbach/Züchner 2004, S. 42 (für 1998-2003).

406 Vgl. auch unten, Kap. 5.1.

Abb. 7: Studierende nach angestrebten Abschlusszielen (1971-2004)

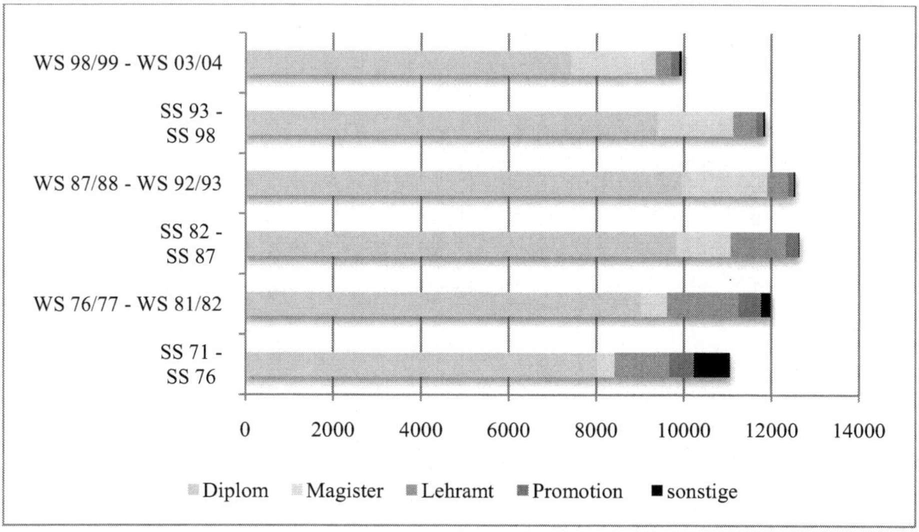

3.4 Die Studierenden seit 2004

Wie bereits am Anfang beschrieben, standen uns bei der Darstellung der aktuellen Zahlen der Studentinnen und Studenten wieder die Studierendenstatistiken der Universität Tübingen[407] zur Verfügung, die sich jedoch von den Anfängen der Datenerhebung des Studierendensekretariats durch eine einheitliche und durchgängige Erhebungs- und Darstellungsmethode unterscheiden. Aufgrund der Einführung neuer Studiengänge und -abschlüsse haben wir uns in dieser Phase entschieden, jeweils zwei Semester kumuliert darzustellen.

Beim Betrachten des Verlaufs der Studierendenzahlen sind trotz der stattgehabten Veränderungen – Umstellung der Studiengänge auf die Bachelor- und Masterstruktur im Zuge der Bologna-Reform im Wintersemester 2007/08, Einführung des Staatsexamensstudiengangs „Sozialpädagogik/Pädagogik und allgemein bildendes Fach“ für das höhere Lehramt an Berufsschulen mit einer maximalen Zahl von 30 Studienplätzen im Wintersemester 2009/10 – keine signifikanten Abweichungen erkennbar, da die Studienzugangsbedingungen unverändert geblieben sind.

Es ist erkennbar, dass sich die Entwicklung der letzten 35 Jahre fortgesetzt haben und das Studium der Erziehungswissenschaft nach wie vor von Frauen dominiert wird: Im Schnitt sind rund 80% der Studierenden weiblich, wobei sich der prozentuale Anteil in den jeweiligen Studiengängen (vgl. Tab. 6) stark unterscheidet.

[407] Universität Tübingen 2010a.

Abb. 8: Männliche und weibliche Studierende des IfE nach Studienjahren (2004-2010)[408]

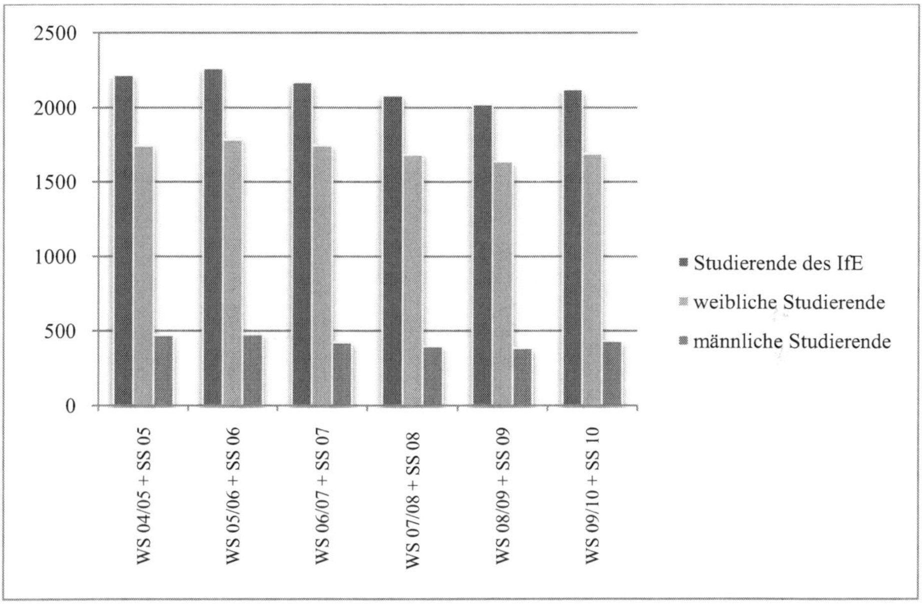

Tab. 6: Männliche und weibliche Studierende nach Studiengängen (2004-2010)

Studienfach	**Weibliche Studierende (gesamt 10.308)**		**Männliche Studierende (gesamt 2.567)**	
Erziehungswissenschaft – Vollzeit (BA/Diplom/Magister)	8.278	79,0%	2.200	21,0%
Erziehungswissenschaft – Teilzeit (BA/Diplom)	1.005	90,1%	110	9,9%
Pädagogik Aufbau - Vollzeit	351	79,6%	90	20,4%
Pädagogik Aufbau - Teilzeit	500	78,4%	138	21,6%
Forschung und Entwicklung in der Erziehungswissenschaft – Vollzeit (Master)	82	90,1%	9	9,9%
Forschung und Entwicklung in der Erziehungswissenschaft – Teilzeit (Master)	45	81,8%	10	18,2%
Sozialpädagogik/Pädagogik und allgemein bildendes Fach (Staatsexamen)	47	82,5%	10	17,5%

Der Anteil ausländischer Studierender pendelte sich in dieser Phase zwischen 8% und 10% ein, was einer Verdoppelung im Vergleich zur Phase 1971-2003 entspricht.

[408] Die Angaben beziehen sich auf die in der Studierendenstatistik ausgewiesenen Kopfzahlen, d.h. „jeder Studierende wird nur einmal gezählt als Studierender des Faches, das sein 1. Studienfach ist (dabei handelt es sich in der Regel um das Fach, in dem die Abschlußarbeit geschrieben wird)“ (Universität Tübingen 2010b, S. VII).

Abb. 9: Deutsche und ausländische Studentinnen und Studenten (2004-2010)

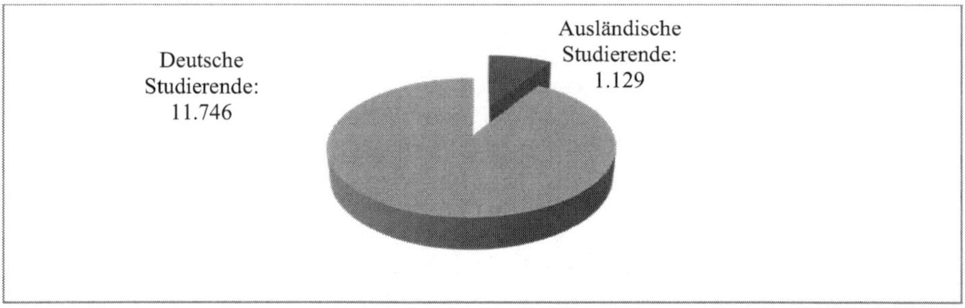

Ein Blick auf die angestrebten Abschlussziele der Studierenden ab 2004 verdeutlicht, dass wir uns derzeit noch in der Umbruchphase des Bologna-Prozesses befinden. Die Bachelor- und Masterstudiengänge gewinnen an Bedeutung und lösen die Diplom- und Magisterstudiengänge sukzessive ab.

Abb. 10: Studierende nach Abschlusszielen nach Semestern (2004-2010)[409]

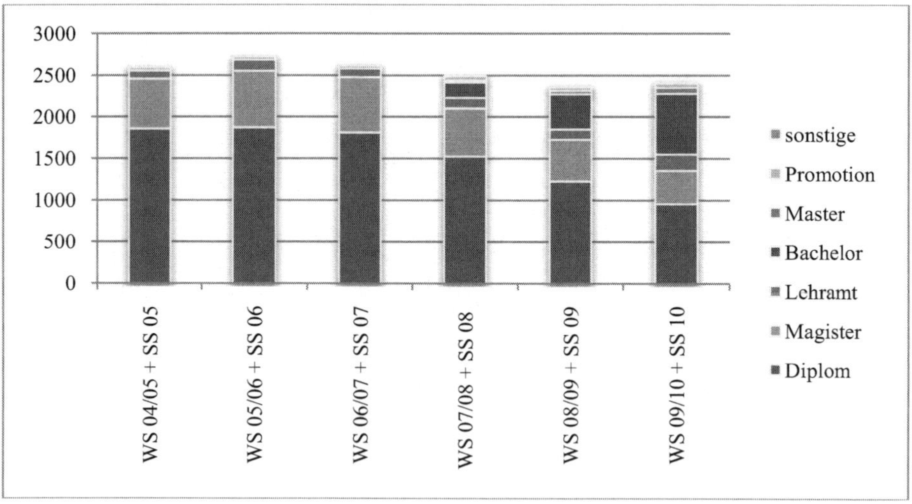

Um weitergehende Aussagen über die aktuelle Studierendenschaft des Instituts für Erziehungswissenschaft machen zu können, haben wir, da es uns aus datenschutzrechtlichen Gründen nicht möglich war, Informationen über die Studierenden, die über die zugänglichen Studentenstatistiken hinausgingen, aus dem Studierendensekretariat zu erhalten, im Sommersemester 2010 eine Online-Befragung der Studierenden am Institut durchgeführt. Als Grundlage zur Erstellung des Fragebogens verwendeten wir die Kategorien aus den Studentenakten der ersten Studierenden des Instituts sowie aus früheren Studierendenstatistiken,

[409] Grundlage dieser Angaben sind die in der Studierendenstatistik ausgewiesenen Fallzahlen (jedes studierte Fach wird erfasst). Unsere Erhebung konzentrierte sich dabei auf Hauptfachstudierende.

um Vergleichsmöglichkeiten zwischen den ersten und den aktuellen Studierenden zu schaffen. Der Fragebogen wurde auf der Open-Source-Lernplattform ILIAS online gestellt. Mit Hilfe des Studierendensekretariats wurden am 20. Mai 2010 alle Studierenden des Instituts für Erziehungswissenschaft, insgesamt 1.016, per E-Mail angeschrieben. Ca. zwei Wochen war der Fragebogen online. Insgesamt erhielten wir 420 ausgefüllte Fragebogen. Dies entspricht einem Rücklauf von 41,3%. 82% der Antwortenden waren weiblich, 18% männlich; eine Verteilung die sich nahezu vollständig mit der aktuellen Geschlechterverteilung deckt.

Bei der Durchsicht der Studierendenakten von 1910-1914 war auffällig, dass das Lebensalter der Studierenden der Pädagogik bei Studienbeginn aus heutiger Sicht ungewöhnlich hoch war. Die Erhebung ergab folgende Ergebnisse:

Abb. 11: Alter bei Studienbeginn der neuimmatrikulierten Studenten (1910-1914)

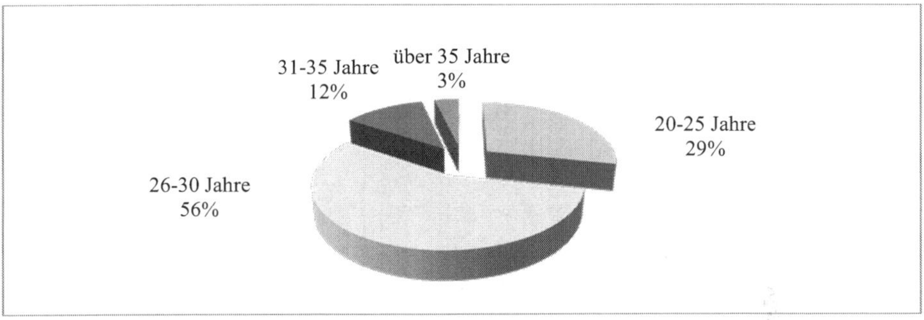

Ein genau gegenteiliges Bild ergab der Fragebogen: 76% der aktuellen Studierenden waren bei Studienbeginn 25 Jahre oder jünger, lediglich 24% mithin älter als 25 Jahre. Die grundständigen Studiengänge dominieren also bei der Zusammensetzung der Studierendenschaft am Institut.

Abb. 12: Alter der Studierenden bei Studienbeginn (Fragebogen 2010)

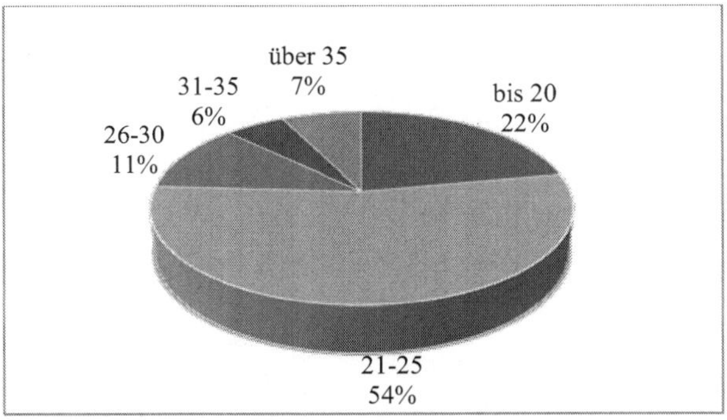

In diesem Zusammenhang befragten wir die Studierenden auch, ob sie vor Studienbeginn bereits berufstätig gewesen seien. Der Fragebogen lieferte folgendes Ergebnis:

Abb. 13: Berufstätigkeit der Studierenden vor Studienbeginn (Fragebogen 2010)

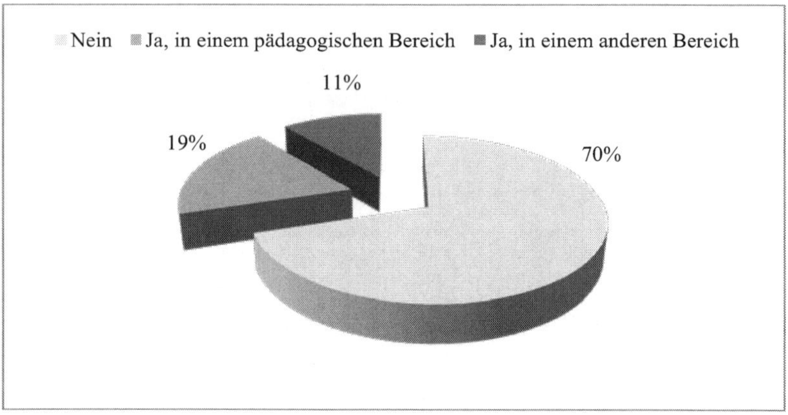

70% der Studierenden waren vor Studienbeginn nicht berufstätig, wobei diese Tatsache in einem engen Zusammenhang mit dem Alter bei Studienbeginn steht. Immerhin 19% der Studierenden waren vor Beginn ihres Studiums bereits in einem pädagogischen Bereich tätig gewesen. Es ist anzunehmen, dass die Motivation dieser Studierenden darin besteht, sich beruflich weiter zu qualifizieren und sich damit neue berufliche Perspektiven und Aufstiegsmöglichkeiten zu eröffnen.

Nachdem in den Anfangsjahren die Herkunft aus Württemberg überwog, ist dies heute zwar nicht mehr so deutlich der Fall, aber es überwiegt doch eine relativ große Nähe zum Herkunftsort. Bei 69% der Studierenden beträgt die Entfernung vom Studienort Tübingen zum Heimatort maximal 100 km, bei 47% der Studierende sogar höchstens 50 km.

Abb. 14: Entfernung zum Heimatort (Fragebogen 2010)

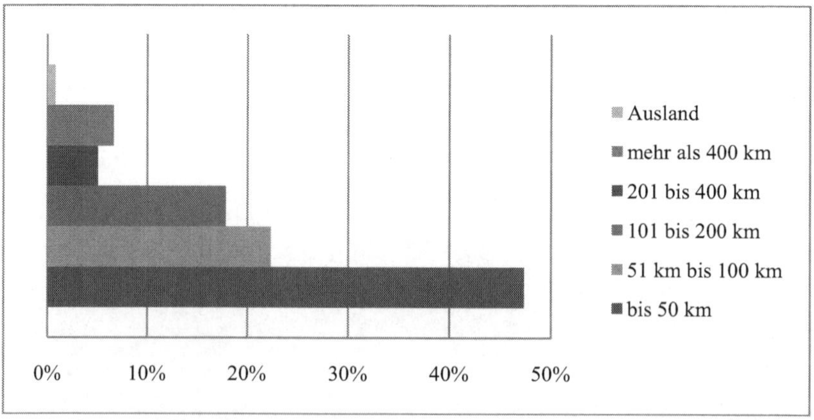

Des Weiteren haben wir die Studierenden zu Motiven für die Wahl des Studienfachs befragt.

Abb. 15: Motive für die Wahl des Studienfachs Erziehungswissenschaft (Fragebogen 2010)

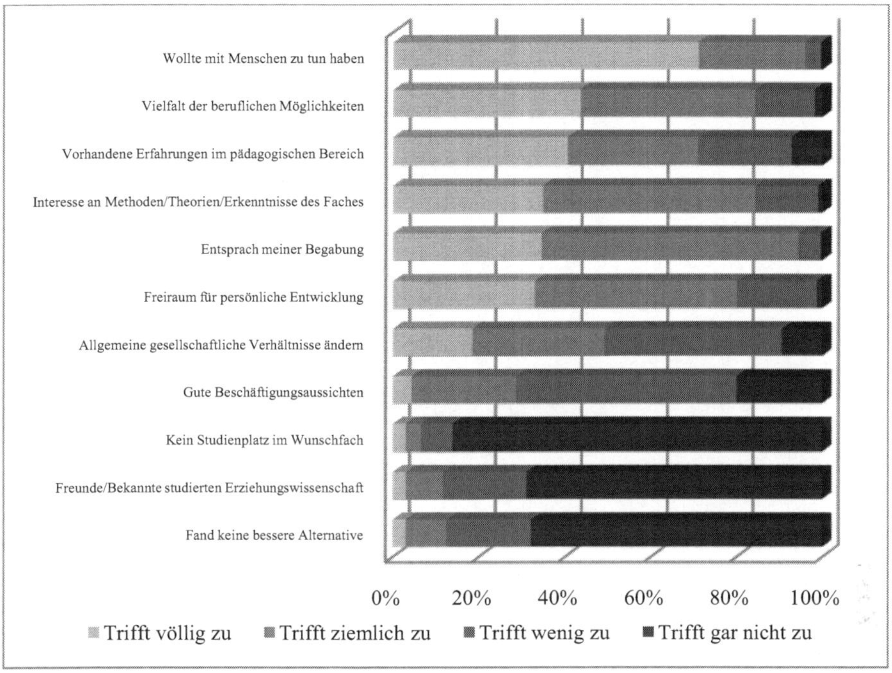

Bei der überwiegenden Anzahl der Antwortenden handelte es sich bei der Studienwahl um die bewusste Entscheidung für ein Studium, bei dem der Kontakt zu Menschen im Vordergrund steht, das aus Sicht der Studierenden ihrer Begabung entspricht und vielfältige berufliche Möglichkeiten bietet. Dass das Studium der Erziehungswissenschaft bei den meisten Studierenden keine „Verlegenheitslösung" war, zeigt sich an den drei letztgenannten Motiven.

Neben Gründen für die Wahl des Studienfachs interessierten wir uns für Motive, die bei der Wahl Tübingens als Studienstandort bedeutsam waren. Ausschlaggebend für die Wahl Tübingens als Studienstandort waren für einen Großteil der Studierenden private Gründe sowie die Erwartung guter Studienbedingungen. Die Nähe zum Heimatort als Motiv deckt sich mit der bereits oben dargestellten geringen Entfernung zum Heimatort vieler Studierenden. Des Weiteren war das Renommee der Universität wichtig bei der Wahl Tübingens. Die Studierenden hatten darüber hinaus noch die Möglichkeit, eigene Motive zur Wahl Tübingens als Studienstandort anzugeben. Neben vielen Aspekten ergaben sich zusammenfassend drei Hauptkategorien. Die Studierenden betonten zum einen nochmals das Renommee der Universität, zum anderen war es ihnen sehr wichtig zu erwähnen, dass Tübingen als Stadt mit ihrer Atmosphäre und ihrem

Flair nicht unwesentlich zu ihrer Entscheidung beitrug. Außerdem wurde das Angebot eines Teilzeitstudiums genannt, welches innerhalb Deutschlands nur sehr begrenzt möglich ist.

Abb. 16: Motive bei der Wahl Tübingens als Studienstandort (Fragebogen 2010)

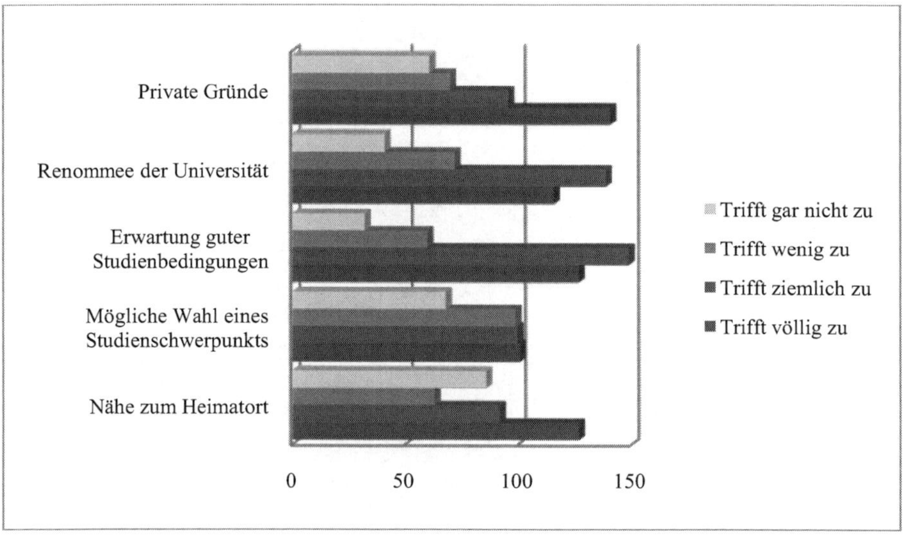

4 Lehrgestalt

4.1 Gesamtüberblick

Die historische Entwicklung und Ausgestaltung der Lehre in der Erziehungswissenschaft war in den letzten Jahren mehrfach Gegenstand der Forschung. Ziel dieser Studien war es, „empirisch kontrollierte Informationen über die Genese und aktuelle Gestalt der Erziehungswissenschaft" zu bieten[410]. Die Analyse der Lehrgestalt der deutschen Erziehungswissenschaft bietet dabei die Möglichkeit, im Spiegel der Lehrveranstaltungsankündigungen die Entwicklung der Disziplin zu rekonstruieren. „Die Entwicklung der erziehungswissenschaftlichen Lehre kann als ein Indikator für die disziplinäre Genese und Gestalt der Erziehungswissenschaft im lokal-institutionellen Kontext angesehen werden: In der Struktur des Lehrangebots ... und der Entwicklung der einzelnen erziehungswissenschaftlichen Lehrgebiete ... kommen wesentliche Aspekte der Entwicklung einer wissenschaftlichen Disziplin zum Vorschein."[411] Diese Rekonstruktion und Analyse wurde dann für die Universität Göttingen sowie für die westdeutsche Erziehungswissenschaft von 1945 bis 1990 unternommen.[412]

Anhand der Veranstaltungsankündigungen der akademischen (Namens- und) Vorlesungsverzeichnisse wird die inhaltliche Entwicklung des Studiums der Erziehungswissenschaft für den Zeitraum seit der Gründung des Instituts dargestellt. Alle Lehrveranstaltungen, die aus den Veranstaltungsankündigungen hervorgehen, werden in thematische Kategorien eingeteilt, um inhaltliche Schwerpunkte und Strömungen aufzeigen zu können. Als Bezugszeiträume für detailliertere Betrachtungen der Lehrgestalt dienen auch hier die vier Phasen der Institutsgeschichte.

---

410 Hauenschild 1990, S. 2.

411 Rothland 2008, S. 286.

412 Hauenschild 1990; Hauenschild/Herrlitz/Kruse 1993. Während Hauenschild/Herrlitz/Kruse 1993 die Vorlesungsverzeichnisse von 20 Hochschulen im Zeitraum von 1945 bis 1990 unter Berücksichtigung jedes dritten Semesters ausgewertet und analysiert haben – also 30 Semester, 15 Winter- und 15 Sommersemester –, erfasste Hauenschild 1990) die Daten der Universität Göttingen vollständig für den Zeitraum 1945 bis 1985 (insgesamt 7.721 Veranstaltungstitel). Zur „Kernstichprobe" bei Hauenschild/Herrlitz/Kruse zählen 16 Universitäten, „die spätestens 1949 in West-Deutschland und West-Berlin bestanden haben und daher mindestens seit der Gründung der Bundesrepublik dokumentierbar sind (FU Berlin, Bonn, Erlangen-Nürnberg, Frankfurt/M., Freiburg, Göttingen, Hamburg, Heidelberg, Kiel, Köln, Mainz, Marburg, München, Münster, Tübingen, Würzburg)" (Herrlitz 2001, S. 200). Außerdem wurden zum Vergleich noch die Lehrangebote der Universität Regensburg, der Gesamthochschule Wuppertal, der TU Hannover und der Pädagogischen Hochschule Flensburg untersucht (vgl. ebd.). Von der Göttinger Forschergruppe liegen weitere Veröffentlichungen in diesem Zusammenhang vor (Hauenschild 1997, Herrlitz 2001). Zuletzt knüpfte Rothland 2008 an diesen Forschungsansatz an.

„Die Lehre hat […] für jede Disziplin erstmal eine ordnende Funktion. Hier muß das Wissen in einer systematischen Weise zur Darstellung kommen. Die Dokumentation und Aufbewahrung des Wissens in der Lehre macht es erst möglich, daß die Wissenschaft nach Disziplinen differenziert wahrgenommen wird.“[413] Die Lehrgestalt dokumentiert also das Wissen einer Disziplin, beschreibt deren aktuelle Forschung und Diskussion und nimmt Bezug auf die gesellschaftlichen Anforderungen, die sich ihr stellen.

Die Quelle für die Analyse der Lehrgestalt bieten die Vorlesungsverzeichnisse der Universitäten, da hier die Titel der Lehrveranstaltungen vollständig dokumentiert sind. Die Veranstaltungstitel stellen dabei eine Annäherung an die Inhalte einer Lehrveranstaltung dar, ohne letzteren vollständig erfassen zu können. Die Titel der Veranstaltungen geben somit Aufschluss über Themen der Disziplin, die den Fachvertretern als wesentlich erscheinen. Die Analyse der Lehrgestalt ist also eine „Analyse des Wissens der Disziplin, welches im Medium der Lehre ihre Äußerung findet“.[414]

Für den uns interessierenden Zeitraum wurden die Vorlesungsverzeichnisse der Universität Tübingen seit dem Wintersemester 1910/11 ausgewertet. Einige Lücken sind zu vermerken, die teilweise geschlossen werden konnten, teilweise offenblieben.[415] Nicht immer war den Ankündigungen deutlich zu entnehmen, welche Lehrveranstaltungen spezifisch erziehungswissenschaftliche waren. Für die Zuordnung wurden institutionell-personelle Kriterien herangezogen, d.h., dass alle Ankündigungen unter der Rubrik Pädagogik (in den ersten Jahren), bzw. unter der Institutsbezeichnung aufgenommen wurden.

Erhoben wurden das Jahr bzw. Semester, die Namen der Lehrenden, der Titel der Veranstaltung und die Veranstaltungsart. Alle so aufgenommenen Veranstaltungen wurden dann einer thematischen Kategorie zugeordnet.

Zu diesem Zweck haben wir das von der Göttinger Arbeitsgruppe entwickelte Kategorienschema weitgehend übernommen. Im Rahmen einer Stichprobe von 251 Tübinger Veranstaltungstiteln wurde das Kategorienschema überprüft und anschließend in Anpassung an die weiteren Fachentwicklungen und an Tübinger Spezifika Modifikationen daran vorgenommen. So wurden beispielsweise die Themenfelder „Pädagogische Ethik“, „Kinder- und Jugendliteratur“, „Muse-

---

413 Hauenschild 1990, S. 17.

414 Ebd., S. 19.

415 Da die Berufung Deuchlers aufgrund langwieriger Verhandlungen über die personellen Besetzung zwischen Fakultät, Universität und zuständigem Ministerium erst zum 7. September 1910 erfolgte, konnten seine Veranstaltungen in den bereits gedruckten Veranstaltungsankündigungen nicht mehr aufgenommen werden. Diese wurden ergänzt anhand der Unterlagen im Universitätsarchiv. Für das erste Kriegswintersemester 1939/40 gab es keine Veranstaltungsankündigungen, dafür liegen für das Jahr 1940 Veranstaltungsankündigungen für die Trimester I, II und III vor. Ebenfalls liegen keine gedruckten Vorlesungsverzeichnisse für den Zeitraum 1945 bis 1946 vor. Die Verfügbarkeit endet mit dem Vorlesungsverzeichnis für das Wintersemester 1944/45 und beginnt wieder zum Wintersemester 1946/47.

en- und Gedenkstättenpädagogik", „Eine-Welt-Themen/Globalisierung" sowie „Religionspädagogik" neu als Kategorien aufgenommen.[416]

Insgesamt sind somit 47 Themenkategorien entstanden (siehe Anhang 1). Um die Zuordnung zu Themen nachvollziehbar zu machen, haben wir folgende pragmatische Regeln der Einordnung genutzt:

1. Werden in einem Titel zwei Themen mit der Verknüpfung ‚und' thematisiert, so gilt grundsätzlich die zuerst genannte Kategorie.
2. Wird ein allgemein gehaltener Titel durch einen Untertitel konkretisiert, gilt die Bestimmung durch den Untertitel.
3. Sobald dem Titel entnehmbar ist, dass erziehungswissenschaftliche Fragestellungen auf ein spezielles Handlungsfeld der Pädagogik bezogen sind, werden die Titel den entsprechenden Teildisziplinen zugeordnet.[417]

Die 47 Themengebiete wurden in einem weiteren Schritt in Oberkategorien, die im folgenden Lehrgebiete genannt werden, zusammengefasst.[418]

Tab. 7: Die Lehrgebiete und die zugeordneten Themenkategorien

Lehrgebiet	**Themenkategorien**
Philosophie, Methodologie	01, 02
Allgemeine erziehungswissenschaftliche Theorie	11 bis 16
Geschichte pädagogischen Denkens	20 bis 22
Psychologie	31 bis 33
Bildungspolitik	41 bis 44
Vergleichende Erziehungswissenschaft	51
Schulpädagogik	60 bis 67
Kind und Familie	71, 72
Sonderpädagogik	73
Sozialpädagogik	74, 75
Wirtschaftspädagogik und Erwachsenenbildung	76, 78
Sonstige Lehrgebiete	77, 79 bis 89
Residualkategorie	98, 99

416 Am Beispiel der „Religionspädagogik" lässt sich am besten aufzeigen, weshalb die Neueinrichtung einer Kategorie notwendig wurde. Schon seit der Lehrtätigkeit von Traugott Konstantin Oesterreich im Jahr wurden immer wieder Veranstaltungen mit religionspädagogischen bzw. religionspsychologischen Inhalt angekündigt, bspw. „Religionspsychologische Übungen zum Neuen Testament" im Winterhalbjahr 1932/33. Seit 1969 wurden auch die Veranstaltungen von Karl Ernst Nipkow unter dem Pädagogischen Seminar angekündigt. Neben einigen Veranstaltungen aus den Bereichen der „Allgemeinen Didaktik" bzw. „Allgemeinen Pädagogik", handelte es sich bei den von Nipkow angekündigten Veranstaltungen hauptsächlich um solche für Religionspädagogik: „Ausgewählte Probleme religiöser Sozialisation und Erziehung". 1989 wechselte Wolfgang Bartholomäus in das Institut für Erziehungswissenschaft I, wo er in der Folge ebenfalls unter dem Titel „Religionspädagogik" Veranstaltungen durchgeführt hat.

417 Vgl. Hauenschild 1990, S. 31.

418 Dies geschah ebenfalls in Anlehnung an Hauenschild 1990, mit den spezifischen Ergänzungen zu Tübingen.

Weder das Kategorienschema der Themenkategorien, noch die Definition der Lehrgebiete erheben den Anspruch auf eine vollständige und stringente Systematik. Vielmehr dienen beide als Instrumente, um der Fülle des Materials Herr zu werden, sowie als Heuristiken für die inhaltliche Analyse.

Die Zuordnung der Veranstaltungstitel zu den Themengebieten wurde in Form von Stichproben von verschiedenen Personen vorgenommen und überprüft. So konnten Fehler bei der Codierung minimiert und die thematische Zuordnung auf ihre Plausibilität hin überprüft werden. Dennoch lassen sich aufgrund der großen Datenmenge wahrscheinlich einzelne Fehlcodierungen nicht vermeiden.

Für die Gesamterhebung 1910 bis 2010 liegt ein Datensatz von 10.045 Veranstaltungstiteln vor. Diese verteilen sich wie folgt auf die einzelnen Phasen der Institutsgeschichte:

Tab. 8: Verteilung der Veranstaltungstitel auf die vier Phasen (N=10.045)

Phase	Veranstaltungen
1910 bis 1945	317
1946 bis 1969	890
1970 bis 2002	7.364
2003 bis 2010	1.474

Durchschnittlich werden pro erfasstem Semester rund 51 Veranstaltungen angekündigt. Allerdings variiert die Anzahl der angebotenen Lehrveranstaltungen von einer im Sommerhalbjahr 1923 – die von Deuchler ursprünglich für dieses Semester angekündigten Veranstaltungen fielen aufgrund seines Weggangs nach Hamburg aus – bis zu 149 Veranstaltungen im Sommersemester 1983.

Die quantitative Gesamtentwicklung der angekündigten Veranstaltungen stellt sich folgendermaßen dar:

Abb. 17: Entwicklung der Lehrveranstaltungen gesamt von Wintersemester 1910/11 bis zum Wintersemester 2009/10 (N=10.045)

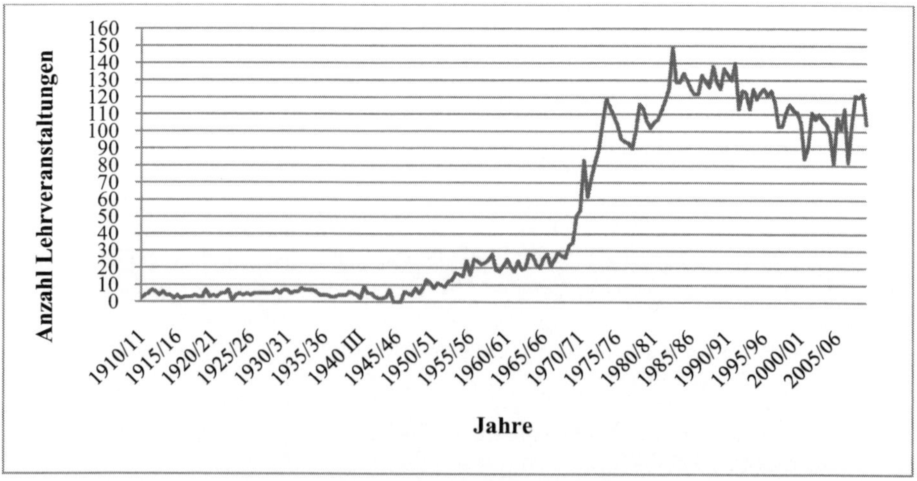

Es ist deutlich zu erkennen, dass seit den ausgehenden 1940er Jahren ein zunehmender Anstieg der Lehrveranstaltungen zu verzeichnen ist. Von Mitte der 1950er Jahre an bis Mitte der 1960er Jahre schwankte die Zahl der angekündigten Veranstaltungen zwischen 20 und 30. Die nächste Phase der Expansion zeichnet sich bereits in der Entwicklung vom Wintersemester 1969/70 mit 35 Veranstaltungen auf das Sommersemester 1970 mit 51 ab. Zum Sommersemester 1971 wurden bereits 83 Veranstaltungen angeboten, und zum Wintersemester 1973/74 werden erstmals mehr als 100, genau 105. Nach mehreren leichten Schwankungen wurde dann zum Sommersemester 1983 die Höchstmarke von 149 Lehrveranstaltungen erreicht.[419] Danach sank die Zahl der Lehrveranstaltungen wieder leicht ab, um auf recht hohem Niveau relativ konstant zu bleiben.

Abb. 18: Übersicht über die Anteile der Veranstaltungen je Phase und ausgewählter Lehrgebiete 1910-2009 (N=10.045)[420]

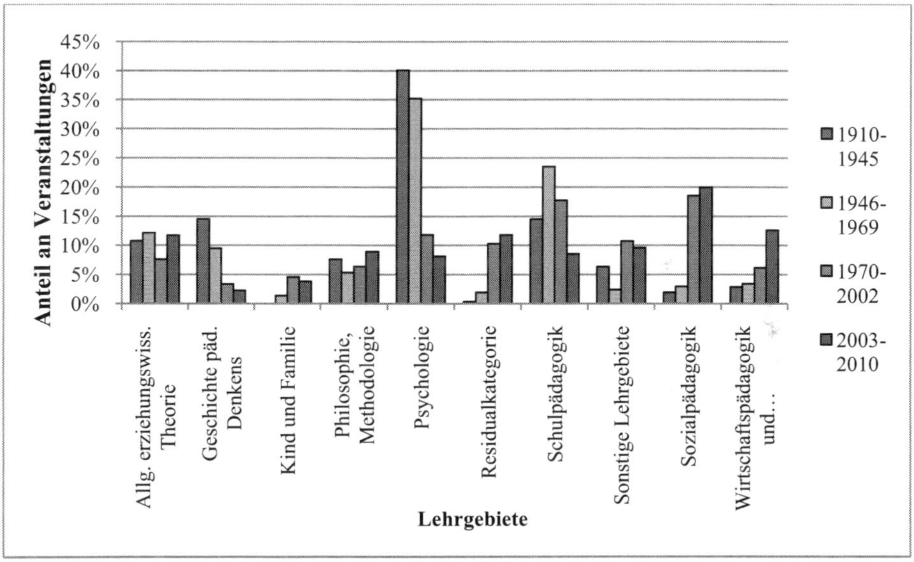

Abb. 18 zeigt, wie sich die Lehrgebiete im Lauf der 100 Jahre entwickelt haben: Besonders auffällig ist der Rückgang des Lehrgebietes Psychologie von etwa 40% Anteil in der ersten Phase auf nur noch 8% in der letzten Phase von 2003-2010. Ebenfalls abgenommen haben Veranstaltungen der Kategorie Geschichte pädagogischen Denkens (von rund 15% auf 2%). Stetig zugenommen haben da-

419 Die Entwicklung nach 1945 entspricht dabei im Großen und Ganzen der Gesamtentwicklung der Lehrgestalt der westdeutschen Erziehungswissenschaft: Einem kontinuierlichen, aber relativ gleichmäßigen Anstieg der Veranstaltungszahlen bis in die zweite Hälfte der 1960er Jahre hinein folgt bis in die 1980er Jahre eine rasante Expansion vgl. Hauenschild/Herrlitz/Kruse 1993, S. 27.

420 Ausgelassen wurden die Lehrgebiete Bildungspolitik, Vergleichende Erziehungswissenschaft und Sonderpädagogik, da keines der Lehrgebiete in einer der Phasen wenigstens 3% Anteil erreicht.

gegen Lehrveranstaltungen in den Bereichen Sozialpädagogik (von rund 2% auf 20%), Wirtschaftspädagogik und Erwachsenenbildung (von rund 3% auf 13%) sowie die Residualkategorie (von weniger als 1% auf knapp 12%), womit hauptsächlich Kolloquien umschrieben sind.
Zur Veranschaulichung zeigt die folgende Tabelle die Veranstaltungen in absoluten Zahlen. Hier sieht man, dass in Psychologie in der letzten Phase annähernd gleich viele Veranstaltungen angeboten wurden wie in der ersten, deutlich längeren Phase. In der Sozialpädagogik sind die Veranstaltungen von 6 Seminaren und Vorlesungen in 46 Jahren (erste Phase) auf 1.364 Veranstaltungen in 33 Jahren (dritte Phase) gestiegen. Die schulpädagogischen Veranstaltungen haben absolut gesehen auch einen hohen Zuwachs zu verzeichnen, aber anteilig zeigt die obere Abbildung den Verlust von der zweiten zur dritten Phase von rund 23% auf 18% (in der dritten Phase dann nur noch rund 9%).

Tab. 9: Anzahl der Veranstaltungen je Phase und Lehrgebiet in absoluten Zahlen (N=10.045)

Lehrgebiet	**1910-45**	**1946-69**	**1970-02**	**2003-10**	**1910-2010**
Philosophie, Methodologie	24	47	466	131	**668**
Allgemeine erziehungswissenschaftliche Theorie	34	108	556	172	**870**
Geschichte pädagogischen Denkens	46	84	244	33	**407**
Psychologie	127	313	867	119	**1.426**
Bildungspolitik	1	18	164	19	**202**
Vergleichende Erziehungswissenschaft	–	2	56	24	**82**
Schulpädagogik	46	209	1.306	125	**1.686**
Kind und Familie		12	333	56	**401**
Sonderpädagogik	3	3	15	2	**23**
Sozialpädagogik	6	26	1.364	294	**1.690**
Wirtschaftspädagogik und Erwachsenenbildung	9	30	450	185	**674**
Sonstige Lehrgebiete	20	21	789	141	**971**
Residualkategorie	1	17	754	173	**945**
Summe	**317**	**890**	**7.364**	**1.474**	**10.045**

Betrachtet man die Gesamtsumme der Lehrgebiete, so sieht man, dass die Sozialpädagogik insgesamt den ersten Platz belegt. Auf dem zweiten und dritten Platz folgen die Schulpädagogik und die Psychologie, wobei Sozial- und Schulpädagogik nahezu gleichauf liegen. In der Göttinger Untersuchung spielt bei der Betrachtung der Entwicklung am Pädagogischen Seminar[421] einzig die Schulpädagogik eine so herausragende Rolle. Die sozialpädagogischen Veranstaltungen nehmen sogar von Ende der 1940er Jahre bis 1985 einen immer kleineren Anteil der Lehrveranstaltungen ein. Ebenso entwickelt sich die Psychologie im

[421] Vgl. Hauenschild 1990, Abb. 3, S. 105.

Göttinger Pädagogischen Seminar gegenläufig zur Tübinger Entwicklung; in Göttingen spielt sie seit 1945 nur eine marginale Rolle, gewinnt jedoch bis 1985 an Bedeutung (rund 15%), während ihr Wert in Tübingen seit 1945 bis 2010 stetig abnimmt. Mögliche Gründe für diese Entwicklung lassen sich auf die personelle Besetzung mit Vertretern der Experimentellen Pädagogik in Tübingen zurückführen.

Die folgende Tabelle gibt einen genaueren Einblick in die Anteile der in Tübingen gelehrten Themengebiete. Auf den ersten fünf Plätzen liegen die Themenkategorien Sozialpädagogik, Residualkategorie, Pädagogische Psychologie, Erwachsenenpädagogik und Pädagogische Beratung, was auf eine stark an teildisziplinären Fragen orientierte Lehrgestalt verweist. Auf dem 6. Rang findet sich die Themenkategorie Allgemeine Theorie der Erziehung und Bildung. Weitere, eher allgemeinpädagogische Themenkategorien finden sich auf Rang 13 (Geschichte Pädagogischen Denkens) und 16 (Philosophie/Wissenschaftstheorie). Erst auf Rang 25 ist die Pädagogische Anthropologie platziert. Den Kategorien Vergleichende Erziehungswissenschaft, Historische Bildungsforschung, Pädagogische Ethik sind noch weniger Veranstaltungen zuzuordnen gewesen.

Tab. 10: Gesamtübersicht über die Veranstaltungen je Themengebiet (N=10.045)

Themengebiet	**N**	**%**
1 Philosophie/Wissenschaftstheorie	268	2,67%
2 Forschungsmethoden	400	3,98%
11 Allgemeine Theorie der Erziehung und Bildung	424	4,22%
12 Theorie der Sozialisation	52	0,52%
13 Pädagogische Anthropologie	98	0,98%
14 Allgemeine Didaktik	249	2,48%
15 Allgemeine Fragen des Erzieherberufs	19	0,19%
16 Pädagogische Ethik	32	0,32%
20 Historische Bildungsforschung	64	0,64%
21 Geschichte Pädagogischen Denkens	315	3,14%
22 Geschichte des Bildungswesens	28	0,28%
31 Allgemeine Psychologie	276	2,75%
32 Pädagogische Psychologie	601	5,98%
33 Pädagogische Beratung	545	5,43%
41 Allgemeine Bildungssoziologie	69	0,69%
42 Allgemeine Bildungsökonomie	11	0,11%
43 Allgemeine Bildungspolitik	48	0,48%
44 Bildungsrecht	74	0,74%
51 Vergleichende Erziehungswissenschaft	82	0,82%
60 Praktische Pädagogik/Schulpädagogik	320	3,19%
61 Allgemeine Theorie der Schule	203	2,02%
62 Unterrichtstheorie und -forschung	391	3,89%
63 Schulpsychologie	141	1,40%
64 Fachdidaktik	409	4,07%
65 Lehrerrolle/-bildung	170	1,69%
66 Schulpraktika	35	0,35%

67 Schülerrolle	17	0,17%
71 Kindheit, Kindergarten	277	2,76%
72 Familie, Familienpädagogik	124	1,23%
73 Sonderpädagogik	23	0,23%
74 Jugendtheorie und -forschung	338	3,36%
75 Sozialpädagogik	1.352	13,46%
76 Wirtschaftspädagogik	109	1,09%
77 Allgemeine Fragen des Hochschulwesens	138	1,37%
78 Erwachsenenpädagogik	565	5,62%
79 Altenpädagogik	29	0,29%
81 Freizeitpädagogik	19	0,19%
82 Ausländerpädagogik	79	0,79%
83 Friedenspädagogik	12	0,12%
84 Frauenfragen in der Erziehungswissenschaft	251	2,50%
85 Ökopädagogik	14	0,14%
86 Jugendliteratur	326	3,25%
87 Museen- und Gedenkstättenpädagogik	4	0,04%
88 Dritte Welt	2	0,02%
89 Religionspädagogik	97	0,97%
98 Erkundungen und Exkursionen	11	0,11%
99 Residualkategorie	934	9,30%

4.2 Grundbegriffe und Klassikernennungen in den Lehrveranstaltungstiteln

Im Folgenden sollen anhand einer Inhaltsanalyse einzelne Wörter als kleinste Informationseinheit eines Textes auf ihr Vorkommen in den Veranstaltungstiteln überprüft werden. Eine erste Auswahl der Stichwörter erfolgte im Rahmen der Übertragung der Veranstaltungstitel aus den Vorlesungsverzeichnissen in das Datenbearbeitungsprogramm. Beim Anwachsen der Datensätze wurde deutlich, dass es temporäre Häufungen bestimmter Begriffe gibt, die entweder neu auftauchen oder verschwinden, während sich andere Begriffe durchgängig fest etabliert zu haben scheinen.

Zunächst erschein es sinnvoll zu überprüfen, inwieweit die Begriffe „Pädagogik" und „Erziehungswissenschaft" verwendet werden und ob sich anhand der Verwendung dieser Wörter auch ableiten lässt, inwieweit sich theoretische Ansätze geändert haben. Zu den grundlegenden Begriffen der Pädagogik werden unter anderem „Bildung", „Erziehung" und „Sozialisation" gezählt. Daneben wurden als zwei Nachbardisziplinen die „Psychologie" und die „Soziologie" in der Begriffsanalyse berücksichtigt.

Zudem wurden die beiden großen Klientengruppen der Pädagogik „Kinder und Jugendliche" sowie „Erwachsene" erfasst.

Der Gesamtdatensatz der Veranstaltungstitel wurde auf die oben aufgeführten Begriffe hin durchsucht und ihr Vorkommen jeweils in Bezug zur Gesamtzahl der Veranstaltungen einer Bezugsepoche gesetzt. In der Tabelle wird nur der Wortstamm wiedergegeben, die Zahlen beziehen sich aber auch auf die Deklinationen. Nicht berücksichtigt wurden Komposita. Die Prozentangaben in Tab. 11 geben Aufschluss darüber, zu welchem Anteil der jeweilige Begriff in den Ankündigungstiteln verwendet worden ist.

Tab. 11: Grundbegriffe in den Veranstaltungstiteln von 1910 bis 2010 (N=10.045)

Begriff ohne Komposita oder Deklinationen	**1910-45 (N=317)**		**1946-69 (N=890)**		**1970-02 (N=7.364)**		**2003-10 (N=1.474)**	
	N	**%**	**N**	**%**	**N**	**%**	**N**	**%**
Erziehung	24	7,57	28	3,15	377	5,12	57	3,87
Bildung	4	1,26	6	<1	59	<1	31	2,10
Sozialisation	–	–	–	–	78	1,06	1	<1
Pädagogik	37	11,67	66	7,42	256	3,48	58	3,93
Erziehungswissenschaft	3	<1	3	<1	150	2,04	69	4,68
Psychologie	67	21,14	80	8,99	97	1,32	20	1,36
Soziologie	–	–	4	<1	7	<1	–	–
Kind/Jugendlicher	8	2,52	26	2,92	236	3,20	75	5,09
Erwachsener	1	<1	-	-	20	<1	6	<1

Taucht noch in der ersten Bezugsepoche 1910-1945 in 12% der Veranstaltungstitel der Begriff der Pädagogik auf, nimmt die Häufigkeit in den folgenden Zeiträumen stetig auf zuletzt 4% ab. Währenddessen verhält es sich mit dem Terminus „Erziehungswissenschaft“ entgegengesetzt; von zunächst unter einem Prozentpunkt kommt es im Zeitraum 1970-2002 zu einem Anstieg auf rund 2% und zuletzt wird der Begriff in 5% (2003-2010) der Veranstaltungstitel verwendet.

Bei den drei Grundbegriffen Bildung, Erziehung und Sozialisation, vollzieht sich ebenfalls eine interessante Entwicklung. Während der Begriff Sozialisation eigentlich nur im Zeitraum 1970-2002 (1%) (wenn man die eine Nennung im Zeitraum 2003-2010 vernachlässigt) genannt wird, kommen Bildung und Erziehung kontinuierlich vor. Jedoch wird der Begriff der Erziehung in der historischen Entwicklung immer weniger genannt; sein Vorkommen sinkt vom ersten Untersuchungszeitraum mit 8% auf heute 4%.

Interessanterweise ist das Vorkommen des Bildungsbegriffs als leitender Grundbegriff der Erziehungswissenschaft seit 1945 „verschiedenen Konjunkturen unterlegen.“[422] Wesentlich ist wohl, und dies zeigt sich auch an der Tübinger Entwicklung, dass der Begriff im Zuge der Bildungsreform aus der erziehungswissenschaftlichen Diskussion zu verschwinden drohte. „So wurde der Bildungsbegriff in der „Zeitschrift für Pädagogik“ in den Jahren 1969 bis 1974 weder diskutiert noch analysiert.“[423] Lediglich Komposita des Bildungsbegriffs wie „Bildungsplanung“, „Bildungsökonomie“ etc. erlebten in dieser Phase eine Konjunktur. In den 1980er Jahren hat sich der Umgang mit dem Begriff erneut verändert und „Bildung“ wurde wieder zu einem Leitbegriff, und die Komposita bzw. verbundenen Problembereiche wurden nahezu ins Abseits gestellt.[424] Die

422 Hauenschild 1990, S. 67.
423 Ebd.
424 Vgl. ebd.

diskontinuierliche Entwicklung der Verwendung des Bildungsbegriffs zeigt sich besonders deutlich mit dem Absinken der Nennungen auf unter 1% im Zeitraum 1970-2003.

Tab. 12: Personen, die mindestens dreimal im Gesamtzeitraum in Veranstaltungstiteln genannt wurden nach Phasen der Institutsentwicklung (in absoluten Zahlen)[425]

Person	1910-45	1946-69	1970-02	2003-10	Gesamt
Adler, Alfred	–	4	1	–	5
Aichhorn, August	–	–	4	–	4
Aristoteles	–	1	3	–	4
Bernfeld, Siegfried	–	–	8	2	10
Bloch, Ernst	–	–	5	–	5
Buber, Martin	–	–	4	–	4
Comenius, Johann Amos	–	11	4	–	15
Dewey, John	–	–	7	1	8
Dilthey, Wilhelm	1	1	4	–	6
Fichte, Johann Gottlieb	3	3	1	–	7
Foucault, Michel	–	–	4	–	4
Freinet, Célestin	–	–	7	–	7
Freire, Paulo	–	–	5	–	5
Freud, Sigmund	–	3	3	–	6
Fröbel, Friedrich Wilhelm August	4	5	6	–	15
Grundtvig, Nikolai	–	–	4	–	4
Hegel, Georg Wilhelm Friedrich	1	2	1	–	4
Herbart, Johann Friedrich	1	8	10	1	20
Herder, Johann Gottfried	2	5	–	–	7
Humboldt, Wilhelm von	–	8	5	–	13
Jung, Carl Gustav	–	3	–	1	4
Kant, Immanuel	–	4	5	–	9
Kerschensteiner, Georg	3	3	1	–	7
Korczak, Janusz	–	–	21	1	22
Litt, Theodor	2	–	2	–	4
Montessori, Maria	–	1	6	–	7
Pestalozzi, Johann Heinrich	6	12	12	2	32
Piaget, Jean	–	2	12	1	15
Platon	–	8	4	–	12
Rousseau, Jean-Jacques	2	4	4	–	10
Schiller, Friedrich von	2	1	1	–	4
Schleiermacher, Friedrich Daniel Ernst	1	4	11	–	16
Spranger, Eduard	1	1	1	–	3

Auffallend bei der Auflistung der Namensnennungen ist der Wandel im quantitativen Bezug. In der ersten Bezugsepoche erscheinen etwa 10% der Lehrveran-

425 Personen, die nur einmal über den gesamten Zeitraum genannt werden, sind: Ernst Moritz Arndt, Augustinus, Leo Baeck, Dietrich Benner, Basil Bernstein, Don Bosco, Joachim Heinrich Campe, Romano Guardini, Paul Honigsheim, Paul Natorp, Rudolf Steiner, Max Wertheimer. Personen, auf die von 1910 bis 2010 nur zwei Nennungen entfallen, sind: Helmut Fend, Aloys Fischer, Wilhelm Flitner, Erich Fromm, Johann Wolfgang von Goethe, Kurt Hahn, Hermann Heller, Heinz-Joachim Heydorn, Friedrich Ludwig Jahn, Karl Theodor Jaspers, Niklas Luhmann, Herman Nohl, Peter Petersen, Alice Salomon, Martin Wagenschein, Erich Weniger, Johann Hinrich Wichern, Otto Willmann.

staltungen mit der Nennung eines Namens, in der folgenden Phase sind es etwas mehr, nämlich 12% der Lehrveranstaltungen. Danach nimmt die Namensnennung rapide ab (1970-2002: ~3% und 2003-2009: ~1%). Somit wird die Namensnennung seit den 1970er Jahren eher zu einer singulären Erscheinung. Diese Grundentwicklung zeigt sich auch in Göttingen: Gerade in der Zeit des expansiven Wachstums der Lehrveranstaltungen seit Mitte der 1960er Jahre nehmen in Göttingen Namensnennungen nur noch einen geringen Anteil von einem bis zwei Prozent ein. Lediglich in den Jahren 1980 bis 1985 kommt es hier wieder zu einem leichten Anstieg.[426]

Ziel der Erfassung der Namensnennungen ist es nicht, allgemeine Aussagen über die Entwicklung des Lehrangebots zu machen. Vielmehr können die Namensnennungen als Indikatoren für die fachliche Entwicklung genommen werden.[427]

In der ersten Bezugsepoche werden am häufigsten Pestalozzi (6), Fröbel (4), Fichte (3) und Kerschensteiner (3) genannt. Eine klare thematische Linie lässt sich hierbei nicht erkennen. Während Fichte in der idealistischen Philosophie und Wissenschaftslehre einen Schwerpunkt seines Werks fand, sind die anderen drei Klassiker der Pädagogik mit unterschiedlichen thematischen Bezügen: Fröbel für die Frühpädagogik, Pestalozzi für die Armenerziehung und die Wohnstubenerziehung, Kerschensteiner für die Arbeitsschule.

In der Zeit von 1946-1969 findet sich wiederum Pestalozzi (12) als meistgenannter Klassiker an erster Stelle. An zweiter Stelle folgt nun Johann Amos Comenius (11), der für den Beginn der didaktischen Theoriebildung steht. Mit jeweils acht Namensnennungen sind dahinter gleichauf Herbart, Humboldt und Platon, mit je fünf Namensnennungen folgen Herder und Fröbel. Diese Nennungen decken sich weitestgehend mit denen in Göttingen und lesen sich als ein historisches Bewusstsein, „das in der Bildungsphilosophie der Klassik anzusiedeln ist“[428] und der frühen Erziehungstheorie.

Auch in der Zeit von 1970 bis 2002 setzt sich dies mit häufigen Nennungen von Pestalozzi (12), Schleiermacher (11) und Herbart (10) sowohl in Tübingen als auch in Göttingen fort. Neu kommen in dieser Zeit in Tübingen Korczak, der in dieser Zeit mit 21 Nennungen absoluter Spitzenreiter ist, sowie Piaget mit zwölf Nennungen hinzu. Piaget als Entwicklungspsychologe lässt den Bezug zur Pädagogischen Psychologie zu, hat aber in jenen Jahren durch seine Veröffentlichungen zur Moralentwicklung auch im Bereich der Allgemeinen Pädagogik große Resonanz gefunden, während die Thematisierung Korczaks Bezüge auf die Reformpädagogik und die Frage der Kinderrechte erlaubte.

In der aktuellen Phase werden in insgesamt neun Veranstaltungen Personen genannt. Pestalozzi und Bernfeld mit je zwei Nennungen teilen sich den ersten Platz, mit je nur einer Nennung sind Dewey, Herbart, Jung, Korczak und Piaget vertreten.

---

[426] Vgl. ebd., S. 61.
[427] Vgl. ebd.
[428] Böhm 2000, S. 62.

Pestalozzi und Herbart sind somit recht konstant in allen Phasen unter den in den Lehrveranstaltungsankündigungen am häufigsten genannten Personen zu finden, während die anderen Personen deutlichen Konjunkturen unterlegen sind. In der letzten Phase nehmen die Klassiker insgesamt nur noch einen geringen Stellenwert ein, was angesichts der disziplinären Ausdifferenzierung und des Hinzukommens neuerer Richtungen, Theorien und Themen sowie einer an den berufspraktischen Notwendigkeiten und Kompetenzen orientierten Ausbildung nicht verwunderlich ist. Man kann diese Entwicklung so deuten, dass die Erziehungswissenschaft ihre Theoriefragen nicht mehr so eng an den Klassikern festmacht, womit aber auch ein Verlust verbunden sein könnte. Zum anderen muss konstatiert werden, dass es der klassischen Thematisierung pädagogischer Fragen scheinbar immer weniger bedarf und andere Inhalte die Schwerpunkte bilden.

Dass auch Tübinger Lehrende selbst bereits als Klassiker rezipiert werden, zeigen in Tübingen die Beispiele Spranger und Wagenschein. So wird auf Spranger bereits vor seiner Tätigkeit als Professor in Tübingen im Rahmen einer Veranstaltung im Winterhalbjahr 1932/33 verwiesen. Er wird auch in den beiden folgenden Epochen jeweils ein weiteres Mal in einem Veranstaltungstitel genannt (Sommersemester 1964 sowie 1999). Wagenschein, der in Tübingen seit 1956 als Honorarprofessor didaktische Lehrveranstaltungen anbot, wurde bereits seit dem Wintersemester 1981/82 selbst in Veranstaltungstiteln genannt.

Vergleicht man nun die Klassikernennungen Tübingens mit denen in Göttingen[429] und in den gesamtdisziplinären Lehrveranstaltungsankündigungen[430], (s. Tab. 13) kann man mit einer gewissen Vorsicht (allein der unterschiedlichen Erhebungszeiträume wegen), drei Ergebnisse festhalten:

1. Auf den ersten zehn Rangplätzen finden sich zwischen Göttingen, Tübingen und der Gesamtdisziplin einige Übereinstimmungen auf den vorderen Plätzen: Pestalozzi führt mit den häufigsten Nennungen, er wird in Göttingen nur etwas weniger genannt als Schleiermacher, der in Tübingen und in der Gesamtstichprobe den vierten Rang belegt. Auch Comenius weist in allen drei Rangfolgen eine ähnliche Platzierung auf.
2. Unterschiede ergeben sich im Vergleich für Korczak, Rousseau und Bernfeld. Korzcak wird in Tübinger Lehrveranstaltungen am zweithäufigste genannt, dagegen landet sein Name in der Gesamtstichprobe nicht unter den ersten zehn, in Göttingen kommt er bis 1985 gar nicht vor. Rousseau, so gibt es die Rangfolge wieder, wurde in Tübingen seltener als in der Gesamtdisziplin und auch relativ seltener als in Göttingen im Titel einer Lehrveranstaltung thematisiert. Absolut wurden in Göttingen und Tübingen je zehn Veranstaltungen zu seiner Person angekündigt. Bernfeld belegt in der Gesamtstichprobe keinen der vorderen Plätze, in Göttingen wird er einmal genannt, in Tübingen dagegen landet er auf Platz 8.

429 Vgl. Hauenschild 1990, S. 125f.
430 Nach Hauenschild/Herrlitz/Kruse 1993, Tab. 41.

3. Die Ranglisten zeichnen sich vor allem durch Nennungen von Klassikern aus der Zeit vor 1900 (8 von 11 in der Gesamtstichprobe, 10 von 25 in Göttingen[431] und 9 von 13 in Tübingen) aus, und es werden dann doch genuine Klassiker des pädagogischen Denkens (Rousseau, Herbart, Schleiermacher) häufig genannt, was man als Ausdruck für ein „Traditionsbewußtsein der Erziehungswissenschaft“[432] lesen kann, auch in einer Zeit der Versozialwissenschaftlichung der Disziplin.

Tab. 13: Vergleich der ersten zehn Rangplätze der in Lehrveranstaltungsankündigungen in der Gesamtdisziplin, in Göttingen und in Tübingen genannten Personen

Rang	**Gesamtdisziplin 1945-1989**		**Göttingen 1945-1985**		**Tübingen 1910-2010**	
	Person	**N**	**Person**	**N**	**Person**	**N**
1	Pestalozzi	157	Schleiermacher	13	Pestalozzi	32
2	Rousseau	112	Pestalozzi Rousseau	10	Korczak	22
3	Herbart	99	Dilthey Makarenko	7	Herbart	20
4	Humboldt Schleiermacher	73	Herbart	6	Schleiermacher	16
5	Piaget	62	Humboldt Nohl Schiller	4	Comenius Fröbel Piaget	15
6	Comenius	59	Adorno Freire Freud Goethe Litt Sokrates Wichern	3	Humboldt	13
7	Kant	58	Cohn Comenius Dewey Hildebrand Kerschensteiner Marcuse Neill Piaget Spranger	2	Platon	12
8	Litt	51			Bernfeld Rousseau	10
9	Makarenko	44			Kant	9
10	Platon	42			Dewey	8

431 Man beachte aber die insgesamt kleinen Fallzahlen.

432 Hauenschild 1990, S. 62.

4.3 Die Lehrgestalt der Tübinger Erziehungswissenschaft 1910-1945

Mit Blick auf die Entwicklung der Lehrgebiete im Zeitraum 1910-1945 bleibt zunächst festzustellen, dass nur sieben der 13 Lehrgebiete für diese Epoche relevant sind, d.h. mehr als 2% Anteil an den Lehrveranstaltungen haben. Im Bereich der Philosophie/Methodologie finden sich mathematische Verfahren zur Erhebung von Daten neben Diskursen zu bildungsphilosophischen Themen. Die Geschichte des pädagogischen Denkens wird vor allem anhand der bereits oben beschriebenen Klassiker dargestellt. Allgemeine pädagogische Themen sind vor allem als „Allgemeine Pädagogik" und „Pädagogik der Gegenwart" bezeichnet. Den größten Raum nehmen psychologische Veranstaltungen ein, was sich mit der Nähe der Lehrenden zur Experimentellen Pädagogik erklären lässt. Weitere Lehrgebiete, die immer wieder auftauchen, sind die Schulpädagogik, Wirtschaftspädagogik sowie die Sonderpädagogik, bei der es sich um Veranstaltungen wie beispielsweise „Psychologie und Pädagogik des taubstummen, blinden, taubstummblinden, schwachbeanlagten, psychopathischen und moralisch-defekten Jugendlichen" (Deuchler, Winterhalbjahr 1912/13) handelt.

Tab. 14: Prozentuale Anteile der Lehrveranstaltungen je Lehrgebiet an allen Lehrveranstaltungen in Jahrfünften, 1910-1945 (N=317)

Jahrfünfte	**1910-1914** N=42	**1915-1919** N=34	**1920-1924** N=41	**1925-1929** N=41	**1930-1934** N=51	**1935-1939** N=66	**1940-1945** N=36	**1910-1945** N=317
Lehrgebiet	**%**	**%**	**%**	**%**	**%**	**%**	**%**	**%**
Psychologie	28,6	20,6	24,4	51,0	40,9	44,4	61,7	**40,0**
Geschichte pädagogischen Denkens	9,5	11,8	17,1	13,7	16,7	19,4	14,9	**14,9**
Schulpädagogik	23,8	29,4	26,8	2,0	6,1	11,1	12,8	**14,5**
Allgemeine erziehungswissenschaftliche Theorie	4,8	2,9	7,3	15,7	10,6	22,2	6,4	**10,1**
Philosophie, Methodologie	16,7	11,8	4,9	3,9	13,6	0,0	2,1	**7,9**
Sonstige Lehrgebiete	11,9	8,8	9,8	9,8	3,0	0,0	2,1	**6,3**
Wirtschaftspädagogik und Erwachsenenbildung	0,0	11,8	4,9	2,0	3,0	0,0	0,0	**2,8**
Sozialpädagogik	2,4	0,0	2,4	2,0	3,0	2,8	0,0	**1,9**
Sonderpädagogik	2,4	2,9	0,0	0,0	1,5	0,0	0,0	**1**
Residualkategorie	0,0	0,0	0,0	0,0	1,5	0,0	0,0	**0,3**

Die Entwicklung der Anzahl der angekündigten Lehrveranstaltungen im beschriebenen Zeitraum ist konstant. 1911 werden neun, 1944 zehn Veranstaltungen angekündigt. In der Tübinger Entwicklung ist besonders auffallend, wie sich das Lehrgebiet der Psychologie bis 1923 etabliert und wie es sich nach dem Weggang Deuchlers und dem Wechsel Krohs nach Tübingen ausdehnt. Begleitet wird diese Entwicklung durch die institutionellen Änderungen und Verknüpfungen mit psychologischen Einrichtungen, wie sie oben beschrieben wurden.

Betrachtet man die Verteilung der Veranstaltungstitel auf die Lehrgebiete, wird schnell deutlich, welche große quantitative Rolle der Allgemeinen und Pädagogischen Psychologie zukommt. Mit insgesamt 127 Veranstaltungen stellt die Pädagogische Psychologie knapp 40% aller Lehrveranstaltungen im Zeitraum 1910-1945. Mit einigem Abstand folgen die Themengebiete Geschichte pädagogischen Denkens und Schulpädagogik mit je rund 15%.

Seit der Berufung Pfahlers häuften sich Veranstaltungen, in denen der Begriff „Rasse" auftaucht, ebenso nahmen Veranstaltungen, die die (Erb-)Charakterologie betreffen, zu. Diese Veranstaltungen wurden je nach thematischer Ausrichtung jeweils der Pädagogischen Anthropologie bzw. der Psychologie zugeordnet. Insgesamt werden diese Vokabeln für den Untersuchungszeitraum in jeder zehnten Veranstaltung genannt.

Die folgende Tabelle gibt die einzelnen Themengebiete wieder, die zu den Lehrgebieten gehören. Hinter den Sonstigen Lehrgebieten verstecken sich zu einem großen Teil Lehrveranstaltungen, die sich den Fragen des Hochschulwesens widmen. Es handelt sich um Seminare zum selbstständigen und wissenschaftlichen Arbeiten, auch eine Vorlesung zu „Universität und Student im Wandel der Jahrhunderte" (Kroh, Sommerhalbjahr 1928) befindet sich darunter.

Tab. 15: Themengebiete der pädagogischen Lehrveranstaltungen mit mindestens 5 Veranstaltungen 1910-1945 in absoluten Zahlen (N=285) und anteilig (bezogen auf alle Lehrveranstaltungen, N=317)

Themengebiet	**N**	**%**
1 Philosophie/Wissenschaftstheorie	19	5,99%
2 Forschungsmethoden	5	1,58%
11 Allgemeine Theorie der Erziehung...	16	5,05%
14 Allgemeine Didaktik	13	4,10%
20 Historische Bildungsforschung	9	2,84%
21 Geschichte Pädagogischen Denkens	30	9,46%
22 Geschichte des Bildungswesens	7	2,21%
31 Allgemeine Psychologie	52	16,40%
32 Pädagogische Psychologie	74	23,34%
61 Allgemeine Theorie der Schule	15	4,73%
64 Fachdidaktik	17	5,36%
66 Schulpraktika	5	1,58%
77 Allgemeine Fragen des Hochschulwesens	17	5,36%
78 Erwachsenenpädagogik	6	1,89%
Summe	**285**	**89,91%**

4.4 Die Lehrgestalt der Tübinger Erziehungswissenschaft 1946-1969

Mit Blick auf die Gesamtentwicklung der Lehrveranstaltungen zeigt sich bis in das Jahr 1970 hinein ein stetiger Anstieg der erziehungswissenschaftlichen Lehrveranstaltungen, der dem Verlauf der gesamtdisziplinären Entwicklung analog verläuft.[433]

Abb. 19: Entwicklung der Lehrveranstaltungen 1946-1969 (N=890)

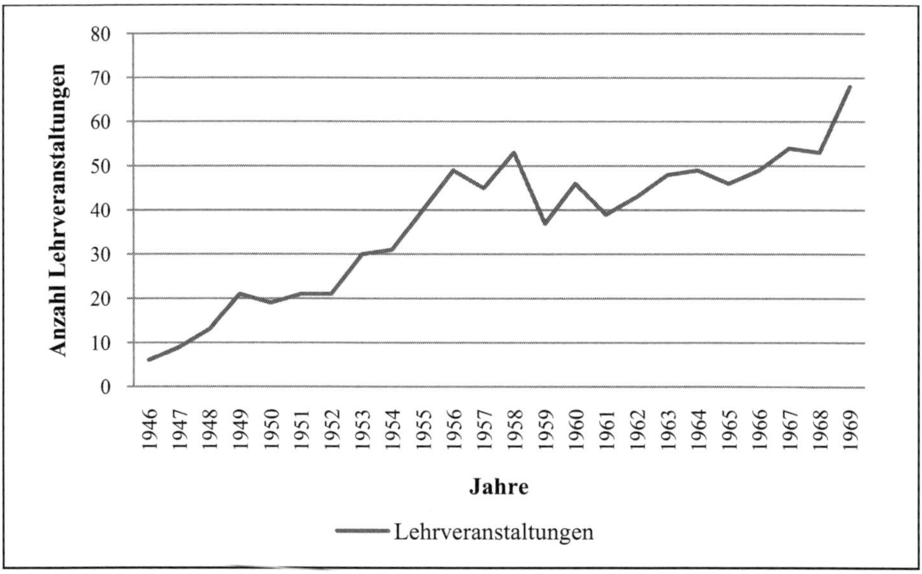

In der Göttinger Untersuchung zur Lehrgestalt beschreibt Hauenschild den Zeitraum von 1945-1960 als *Auf*bauphase, in der bestimmte Themengebiete eine konstante Position in der Lehre einnehmen. Erste Differenzierungsprozesse seien zwar erkennbar, jedoch sei diese Phase insbesondere durch Konzentration auf spezielle Bereiche gekennzeichnet.[434] Das anschließende Jahrzehnt von 1960-1970 wird als *Aus*bauphase bezeichnet, in der deutliche Differenzierungsprozesse erkennbar sind und neue Themenbereiche deutlich an Stabilität gewinnen.

Schaut man sich für Tübingen die Entwicklung der Lehrgestalt für den Zeitraum 1946-1969 an, so sind zwei Tendenzen mit Blick auf die Entwicklung der Lehrgebiete erkennen: Die psychologischen Lehrveranstaltungen nehmen quantitativ stark ab, während das Gebiet der Schulpädagogik zunehmend Lehrveranstaltungen hinzugewinnt (vgl. Tab. 16). Für die ersten zehn Jahre nach 1945 etablieren sich die Hauptlehrgebiete Psychologie, Allgemeine erziehungswissenschaftliche Theorie, Geschichte pädagogischen Denkens sowie Philoso-

[433] Vgl. Herrlitz 2001, S. 203.
[434] Vgl. Hauenschild 1990, S. 39.

phie/Methodologie (bereits abnehmend in der zweiten Hälfte des Jahrzehnts). Wenn auch nicht alle dieser Lehrgebiete durchgängig in den Veranstaltungsankündigungen vorkommen, so finden sie doch in regelmäßigem Turnus statt. Erste Ausdifferenzierungsprozesse lassen sich am Ende der 1950er Jahre erkennen: Die Sozialpädagogik tritt 1958/59 erstmals auf, es gibt Ankündigungen im Bereich Kind und Familie sowie den sonstigen Lehrgebieten, die bis in das Jahr 1969 hinein stetig zunehmen.

Tab. 16: Prozentuale Anteile der Lehrveranstaltungen je Lehrgebiet an allen Lehrveranstaltungen in Jahrfünften, 1946-1969 (N=890)

Jahrfünfte	**1946-50** N=68	**1951-55** N=143	**1956-60** N=230	**1961-65** N=225	**1966-69** N=224	**1945-69** N=890
Lehrgebiet	%	%	%	%	%	%
Psychologie	45,6	52,4	46,9	27,2	19,5	**35,17**
Schulpädagogik	-	16,1	15,6	26,7	42,1	**23,48**
Allgemeine erziehungswissenschaftliche Theorie	13,2	12,6	13,4	13,8	9,5	**12,13**
Geschichte pädagogischen Denkens	11,8	6,3	9,8	15,2	5,4	**9,44**
Philosophie, Methodologie	10,3	3,5	2,7	5,5	7,7	**5,28**
Wirtschaftspädagogik/ Erwachsenenbildung	17,6	5,6	4,0	-	0,5	**3,37**
Sozialpädagogik	-	-	0,9	5,5	5,4	**2,92**
Sonstige Lehrgebiete	-	1,4	2,7	1,8	4,1	**2,36**
Bildungspolitik	1,5	2,1	2,2	1,8	2,3	**2,02**
Residualkategorie	-	-	2,7	3,7	1,4	**1,91**
Kind und Familie	-	-	1,3	0,9	3,2	**1,35**
Sonderpädagogik	-	-	0,4	0,5	0,5	**0,34**
Vergleichende EW	-	-	-	0,9	-	**0,22**
Summe						**100,00**

Für die Tübinger Entwicklung können für den Zeitraum 1946-1969 innerhalb der Lehrgebiete neue Themenbereiche sichtbar gemacht werden (siehe Tab. 17). Im Rahmen der Psychologie nimmt die Pädagogische Beratung einen großen Bereich ein, der zuvor noch nicht erkennbar war. Außerdem werden erstmalig hochschuldidaktische Themen sowie Jugendliteratur/Mediendidaktik als Inhalte der Lehrveranstaltungen aufgeführt. Neu angekündigt werden auch die erwachsenenpädagogischen Veranstaltungen. Der Begriff der Sozialisation wird in der Epoche 1946-1969 ebenfalls eingeführt.

Vergleicht man diese Tendenzen mit denen, die Hauenschild/Herrlitz/Kruse festgestellt haben, sind viele der Themenbereiche auch in ihrer Gesamtstichprobe als neue Themen identifiziert worden: Sozialisationstheorie, Geschichte der Kindheit, Praktika in Kindergärten, Fort- und Weiterbildung, Praktika in der Erwachsenenbildung, Altenbildung, Ausländerpädagogik, Freizeitpädagogik, Ökopädagogik, Frauenfragen in der Erziehungswissenschaft.[435]

Tab. 17: Themengebiete der pädagogischen Lehrveranstaltungen mit mindestens 5 Veranstaltungen 1946-1969 in absoluten Zahlen (N=863) und anteilig (bezogen auf alle Lehrveranstaltungen, N=890)

Themengebiet	**N**	**%**
1 Philosophie/Wissenschaftstheorie	36	4,04%
2 Forschungsmethoden	11	1,24%
11 Allgemeine Theorie der Erziehung...	66	7,42%
13 Pädagogische Anthropologie	13	1,46%
14 Allgemeine Didaktik	22	2,47%
20 Historische Bildungsforschung	10	1,12%
21 Geschichte Pädagogischen Denkens	70	7,87%
31 Allgemeine Psychologie	133	14,94%
32 Pädagogische Psychologie	144	16,18%
33 Pädagogische Beratung	36	4,04%
41 Allgemeine Bildungssoziologie	6	0,67%
43 Allgemeine Bildungspolitik	10	1,12%
60 Praktische Pädagogik/Schulpädagogik	22	2,47%
61 Allgemeine Theorie der Schule	30	3,37%
62 Unterrichtstheorie und -forschung	39	4,38%
63 Schulpsychologie	31	3,48%
64 Fachdidaktik	66	7,42%
65 Lehrerrolle/-bildung	18	2,02%
71 Kindheit, Kindergarten	9	1,01%
74 Jugendtheorie und -forschung	12	1,35%
75 Sozialpädagogik	14	1,57%
76 Wirtschaftspädagogik	30	3,37%
77 Allgemeine Fragen des ...	11	1,24%
86 Jugendliteratur	8	0,90%
99 Residualkategorie	16	1,80%
Summe	**890**	**96,95%**

4.5 Die Lehrgestalt der Tübinger Erziehungswissenschaft 1970-2002

Wie gestaltet sich die Lehre in der längsten Tübinger Phase, die durch die Einführung des Diplomstudiengangs markiert wird? Mit Blick auf die Gesamtentwicklung der Lehrveranstaltungen zeigt sich bis in das Jahr 1970 hinein ein ste-

435 Vgl. 1993, S. 35.

tiger Anstieg der erziehungswissenschaftlichen Lehrveranstaltungen. Zum Sommersemester 1970 erhöht sich die Zahl von 31 auf 53 Veranstaltungsankündigungen und zum Sommersemester 1971 noch einmal auf 83. Seit der großen Expansionsbewegung der Veranstaltungen in den 1960er Jahren kam es seit 1972 nur noch zu einem langsamen Anstieg von 82 Veranstaltungstiteln im Jahr 1972 auf 149 zum Sommersemester 1983, was den Höchststand darstellt. Seit den ausgehenden 1980er Jahren ist die Anzahl der Veranstaltungsankündigungen wieder leicht rückläufig und pendelt sich seit dem Jahr 2001 bei rund 100 Veranstaltungstiteln pro Semester ein.

Abb. 20: Entwicklung der Lehrveranstaltungen 1970-2002 (N=7.364)

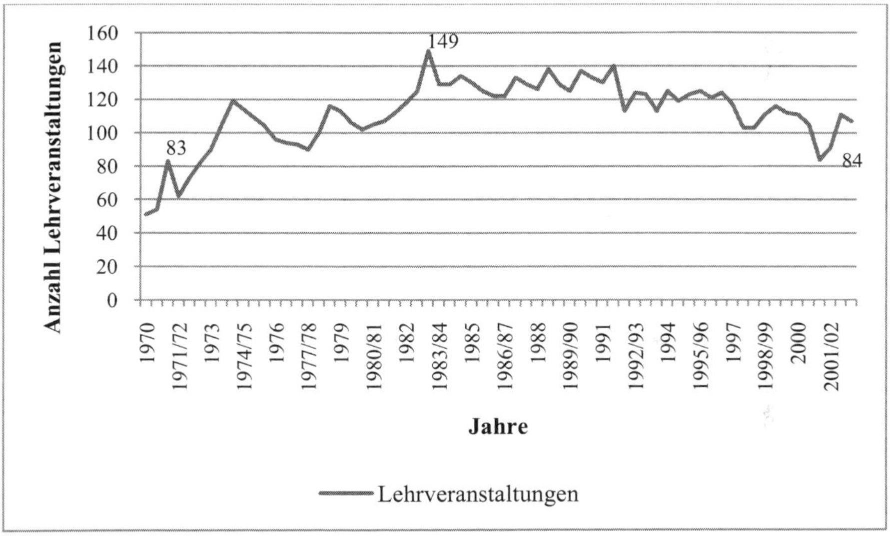

Aus Abb. 21 wird deutlich, dass sich die Lehrgebiete in der dritten Bezugsepoche 1970-2002 etabliert haben und ein heterogenes Bild der Lehre entstanden ist. Größtes Lehrgebiet stellt die Sozialpädagogik mit 18,5% dar, gefolgt von der Schulpädagogik (17,7%) sowie der Psychologie (11,8%). Auf dem dritten und vierten Platz sind die sonstigen Lehrgebiete, die im Folgenden noch ausdifferenziert werden, sowie die Residualkategorie, die sich hauptsächlich aus nicht thematisch eindeutig zuordenbaren Kolloquien, meist Praktikums- und Examenskolloquien, zusammensetzt, mit 10,7% bzw. 10,2%.

Abb. 21: Anteile der Lehrgebiete an den Lehrveranstaltungen von 1970-2002 (N=7.364)

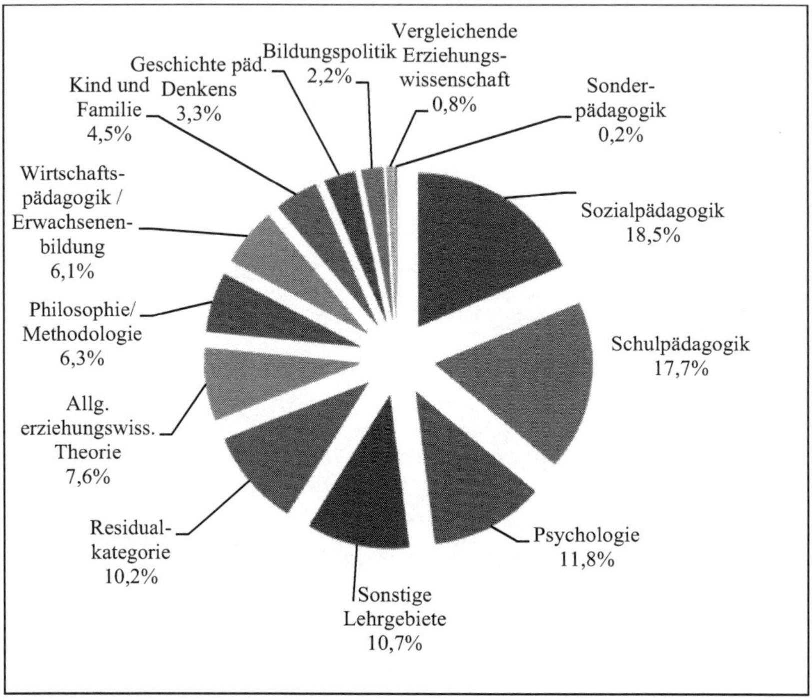

Die Entwicklung der Lehrangebote in dieser Phase zeigt zwei Hauptentwicklungen auf:

1. Über die 33 Jahre hinweg haben sich einzelne Lehrgebiete etabliert und kontinuierlich relativ ähnlich häufige Nennungen in den Veranstaltungstiteln: Dazu gehören die Lehrgebiete Philosophie/Methodologie, Allgemeine erziehungswissenschaftliche Theorie, Sozialpädagogik, Kind und Familie sowie Erwachsenenbildung.
2. Die Lehrgebiete der Schulpädagogik sowie der Psychologie werden zunehmend kleiner. Beide Entwicklungen lassen sich mitunter auf die die institutionelle Abwanderung zurückführen; die Fachdidaktik, die lange Zeit einen Großteil des schulpädagogischen Lehrgebiets eingenommen hatte, ist in die fachspezifischen Studiengänge bzw. in die Lehrerseminare übergegangen.

Tab. 18: Prozentuale Anteile der Lehrveranstaltungen je Lehrgebiet an allen Lehrveranstaltungen in Jahrfünften, 1970-2002 (N=7.364)

Jahrfünft	**1970-1974** N=833	**1975-1979** N=1.021	**1980-1984** N=1.210	**1985-1989** N=1.279	**1990-1994** N=1.257	**1995-1999** N=1.155	**2000-2002** N=609
Lehrgebiet	%	%	%	%	%	%	%
Philosophie, Methodologie	8,8	7,1	6,5	5,0	5,0	6,4	6,4
Allgemeine erziehungswissenschaftliche Theorie	6,4	7,2	5,8	5,9	8,9	9,2	10,7
Geschichte pädagogischen Denkens	1,0	2,2	3,9	3,3	3,8	4,8	3,3
Psychologie	10,6	10,5	12,6	15,0	11,8	9,9	10,3
Bildungspolitik	1,0	2,5	3,2	2,6	2,4	1,8	1,1
Vergleichende EW	0,7	0,6	1,2	0,6	0,8	0,7	0,5
Schulpädagogik	33,3	29,7	21,0	13,4	8,7	10,7	10,7
Kind und Familie	4,6	4,9	3,5	4,5	4,5	4,6	5,7
Sonderpädagogik	1,1	0,2	0,2	0,1	0,1	0,0	0,0
Sozialpädagogik	19,0	19,6	17,2	14,4	18,6	20,9	22,3
Wirtschaftspädagogik / Erwachsenenbildung	0,8	2,4	4,9	7,3	7,6	8,9	11,0
Sonstige Lehrgebiete	7,7	10,8	10,4	11,7	13,5	10,2	8,0
Residualkategorie	5,3	2,4	9,7	16,3	12,9	11,9	9,9

Marginale Rollen spielen im oben beschrieben Untersuchungszeitraum die Vergleichende Erziehungswissenschaft, die Bildungspolitik sowie die Sonderpädagogik.

Wie bereits oben kurz skizziert, kommt es Anfang der 1980er Jahre zu einem drastischen Rückgang fachdidaktischer Veranstaltungen, die 1971 noch die Hälfte aller schulpädagogischen Veranstaltungen gestellt hatten. Ab dem Sommersemester 1986 werden sie dann nur noch sehr vereinzelt im Rahmen der erziehungswissenschaftlichen Lehrangebote aufgeführt. Weitere Themen wie Schülerrolle, Lehrerrolle sowie Schulpsychologie hatten zwar nie eine ähnlich quantitative Bedeutung wie die Fachdidaktik, jedoch verschwinden auch diese Themengebiete seit Anfang der 1990er Jahre fast vollständig. Da schulpraktische Veranstaltungen in der Tübinger Tradition nie eine große Rolle gespielt haben, bleiben bis heute die drei Themengebiete Praktische Pädagogik/Schulpädagogik, Allgemeine Theorie der Schule sowie Unterrichtstheorie und -forschung gering.

Abb. 22: Vergleich der Entwicklung der schulpädagogischen Themengebiete 1970-2002 (N=1306)

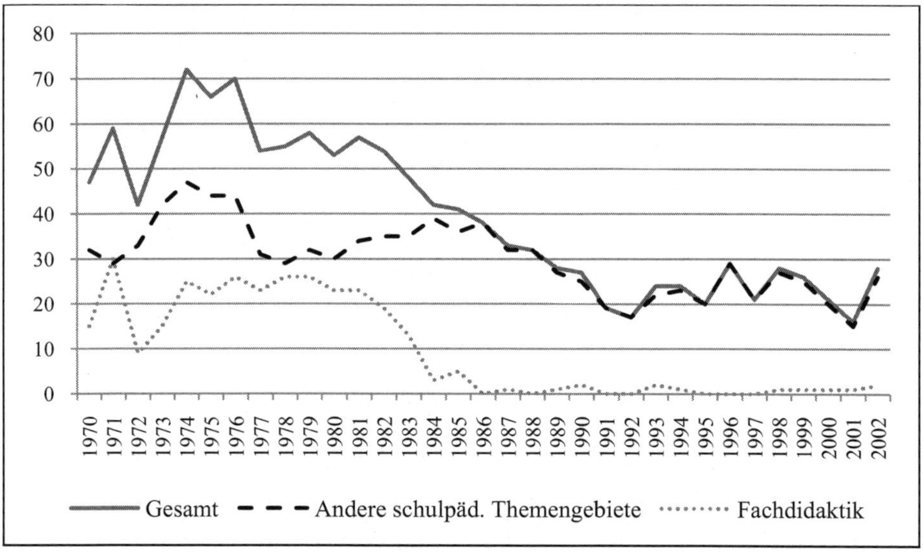

In Abbildung 7 ist das Lehrgebiet mit den sonstigen Veranstaltungen ausdifferenziert in die einzelnen Themenbereiche dargestellt. Mit Abstand die größten Bereiche stellen Lehrveranstaltungen zur Kinder- und Jugendliteratur/Mediendidaktik sowie Lehrveranstaltungen, die sich Frauen- und Geschlechterfragen zuwenden. Allgemeine Fragen des Hochschulwesens sowie Ausländer- und Religionspädagogik folgen als weitere wichtige Inhalte der Veranstaltungsankündigungen.

Abb. 23: Anteile der Themengebiete innerhalb Sonstige Lehrgebiete 1970-2002 (N=789)

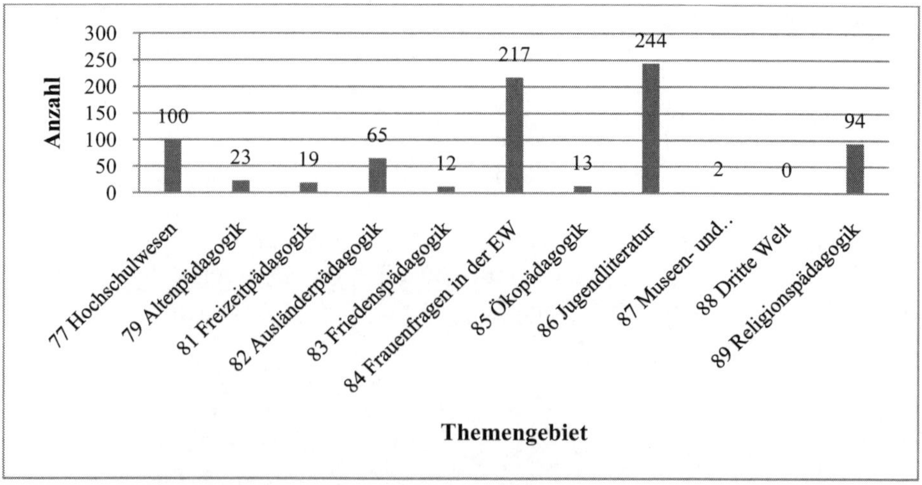

Das Themengebiet der „Frauenfragen in der Erziehungswissenschaft" hat dabei eine spezifische Entwicklung durchgemacht. Im Laufe ihrer jüngeren Entwicklung wurden die klassischen Frauenthemen und die ausdrückliche Nennung des weiblichen Geschlecht durch das Hinzukommen von jungen- und männerspezifischen Fragestellungen ergänzt und in eine das biologische Geschlecht übergreifende „Gender-Thematik" gewandelt, so dass hier der ursprüngliche Begriff nicht mehr ganz passend ist.

Ähnlich verhält es sich mit dem Thema Kinder- und Jugendliteratur/Mediendidaktik, das sich in dieser Gestalt auch recht ambivalent darstellt. So wurden mit dem Aufkommen von Computern und deren Verwendung in der erziehungswissenschaftlichen Forschung spezielle Veranstaltungen angeboten, die sich auf die Vermittlung und Aneignung des Mediums Computer und dessen Nutzung von Kindern und Jugendliche konzentrierte. Seit den 1990er Jahren, der Computer hat sich nach und nach fest im Alltag etabliert, werden unter dem Themengebiet hauptsächlich Veranstaltungen, die sich mit Kinder- und Jugendliteratur beschäftigen, subsummiert.

4.6 Die Lehrgestalt der Tübinger Erziehungswissenschaft seit 2003

Die aktuelle Phase ist durch zwei Umbrüche gekennzeichnet. Zum einen hat in dieser Zeit ein Generationenumbruch statgefunden, zum anderen wurden die Hauptfachstudiengänge im Rahmen des Bologna-Prozesses zum Wintersemester 2007/08 auf Bachelor- und Masterstudiengänge umgestellt.

Tab. 19: Anteile der Lehrgebiete von 2003 bis 2009 (N= 1474)

Jahr **N**	**2003** 216	**2004** 202	**2005** 189	**2006** 214	**2007** 186	**2008** 241	**2009** 226	Σ 1.474
	%	**%**	**%**	**%**	**%**	**%**	**%**	**%**
Philosophie, Methodologie	6,5	5,9	7,9	7,9	11,8	9,1	12,8	8,9
Allgemeine erziehungswissenschaftliche Theorie	12,5	10,4	14,8	10,3	10,2	9,5	14,2	11,7
Geschichte pädagogischen Denkens	0,5	0,5	2,1	2,3	2,2	3,7	4,0	2,2
Psychologie	13,0	13,4	10,1	7,9	4,8	2,5	5,8	8,1
Bildungspolitik	1,9	0,5	1,6	2,3	1,6	1,2	0,0	1,3
Vergleichende EW	0,5	0,5	0,5	1,9	2,2	1,7	4,0	1,6
Schulpädagogik	12,5	7,4	7,9	6,5	9,7	7,5	8,0	8,5
Kind und Familie	4,2	3,5	4,8	3,3	3,8	4,1	3,1	3,8
Sonderpädagogik	0,0	0,5	0,0	0,5	0,0	0,0	0,0	0,1
Sozialpädagogik	17,1	20,8	19,6	18,2	21,0	23,7	19,0	19,9
Wirtschaftspädagogik und Erwachsenenbildung	13,0	14,4	11,6	11,7	14,0	12,9	10,6	12,6
Sonstige Lehrgebiete	7,9	7,9	10,6	10,3	9,7	11,6	8,8	9,6
Residualkategorie	10,6	14,4	8,5	16,8	9,1	12,4	9,7	11,7

Mit Blick auf die Schwerpunktbereiche der neuen Studiengänge – im B.A. Erziehungswissenschaft Erwachsenenbildung/Weiterbildung, im M.A. Forschung und Entwicklung in der Erziehungswissenschaft Erwachsenenbildung/Weiterbildung, Schulpädagogik, Sozialpädagogik –, erscheint es logisch, dass Sozialpädagogik und die Erwachsenenbildung die am häufigsten vertretenen Lehrgebiete sind. Daneben haben seit 2003 die Methodenfragen sowie die Allgemeine Pädagogik an Gewicht in der Lehre gewonnen, was auch an der Entwicklung der Themengebiete ablesebar ist.

Tab. 20: Themengebiete der pädagogischen Lehrveranstaltungen mit mindestens 5 Veranstaltungen 2003-2009 in absoluten Zahlen (N=1.458) und anteilig (bezogen auf alle Lehrveranstaltungen, N=1.474)

Themengebiet	**N**	**%**
1 Philosophie/Wissenschaftstheorie	26	1,8%
2 Forschungsmethoden	105	7,1%
11 Allgemeine Theorie der Erziehung und Bildung	106	7,2%
12 Theorie der Sozialisation	1	0,1%
13 Pädagogische Anthropologie	19	1,3%
14 Allgemeine Didaktik	38	2,6%
16 Pädagogische Ethik	9	0,6%
20 Historische Bildungsforschung	10	0,7%
21 Geschichte Pädagogischen Denkens	18	1,2%
22 Geschichte des Bildungswesens	5	0,3%
32 Pädagogische Psychologie	44	3,0%
33 Pädagogische Beratung	70	4,7%
41 Allgemeine Bildungssoziologie	6	0,4%
44 Bildungsrecht	11	0,7%
51 Vergleichende Erziehungswissenschaft	24	1,6%
60 Praktische Pädagogik/Schulpädagogik	51	3,5%
61 Allgemeine Theorie der Schule	24	1,6%
62 Unterrichtstheorie und -forschung	19	1,3%
63 Schulpsychologie	8	0,5%
64 Fachdidaktik	10	0,7%
65 Lehrerrolle/-bildung	12	0,8%
71 Kindheit, Kindergarten	32	2,2%
72 Familie, Familienpädagogik	24	1,6%
74 Jugendtheorie und -forschung	66	4,5%
75 Sozialpädagogik	228	15,5%
76 Wirtschaftspädagogik	20	1,4%
77 Allgemeine Fragen des Hochschulwesens	10	0,7%
78 Erwachsenenpädagogik	165	11,2%
79 Altenpädagogik	6	0,4%
82 Ausländerpädagogik	14	0,9%
84 Frauenfragen in der EW	32	2,2%
86 Jugendliteratur	74	5,0%
99 Residualkategorie	171	11,6%
Summe	**1458**	**98,9%**

Wenn wir uns den Themengebieten zuwenden, dann stellen wir seit 2003 einen hohen Zuwachs bei den Themen „Methoden der Erziehungswissenschaft" (von 3,8% auf 7,1%) sowie „Allgemeine Theorie der Erziehung und Bildung" (3,2% auf 7,2%) fest. Auch die Erwachsenenbildung kann große Zugewinne verzeichnen, sie wächst auf mehr als das Doppelte an, nämlich von 5,4% auf 11,2%. Die Sozialpädagogik nimmt ebenfalls leicht um einen halben Prozentpunkt zu auf

15,5%. Die Vergleichende Erziehungswissenschaft verdoppelt ihren Anteil von 0,8% auf 1,6%, ist damit aber immer noch relativ schwach vertreten.

In den Bereichen der psychologischen Veranstaltungen kommt es durchweg zu einem Rückgang der Veranstaltungen. Ebenso gehen die Veranstaltungstitel aus dem Lehrgebiet der Schulpädagogik zurück. Dort werden alle Themengebiete weniger, lediglich die Praktische Pädagogik/Schulpädagogik gewinnt leicht hinzu (von 3,3% auf 3,5%). Im Bereich der Sonstigen Lehrgebiete verbleibt fast als einziges Themenfeld die Kinder- und Jugendliteratur/Mediendidaktik (angewachsen von 3,3% auf 5,0%).

4.7 Vergleich der Lehrgestalt der Münsteraner und Tübinger Erziehungswissenschaft zwischen 1945 und 1989

Für die Universität Münster hat Rothland sekundäranalytisch die Daten von Hauenschild u.a. untersucht, um das Profil der Münsteraner Lehrgestalt zu gewinnen.[436] Im Folgenden sollen die beiden Hochschulen verglichen[437] werden. Zu berücksichtigen ist dabei die unterschiedliche Studiengangstruktur: In Münster wurde der Diplomstudiengang angeboten und seit der Integration der Pädagogischen Hochschule auch alle Lehramtsstudiengänge, in Tübingen dagegen wurde – neben dem Diplomstudiengang – nur das Gymnasiallehramt bedient[438].

In der folgenden Tabelle sind die prozentualen Anteile der Lehrgebiete für den ersten Zeitraum wiedergegeben, dabei beziehen sich die Werte von Münster auf kumulierte Stichsemester, für Tübingen auf die entsprechenden Jahre.

---

436 Vgl. Rothland 2008, S. 286.

437 Leider kann kein dezidierter Vergleich mit der Lehrgestalt der Universität Göttingen erfolgen, da uns nur Daten zu wiederum anders gestaffelten Zeiträumen vorliegen, was den Vergleich strapaziert hätte. Eine Besonderheit der Struktur in Göttingen stellt der fehlende Diplomstudiengang dar und dafür wurden zeitweise alle Lehramtsstudiengänge angeboten.

438 Dabei ist auch die personelle Situation zu berücksichtigen: In Münster war ab 1945 die Lehre durch zunächst zwei Honorarprofessuren mit Bernhard Rosenmöller (1947 bis 1954) für Philosophie und Pädagogik und Friedrich Siegmund-Schultze (1948 bis 1958) für Sozialethik und Sozialpädagogik, außerdem durch eine Lehrstuhlvertretung ab 1951 von Alfred Petzelt (ab 1952 als ordentlicher Professor; Emeritierung 1954) vertreten. Zusätzlich wurde die Lehre getragen von Heinrich Döpp-Vorwald, zunächst als Privatdozent (ab 1940), dann als außerplanmäßiger Professor (1949 bis 1961) und dem Oberschulrat Dr. Friedrich Müller (vgl. Horn 2003, S. 145f.; Rothland 2008, S. 130). Ernst Lichtenstein hatte von 1955 bis 1969 ein Ordinariat für Philosophie und Pädagogik inne. 1959 kam Ernst Bornemann nach Münster und war bis 1967 außerplanmäßiger Professor für Angewandte Psychologie und Sozialpädagogik, ab 1967 bis zu seiner Emeritierung 1977 Wissenschaftlicher Rat und Ordinarius (vgl. Horn 2003, S. 145f., 197f., 281f.). Die beiden 1969 freiwerdenden Lehrstühle wurden einmal mit Herwig Blankertz (1969) und 1973 mit Dietrich Benner besetzt (vgl. Rothland 2008, S. 195).

Tab. 21: Anteile der Lehrgebiete 1945-1953 in Münster und Tübingen

Lehrgebiet	**Münster** N=unbekannt Stichsemester 1945-1953	**Tübingen** N=140 Jahre 1945-1953
Allgemeine Erziehungswissenschaft[439]	33,30%	20,00%
Philosophie/Methoden	22,20%	6,43%
Sozialpädagogik[440]	16,70%	–
Schulpädagogik	11,10%	8,57%
Psychologie	8,30%	50,00%
Neuere Teildisziplinen[441]	5,60%	1,43%
Vergleichende Erziehungswissenschaft	2,80%	–
Berufspädagogik[442]	–	12,14%
Allgemeine Theorie des Bildungswesens/ Bildungspolitik[443]	–	1,43%

„In der unmittelbaren Nachkriegszeit erweist sich das erziehungswissenschaftliche Lehrangebot auf der Ebene der Gesamtdisziplin als nur wenig ausdifferenziert.“[444] Diese geringe Ausdifferenzierung lässt sich mit der institutionell-personellen (Mangel)Situation erklären: Für die meisten Standorte galt, dass es sich „um ‚Ein-Mann-Betriebe‘ [handelte], repräsentiert durch einen Ordinarius,

439 Zum besseren Vergleich mit Münster wurden im Folgenden die Veranstaltungen des Themengebiets Geschichte pädagogischen Denkens unter dem Lehrgebiet Allgemeine Erziehungswissenschaft/Allgemeine erziehungswissenschaftliche Theorie subsummiert, da Rothland diese ursprüngliche Einteilung von Hauenschild/Herrlitz/Kruse 1993 übernommen hat vgl. Rothland 2008, S. 293, Tab. 12.

440 Zum Vergleich wurde das Lehrgebiet Kind und Familie mit in das Lehrgebiet Sozialpädagogik gerechnet, vgl. Rothland 2008, S. 293, Tab. 12.

441 Zuvor für Tübingen immer als Sonstige Lehrgebiete bezeichnet.

442 Für die Vergleichszeiträume 1945-1953, 1954-1962 und 1963-1971 wurde das Münsteraner/Göttinger Lehrgebiet Berufspädagogik mit dem Tübinger Lehrgebiet Wirtschaftspädagogik/Erwachsenenbildung verglichen, da fast ausschließlich wirtschafts- und berufspädagogische Lehrveranstaltungen stattfanden. Für die beiden letzten Vergleichszeiträume 1972-1980 und 1981-1989, wird das Tübinger Lehrgebiet Wirtschaftspädagogik/Erwachsenenbildung aus zwei Gründen zur Vergleichskategorie Sozialpädagogik/Erwachsenenbildung gezählt. Bei Rothland bzw. Hauenschild ist – etwas unverständlich bleibend – unter dem Lehrgebiet Sozialpädagogik auch das Themengebiet Erwachsenenbildung subsummiert. Für den Vergleich mit Münster wurden also die Tübinger Veranstaltungen des Lehrgebiets Erwachsenenbildung ab 1972 zur Sozialpädagogik gerechnet. Daher ist die Kategorie ab diesem Referenzjahr doppelt benannt. Gerechtfertigt ist die Subsummierung der Kategorie *Wirtschaftspädagogik*/Erwachsenenbildung, weil ab 1972 die erwachsenen-pädagogischen Lehrangebote die wirtschafts- und berufspädagogischen weit übersteigen. Daher kann die Kategorie Berufspädagogik für Tübingen dann vernachlässigt werden.

443 In Tübingen zuvor als Lehrgebiet Bildungspolitik bezeichnet, hier gleichgesetzt.

444 Rothland 2008, S. 295.

der in der Regel über eine doppelte *venia* für Philosophie und Pädagogik (seltener auch für Psychologie und Pädagogik) verfügte."[445] Schaut man auf den Anteil der psychologischen Lehrveranstaltungen in Tübingen, so sieht man, dass hier der seltenere Fall eingetreten ist und volle Wirkung entfaltete.[446] Damit ist das Tübinger Spektrum ganz anders zusammengestellt als das gesamtdisziplinäre Spektrum, welches „zu zwei Drittel durch die Philosophie, Allgemeine Bildungstheorie und Ideengeschichte der Pädagogik bestimmt"[447] wurde. In Tübingen bilden Philosophie und die Allgemeine Erziehungswissenschaft nur rund ein Viertel der Lehrveranstaltungen. In Münster hingegen ähnelt der Anteil der Allgemeinen Erziehungswissenschaft eher der Dominanz auf der Ebene der Gesamtdisziplin. Aber – so führt Rothland das deutlich aus – auch hier ergeben sie zusammen „*nur* die Hälfte"[448] aller Lehrgebiete. Die andere Hälfte machen sechs weitere Lehrgebiete aus, wovon die Sozial- und die Schulpädagogik die größten Anteile haben.

In Tübingen differenziert sich das letzte Viertel neben Allgemeiner Erziehungswissenschaft und Psychologie in fünf weitere Lehrgebiete aus. Einen großen Anteil davon nehmen die berufspädagogischen Lehrveranstaltungen ein, was auf die Seminare und Vorlesungen von Friedrich Dorsch zurückzuführen ist, die alle einen starken psychologischen Bezug haben und daher die insgesamt hohe psychologische Prägung in Tübingen noch verstärken.

Für Münster „erweist sich die Lehrgestalt in diesem frühen Zeitraum bereits als einigermaßen differenziert [..., wenn auch] im Vergleich zur Entwicklung der folgenden Jahre relativ gering."[449] Tübingen ist im Vergleich mit Münster etwas weniger differenziert, da sich das Lehrangebot auf fünf Lehrgebiete konzentriert und die Bildungspolitik und die Neueren Lehrgebiete noch sehr marginal vertreten sind, was sich allerdings bereits im nächsten Referenzzeitraum ändert.

---

[445] Ebd., Hervorhebung im Original.

[446] Nicht alle Veranstaltungen wurden von Wenke, der die Doppeldenomination besaß, durchgeführt. Auch Spranger hielt psychologische Vorlesungen und insbesondere Pfahler, Kienzle und der Regierungsrat Dr. Friedrich Dorsch (1896-1987), der als Psychologe 1946 von Oesterreich zur Unterstützung nach Tübingen geholt wurde, hielten psychologische Lehrveranstaltungen ab. Bei Dorsch lag der Schwerpunkt auf Themen der Berufspsychologie und -pädagogik, mit denen er sich einen Namen im Bereich der Berufsberatung machte (vgl. Schäfer 1995, S. 269ff.).

[447] Ebd., S. 295.

[448] Ebd., Hervorhebung im Original.

[449] Ebd., S. 296.

Tab. 22: Anteile der Lehrgebiete 1954-1962 in Münster und Tübingen

Lehrgebiet	**Münster** N=unbekannt Stichsemester 1954-1962	**Tübingen** N=383 Jahre 1954-1962
Allgemeine Erziehungswissenschaft	39,98%	23,24%
Philosophie/Methoden	9,31%	3,39%
Sozialpädagogik	14,68%	2,09%
Schulpädagogik	13,36%	17,23%
Psychologie	9,31%	43,34%
Neuere Teildisziplinen		1,57%
Vergleichende Erziehungswissenschaft	2,63%	0,52%
Berufspädagogik		3,13%
Allgemeine Theorie des Bildungswesens/Bildungspolitik	4,05%	2,61%
Restklasse	6,68%	2,61%
Sonderpädagogik		0,26%

1954-1962 wächst das Lehrangebot in Münster um das Lehrgebiet Allgemeine Theorie des Bildungswesens an, differenziert sich aber nicht weiter aus. Die Verteilung der Lehrgebiete ändert sich leicht, die Allgemeine Erziehungswissenschaft gewinnt etwas hinzu und die Philosophie reduziert sich um mehr als die Hälfte, für Rothland ein Hinweis auf den „Emanzipationsprozess der Erziehungswissenschaft".[450] Insgesamt bleibe die „Struktur der erziehungswissenschaftlichen Lehre […] weitestgehend gleich: angeführt von der ‚Allgemeinen Erziehungswissenschaft' prägen die Sozialpädagogik, die Schulpädagogik, die Philosophie und – mit Abstrichen – die Psychologie die Lehrgestalt"[451] in Münster.

Das Tübinger Lehrangebot differenziert sich weiter aus: Wurden 1945-1953 nur sieben Lehrgebiete durch das Lehrangebot abgedeckt, finden sich nun 11 Lehrgebiete, wobei die Sonderpädagogik und die Vergleichende Erziehungswissenschaft zusammen jedoch weniger als 1% des Lehrangebotes darstellen. Ab dem Sommersemester 1958 bot Gerhard Pfahler jedes Semester ein „Lehranalytisches Colloquium", das die Restklasse bildet. Außerdem taucht nun die Sozialpädagogik das erste Mal mit noch einem bescheidenen Anteil von 2,09% auf. Die gemeinsame Dominanz von Allgemeiner Erziehungswissenschaft und Psychologie verringert sich kaum. Absolut gesehen verdreifachen sich die Veranstaltungen des Lehrgebietes Allgemeine Erziehungswissenschaft (von 28 auf 89), die der Psychologie steigern sich auf etwas mehr als das Doppelte des vorangegangenen Zeitraumes (von 70 auf 166). Jedoch wächst der Anteil der Allgemeinen Erziehungswissenschaft, während die Psychologie bereits die ersten Verluste zeigt, die sich in den nächsten Jahren fortsetzen.

[450] Ebd., S. 297.
[451] Ebd.

Tab. 23: Anteile der Lehrgebiete 1963-1971 in Münster und Tübingen

Lehrgebiet	**Münster** N=unbekannt Stichsemester 1963-1971	**Tübingen** N=617 Jahre 1963-1971
Allgemeine Erziehungswissenschaft	35,74%	14,42%
Philosophie/Methoden	12,35%	7,94%
Sozialpädagogik	9,64%	11,51%
Schulpädagogik	28,41%	38,41%
Psychologie	4,62%	16,69%
Neuere Teildisziplinen	0,50%	4,86%
Vergleichende Erziehungswissenschaft	1,41%	
Berufspädagogik	0,90%	0,49%
Allgemeine Theorie des Bildungswesens/Bildungspolitik	2,31%	1,46%
Restklasse	2,71%	3,24%
Sonderpädagogik		0,97%
Soziologie	1,41%	

Grundsätzlich ändert sich am Münsteraner Lehrangebot im kumulierten Stichsemester von Wintersemester 1963 bis Sommersemester 1971 wenig: „weiterhin sind es die Lehrgebiete Allgemeine Erziehungswissenschaft, Schulpädagogik, Philosophie und Sozialpädagogik, die vorrangig die Struktur der Lehre bestimmen."[452] Den ersten Platz nimmt wiederum die Allgemeine Erziehungswissenschaft ein. Als weitere Lehrgebiete mit je nur geringem Umfang kommen die Soziologie[453] und die Berufspädagogik hinzu. Beide Lehrgebiete sind aber stärker als in Tübingen vertreten: Nachdem die Berufspädagogik hier anfangs einen starken Anteil von 12,14% hatte, ist sie jetzt auf kaum erwähnenswerte 0,49% gesunken. Dieser Wert ändert sich auch in den nächsten Jahren wenig, dagegen gewinnt die Erwachsenenbildung Anteile hinzu, was allerdings in den Tabellen nicht ersichtlich ist, da sie hier in der Sozialpädagogik subsummiert sind. Die Soziologie kommt in Tübingen gar nicht als eigenständiges Lehrgebiet vor. Insgesamt ändert sich die Verteilungsstruktur des Lehrangebotes zwischen 1963 und 1971 stark: Die bisherige Dominanz von Philosophie, Allgemeiner Erziehungswissenschaft und Psychologie fällt von zwei Drittel auf rund 40%, wobei die Psychologie die höchsten Verluste zeigt. Dieser Verlust macht sich im Zugewinn der Schulpädagogik bemerkbar, ihr Anteil erhöht sich um etwas mehr als die Hälfte, nimmt damit 38,41% ein und ist somit etwa gleich stark wie die drei zuvor genannten Lehrgebiete.

[452] Vgl. ebd., S. 298.

[453] Hierfür gibt es kein Äquivalent in Tübingen, die Allgemeine Bildungssoziologie mit Soziologie des Bildungswesens und der Erziehung sind im Lehrgebiet Bildungspolitik aufgehoben.

Tab. 24: Anteile der Lehrgebiete 1972-1980 in Münster und Tübingen

Lehrgebiet	**Münster** N=unbekannt Stichsemester 1972-1980	**Tübingen** N=1811 Jahre 1972-1980
Allgemeine Erziehungswissenschaft	15,83%	8,78%
Philosophie/Methoden	10,42%	7,68%
Sozialpädagogik/Erwachsenenbildung	16,43%	26,84%
Schulpädagogik	29,96%	29,10%
Psychologie	5,41%	10,49%
Neuere Teildisziplinen	2,81%	10,27%
Vergleichende Erziehungswissenschaft	0,40%	0,72%
Berufspädagogik	1,00%	
Allgemeine Theorie des Bildungswesens/Bildungspolitik	3,01%	2,26%
Restklasse	11,52%	3,48%
Sonderpädagogik		0,39%
Soziologie	3,21%	

Im vierten Referenzzeitraum findet die größte Veränderung für Tübingen im Lehrgebiet Sozialpädagogik statt. Damit ist sie zwar nicht ganz so stark vertreten wie die Schulpädagogik, die – wie in Münster – den ersten Platz belegt. Zusammen nehmen sie aber mehr als die Hälfte der Lehrveranstaltungen ein und dominieren damit das Lehrangebot. In Münster hat die Sozialpädagogik ebenfalls zugelegt und knüpft damit wieder an ihr Ausgangsniveau an.[454] Nur gering hat sich der Anteil des Lehrgebietes Philosophie/Methoden an beiden Hochschulstandorten gegenüber dem vorangegangenen Zeitraum geändert. Dagegen stark abgenommen hat die Allgemeine Pädagogik in Münster wie Tübingen, bleibt aber in Münster trotz Halbierung in ihrem Anteil beinahe doppelt so groß (15,83% zu 8,78%) wie in Tübingen.[455] In Tübingen haben außerdem Veranstaltungen der neueren Teildisziplinen zugenommen, wie bereits weiter oben angesprochen.[456] In Münster haben dagegen Lehrveranstaltungen der Kategorie Restklasse zugenommen, leider bleibt offen, ob das eher „auf die große Zahl praktikumsbegleitender Lehrveranstaltungen oder thematisch nicht zuzuordnender Veranstaltungstitel zurückzuführen ist."[457]

[454] Vgl. Rothland 2008, S. 299.
[455] Siehe zu diesem Verhältnis auch den Vergleich mit der Gesamtstichprobe weiter unten.
[456] Vgl. Abb. 23.
[457] Rothland 2008, S. 299.

Tab. 25: Anteile der Lehrgebiete 1981-1989 in Münster und Tübingen

Lehrgebiet	**Münster** N=unbekannt Stichsemester 1981-1989	**Tübingen** N=2282 Jahre 1981-1989
Allgemeine Erziehungswissenschaft	18,61%	13,47%
Philosophie/Methoden	10,36%	5,52%
Sozialpädagogik/Erwachsenenbildung	16,60%	25,90%
Schulpädagogik	25,25%	16,35%
Psychologie	3,52%	14,15%
Neuere Teildisziplinen	2,81%	10,82%
Vergleichende Erziehungswissen-schaft	2,11%	0,96%
Berufspädagogik	0,10%	
Allgemeine Theorie des Bildungswe-sens/Bildungspolitik	1,51%	2,72%
Restklasse	10,76%	13,89%
Sonderpädagogik		0,13%
Soziologie	3,52%	

Im letzten Zeitraum verändert sich kaum etwas am Bild des Lehrangebotes in Münster. Nach wie vor „wird die Struktur der Lehrgestalt der universitären Erziehungswissenschaft in Münster von vier Lehrgebieten bestimmt.“[458] An erster Stelle steht das Lehrgebiet Schulpädagogik, gefolgt von Allgemeiner Erziehungswissenschaft, Sozialpädagogik und Philosophie. Die Entwicklung in Münster bestätigt damit eines der Ergebnisse zur Untersuchung der gesamtdisziplinären Lehrstruktur, dass nämlich in den fünf aufgeführten Vergleichszeiträumen das Gros (etwa zwei Drittel) des Lehrangebotes auf *vier* Lehrgebiete entfällt.[459] In allen Zeiträumen sind dabei die Spitzenreiter die Lehrgebiete/Teildisziplinen Allgemeine Erziehungswissenschaft, Schulpädagogik und Sozialpädagogik.

Die Tübinger Entwicklung des Lehrangebotes verläuft dagegen nicht nach diesem Muster: In den ersten beiden Untersuchungszeiträumen bilden je nur *zwei* Lehrgebiete zusammen zwei Drittel des Lehrangebotes, beide Male handelt es sich um das Lehrgebiet Psychologie und das Lehrgebiet Allgemeine Pädagogik. Auch in den beiden darauffolgenden Etappen (also von 1963-1980) zeigt sich eine andere Zusammenstellung des Lehrangebotes, hier werden mehr als zwei Drittel des Lehrangebotes von *drei* Lehrgebieten abgedeckt: Hier dominieren zuerst von 1963-1971 Schulpädagogik, Psychologie und Allgemeine Erziehungswissenschaft und danach von 1972-1980 Schulpädagogik, Sozialpädagogik und Psychologie – in der jeweiligen Reihenfolge – das Tübinger Lehrangebot. Erst für die letzte untersuchte Phase weist das Tübinger Lehrangebot das die Gesamtdisziplin dominierende Verteilungsmuster auf. 1981-1989 bilden die *vier*

458 Ebd., S. 300.
459 Vgl. ebd., S. 300; Herrlitz 2001, S. 207.

Lehrgebiete Sozialpädagogik, Schulpädagogik, Psychologie sowie die Restklasse, die hauptsächlich Diplomanden- und Doktorandenkolloquien umfasst, zusammen zwei Drittel des Lehrangebots.

In einem vorletzten Schritt sollen die Entwicklungsverläufe von vier ausgewählten Lehrgebieten nochmals betrachtet werden und auch mit der Gesamtstichprobe und – in groben Zügen – mit Göttingen verglichen werden. Es kann insgesamt festgehalten werden, dass der Entwicklungsverlauf der Lehrgebiete Schulpädagogik und Allgemeine Erziehungswissenschaft in Münster, Tübingen und Göttingen[460] ähnlich verläuft.

Die Allgemeine Erziehungswissenschaft verliert an allen drei Standorten über die Jahre hinweg an Bedeutung, nimmt aber im letzten Zeitraum wieder etwas zu. Jedoch fällt in Münster der Anteil von 33,3% auf 18,6%, in Tübingen ist der qualitative Verlust etwas geringer, dafür aber auch von einem geringeren Ausgangsniveau (von 20,0% auf 13,5%). Schaut man sich den Anteil des Lehrgebiets im Vergleich mit der Gesamtdisziplin an, dann schaffen Tübingen und Göttingen es nicht mehr unter die ersten zehn Plätze und Münster befindet sich auf dem zehnten Platz mit einem Anteil von 19,8%.[461] In Münster wie Tübingen verläuft die Entwicklung des Lehrgebiets der Allgemeinen Erziehungswissenschaft mit dem Zuwachs in der letzten Phase entgegen dem Trend in der Gesamtdisziplin, wo dieses Lehrgebiet weiter Anteile am Lehrangebot verliert.[462]

Die schulpädagogischen Veranstaltungen legen an beiden Standorten Münster und Tübingen kräftig zu und erreichen in den 1960/70er Jahren ihren Höhepunkt. Im letzten Zeitraum geht an beiden Universitäten der Anteil wieder etwas zurück. Im Vergleich zur Gesamtstichprobe liegt Münster mit 26,1% über dem westdeutschen Durchschnitt von 22,7%.[463] Indes trägt Tübingen mit 1.215 schulpädagogischen Lehrveranstaltungen nur 12,32% zum insgesamt 9.864[464] Veranstaltungen umfassenden Lehrgebiet bei und ist damit wieder nicht unter den ersten 10 Rangplätzen zu finden ist.[465] Göttingen hingegen steht mit einem Anteil von 32,1% auf dem fünften Platz[466] – überhaupt weist das Lehrgebiet Schulpädagogik dort einen „äußerst extremen Verlauf" auf und dominiert mit 30,3% das Spektrum der Lehrgebiete in Göttingen.[467] Für Münster ist die Schulpädagogik auch dasjenige Lehrgebiet, das „den größten Anteil unter den Lehrgebieten"[468] einnimmt und in drei von fünf Untersuchungszeiträumen das Lehrangebot klar anführt.

---

[460] Bezogen auf den Zeitraum 1945-1985, vgl. Hauenschild 1990, S. 46, 105.
[461] Vgl. Rothland 2008, S. 306, Tabelle 13.
[462] Vgl. ebd., S. 308.
[463] Vgl. ebd.
[464] Vgl. Herrlitz 2001, S. 208, Tab. 3.
[465] Vgl. Rothland 2008, S. 306, Tab. 13.
[466] Vgl. ebd.
[467] Vgl. Hauenschild 1990, S. 46.
[468] Rothland 2008, S. 308.

Dagegen sind die Entwicklungsverläufe der Lehrgebiete von Psychologie und Sozialpädagogik in Tübingen und Münster sehr unterschiedlich. Zur Veranschaulichung dienen die beiden folgenden Grafiken:

Abb. 24: Vergleich der Anteile des Lehrgebietes Sozialpädagogik am erziehungswissenschaftlichen Gesamtlehrangebot in Münster und Tübingen je Zeitraum

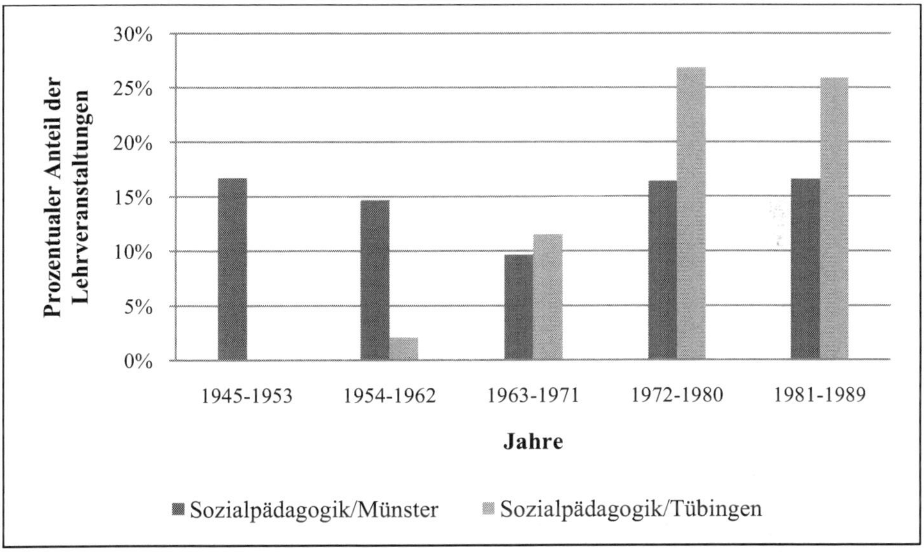

Die Grafik zeigt den relativ gleichbleibenden Anteil der Sozialpädagogik am Lehrangebot der Universität Münster, wobei sie absolut eine hohe Steigerungsrate aufzuweisen hat.[469] Insgesamt ist der Anteil der Sozialpädagogik in Münster wie Tübingen hoch. Im Gesamtvergleich mit den 20 Hochschulstandorten der Göttinger Studie landet Münster auf dem vierten Platz mit 15,9%, Göttingen erreicht mit 12,2% den neunten Platz und Tübingen ist mit 26,0% auf dem ersten Platz, bei einem gesamtdisziplinären Durchschnitt von 11,9% Anteil der Sozialpädagogik am Lehrangebot.[470]

[469] Vgl. ebd., S. 301, Abbildung 39.

[470] Vgl. Rothland 2008, S. 306, Tabelle 13.

Abb. 25: Vergleich der Anteile des Lehrgebietes Psychologie am erziehungswissenschaftlichen Gesamtlehrangebot in Münster und Tübingen je Zeitraum

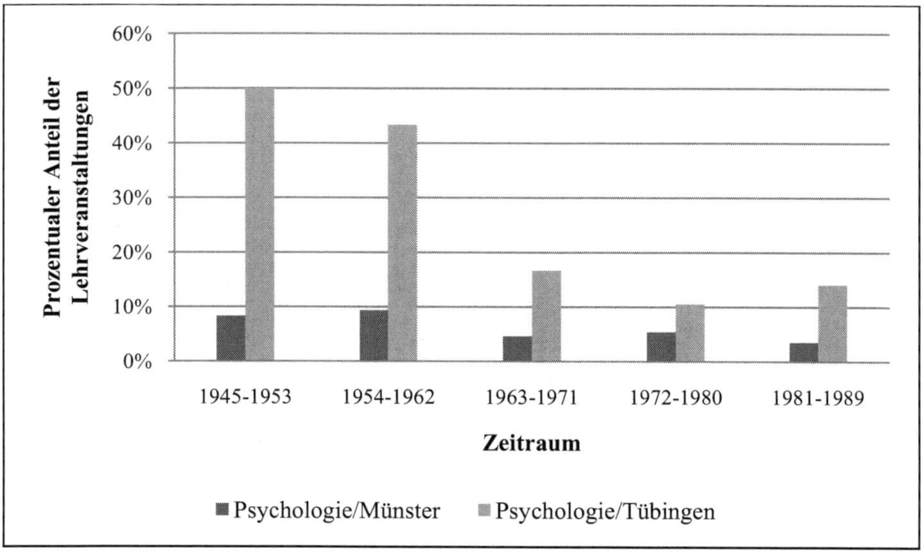

Abbildung 9 zeigt den starken Rückgang des psychologischen Lehrangebotes in Tübingen und das relativ konstante Angebot in Münster. Obwohl die Grafik den Eindruck erweckt, als ob das psychologische Lehrangebot in Münster nur minimal gewesen sei, zeigt der Vergleich mit den 20 die Gesamtdisziplin repräsentierenden Hochschulstandorten, dass Münster mit 4,3% nur knapp unter dem Durchschnitt von 4,7% liegt. Göttingen platziert sich mit 5,9% vor Münster auf dem sechsten Platz. Tübingen dagegen liegt weit über dem Durchschnitt mit 13,1% und nimmt damit wiederum den ersten Platz ein.[471]

Rothland fasst die Charakteristika der Münsteraner Lehre wie folgt zusammen: „Die erziehungswissenschaftliche Lehre […] wird thematisch durch ein hohes Maß an *Kontinuität* von 1945 bis 1990 geprägt. Deutlich wird dies vor allem an der Struktur der Lehrgestalt, die über den gesamten Untersuchungszeitraum maßgeblich durch die Lehrgebiete Allgemeine Erziehungswissenschaft, Schulpädagogik, Sonderpädagogik [sic, gemeint ist wohl: Sozialpädagogik, AH] und das Lehrgebiet Philosophie/Methoden geprägt wird.“[472] Den Ausdifferenzierungsprozess schätzt Rothland nicht so stark ein, wie er für die Gesamtdisziplin veranschlagt werde; zwar wachse das Lehrangebot von bereits sieben Lehrgebieten zu Beginn auf 11 Lehrgebiete an, aber da die neu hinzukommenden Lehrgebiete nur schwach vertreten seien, habe sich „die traditionelle Struktur der Lehrgestalt nicht nachhaltig verändert.“[473] Auch einen Bedeutungsverlust

471 Vgl. ebd.
472 Ebd., S. 307f., Hervorhebung im Original.
473 Ebd., S. 308, Hervorhebung im Original.

der Allgemeinen Erziehungswissenschaft mit gleichzeitigem Zugewinn sozialwissenschaftlicher Lehrgebiete in Münster kann Rothland nicht erkennen, da die Allgemeine Erziehungswissenschaft auch im letzten Untersuchungszeitraum einen großen Anteil einnimmt und das Lehrangebot – neben der etwas größeren und insgesamt dominanten Schulpädagogik – prägt.[474] „Im *Vergleich* mit der Gesamtstichprobe [...] erweist sich die Lehrgestalt an der Universität Münster und ihre Struktur insgesamt als durchschnittlich und weniger individuell ausgeprägt."[475]

Das Fazit für Tübingen dagegen fällt etwas anders aus: Geprägt wird die Lehrgestalt kontinuierlich durch die zwei Lehrgebiete Psychologie und Schulpädagogik, die über alle Zeiträume unter den vier größten zu finden sind, wenn auch mit schrumpfenden beziehungsweise wachsenden Anteilen. Das Lehrgebiet Allgemeine Pädagogik ist nur in den ersten drei Zeiträumen führend für das Lehrangebot und „tauscht" mit der Sozialpädagogik, die die letzten drei Zeiträume zunehmend anführt.[476] Ein Ausdifferenzierungsprozess findet in Tübingen statt, zwar ändert sich die Anzahl der Lehrgebiete nicht stark (ein Zuwachs von sieben in der ersten Phase auf zehn Lehrgebiete in den letzten Phasen), aber die hinzugekommenen Lehrgebiete bauen ihre Anteile stets aus, nur die Sonderpädagogik und die Vergleichende Erziehungswissenschaft bleiben recht marginal über den gesamten Zeitraum hinweg. Tübingen hat damit im Vergleich mit der Gesamtstichprobe individuelle Züge aufzuweisen, schaut man auf die Entwicklung der Lehrgebiete Psychologie und Sozialpädagogik. Durchschnittlich entwickeln sich dagegen die Lehrgebiete Schulpädagogik und Allgemeine Erziehungswissenschaft.

---

474 Vgl. ebd., S. 308.

475 Ebd., S. 309, Hervorhebung im Original.

476 Hier muss zur Einschränkung noch daran erinnert werden, dass in der Sozialpädagogik die Erwachsenenbildung subsummiert ist. Von 1981-1989 macht sie immerhin 6,4% des Lehrangebotes aus, womit die Sozialpädagogik dann mit 19,5% immer noch das Lehrangebot dominiert, aber etwas weniger stark ausgeprägt.

5 Promotionen und Habilitationen

Zur Untersuchung der lokalen Disziplinentwicklung ist es fruchtbar, auch die Qualifikationsschriften eines Faches heranzuziehen.[477] Die Entwicklung einer Disziplin hängt unter anderem von ihrer dauerhaften Institutionalisierung und ihrer Reproduktion zum Beispiel durch den wissenschaftlichen Nachwuchs ab.[478] Wir betrachten daher im Folgenden die erziehungswissenschaftlichen Dissertationen und Habilitationen der letzten 100 Jahre. Neben quantitativen Gesamtauswertungen werden der Verlauf der teildisziplinären Entwicklungen nachgezeichnet und thematische und methodische Konjunkturen ermittelt.

5.1 Vorbemerkungen

Für die Erhebung der Tübinger erziehungswissenschaftlichen Qualifikationsarbeiten der letzten 100 Jahre wurden diverse Quellen herangezogen. Zum Ersten wurden die Unterlagen des Archivs der Universität Tübingen[479] gesichtet, zum Zweiten die Hochschulschriftenverzeichnisse der Jahrgänge 1910-1969[480], zum Dritten Unterlagen des Dekanats der sozial- und verhaltenswissenschaftlichen Fakultät Tübingen[481], zum Vierten die der „Zeitschrift für Pädagogik" gemeldeten Dissertationen[482] und zum Fünften eine Bibliographie der Dissertationen und Habilitationsschriften in Deutschland von 1945 bis 1967.[483] Die Quellen decken unterschiedliche Zeiträume ab, jedoch ergeben sich breite Schnittmengen, so dass fast die gesamten 100 Jahre doppelt belegt sind.[484]

---

477 Vgl. Kauder 2009; Macke 1990.

478 Vgl. Horn 2008, S. 6.

479 Vgl. UAT 131/59b-67b, UAT 131/215-299; UAT 131/478-599, UAT 131/962-1407, UAT 182/16-27.

480 Vgl. Jahresverzeichnis der an den deutschen Universitäten erschienenen Schriften 1910-1913, Jahresverzeichnis der an den deutschen Universitäten und Technischen Hochschulen erschienenen Schriften 1914-1925, Jahres-Verzeichnis der an den deutschen Universitäten und Hochschulen erschienenen Schriften 1925-1936, Jahresverzeichnis der deutschen Hochschulschriften 1937-1969.

481 Die Unterlagen wurden uns durch den Dekanatssekretär Stefan Löser zur Verfügung gestellt.

482 Vgl. Zeitschrift für Pädagogik 1958-2010.

483 Vgl. Rohloff/Franke 1968.

484 Die Zuverlässigkeit der einzelnen Quellen variiert: Die Unterlagen des Archivs und des Dekanats als zeitnahe Quellen wurden als Primärquellen eingestuft mit einer geringen Fehlerquote. Das Hochschulschriftenverzeichnis und die „Zeitschrift für Pädagogik" sind dagegen Sekundärquellen (beispielsweise ist die „Zeitschrift für Pädagogik" auf die freiwillige Meldung der abgeschlossenen Promotionsverfahren angewiesen) und weisen in unterschiedlichem Maße Lücken auf. In Zweifelsfällen wurden die Daten am Original der Dissertation überprüft.

Insgesamt konnten 619 Dissertationen (davon 13 Gemeinschaftsdissertationen) und 45 Habilitationen[485] erhoben werden. Es wurden alle Dissertationen ausgewählt, die ein erziehungswissenschaftliches Thema behandeln und durch eine am Institut für Erziehungswissenschaft bzw. seinen Vorläufern beschäftigte Person in der Funktion des Erstgutachters betreut wurde.[486]

Abb. 26: Gesamtverlauf der abgeschlossenen Promotionsverfahren 1924-2010 (N=619)

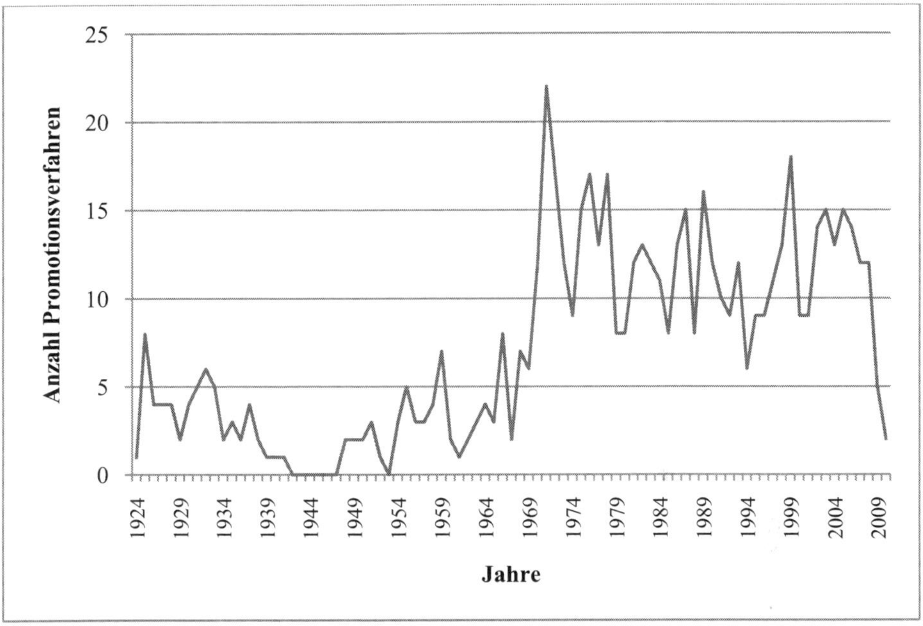

Die Abbildung zeigt den Gesamtverlauf der erziehungswissenschaftlichen Qualifikationsschriften in Tübingen. Die erste Dissertation wurde 1924 abgeschlos-

485 Die Angabe zur Zahl der Habilitationen erhebt keinen Anspruch auf Vollständigkeit, da nach dem geltenden Habilitationsrecht keine Meldepflicht besteht und wir nur auf freiwillige Meldungen in der Zeitschrift für Pädagogik zurückgreifen konnten sowie auf die bereits von Horn erhobenen Habilitationen (vgl. Horn 2003). Für den Zeitraum ab 1990 konnten wir auf Unterlagen des Dekanats der Fakultät für Sozial- und Verhaltenswissenschaften zurückgreifen.

486 Damit fallen alle Arbeiten mit einem erziehungswissenschaftlichen Bezug heraus, die in einer anderen Fachdisziplin (durch den Erstgutachter vertreten) verfasst wurden, so beispielsweise die Arbeit mit folgendem Titel: „Umwelterziehung in globaler Perspektive? Aspekte von Natur und Umwelt in aktuellen Grundschullehrbüchern aus der VR China und Taiwan“ die von Hans Ulrich Vogel (Sinologe) betreut wurde. Und es fallen alle Arbeiten heraus, die zwar institutionell am Institut für Erziehungswissenschaft bzw. seinen Vorgängern verfasst wurden, aber keinen erziehungswissenschaftlichen Fokus haben, insbesondere bei den Professoren mit zweifacher Denomination (Bollnow, Kroh, Pfahler, Spranger und Wenke).

sen.[487] Bis in die 1970er Jahre werden jährlich nicht mehr als 8 Promotionsverfahren abgeschlossen. Ab den 1970er Jahren steigt die Zahl der Qualifikationsverfahren deutlich an (bis auf 22 im Jahr 1971), was u.a. auf den Zuwachs an Professoren und Privatdozenten zurückzuführen ist.

Abb. 27: Ausschnitt aus dem Gesamtverlauf der abgeschlossenen Qualifikationsverfahren 1945-1989 in Tübingen (N=350)

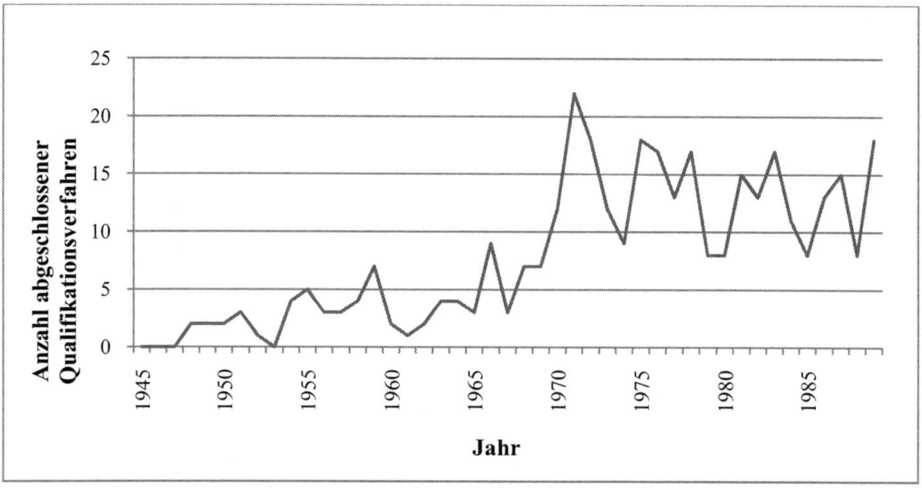

Die erhobenen Qualifikationsschriften lassen sich mit der Gesamtentwicklung von 1945-1989, die Macke vorgelegt hat, vergleichen:

487 Da Deuchler lange Zeit nur als Dozent die Professur verwaltete bzw. lediglich außerordentlicher Professor war, waren Promotionen bei ihm nicht möglich. Außerdem wurde Pädagogik erst 1923 als Promotionsfach wählbar.

Abb. 28: Ergebnisse der Gesamterhebung der erziehungswissenschaftlichen Qualifikationsschriften von Macke 1990[488]

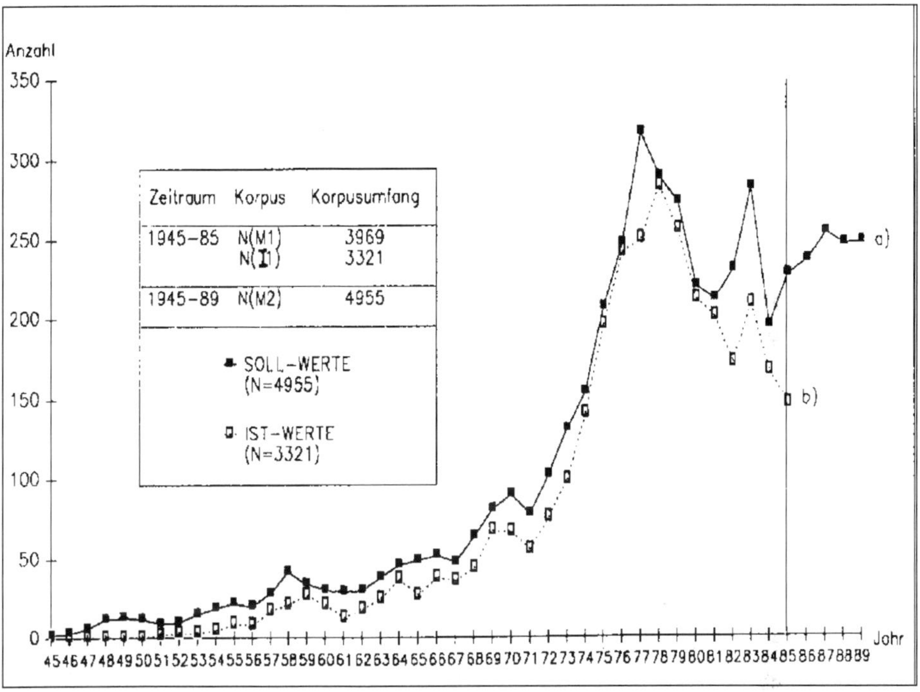

Im Vergleich zu allen erziehungswissenschaftlichen Qualifikationsschriften in der Bundesrepublik Deutschland zeigt die Entwicklung der Tübinger Qualifikationsschriften eine ähnliche Tendenz: Auch hier steigt die Anzahl der Dissertationen zu Beginn der 1970er Jahre stark an; allerdings ist die Steigerung zeitversetzt. In Tübingen verdreifacht sich die Menge der abgeschlossenen Verfahren von 1969 bis 1971 (von 7 auf 22 Verfahren pro Jahr) und erreicht damit ihren bisherigen Höhepunkt. Für die Gesamtdisziplin lässt sich eine solche Steigerung bis 1977 feststellen.

Bevor wir die Ergebnisse der phasenbezogenen Auswertung der Tübinger Qualifikationsschriften darstellen, soll eine Übersicht über den gesamten Zeitraum der 100 Jahre von 1910 bis 2010 gegeben werde.

488 Macke 1990, S. 54, Originalbeschriftung: a) Anzahl der jährlich als abgeschlossen gemeldeten Qualifikationsverfahren (Soll-Werte), b) Anzahl der bisher pro Jahr kodierten Korpuselemente (Ist-Werte). Die beiden Werte geben die Zahl der Arbeiten insgesamt und die Zahl der bereits kodierten Arbeiten an. Für uns relevant ist nur der Soll-Wert.

Tab. 26: Verteilung der Qualifikationsschriften auf die vier Phasen der Entwicklung des Instituts für Erziehungswissenschaft und seiner Vorläufer (N=664)

Phasen	**Dissertationen**			**Habilitationen**		
	N	%	Ø/Jahr	N	%	Ø/Jahr
1910-1945	59	9,5	1,7	1	2,2	0,04
1946-1969	73	11,8	3,0	5	11,1	0,2
1970-2002	399	64,5	12,1	30	66,7	0,9
2003-2010	88	14,2	11,0	9	20,0	1,1
Gesamt	619	100,0		45	100,0	

Während der ersten, 35 Jahre umfassenden Phase der Institutsgeschichte wurden absolut und prozentual die wenigsten Qualifikationsverfahren abgeschlossen. Zu berücksichtigen ist dabei freilich, dass die ersten 14 Jahre ohne ein abgeschlossenes Verfahren blieben. Rechnet man den Jahresdurchschnitt für die erste Phase ab dem ersten abgeschlossenen Verfahren (also 1924) so wurden durchschnittlich 2,8 Arbeiten pro Jahr abgeschlossen. In der zweiten Phase von 1946 bis 1969 wurden absolut und prozentual nur wenig mehr Arbeiten abgeschlossen, insbesondere wenn man auf den Zuwachs in der dritten Phase (1970-2002) sieht; hier vervierfachte sich die Anzahl der Promotionsverfahren pro Jahr und prozentual wurden hier fast zwei Drittel aller Arbeiten der letzten hundert Jahre verfasst. Die letzte Phase (seit 2003) umfasst nur sieben Jahre, ohne das letzte Jahr abschließend erhoben zu haben.[489] Anteilig und absolut wurden in dieser letzten Phase allerdings schon mehr Promotionsverfahren abgeschlossen als in der dreimal so langen, zweiten Phase von 1946-1969. Sieht man auf den Durchschnitt pro Jahr, so lässt sich für die vierte Phase festhalten, dass gegenüber der zweiten Phase ein über dreieinhalbfaches durchschnittliches Aufkommen pro Jahr (11 zu drei Arbeiten pro Jahr) vorliegt. Für die Habilitationsschriften zeigt sich ein deutlicher Anstieg in der zweiten Phase, der sich für die Jahre ab 2002 nochmals etwas steigert.

Ein etwas feineres Raster bietet die folgende, nach Dekaden gegliederte Tabelle. Die Aufteilung der Qualifikationsschriften auf die einzelnen Dekaden zeigt, dass die 1970er Jahre mit durchschnittlich 14 Arbeiten pro Jahr bisher die produktivsten Jahre hinsichtlich der erziehungswissenschaftlichen Promotionsarbeiten waren. Zwischen der fünften und sechsten Dekade erfolgt quantitativ der größte Sprung.[490] In den folgenden Dekaden werden die Abschlussraten der 1970er Jahre nicht mehr erreicht, bleiben aber auf einem relativ hohen Niveau

489 Die Erhebung endete mit dem Ende des Wintersemesters 2009/2010 zum 31. März 2010. Der jahresweise Rückgang der Qualifikationsschriften 2010 ist also ein aus erhebungstechnischen Gründen zustandegekommenes Artefakt.

490 Die freilich größeren Abnahmen zwischen 1930-1939 und 1940-1949 sowie die Zunahme in den Jahren 1950-1959 werden von uns nicht berücksichtigt, da sie als Kriegsfolgen gewertet werden können und insgesamt eine Besonderheit darstellen. Bei den anderen Dekadenübergängen ist eine gewisse Stabilität vorauszusetzen und Kontinuität und Diskontinuität sind auf andere Faktoren zurückzuführen.

stabil. Die Anzahl der Habilitationsschriften steigt ab den 1980er Jahren stark an und verbleibt dann ebenfalls stabil auf diesem Niveau.

Tab. 27: Verteilung der Qualifikationsschriften nach Dekaden (N=665)

Dekade	Dissertationen			Habilitationen	
	N	%	Ø/Jahr	N	%
1920-1929	23	3,7	2,3	0	0,0
1930-1939	34	5,5	3,4	1	2,2
1940-1949	6	1,0	0,6	0	0,0
1950-1959	31	5,0	3,1	1	2,2
1960-1969	38	6,1	3,8	4	8,9
1970-1979	142	22,9	14,2	4	8,9
1980-1989	117	18,9	11,7	12	26,7
1990-1999	108	17,4	10,8	13	28,9
2000-2010	120	19,4	10,9	10	22,2
Summe	619	100,0		45	100,0

Von den insgesamt 619 Promovenden waren 450 Männer und 162 Frauen, bei 7 Personen ist das Geschlecht nicht bekannt, da zu den Vornamen keine eindeutige Zuordnung auszumachen war. Unter den 45 Habilitanden waren 36 Männer und 9 Frauen. Von den 45 Habilitanden sind 23[491] auch in Tübingen promoviert worden. 8[492] der insgesamt 45 Habilitanden hatten oder haben einen Lehrstuhl am Institut inne.

Erst in der letzten Dekade von 2000 bis 2010 sind mehr Frauen als Männer promoviert worden, während in den 1990er Jahren noch zwei Drittel aller Promovenden männlich waren. Fast 40% aller Promovendinnen wurden in den Jahren seit 2000 promoviert. Dies entspricht nicht dem Verhältnis von Studentinnen zu Studenten in dieser Dekade.[493]

---

491 In alphabetischer Folge: Lothar Albert, Friedrich Berger, Thorsten Bohl, Lothar Böhnisch, Reinhard Fatke, Peter Fauser, Klaus Giel, Irene Goch, Martin Hirzel, Michael-Sebastian Honig, Hans-Gerhard Klinzing, Franz-Michael Konrad, Ulrich Otto, Ursula Pfeiffer, Karin Priem, Otto Reichert, Jost Reischmann, Barbara Stauber, Gabriele Strobel-Eisele, Alfred Treml, Rainer Treptow, Andreas Walther, Christian-Rainer Weisbach.

492 Es erhielten eine Professur: Thorsten Bohl, Günther Dohmen, Andreas Flitner, Ulrich Herrmann, Ludwig Liegle, Barbara Stauber, Rainer Treptow, Walther Zifreund; eine Professur auf Zeit: Ewald Johannes Brunner, Hans-Gerhard Klinzing, Alfred Treml; außerplanmäßige Professuren: Lothar Böhnisch, Norbert Vogel; eine Honorarprofessur: Klaus Giel.

493 Vgl. oben, Kap. 3.3 und 3.4.

Tab. 28: Qualifikationsschriften nach Geschlecht differenziert in Dekaden 1920-2010 (absolut/prozentual) (N=653)

Dekade	Männer			Frauen			unklar
	N	% (Spalte)	% (Zeile)	N	% (Spalte)	% (Zeile)	N
1920-1929	22	4,9	95,7	1	0,6	4,3	0
1930-1939	29	6,4	85,3	5	3,1	14,7	0
1940-1949	4	0,9	66,7	2	1,2	33,3	0
1950-1959	26	5,8	83,9	5	3,1	16,1	0
1960-1969	31	6,9	81,6	5	3,1	13,2	2
1970-1979	126	28,0	88,7	15	9,3	10,6	1
1980-1989	87	19,3	74,4	28	17,3	23,9	1
1990-1999	71	15,8	65,7	38	23,5	35,2	0
2000-2010	54	12,0	45,0	63	38,9	52,5	3
Summe	450	100,0		162	100,0		7

Betreut wurden die 619 Dissertationen von insgesamt 37 Erstgutachtern, was 16,7 Promovenden je Betreuer entspricht. Die folgende Tabelle zeigt in aufsteigender Reihenfolge die abgeschlossenen Promotionsverfahren pro Erstgutachter.

Tab. 29: Anzahl von Promotionen nach Erstgutachtern (N=619)

Gutachter	Aktiver Betreuungszeitraum*		Promovenden N=619	Andere Promovenden** N=50
Dalbert	1996	1999	1	
Fatke	1983	1992	1	
Treptow	2003	2010	1	
Bohl	2007	2010	2	
Brunner	1984	1994	2	
Held	2005	2010	2	
Hirzel	1976	1984	2	
Treml	1982	1991	2	
Bartholomäus	1990	2004	3	
Bittner	1970	1978	3	
Friedenthal-Haase	1987	1998	3	
Lempp	1972	1991	3	

Gutachter	Aktiver Betreuungszeitraum*		Promovenden N=619	Andere Promovenden** N=50
Schrader	2003	2010	3	
Weisbach	1986	2010	3	
Klinzing	1989	2010	4	
Knab	1982	1998	5	
Prange	1989	2003	5	
Böhnisch	1984	1995	6	
Kunert	1981	2008	7	
Heiner	1992	2009	8	
Vogel	1999	2010	8	
Wenke	1949	1957	8	2
Pfahler***	1944	1965		9
Spranger	1946	1958	9	14
Herrmann	1976	2004	11	
Müller	1982	2008	12	
Mühle	1964	1973	15	2
Dohmen	1967	1994	19	
Zifreund	1970	1997	20	
Liegle	1975	2009	21	
Nipkow	1986	2002	23	
Grunder	1995	2008	35	
Giel	1967	2000	38	
Bollnow	1953	1978	47	9
Flitner	1958	1991	59	
Huber	1980	2009	60	
Kroh	1923	1949****	60	14
Thiersch	1970	2008	108	

* Der aktive Betreuungszeitraum umfasst die Zeit seit Beginn der Tätigkeit eines Erstgutachters und endet entweder mit dessen Ausscheiden oder mit der jeweils zuletzt betreuten, erziehungswissenschaftlichen Dissertation; aufgeführt wird der jeweils spätere Zeitpunkt. Daher korrespondieren Betreuungszeitraum und Zeitraum der beruflichen Tätigkeit am Institut nur bedingt miteinander.

** Zur Veranschaulichung sind in dieser Spalte die Arbeiten aufgeführt, die von Professoren mit einer Zweitdenomination begutachtet wurden und die von uns nicht in das Korpus erziehungswissenschaftlicher Dissertationen aufgenommen wurden. Bei Bollnow ist das z.B. folgender Titel: „Das Mitleid bei Kant" (Mahmud R. Elahi, 1969), bei Kroh: „Vergleichende Untersuchungen über das Aubertsche Phänomen" (Itzen Kuo, 1928), bei Spranger: „Hegels Lehre vom Menschen. Darstellung der Philosophie des subjektiven Geistes und ihres Verhältnisses zum Gesamtsystem" (Iring Fetscher, 1950), bei Wenke: „Zur Psychologie des Fremdenhasses" (Rudolf Holzinger, 1951). Hinweis: Alle zitierten Dissertationen werden nicht extra im Literaturverzeichnis ausgewiesen.

*** Pfahler stellt einen Sonderfall dar, da er nur psychologische Dissertationen betreut hat. Titelbeispiele sind: „Friedrich Hebbel als nordische Dichterpersönlichkeit. Eine erbcharakterologisch-rassenseelenkundliche Studie" (Rolf Baumgärtel, 1944) oder „Beitrag zur Anwendung psychologischer und psychosomatischer Erkenntnisse im Gebiet der Dermatologie" (Wulf-Jürgen Uhlmann, 1962).

**** Kroh wechselte bereits 1938 nach München, bis 1941 betreute er jedoch noch regelmäßig Tübinger Promovenden. Die Arbeit von 1949 stellt eine Besonderheit dar, denn die Doktorandin hatte ihr Rigorosum schon 1936 bestanden, lieferte jedoch die Druckausgabe ihrer Arbeit mit 13jähriger Verspätung ab und erhielt erst dann den Titel.

Um die lokale Disziplinentwicklung nachzuzeichnen, sind über die quantitativen Entwicklungen hinaus auch thematische und methodische Konjunkturen darzustellen. Dazu wurden die Titel aller Arbeiten kodiert nach der verwendeten Methode, dem Fokus der Arbeit, der teildisziplinären Zuordnung und dem formalen Thema der Arbeit.

Diese Kodierung erfolgte in Anlehnung an vorliegenden Mustern[494], wurde aber von uns erweitert: Es wurden vier Variablen (methodischer Zugriff, Fokus, Teildisziplin, Thema) unterschieden; innerhalb einer jeden Variable wurden die Qualifikationsschriften ausschließend anhand der Angaben im Titel einer Ausprägung zugeordnet. Bei fakultativen Titelelementen[495], wie dem methodischen Zugriff oder dem Fokus der Arbeit, wurde die Zuordnung semantisch über Fachwissen rekonstruiert. Aus linguistischer Perspektive ist das möglich: Das Methodenparadigma „findet keine explizite Erwähnung, sondern wird jedem Fachwissenschaftler aufgrund der Nennung bestimmter, diesem Paradigma zugehöriger Termini [...] deutlich".[496]

Der *methodische Zugriff* einer Arbeit als fakultative Titelangabe konnte nur grob rekonstruiert werden. Es wurden empirische, theoretische und historisch-rekonstruierende Schriften klassifiziert; darüber hinaus wurden folgende Mischzugänge registriert: empirisch oder theoretisch oder historisch und vergleichend und empirisch oder theoretisch oder historisch und auslandspädagogisch, d.h. mit Bezug auf ein anderes Land, jedoch ohne einen Vergleich vorzunehmen. Bei anderen Mischzugängen und Methodenkombinationen war die erste Nennung ausschlaggebend für die Zuordnung.

Der *Fokus* einer Arbeit beschreibt deren Zielrichtung und Intention; unterschieden wurden Beiträge zur Theoriebildung (der typischerweise erwartbare Zweck einer wissenschaftlichen Qualifikationsarbeit), Beiträge zur Verbesserung der pädagogischen Praxis sowie Beiträge, die an der Erweiterung des methodischen Forschungsspektrums der Erziehungswissenschaft orientiert sind.

Die Zuordnung einer Dissertation zu einer erziehungswissenschaftlichen *Teildisziplin* erfolgte unabhängig von der teildiziplinären Zuordnung des Erstgutachters anhand der im Titel genannten Schwerpunkte. Es wurden folgende Teildisziplinen unterschieden: Allgemeine Pädagogik (AP), Berufs- und Wirtschaftspädagogik (BWP), Erziehungssoziologie (ErzSoz), Erwachsenenbildung/Weiterbildung (EB/WB), Erziehungsrecht und Verwaltung (RV), Experimentelle Pädagogik/Pädagogische Psychologie/Empirische Bildungsforschung (PädPsych/EBF), Fachdidaktiken (FD), Frauen- und Geschlechterforschung in der Erziehungswissenschaft (GeschlechtP), Freizeit- und Sportpädagogik (Freizeit/SportP), Frühpädagogik (FrühP), Medien- und Umweltpädagogik (Medien/UmweltP), Religionspädagogik (RelP), Schulpädagogik (SchulP), Sonderpädagogik (SondP), Sozialpädagogik (SozP). Wir beziehen uns also immer auf die mutmaßlich inhaltliche, teildisziplinäre Orientierung der Dissertation.

Beim *formalen Thema* einer Qualifikationsschrift unterscheiden wir sechs Kategorien: Professionell Handelnde in pädagogischen Feldern, Adressaten und Klienten pädagogischer Arbeit, pädagogische Institutionen, pädagogische For-

---

494 Vgl. Macke 1990.
495 Vgl. Dietz 1995, S. 67.
496 Ebd., S. 78.

men und Mittel, Theorien und Abstraktionen und schließlich Helden und Denker. Das *formale Thema* abstrahiert das inhaltliche Thema und erfasst den eigentlichen Gegenstand der Arbeit. Ein Beispiel zur Verdeutlichung: Die Arbeit „Der Unterrichtsfilm in der Sonderschule für Lernbehinderte. Eine experimentelle Untersuchung“ (Hansjörg Kautter, 1969) thematisiert inhaltlich den Unterrichtsfilm in der Sonderschule, formal steht ein pädagogisches Mittel (nämlich der Unterrichtsfilm) im Zentrum des Interesses. Dagegen sind die Sonderschule als pädagogische Institution oder die Lernbehinderten als Klienten/Adressaten der Pädagogik hier austauschbar.

In der Gesamtübersicht wurden die meisten Dissertationen im Teilgebiet der Allgemeinen Erziehungswissenschaft verfasst, auf den nächsten Plätzen folgen diejenigen Teildisziplinen, die auch durch Lehrstühle am Institut für Erziehungswissenschaft vertreten sind. Die Entwicklung und Ausprägung der teildisziplinären Anteile der Dissertationen werden in den folgenden, einzelnen Phasen näher betrachtet.

Abb. 29: Dissertationen nach teildisziplinärer Zuordnung 1910-2010 (N=619)

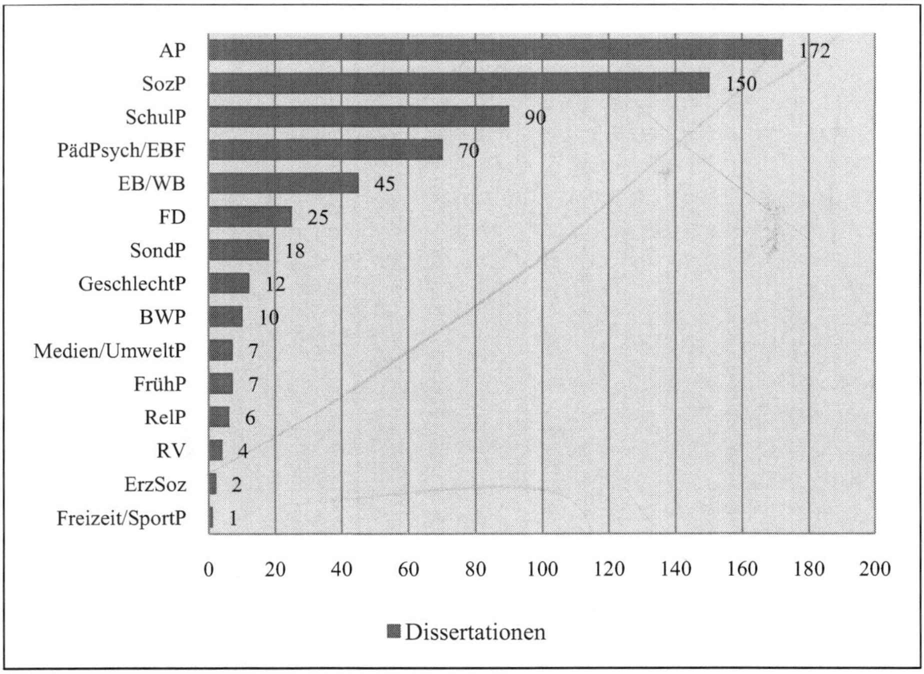

5.2 Promotionen und Habilitationen 1910-1945

Bis 1945 wurden insgesamt 59 Dissertationen mit erziehungswissenschaftlichem Thema erstellt;[497] das entspricht 9,2% aller Dissertationen am Institut für Erziehungswissenschaft und seinen Vorläufern. Die meisten der Arbeiten wurden vor Beginn des Zweiten Weltkriegs fertiggestellt. Nur zwei Kandidaten wurden währenddessen promoviert.

Als erste Frau wurde Elisabeth Lehner 1926 mit einer Dissertation zu „Untersuchungen über die körperliche Wirkung gymnastischer Übungen" promoviert; insgesamt verfassten bis 1945 sechs Frauen Dissertationsschriften.

In dieser ersten Phase umfasst das Korpus lediglich Dissertationen, die von Oswald Kroh (Ordinariat von 1923-1938) betreut wurden. Der erste Promovend war der spätere Lehrstuhlinhaber Gerhard Pfahler mit einer Dissertation zum „Gesetz der ethischen Wertung als ein Hauptproblem der Pädagogik" (1924). Gustav Deuchler, der bis 1923 den Lehrstuhl für Pädagogik und Psychologie innehatte, trat nicht als Erstgutachter von Dissertationen auf; Gerhard Pfahler betreute während seiner ersten Zeit als Professor in Tübingen (1938-1945) ebenfalls keine erziehungswissenschaftlichen Promovenden.

Bis 1945 habilitierte sich lediglich Friedrich Berger (1931) in Tübingen, der 1934 eine Professur an der Technischen Hochschule in Braunschweig übernahm.

Es zeigt sich, dass fast die Hälfte der Dissertationen in das Teilgebiet der Allgemeinen Pädagogik fallen; ein Drittel ist dem Bereich der Pädagogischen Psychologie/der Experimentellen Pädagogik zuzuordnen. Gemeinsam machen diese beiden Teilgebiete über 81% aller Arbeiten im Zeitraum bis 1945 aus.

Tab. 30: Dissertationen nach Teildisziplinen 1910-1945 (N=59)

Teildisziplin	**N**	**%**
Allgemeine Pädagogik	28	47,5
Pädagogische Psychologie/Experimentelle Pädagogik	20	33,9
Sozialpädagogik	5	8,5
Schulpädagogik	3	5,1
Erwachsenenbildung	1	1,7
Religionspädagogik	1	1,7
Erziehungssoziologie	1	1,7

[497] Von den Promovenden der ersten Phase erhielten später eine Professur (ohne sich in Tübingen oder in Erziehungswissenschaft zu habilitieren): Richard Kienzle, Heinrich Roth, Rudolf Schaal und Hans-Willi Ziegler, die bis auf Roth ihrer Denomination nach für (pädagogische) Psychologie eingesetzt wurden, vgl. Horn 2003, S. 156, 266, 325.

Im Zeitverlauf lassen sich sowohl die ähnlich verlaufende Steigerung der beiden dominierenden Teildisziplinen als auch der deutliche Rückgang während des Zweiten Weltkrieges erkennen.

Abb. 30: Promotionsverfahren nach Jahren und Teildisziplinen 1910-1945 (N=59)

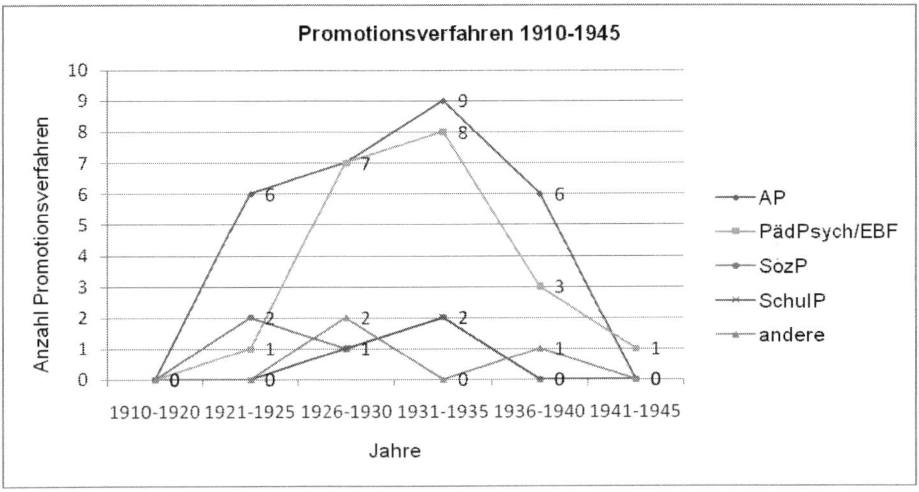

In der Methodenwahl überwiegt der theoretische Zugang: fast 80% der Dissertationen (47) gehen theoretisch vor. 7 Dissertationen (fast 12%) lassen einen empirischen Zugang zum Material vermuten[498]. Historisch rekonstruierend gehen fünf Promovenden vor.

Tab. 31: Dissertationen nach methodischem Zugang 1910-1945 (N=59)

Methodischer Zugang	**empirisch N=7**	**theoretisch N=47**	**historisch N=5**	**gesamt N=59**
davon				
vergleichend	–	1	–	1
auslandspädagogisch	–	0	2	2

Im Vergleich mit den Zuordnungen zu den Teildisziplinen wird deutlich, dass die beiden diesen Zeitraum dominierenden Teildisziplinen[499] sich in ihrem Methodengebrauch je unterscheiden: In der Allgemeinen Pädagogik sind rund 86% aller Dissertationen (N=28) theoretisch, während keine im Titel einen empirischen Zugang vermuten lässt. Demgegenüber wählen Promovenden im Gebiet der Pädagogischen Psychologie (N=20) zu 30% einen empirischen Zugang, während der Anteil der als theoretisch kodierten Dissertationen bei 70% liegt. Die historische Rekonstruktion als Methode wird in der Allgemeinen Pädagogik

[498] Entsprechend der disziplinären Entwicklung werden in dieser Phase auch experimentelle Zugänge als empirisch gewertet.

[499] Die Fallzahlen in den anderen zugeordneten Teildisziplinen für diese Phase sind zu gering für eine Aussage.

von vier Promovenden (14%) im Titel angegeben (in der Pädagogischen Psychologie von keinem).

57 der 59 Dissertationen bis 1945 zielten auf die Theoriebildung ab, eine lässt eine Orientierung an der Verbesserung pädagogischer Praxis vermuten und eine beschäftigte sich mit dem Spektrum der Forschungsmethoden[500].

Tab. 32: Formal-thematische Orientierung der Dissertationen 1910-1945 (N=59)

Teildisziplin / Formales Thema	**Anzahl**		**AP**	**Päd Psych/ EBF**	**SozP**	**SchulP**	**Andere**
	N	**%**					
Profession	–	0,0	–	–	–	–	–
Adressaten	14	23,7	–	11	3	–	–
Pädagogische Institutionen	6	10,2	2	–	1	2	1
Pädagogische Formen und Mittel	3	5,1	2	1	–	–	–
Theorien/ Abstraktionen	33	55,9	21	8	1	1	2
Helden und Denker	3	5,1	3	–	–	–	–
Summe	59	100,0	28	20	5	3	3

Auch das formale Thema der Dissertationen im experimentell-psychologisch geprägten Zeitraum bis 1945 war deutlich von der theoretischen Orientierung geprägt: Insgesamt behandelten 33 der 59 Dissertationen theoretische Probleme, waren begriffsorientiert oder beschäftigten sich direkt mit einer Theorie. Noch klarer zeigt sich diese Tendenz für die der Allgemeinen Pädagogik zugeordneten Dissertationen, denn hier waren zwei Drittel (21 von 28 Dissertationen) an Theorien und Abstraktionen orientiert. In dieser Teildisziplin wurden bis 1945 die Themenfelder der pädagogisch Handelnden und der Adressaten pädagogischer Arbeit gar nicht, pädagogische Institutionen, Formen und Mittel (zwei von 28) sowie Helden und Denker (drei von 28) nur wenig thematisiert. Für die der Pädagogischen Psychologie zugeordneten Dissertationen ist dagegen ein hohes Interesse an Adressaten pädagogischer Arbeit festzustellen (11 von 20 Dissertationen). Damit gilt für den Bereich der Pädagogischen Psychologie die formal-thematische Orientierung auf Theorien und Abstraktionen, die für das Korpus insgesamt gilt, nicht. Dissertationen aus dieser Teildisziplin behandelten zu einem geringeren Anteil Theorien und Abstraktionen (acht von 20), professio-

[500] Die Dissertation mit dem Titel „Wurzeln der Technik im Handeln und Schaffen des Schulkindes. Erziehungspsychologische Grundlegung einer ausübenden (praktischen) und betrachtenden (theoretischen) Werktechnik als Erziehungsgebiet der Schule“ (Kurt Resag 1941) wurde als praxisorientiert und Georg Stockingers Dissertation „Studien zum Problem der Rangreihenkonstanz in der Begabungsforschung“ (1925) als am Spektrum der Forschungsmethoden orientiert eingestuft.

nell Handelnde sowie Helden und Denker der Pädagogik wurden in diesem Bereich nicht thematisiert, eine Arbeit beschäftigte sich mit pädagogischen Formen und Mitteln.

Von den der Sozialpädagogik zugeordneten fünf Arbeiten hatten drei ihren thematischen Fokus auf den Adressaten, zwei der drei der Schulpädagogik zugeordneten Dissertationen betrachteten Institutionen.

5.3 Promotionen und Habilitationen 1946-1969

Von 1946-1969 wurden insgesamt 73 Personen (60 Männer, 11 Frauen und 2 Personen unklaren Geschlechts) von 6 Professoren promoviert und fünf Männer habilitierten sich, wovon drei (Andreas Flitner, Günther Dohmen und Walther Zifreund) später eine Professur am Institut innehatten. Ommo Grupe, ein weiterer Habilitand, wurde zum Professor der Theorie der Leibeserziehung am Vorläufer des heutigen Institutes für Sportwissenschaft der Universität Tübingen ernannt.[501]

Schlüsselt man die Promovenden nach ihren Erstgutachtern auf, so betreute Otto Friedrich Bollnow[502] in dem 24jährigen Zeitraum die meisten Promovenden, dicht gefolgt von Andreas Flitner. Beide zusammen betreuten fast drei Viertel aller Dissertationen.

Tab. 33: Anzahl der betreuten Dissertationen nach Erstgutachtern (1946-1969) (N=73)

Erstgutachter	**Betreute Dissertationen**	
	N	**%**
Kroh	1	1,4
Mühle	3	4,1
Wenke	8	11,0
Spranger	9	12,3
Flitner	25	34,2
Bollnow	27	37,0
Summe	**73**	**100,0**

Sieht man auf die Verteilung der verwendeten Methoden in den Arbeiten, so kann man konstatieren, dass hauptsächlich der theoretische Zugang als Methode gewählt wurde, er überwiegt mit 75,7%. In 9,5% der Dissertationen wurde ein empirischer, in 14,9% ein historischer Zugang verwendet. Lediglich in Einzelfällen wurde vergleichend oder auslandspädagogisch gearbeitet.

[501] Klaus Giel, der fünfte Habilitand in diesem Zeitraum, war später Professor an der Pädagogischen Hochschule Reutlingen bzw. an der Universität Ulm und Honorarprofessor in Tübingen. Von den Promovenden erhielten später u.a.: Günther Bittner, Walter Hornstein, Werner Loch Professuren.

[502] Vgl. auch Tab. .

Tab. 34: Dissertationen nach methodischem Zugang (1946-1969, N=74)

Methodischer Zugang	empirisch N=7	theoretisch N=56	historisch N=11	gesamt N=74
davon				
vergleichend	1	1	0	2
auslandspädagogisch	1	1	0	2

Der Fokus aller Arbeiten zielte auf Theorieanreicherung, keine der Arbeiten fokussierte die pädagogische Praxis oder setzte sich die erziehungswissenschaftliche Methodenerweiterung zum Ziel.

Entsprechend der methodischen Wahl und der geisteswissenschaftlichen Orientierung der Doktorväter sind gut zwei Drittel (68,9%) der Arbeiten der Allgemeinen Pädagogik zuzurechnen. An zweiter Stelle folgen mit 9,5% Arbeiten, die der Schulpädagogik subsummiert werden können. An dritter Stelle folgen je vier Arbeiten, die den Fachdidaktiken bzw. der Sozialpädagogik zuzuordnen sind. Die nachstehende Grafik verdeutlicht zusätzlich die Dominanz allgemeinpädagogischer/erziehungsphilosophischer Themen von 1946-1965. Erst in den letzten vier Jahren der zweiten Phase nahm der Anteil der anderen Teildisziplinen zu, dann allerdings recht stark. Der Trend einer Abnahme des Anteils allgemeinpädagogischer Arbeiten setzte sich auch in der nächsten Phase fort.[503]

Abb. 31: Teildisziplinäre Entwicklung der Promotionen 1946-1969 (N=73)

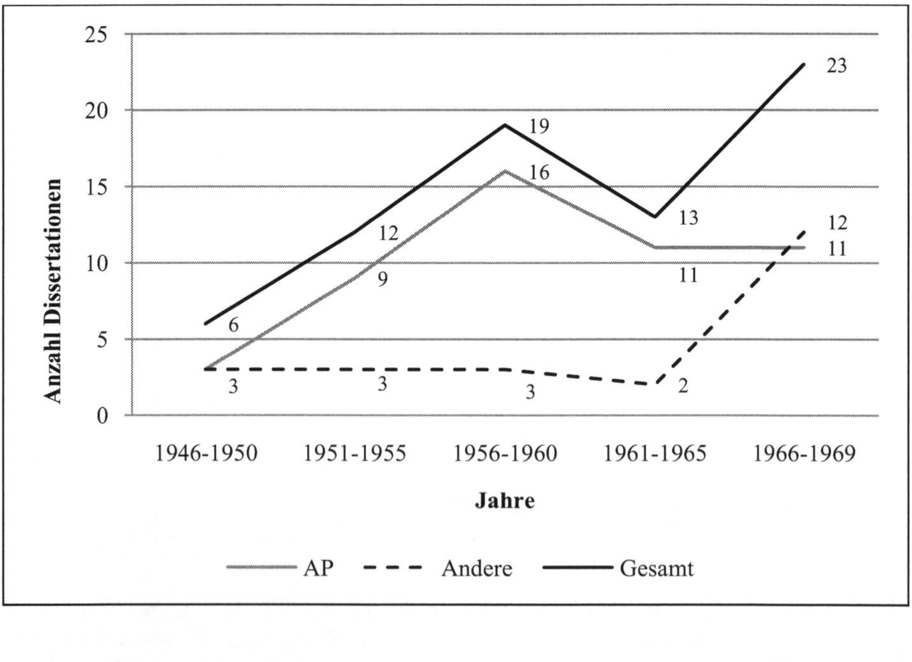

[503] Vgl. Abb. 24.

Tab. 35: Formal-thematische Orientierung der Dissertationen nach Teildisziplinen 1946-1969 (N=73)

Teildisziplin / Formales Thema	Anzahl		AP	Schul P	SozP	FD	Andere
	N	%					
Profession	0	0,0	0	0	0	0	0
Adressaten	8	11,0	2	1	2	0	3
Pädagogische Institutionen	7	9,6	4	3	0	0	0
Pädagogische Formen und Mittel	14	19,2	5	2	0	4	3
Theorien/ Abstraktionen	41	56,2	38	0	1	0	2
Helden und Denker	3	4,1	1	1	1	0	0
Summe	73	100,0	50	7	4	4	8

Eindeutig belegt auch das formale Thema der Arbeit die theoretische Orientierung der Tübinger Dissertationen in der geisteswissenschaftlichen Phase. Mehr als die Hälfte aller Arbeiten beschäftigte sich mit einer Theorie oder einem theoretischen Problem. Fast alle formalthematisch theoretischen Arbeiten finden sich in allgemeinpädagogischen Dissertationen. Keine der Arbeiten beschäftigte sich mit den professionell Handelnden der Pädagogik. Dagegen wurden die Klienten der Pädagogik in acht der Dissertationen zum Thema gemacht, in der etwa gleichen Größenordnung wurden die Institutionen der Pädagogik behandelt. 14 der Arbeiten thematisierten die pädagogischen Mittel; Helden und Denker der Erziehungswissenschaft wurden in lediglich drei Arbeiten thematisiert. Trotz der geringen Fallzahlen ist es interessant, die formalthematische Verteilung in den Teildisziplinen zu betrachten. So beschäftigten sich die schulpädagogischen Dissertationen nach ihren Titel häufiger mit der Institution Schule und den didaktischen Formen und Mitteln als mit den Schülern oder Lehrern. Das Ergebnis in der Teildisziplin Fachdidaktik ist erwartbar: Fachdidaktische Arbeiten behandeln hier durchweg die Mittel und Formen der Vermittlung.

5.4 Promotionen und Habilitationen 1970-2002

Von 1970 bis 2002 wurden 399 Personen promoviert, darunter 302 Männer und 94 Frauen.[504] Die meisten der Promotionsverfahren wurden in der ersten Dekade dieser Phase abgeschlossen (142), in der zweiten Dekade wurden 117 und in der dritten Dekade 108 Verfahren beendet; von 2000 bis 2002 wurden weitere 32 Personen promoviert.

[504] Drei Personen konnten aufgrund unklarer Vornamen nicht zugeordnet werden. Die erklärt auch die Differenz zwischen der Anzahl der Promotionsverfahren insgesamt und der Summe aus weiblichen und männlichen Promovenden.

Abb. 32: Promotionsverfahren nach Jahren und Geschlecht 1970-2002 (N=399)

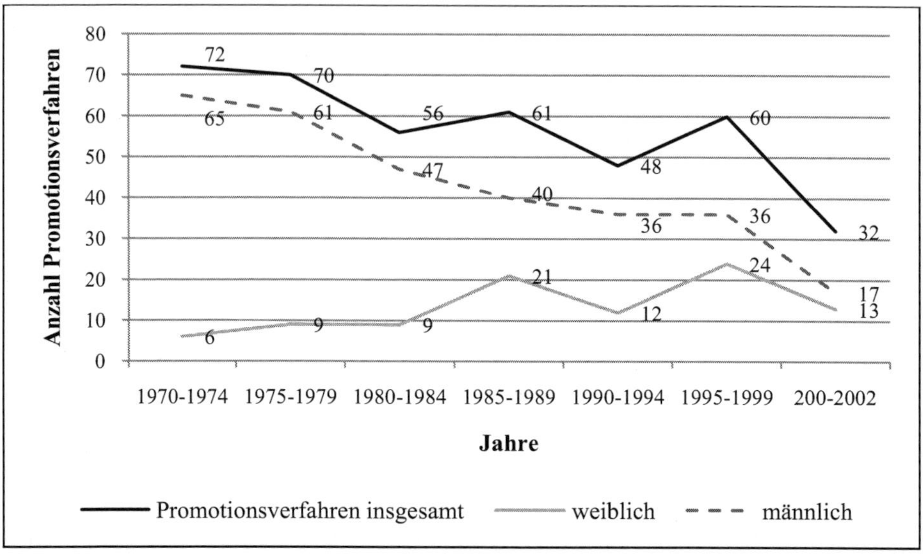

Tab. 36: Erstgutachter und betreute Promotionsverfahren 1971-2000 (N=399)

Erstgutachter	**N**	**pro Gutachter in %**
Fatke; Dalbert; Vogel	1	0,3
Bartholomäus; Brunner; Hirzel; Treml	2	0,5
Bittner; Friedenthal-Haase; Lempp; Weisbach	3	0,8
Heiner; Klinzing; Kunert; Prange	4	1,0
Knab	5	1,3
Böhnisch	6	1,5
Müller	8	2,0
Herrmann	10	2,5
Mühle	12	3,0
Grunder; Liegle	13	3,3
Dohmen	19	4,8
Bollnow; Zifreund	20	5,0
Nipkow	23	5,8
Flitner	34	8,5
Giel	38	9,5
Huber	43	10,8
Thiersch	96	24,1

Die 399 Promovenden, darunter 26, die Gemeinschaftsdissertationen verfassten, wurden von 30 Professoren und Privatdozenten betreut. Hans Thiersch war der Erstgutachter von fast einem Viertel der Promovenden.

Es habilitierten sich im Zeitraum von 1970 bis 2002 25 Männer und fünf Frauen: Gerd Bachmair, Lothar Böhnisch, Ewald Johannes Brunner, Claudia Dalbert, Reinhard Fatke, Peter Fauser, Martha Friedenthal-Haase, Thomas Fuhr, Urs Haeberlin, Ulrich Herrmann, Martin Hirzel, Michael-Sebastian Honig, Hans Gerhard Klinzing, Ralf Koerrenz, Franz-Michael Konrad, Ludwig Liegle, Burkhard Müller, Friedrich Ortmann, Karin Priem, Otto Reichert, Jost Reischmann, Sigrid Rotering-Steinberg, Werner Schefold, Wolfgang Schnotz, Gabriele Strobel-Eisele, Alfred Treml, Rainer Treptow, Norbert Vogel, Diethelm Wahl, Christian-Rainer Weisbach. Drei der Habilitationsverfahren erfolgten kumulativ. Die 399 Promotions- und 30 Habilitationsverfahren verteilen sich wie folgt auf die mit einer eigenen Abteilung am Institut für Erziehungswissenschaft vertretenen Teildisziplinen:

Tab. 37: Qualifikationsverfahren 1970-2002 nach Teildisziplinen (N=429)

Teildisziplin	**Dissertationen**	**Habilitationen**
AP	79	7
EB/WB	32	5
PädPsych/EBF	41	3
SchulP	59	5
SozP	119	6
andere*	69	1
gesamt	399	27 (plus 3**)

* Jeweils mehr als 10 Dissertationen wurden in den Bereichen der Fachdidaktiken (20 Promovenden), der Sonderpädagogik (16 Promovenden) und der Geschlechterforschung (11 Promovenden) geschrieben.

** Da die Zuordnung zu den Teildisziplinen nicht personenabhängig oder institutionell erfolgte und die drei kumulativen Habilitationen über keinen zugänglichen Titel verfügen, werden diese keiner Teildisziplin zugeordnet.

Setzt man die Erstgutachter mit den den betreuten Dissertationen zugeordneten Teildisziplinen ins Verhältnis, so wird deutlich, dass die Denomination des Gutachters nicht immer mit der der Dissertation zugeordneten Teildisziplin übereinstimmen musste.

Tab. 38: Teildisziplinen der betreuten Dissertationen nach Erstgutachter 1970-2002 (nur Erstgutachter mit mindestens 10 betreuten Promotionsverfahren)

Erstgutachter	**Lehrstuhl**	**betreute Dissertationen insgesamt**	**Anzahl verschiedener Teildisziplinen in den betreuten Dissertationen**	**Erste dominierende Teildisziplin der betreuten Dissertationen (N)**	**Zweite dominierende Teildisziplin der betreuten Dissertationen (N)**
Bollnow	Philosophie und Pädagogik	20	5	AP 14	FD 3
Dohmen	EB/WB	19	2	EB/WB 16	PädPsych/ EBF 3
Flitner	AP	34	10	AP 10	SchulP 7
Giel	SchulP (PD; HonProf)	38	8	AP 15	SchulP 9
Grunder	SchulP	13	4	SchulP 6	FD 4
Herrmann	AP	10	3	AP 8	SozP; EB/WB je 1
Huber	PädPsych/ EBF	43	8	PädPsych/ EBF 15	SozP 7
Liegle	AP	13	4	SozP 6	AP 4
Mühle	PädPsych/ EBF	12	3	PädPsych/ EBF 7	SchulP 4
Nipkow	Theologie/ ReligionsP	23	6	AP 9	SchulP 7
Thiersch	SozP	96	7	SozP 75	AP 7
Zifreund	Neue Lernverfahren	20	7	SchulP 10	FD 4

Während für den Beginn der 1970er Jahre die Dissertationen, die der Allgemeinen Pädagogik zugeordnet wurden, dominierten (25% aller Dissertationen), Dissertationen aus dem Bereich der Schulpädagogik und der Pädagogischen Psychologie in einem etwa ausgeglichenen Verhältnis zueinander standen (beide Teildisziplinen nahmen rund 20% bzw. 21% aller 1970-1974 erstellten Dissertationen ein) und nur 10% der Sozialpädagogik zuzurechnen sind, zeigt sich ab Mitte der 1970er Jahre ein deutlicher Überhang sozialpädagogischer Dissertationen: Von 1975 bis 1979 entstammten 34% aller Dissertationen diesem Bereich (gegenüber 21%, die der Allgemeinen Pädagogik, und 13%, die der Schulpädagogik zugeordnet wurden; der Anteil der Dissertationen aus dem Bereich der Pädagogischen Psychologie sank auf 4%). Bis zu Beginn der 1990er bildeten die der Allgemeinen Pädagogik zugeordneten Dissertationen die zweitgrößte Gruppe (zwischen 17% und 23%), danach änderte sich das Verhältnis erneut: Zwischen 1995 und 1999 sank der Anteil sozialpädagogischer Dissertationen auf 25%, der Anteil der der Schulpädagogik zuzuordnenden Dissertationen stieg auf 17%. Nur noch 8% aller Dissertationen wurden in diesem Zeitraum im Bereich der Allgemeinen Pädagogik verfasst. Demgegenüber stieg der Anteil der in der folgenden Abbildung nicht erfassten anderen Teildisziplinen auf 25% (15 Dissertationen) und erreichte damit das Niveau der sozialpädagogischen Dissertationen. Zu Beginn der 2000er änderte sich das Verhältnis erneut, diesmal zugunsten der Allgemeinen Pädagogik; wegen der kurzen abgebildeten Zeitspanne von nur drei Jahren ist aber kein direkter Vergleich zu den anderen Zeiträumen möglich.

Abb. 33: Promotionsverfahren 1970-2002 nach Teildisziplinen (N=399)

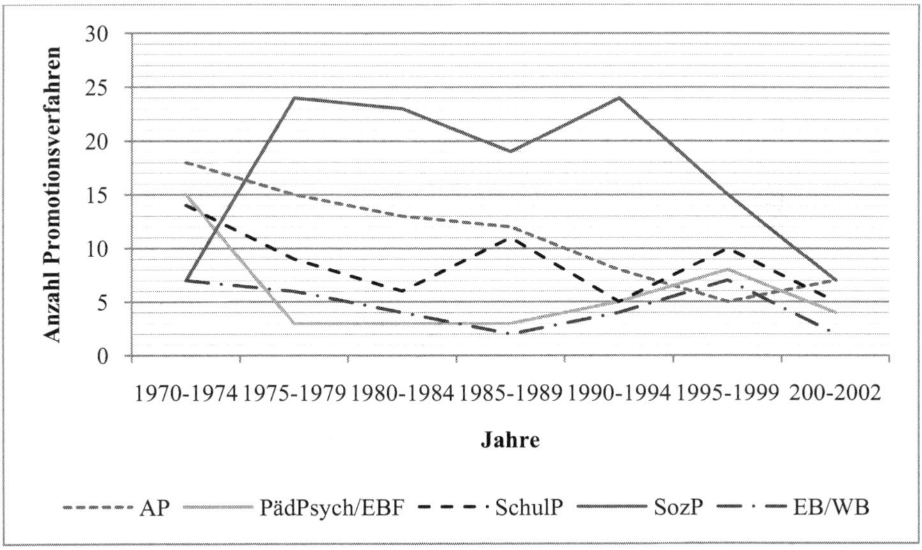

Der theoretische Zugang überwog auch im Zeitraum von 1970 bis 2002 mit 51% aller Dissertationen; der Anteil der Dissertationen mit einem empirischen Zugang, der im Titel erkennbar ist, stieg jedoch im Vergleich zu den Vorjahren deutlich auf 42% aller Titel an. 5% der Dissertationen gingen vergleichend und 7% auslandspädagogisch vor.

Tab. 39: Dissertationen nach methodischem Zugang 1970-2002 insgesamt (N=399)

Methodischer Zugang	**empirisch N=166**	**theoretisch N=202**	**historisch N=31**	**gesamt N=399**
davon				
vergleichend	10	6	3	19
auslandspädagogisch	10	14	4	28

Der Vergleich der Methoden im Verlauf zeigt, dass die Dominanz des theoretischen Anteils zwischen 1980 und 1989 durch einen leichten Überhang empirischer Arbeiten abgelöst wurde, insgesamt aber keine eindeutige Tendenz abzulesen ist. Ab dieser Dekade ist ebenfalls ein leichter Anstieg historisch arbeitender Dissertationen zu verzeichnen.

Tab. 40: Methodischer Zugang der Dissertationen 1970-2002 nach Jahrfünften (N=399)

Methode / Jahrfünft		**empirisch**	**theoretisch**	**historisch**	**Summe**
1970-1974	N	29	40	3	72
	%	40,3	55,6	4,2	100,0
1975-1979	N	25	40	5	70
	%	35,7	57,1	7,1	100,0
1980-1984	N	27	24	5	56
	%	48,2	42,9	8,9	100,0
1985-1989	N	30	29	5	61
	%	49,2	42,6	8,2	100,0
1990-1994	N	18	25	5	48
	%	37,5	52,1	10,4	100,0
1995-1999	N	23	32	5	60
	%	38,3	53,3	8,3	100,0
2000-2002	N	14	15	3	32
	%	43,8	46,9	9,4	100,0

353 Dissertationen hatten einen Fokus auf Theoriebildung. Gegenüber den Vorjahren stieg die Anzahl der Arbeiten, die im Titel eine Orientierung auf Praxisverbesserung vermuten lassen, deutlich an. Insgesamt 42 Dissertationen wurden so kodiert (7 im Bereich der Sozialpädagogik, 7 in der Erwachsenenbildung, 10 in der Schulpädagogik und 8 zu einer Fachdidaktik; der Rest in anderen Teildisziplinen). Vier Dissertationen haben einen Fokus auf die Erweiterung des methodischen Spektrums erziehungswissenschaftlichen Forschens.

Für die Gesamtmenge der Dissertationen von 1970 bis 2002 (N=399) gilt, dass ein thematischer Schwerpunkt auf den pädagogischen Formen und Mitteln (30% aller Dissertationen) lag. Aber auch Theorien und Adressaten waren mit je fast einem Viertel aller Arbeiten wichtige thematische Foki. Für die Teildisziplinen lassen sich demgegenüber deutlichere Unterschiede ablesen: In der Sozialpädagogik wie auch im Bereich der Pädagogischen Psychologie waren die Adressaten der dominierende thematische Fokus; in der Schulpädagogik, den

Fachdidaktiken und der Erwachsenenbildung überwiegen solche Arbeiten, die vorrangig Formen und Mittel (insbesondere auch Didaktiken und Unterrichtsgestaltung) behandelten. Die der Teildisziplin der Allgemeinen Pädagogik zugeordneten Dissertationen hatten einen besonders deutlichen Schwerpunkt im thematischen Bereich der Theorien und Abstraktionen.

Tab. 41: Formale Themen nach Teildisziplinen 1970-2002 (N=399)

Formales Thema / Teildisziplin		Profession	Adressaten	Institutionen	Formen/ Mittel	Theorien	Helden/ Denker	Gesamt
AP	N	1	9	9	7	50	3	79
	%	1,3	11,4	11,4	9,0	63,3	3,8	100,0
SozP	N	16	39	22	22	20	0	119
	%	13,4	32,8	18,5	18,5	16,8	0,0	100,0
SchulP	N	9	2	10	32	6	0	59
	%	15,3	3,4	16,9	54,2	10,2	0,0	100,0
EB/WB	N	2	4	2	20	4	0	32
	%	6,3	12,5	6,3	62,5	12,5	0,0	100,0
PädPsych/ EBF	N	3	19	2	12	5	0	41
	%	7,3	46,3	4,9	29,3	12,2	0,0	100,0
FD	N	0	0	0	19	1	0	20
	%	0,0	0,0	0,0	95,0	5,0	0,0	100,0
Andere	N	6	4	4	9	8	0	48
	%	12,2	8,2	8,2	18,4	16,3	0,0	100,0

5.5 Promotionen und Habilitationen 2003-2010

In der letzten Dekade des hundertjährigen Bestehens der Tübinger Erziehungswissenschaft wurden bisher[505] 88 Dissertationsverfahren sowie neun Habilitationsverfahren abgeschlossen. Die durchschnittlich 11 Dissertationen pro Jahr verteilen sich folgendermaßen:

[505] Die Erhebung endete mit dem Ende des Wintersemesters 2009/2010 und zeigt daher nur vorläufige Ergebnisse. Bei zwei Promotionsverfahren sind bereits die mündlichen Prüfungen bestanden, jedoch fehlen noch die Druckausgaben der Dissertationen. Nach dem Recht der aktuellen Promotionsordnung der Fakultät für Sozial- und Verhaltenswissenschaften (Stand 09.07.1987) ist „Voraussetzung für die Aushändigung der Promotionsurkunde […], dass der Bewerber seine Dissertation […] innerhalb von zwei Jahren nach Abschluss der mündlichen Prüfung veröffentlicht". Erst nach „der Aushändigung der Promotionsurkunde darf der Promovierte den Doktorgrad führen" (S. 9f.).

Abb. 34: Anzahl der Dissertationen in der vierten Phase 2003-2010 (N=88)

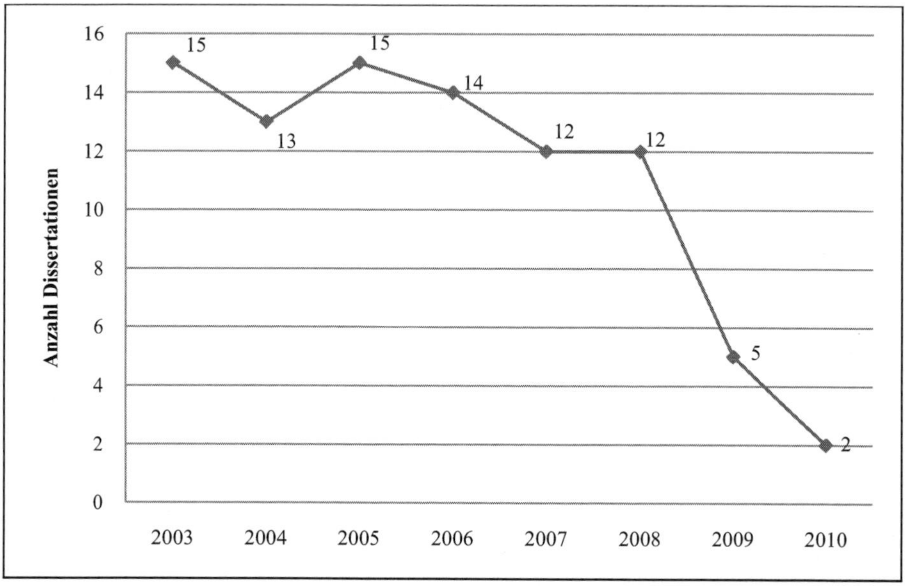

Von den 88 Verfassern waren 37 Männer, 50 Frauen und 1 Person unklaren Geschlechts. Damit ist dies die erste Dekade in der mehr Frauen den Doktortitel erwarben als Männer. Allerdings entsprechen die Geschlechteranteile bei den Promovenden noch nicht der Geschlechterverteilung in der Studierendenschaft des Instituts.

Tab. 42: Anzahl der Dissertationen 2003-2010 nach Erstgutachterinnen differenziert (N=88)

Erstgutachter/in	**N**	**pro Gutachter/in in %**
Grunder	22	25%
Huber	17	19%
Thiersch	12	14%
Liegle	8	9%
Vogel	7	8%
Heiner, Müller	4	5%
Kunert, Schrader	3	3%
Bohl, Held	2	2%
Bartholomäus, Herrmann, Prange, Treptow	1	1%
Summe	88	100%

Seit 2003 hat Hans-Ulrich Grunder die meisten Dissertationen betreut, gefolgt von Günther Huber. Zusammen haben sie 43,7% aller Dissertationen in diesem Zeitraum als Erstgutachter betreut.

Es habilitierten sich fünf Männer (Lothar Albert, Thorsten Bohl, Uwe Maier, Ulrich Otto, Andreas Walther) und vier Frauen (Irene Goch, Mechthild Kiegelmann, Ursula Pfeiffer, Barbara Stauber).

Tab. 43: Methodenspektrum der Dissertationen 2003-2010 in absoluten Zahlen (N=88)

Methodischer Zugang	**empirisch N=44**	**theoretisch N=39**	**historisch N=5**	**gesamt N=88**
davon				
vergleichend	5	2	1	8
auslandspädagogisch	3	2	1	6

Das Methodenspektrum hat sich in den beiden letzten Phasen gegenüber den ersten beiden verändert: Kamen Länder- und Vergleichsstudien nur vereinzelt vor, so machten sie in der Phase 1970-2002 4,8% und 7,0% aus; aktuell bilden vergleichende Arbeiten ein knappes Zehntel aller Dissertationen und immerhin sechs von 88 Arbeiten beschäftigen sich dezidiert mit einem anderen Land. Dieser Verlauf zeigt, dass Auslandsstudien und vergleichende Arbeiten für die Tübinger Promovenden zunehmend interessant werden.

In der aktuellen Phase war der Fokus fast aller Arbeiten (86) auf die Theoriebildung bezogen, zwei der Arbeiten fokussierten eine Praxisverbesserung. Die Methodenerweiterung wurde in keiner der Dissertationen behandelt.

Trotz eigentlich nur fünf durch Lehrstühle vertretenen Teildisziplinen werden insgesamt 10 Teildisziplinen innerhalb der Qualifikationsarbeiten vertreten:

Abb. 35: Teildisziplinäre Zuordnung der Dissertationen 2003-2010 in absoluten Zahlen (N=88)

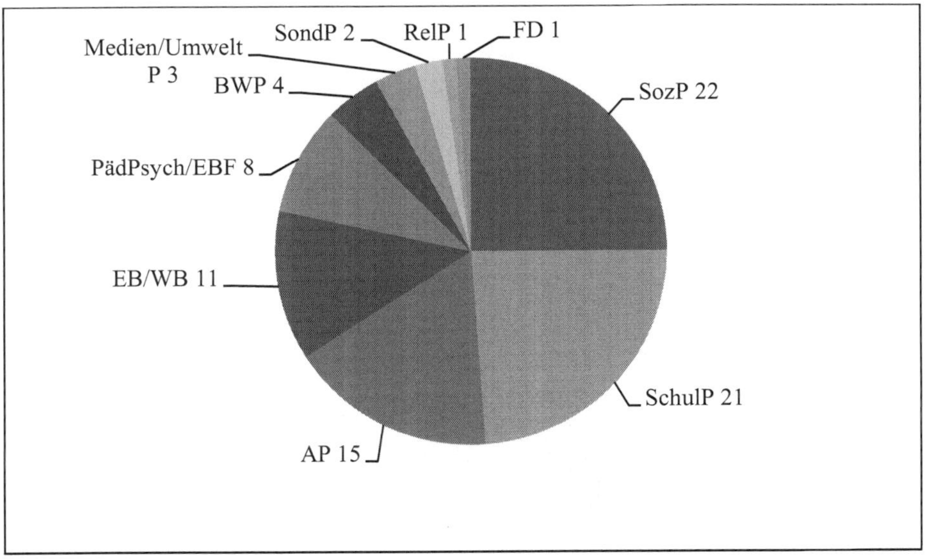

Tab. 44: Formale Themen nach Teildisziplinen 2003-2010 (N=87)*

Formales Thema / Teildisziplin	Profession	Adressaten	Institutionen	Formen/ Mittel	Theorien	Helden/ Denker	Gesamt
AP	0	3	3	1	8	0	15
SozP	2	6	0	9	3	1	21
SchulP	3	1	8	8	1	0	21
EB/WB	3	1	1	5	1	0	11
PädPsych/EBF	0	6	0	2	0	0	8
Andere	2	3	0	3	3	0	11
Gesamt	10	20	12	28	16	1	87

* Eine der Dissertationen bleibt unberücksichtigt, da der Titel keinem formalen Thema zugeordnet werden konnte.

Am häufigsten, mit knapp einem Drittel aller Dissertationen von 2003-2010 (N=28), behandelten die Dissertationen formalthematisch die Mittel der Pädagogik, wie beispielsweise Humor als Mittel zur Gestaltung von Unterricht in der Arbeit von Kassner (2002) „Bedeutung des pädagogischen Humors und seine Einflüsse auf den Unterrichtserfolg“. An zweiter Stelle folgten die Adressaten und Klienten der Pädagogik. Behandelten in der geisteswissenschaftlichen Periode (1946-1969) und in der Phase der Versozialwissenschaftlichung (1970-2002) noch mehr als die Hälfte der Arbeiten formalthematisch Abstraktionen und Theorien, so waren es in der vierten Phase nur noch 18,4% der Arbeiten.

6 Die Tübinger Professoren in der disziplinären Kommunikation

6.1 Methodisches Vorgehen

Edwin Keiner hat anhand dreier einschlägiger erziehungswissenschaftlicher Zeitschriften die kommunikative Praxis der Erziehungswissenschaft von 1947-1990 untersucht.[506] Sein theoretischer Zugang folgt einem Begriff von Disziplin, der diese „als sich selbst regulierende sozial-kommunikative Netzwerke der Produktion von in spezifischer Weise ausgezeichnetem Wissen [...], als historisch im Prozess sozialer Differenzierung entstandene, thematisch und methodisch gebundene, relativ autonome und weitgehend selbstregulierte Kommunikationszusammenhänge“[507] interpretiert. Dieser Definition entsprechend ist Disziplin bestimmt durch die Dimensionen der Kommunikation, des Wissens und des sozialen Systems der Wissenschaften. Nach Keiner sind Disziplinen nicht zwingend an die Organisation der Universität gebunden, sondern an Publikation. Zeitschriften hält er deshalb für die Analyse von Disziplinen für geeignet, weil in ihnen die zeitspezifische Aktualität besonders verdichtet zum Ausdruck kommt. Die Struktur des spezifischen Wissens kann anhand der Themen und Methoden untersucht werden, die Sozialstruktur anhand der Diskussion des Kollektivs der Autoren und Herausgeber. Den besonderen Vorzug von Publikationen sieht er darin begründet, dass sie empirisch zugänglich sind.

Gemäß diesem Ansatz bilden die Autoren erziehungswissenschaftlicher Zeitschriften zusammen mit den Herausgebern in *sozialer* Hinsicht den kommunikativen Raum der Disziplin der Erziehungswissenschaft. Als Rahmen für die Struktur des Autoren- und Herausgeberkollektivs dienen die jeweiligen Spezifika der Zeitschriften und die quantitative Entwicklung der Publikationen, die Hinweise auf deren „Kommunikationskulturen“[508] liefern. Die Publikationen bilden die Strukturen des *spezifischen Wissens* ab. Dieser Ansatz wird im Folgenden für die Zwecke dieser Darstellung modifiziert.

Die Sozialstruktur wird untersucht, indem ermittelt wird, in welchen Zeitschriften, zu welchen Zeiten und in welchem Umfang das Tübinger Autorenkollektiv publiziert hat. Werden die sozialen Merkmale der Tübinger Professoren an anderer Stelle erfasst, wird die Kommunikationskultur anhand der Disziplinzugehörigkeit der Zeitschriften, ihrer weltanschaulichen Orientierung und des Erscheinungsortes (Deutschland oder im Ausland) und der Häufigkeit der Publikationen in den jeweiligen Zeitschriften erfasst.

Die Untersuchung des spezifischen Wissens erfolgt durch Frequenz- und Klassifikationsanalysen – beides der empirischen Inhaltsanalyse zuzuordnende

[506] Keiner 1999.
[507] Ebd., S. 59f.
[508] Ebd., S. 131.

Verfahren – der Titel der erhobenen Aufsätze. Bei der Frequenzanalyse handelt es sich um ein computerunterstütztes inhaltsanalytisches Verfahren, d.h. es werden Häufigkeiten manifester Texteinheiten – einzelner Wörter – ausgezählt und miteinander verglichen. Dahinter steht die Annahme dass die Bedeutung eines Wortes von der Häufigkeit seines Vorkommens abhängt. Je nachdem, zu welchen Zeiten welche Wörter wie oft vorkommen, können bestimmte begriffliche Konjunkturen ausgemacht werden. Die Verteilungen der Häufigkeiten im historischen Verlauf werden als Zeitreihen betrachtet. Bei der Klassifikationsanalyse wird versucht, den manifesten Textinhalt der Aufsatztitel zu rekonstruieren und auf ein theoretisches Konstrukt zu beziehen. Für die Ermittlung des spezifischen Wissens werden – soweit dem Titel zu entnehmen – das methodische Vorgehen, der Fokus der Arbeit, die Disziplinzugehörigkeit und die formalthematische Zuordnung erhoben.[509]

Von allen Tübinger ordentlichen Professoren für Erziehungswissenschaft wurden alle Veröffentlichungen in Fachzeitschriften vom Antritt der Professur an erhoben. Wurden die Professoren in Tübingen emeritiert, erfolgte die Erhebung bis zum Tod des Professors bzw. bis einschließlich 2009 bei den noch lebenden; bei einem Wechsel an eine andere Universität wurden die Publikationen bis einschließlich zum Ende des Jahres, in dem der Wechsel stattfand, erhoben. Die Herausgeberschaften von Zeitschriften wurden nicht für alle Zeitschriften erhoben, werden aber in die Analysen aufgenommen, wenn es sich um Herausgeberschaften von bedeutsamen bzw. Kernzeitschriften handelt. Berücksichtigt wurden alle Fachzeitschriften, die in Zeitschriftendatenbanken auffindbar und eindeutig identifizierbar sind. Außerdem wurde der Datensatz um alle Veröffentlichungen in allgemeinen Tages- und Wochenzeitschriften bereinigt.

Als publizistische Einheit gilt ein Aufsatz in einer Zeitschrift. Wurde derselbe Aufsatz in mehreren Zeitschiften veröffentlicht, wurde er auch mehrfach gezählt. Wurde ein Aufsatz von zwei Tübinger Professoren gemeinsam veröffentlicht, zählt dieser Aufsatz nur einfach, aus den beiden Professoren wurde jedoch quasi ein neuer Autor gebildet.

Soweit nicht auf entsprechende Internetseiten (i.d.R. bei den aktuell Lehrenden) zurückgegriffen werden konnte, haben wir die Aufsätze über verschiedene Datenquellen – Datenbanken (v.a. FIS Bildung), Selbstauskünfte und Zeitschriftenregister – erhoben. Ergänzt wurden diese Recherchen, soweit vorhanden, durch Festschriften bzw. wissenschaftliche Arbeiten, oder es wurden, soweit möglich, persönliche Anfragen getätigt. Auch wenn nicht ausgeschlossen werden kann, dass möglicherweise vor allem bei älteren bzw. verstorbenen Professoren die Publikationsliste nicht vollständig ist, so kann doch davon ausgegangen werden, dass es sich im Großen und Ganzen um eine solide Datenbasis handelt.

Auf die 33 Professoren des Instituts für Erziehungswissenschaft entfallen insgesamt 969 Zeitschriftenaufsätze in 385 verschiedenen Zeitschriften. Dabei ist zu bedenken, dass einige der Zeitschriften nicht mehr und einige nicht immer

---

[509] Zur näheren Erläuterung dieser Kategorien s.o., Kap. 5.1.

existierten; ferner ist zu berücksichtigen, dass einige der Zeitschriften durch Namensänderungen und Zusammenlegungen verschiedener Publikationsorgane sich verändert haben. Dies bedeutet allerdings nicht, dass Zeitschriften, deren Name sich im Zeitverlauf nicht verändert hat, kontinuierlich das gleiche inhaltliche Profil aufweisen. An dieser Stelle erweist es sich also als ein Problem, ab wann eine Zeitschrift als eine oder mehrere gezählt werden sollte, obwohl der Name gleich geblieben ist bzw. ab wann mehrere Zeitschriften als eine zu werten sind, da sie trotz Namensänderung eine personelle/inhaltliche Kontinuität bewahrt haben. Dies ist letztendlich eine Frage, deren Beantwortung den Rahmen dieser Arbeit gesprengt hätte. Für diesen Projektbericht haben wir Zeitschriften mit Namensänderungen zusammengefasst.

6.2 Kommunikationskultur

Im Folgenden wird zunächst der quantitative Verlauf der Zeitschriftenaufsätze analysiert. Abb. 36 zeigt für den Zeitraum 1910 bis 2009 die Anzahl der veröffentlichten Aufsätze aller hier berücksichtigten Professoren.

Abb. 36: Frequenz der Zeitschriftenaufsätze, 1910 bis 2009

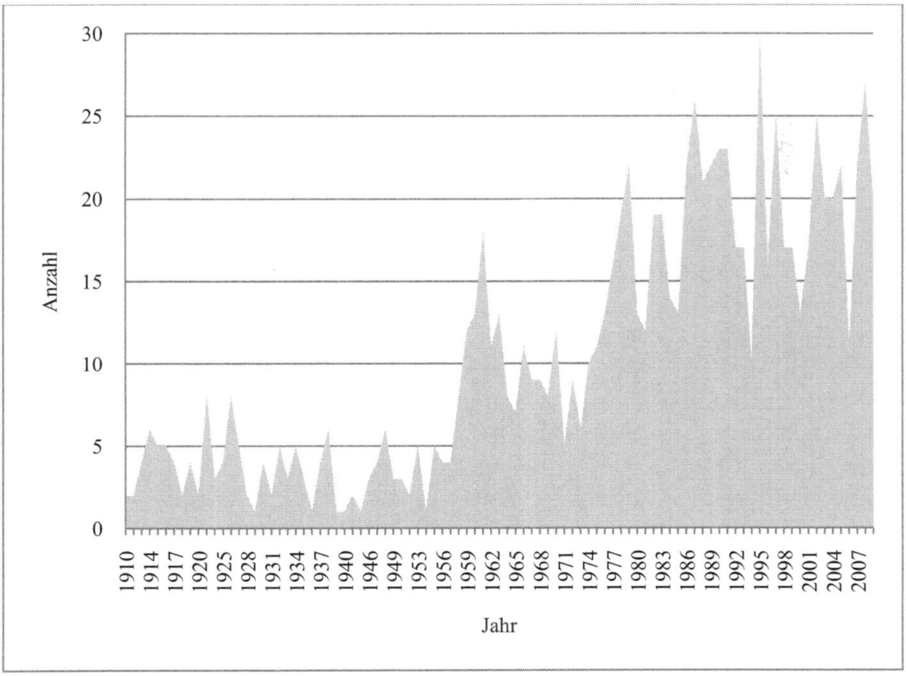

Es zeigen sich zunächst einmal die erwartbaren Einbrüche durch Kriege und Krisen (z.B. Weltwirtschaftskrise). Ab Mitte der 1950er kommt es zu einem starken Anstieg der Veröffentlichungen, bis im Jahr 1960 ein Höhepunkt erreicht ist. Danach sinkt die Publikationstätigkeit wieder ab; verbleibt allerdings trotz einiger Schwankungen auf einem höheren Niveau. Ende der 1970er Jahre lässt sich erneut ein starker Anstieg beobachten. Im Laufe der darauf folgenden Jahrzehnte kommt es auf hohem Niveau auch weiterhin zu Schwankungen bei den Publikationen, so zum Beispiel in den Jahren 1994/95 und 2004/05, was u.a. mit Vakanzen der Professuren zu tun haben könnte.

Um den Verlauf der Entwicklung einordnen zu können, sind allgemein drei Arten von Gründen zu unterscheiden. Zum einen *makrostrukturelle* Gründe, wie externe Krisen, die einen negativen Einfluss auf die Publikationstätigkeit haben, wie auch Veränderungen hinsichtlich der Verbreitung bestimmter Medienformen, die sich positiv oder negativ auf die Publikationsintensität auswirken können. Darüber hinaus ist der Verlauf der Entwicklung auch vor dem Hintergrund des allgemeinen Ausbaus der Erziehungswissenschaft als Hochschuldisziplin zu sehen, der mit der Einführung des Diplomstudiengangs Erziehungswissenschaft in Deutschland in den 1970er Jahren einen Höhepunkt erreichte. Davon zu unterscheiden sind *mesostrukturelle* bzw. institutsbezogene Gründe. So verfügt trotz des allgemeinen Bedeutungszuwachses der Erziehungswissenschaft nicht jede Universität über die gleiche personelle Ausstattung. Insofern ist die Anzahl der Veröffentlichungen vor dem Hintergrund der Anzahl der Lehrstühle am Standort Tübingen zu sehen. Bis 1945 basieren die Daten auf der Publikationstätigkeit jeweils *eines* Autors; der Anstieg in den Folgejahren erklärt sich dann v.a. damit, dass nunmehr mehrere Fachvertreter im Institut vorhanden waren. Darüber hinaus kommen zur Erklärung der Schwankungen – zumindest ansatzweise für die letzte Phase – auch verschiedene Publikationspraxen in Frage. Stehen in der Tradition der Erziehungswissenschaft Bücher im Mittelpunkt, sind es in der Empirischen Bildungsforschung und Pädagogischen Psychologie eher Abhandlungen in Zeitschriften, wobei v.a. darauf geachtet wird, dass diese Zeitschriften einem peer-review-Verfahren unterliegen und einen hohen impact aufweisen. Als dritter Grund schließlich ist die Ebene der *Personen* angesprochen. So gibt es bekanntermaßen Personen, die mehr publizieren als andere bzw. mehr Zeitschriften als Kommunikationsorgan nutzen als andere. So kann beispielsweise der Höhepunkt in den Jahren 1961 bis 1963 auf die vergleichsweise hohe Publikationstätigkeit *zweier* Autoren zurückgeführt werden.

Die Aufsatzveröffentlichungen der Tübinger Professoren sind im gesamten Zeitraum von 1910 bis heute breit in Zeitschriften unterschiedlicher Disziplinzugehörigkeit. Bis in die zweite Phase hinein sind dabei die pädagogischen Fachzeitschriften zwar stark vertreten, aber noch nicht dominant. Erst in der dritten Phase ab 1970 findet ein Konzentrationsprozess auf die eigenen Fachzeitschriften statt.

Wirft man nun einen genaueren Blick auf den Stellenwert von Zeitschriften anderer Disziplinen, so zeigt sich zunächst einmal, dass Veröffentlichungen in angrenzenden Disziplinen einen insgesamt randständigen Stellenwert aufweisen. Von den über 900 Veröffentlichungen sind weit über 80% in den eigenen Fachzeitschriften und nur 52 in Zeitschriften anderer Disziplinen erschienen, wobei die Nachbardisziplinen im Zeitverlauf einen Bedeutungswandel erfahren haben. *Psychologische* Zeitschriften (mit insgesamt 29 Aufsätzen von Tübingern) spielen insbesondere zu Beginn der Tübinger Erziehungswissenschaft bis Mitte der 1940er Jahre eine zentrale Rolle – was nicht weiter verwundert, da das Fach in Tübingen mit Deuchler, Kroh und Pfahler bis zum Ende des Zweiten Weltkrieges in personeller und inhaltlicher Hinsicht stark an diese Nachbardisziplin gebunden war. Ab 1945 ändert sich dies zugunsten *philosophischer* Zeitschriften (insgesamt 17 Aufsätze von Tübingern). Die Gründe für diese Veränderung sind auch hier mit den Personen verbunden – vgl. die Berufungen der philosophisch orientierten Spranger und Bollnow. Seit Mitte der 2000er Jahre gewinnen die *psychologischen* Zeitschriften wieder verstärkt an Bedeutung, was mit der neuen Abteilung Empirische Bildungsforschung und Pädagogische Psychologie in Zusammenhang zu sehen ist. Überraschenderweise stellen *soziologische* Zeitschriften als Kommunikationsorgane über den gesamten Zeitraum keine nennenswerte Rolle (insgesamt zwei Aufsätze von Tübingern), auch nicht in der als Versozialwissenschaftlichung beschriebenen dritten Phase der Institutsentwicklung. Dies ist darauf zurückzuführen, dass die erziehungswissenschaftlichen Fachzeitschriften selbst – zumindest zum Teil – Medien dieser Versozialwissenschaftlichung waren.

Die über 900 Aufsätze der Tübinger Professoren verteilen sich auf über 300 Zeitschriften. Es ist also zunächst einmal zu bemerken, dass die Tübinger Erziehungswissenschaftler insgesamt ein weites Spektrum unterschiedlicher Zeitschriften für ihre Publikationen nutzen. Dem entspricht, dass 30% der Aufsätze in Zeitschriften veröffentlicht wurden, in denen nur jeweils einmal, und weitere ca. 20% in Zeitschriften veröffentlicht wurden, in denen insgesamt zwischen zwei und neun Aufsätze publiziert wurden. Doch kann man auch Zeitschriften identifizieren, die für mehrere Fachvertreter von Bedeutung sind. Die Zeitschriften, in denen mindestens zehn Aufsätze veröffentlicht wurden, vereinen ca. 38% aller Veröffentlichungen auf sich. Dabei ist zu bedenken, dass es so etwas wie „personenspezifische“ Zeitschriften gab, also Zeitschriften, in denen v.a. eine Person häufig publiziert hat, was sich u.a. darin zeigt, dass mit dem Ausscheiden aus dem Universitätsdienst oder einem Standortwechsel auch die Zeitschrift bedeutungslos wird. Ein Beispiel hierfür ist die Zeitschrift „Universitas“, eine Kulturzeitschrift, die mit 31 Veröffentlichungen im Zeitraum ab 1945 zu den fünf „wichtigsten“ Zeitschriften gehört, allerdings auch nahezu ausschließlich von Spranger als Kommunikationsorgan genutzt wird.

Andererseits lassen sich auch Zeitschriften benennen, die über die Publikationstätigkeit einer einzelnen Person hinaus von Bedeutung sind. Aufzuführen ist hier mit großem Abstand mit insgesamt 82 Aufsätzen (8,5% aller Aufsätze der Tübinger Professoren), die „Zeitschrift für Pädagogik“. Unter den sieben nachfolgend wichtigsten Fachzeitschriften, gemessen an der Häufigkeit der darin erschienenen Aufsätze, sind zu nennen: Die „Sammlung“ bzw. „Neue Sammlung“ (5,1%), die „Neue Praxis“ (3,9%), die „Zeitschrift für Psychologie und Jugendkunde“ (3,1%), die „PÄDAGOGIK“ bzw. „Pädagogik heute“ bzw. „betrifft Erziehung“ (2,3%), die Zeitschrift „Lehren und Lernen“ bzw. „Die Schulwarte“ bzw. „Württembergische Schulwarte“ (2,1%) sowie die Zeitschriften „Unterrichtswissenschaft“ (2,1%) und „Bildung und Erziehung“ (2,0%). Die genannten Zeitschriften vereinen insgesamt 270 der 969 Aufsätze der Tübinger Professoren auf sich (35,8%).

Darunter befinden sich mit den Zeitschriften „Zeitschrift für Pädagogik" und „Sammlung" bzw. „Neue Sammlung" lediglich zwei der für die Zeit nach 1945 als erziehungswissenschaftliche Kernzeitschriften genannten Organe.[510] Die anderen Kernzeitschriften („Die Deutsche Schule" <9 Beiträge>, „Pädagogische Rundschau" <5>, „Vierteljahrsschrift für wissenschaftliche Pädagogik" und „Zeitschrift für Erziehungswissenschaft" <je 3>), sind dagegen eher marginal vertreten.

Tab. 44: Anteil der Aufsätze in allgemeinpädagogischen Zeitschriften und in Zeitschriften der eigenen Teildisziplin nach Teildisziplin der Autoren, 1910-2009

Teildisziplin der Autoren	**Aufsätze in Zeitschriften der eigenen Teildisziplin**	**Aufsätze in allgemeinpädagogischen Zeitschriften**
Allgemeine Pädagogik	53%	53%
Erwachsenenbildung/ Weiterbildung	54%	17%
Pädagogische Psychologie/ Empirische Bildungsforschung	45%	11%
Sozialpädagogik	64%	23%
Schulpädagogik	26%	21%

Setzt man die teildisziplinäre Zugehörigkeit der Zeitschriften in Relation zur teildisziplinären Zugehörigkeit der Tübinger Autoren, kann man feststellen, dass diese sich weitgehend entsprechen: Vertreter eines Fachgebiets publizieren häufiger in Zeitschriften dieses Fachgebiets bzw. in nahe verwandten Zeitschriften. Allerdings bilden die allgemeinpädagogischen Zeitschriften hier, ihrem Selbstverständnis auch entsprechend, eine Ausnahme. Vertreter der Allgemeinen Pädagogik veröffentlichten erwartbar deutlich häufiger in Zeitschriften der Allgemeinen Pädagogik (hier inklusive der Historischen und Vergleichenden Erziehungswissenschaft) als originären Medien ihres Fachgebiets als in Zeitschriften anderer Teildisziplinen. Aber auch die Professoren anderer Fachgebiete nutzten die allgemeinen Zeitschriften in nennenswertem Umfang, wenn auch in unterschiedlicher Quantität von 11% bis 23%.[511]

Am wenigsten auf die eigenen Zeitschriften fixiert gewesen zu sein scheinen die Schulpädagogen. Dies lässt sich freilich damit erklären, dass die fachlichen Schwerpunkte der Schulpädagogen in Tübingen, zu denen auch die Angehörigen des Zentrums für Neue Lernverfahren gerechnet werden, lange Zeit recht heterogen waren. Am geschlossenste erscheinen die Sozialpädagogen, die fast zwei

[510] Vgl. dazu Keiner 1999.

[511] Für die Vertreter der Pädagogischen Psychologie sind neben den eigenen und den allgemeinpädagogischen Zeitschriften vor allem noch schulpädagogische Zeitschriften von Bedeutung gewesen. Für die Schulpädagogen wiederum sind auch fachdidaktische Zeitschriften von Belang.

Drittel ihrer Beiträge in sozialpädagogischen und annähernd ein Viertel in allgemeinpädagogischen Zeitschriften veröffentlicht haben. Die Allgemeinen Pädagogen haben zwar etwas mehr als die Hälfte ihrer Aufsätze in allgemeinpädagogischen Zeitschriften, ansonsten aber breit in der Disziplin publiziert.

6.3 Struktur des spezifischen Wissens

Als Indikatoren für die Struktur des spezifischen Wissens, wie es sich in den Abhandlungen der Tübinger Professoren zeigt, werden anhand einer Titelanalyse die verwendete Methode, der Fokus, die disziplinäre und die formalthematische Zuordnung herausgearbeitet. Ausgewählt wurden dafür alle Veröffentlichungen in den folgenden als Kernzeitschriften definierten Publikationsorganen sowie in den teildisziplinären Zeitschriften.

Übergreifende Kernzeitschriften: Die Deutsche Schule (1897-1943 und wieder seit 1956), Zeitschrift für pädagogische Psychologie und jugendkundliche Forschung (1899-1943 mit wechselnden Titeln), Pharus (1910-1934), Schule und Erziehung (1918-1933), Vierteljahrsschrift für wissenschaftliche Pädagogik(1925-1933 und wieder ab 1950), Die Erziehung (1925/26-1942/43), Internationale Zeitschrift für Erziehungswissenschaft (1931/32-1933/34) bzw. Internationale Zeitschrift für Erziehung (1934-1944), Bildung und Erziehung (1934-1937), Weltanschauung und Schule (1936/37-1944), Die Sammlung (1945-1960) danach Neue Sammlung (bis 2005), Pädagogische Rundschau (seit 1947), Bildung und Erziehung (seit 1948), Zeitschrift für Pädagogik (seit 1955) und Zeitschrift für Erziehungswissenschaft (seit 1998).
Zeitschriften der Erwachsenenbildung: Adult education quarterly, a journal of research and theory in adult education (seit 1983, Vorgänger seit 1950), Erwachsenenbildung. Vierteljahresschrift für Theorie und Praxis (seit 1955), Hessische Blätter für Volksbildung, Zeitschrift für Erwachsenenbildung in Deutschland (seit 1958), Studies in the Education of Adults (seit 1969), Report – Zeitschrift für Weiterbildungsforschung (seit 2003, 1978-2002 unter dem Titel: Literatur- und Forschungsreport Weiterbildung), International Journal of Lifelong Education (seit 1982), ManagerSeminare, Weiterbildungsmagazin (seit 1990), DIE-Zeitschrift für Erwachsenenbildung (seit 1993), Journal of Adult and Continuing Education (seit 1994), Wirtschaft und Weiterbildung (seit 1996), Grundlagen der Weiterbildung (seit 2000) und European Educational Research Journal (seit 2002).
Zeitschriften der Pädagogischen Psychologie bzw. empirischen Bildungsforschung: Journal of Educational Psychology (seit 1910), Contemporary Educational Psychology (seit 1976), Zeitschrift für Pädagogische Psychologie (seit 1987), Learning and Instruction (seit 1991).
Schulpädagogische Zeitschriften: Unterrichtswissenschaft (seit 1973), PÄDAGOGIK (seit 1988) neu gebildet aus betrifft:erziehung (1967-1986) und Westermanns pädagogische Beiträge (1949-1987), Beiträge zur Lehrerbildung (seit 1983), Empirische Pädagogik (seit 1987), Journal für Schulentwicklung (seit 1997) sowie Journal für LehrerInnenbildung (seit 2001).
Sozialpädagogische Zeitschriften: Neue Praxis (seit 1970), Sozialwissenschaftliche Literatur Rundschau, Beiheft zur Neuen Praxis (seit 1983), Zeitschrift für Sozialpädagogik (seit 2003) und Social Work and Society (seit 2003).

Zunächst wird die Entwicklung der methodischen und thematischen Orientierungen beschrieben. Zusammenfassend fragen wir, ob und inwiefern die Beschreibung der Entwicklung der Gesamtdisziplin entspricht. Dabei beziehen wir uns auf die von Keiner aufgestellte These, dass die „,Transformationen der Pädagogik' die Richtung auf eine Erziehungswissenschaft als eines multidisziplinären Fachgebiets mit sozialwissenschaftlicher Orientierung und zugleich gesellschaftlich bzw. feld- und professionsabhängig induzierter Themenwahl eingeschlagen haben".[512]

Tab. 45: Methoden in den Zeitschriftenabhandlungen der Tübinger Professoren nach Phasen der Institutsentwicklung (N=294)

Phase / Methode	1910-1945	1946-1969	1970-2002	2003-2009	Gesamt
empirisch	14 41%	-	16 10%	16 27%	46 16%
theoretisch	19 56%	31 89%	102 61%	37 63%	189 64%
historisch	–	1 3%	35 21%	3 5%	39 13%
vergleichend*	–	–	3 2%	2 3%	5 2%
auslandspädagogisch	–	–	3 2%	–	4 1%
nicht zuzuordnen	1 3%	3 9%	6 4%	1 2%	11 4%
Gesamt	34 100%	35 100%	166 100%	59 100%	294 100%

* Die Methoden empirisch-vergleichend, theoretisch-vergleichend und historisch-vergleichend wurden wegen der geringen Anzahl in diesem Bereich zusammengefasst.

Erwartungsgemäß ist der Anteil der empirischen Arbeiten in der ersten Phase hoch, wenngleich der Anteil der theoretischen Arbeiten diesen noch überwiegt. In der zweiten Phase liegen fast ausschließlich theoretische Arbeiten vor, ein einziger historischer Aufsatz ist zu verzeichnen. Angesichts der von Heinrich Roth proklamierten „realistischen Wende" ist der Anteil der empirischen Arbeiten zwischen 1970 und 2002 überraschend gering – mit einem Anteil von 10% empirischer Arbeiten kann von einer empirischen Wende seit den 1970er Jahren wohl nicht gesprochen werden – bei einem relativ hohen Anteil der historischen Arbeiten (21%). Ein deutlicher Anstieg der empirischen Arbeiten ist seit 2003 zu verzeichnen bei nahezu gleichbleibend hohem Niveau der Anzahl der theoretischen Aufsätze. Die Abhandlungen, in denen empirisch vorgegangen wurde, wurden schwerpunktmäßig von Vertretern der Pädagogischen Psychologie geschrieben (63%). Knapp vier Fünftel (39%) der theoretischen Aufsätze stammen von Vertretern der Allgemeinen Pädagogik, gefolgt von den Sozialpädagogen mit 21%.

512 Keiner 1999, S. 218.

Tab. 46: Fokus der Zeitschriftenabhandlungen der Tübinger Professoren nach Phasen der Institutsentwicklung (N= 294)

Phase / Fokus	1910-1945	1946-1969	1970-2002	2003-2009	Gesamt
Theoriebildung	20 59%	30 86%	135 81%	49 83%	234 80%
Verbesserung der Praxis	5 15%	-	21 13%	9 15%	35 12%
Methodenerweiterung	8 24%	2 6%	4 2%	-	14 5%
nicht zuzuordnen	1 3%	3 9%	5 3%	1 2%	11 3%
Gesamt	34 100%	35 100%	166 100%	59 100%	294 100%

80% der Artikel wurden in theoriebildender Absicht geschrieben, 12% zur Verbesserung der Praxis und 5% mit dem Fokus der Methodenerweiterung. Aufsätze mit diesem Fokus sind in der ersten, experimentell-pädagogischen Phase der Institutsgeschichte mit 24% am häufigsten vertreten. In den übrigen Phasen scheint die Methodendiskussion keine nennenswerte Rolle mehr zu spielen. Die Verbesserung der Praxis als Fokus ist mit Ausnahme der geisteswissenschaftlichen Phase, in der kein Artikel dieser Kategorie zugeordnet werden konnte, mit je 15% in der ersten und vierten Phase und 13% in der dritten Phase auf nahezu gleich niedrigem Niveau vorhanden. Fragt man, von welchen Teildisziplinen die meisten Aufsätze in praxisverbessernder Absicht geschrieben wurden, so liegen die Vertreter der Allgemeinen Pädagogik mit 28% vorn, gefolgt von den Erwachsenenbildnern und Schulpädagogen mit jeweils 20% und den Sozialpädagogen und Pädagogischen Psychologen mit jeweils 16%. Die Unterschiede zwischen den Teildisziplinen sind bezüglich des praxisverbessernden Fokus allerdings nicht sehr stark. Von den praxisverbessernden Aufsätzen der letzten Phase wurden vier von Allgemeinen Pädagogen, drei von Sozialpädagogen und zwei von Erwachsenenbildnern geschrieben.

61% der im Zeitraum zwischen 1970 und 2002 publizierten theoriebildenden Aufsätze wurden von Vertretern der Allgemeinen Pädagogik veröffentlicht, 20% von Vertretern der Sozialpädagogik, die übrigen zwischen 3% und 8% von der Pädagogischen Psychologie, Erwachsenenbildung und Schulpädagogik. Es fällt auch hier wieder im Vergleich mit den anderen Teildisziplinen der höhere Anteil der Sozialpädagogen an den theoriebildenden Arbeiten auf. Von den Aufsätzen mit Fokus auf Praxisverbesserung wurden sieben von Allgemeinen Pädagogen, fünf von Schulpädagogen, vier von Erwachsenenbildnern und einer von Pädagogischen Psychologen/Empirischen Bildungsforschern geschrieben. In der vierten Phase (ab 2003) wurden von 59 Artikeln 49 in theoriebildender Absicht und davon die Hälfte von Allgemeinen Pädagogen, aber auch 18% von Sozialpädagogen und 16% von Empirischen Bildungsforschern, 8% von Erwachsenenbildnern und 2% von Schulpädagogen Schulpädagogik publiziert.

Insgesamt fällt die Konstanz theoretischer Arbeiten auf hohem Niveau und der starke und in Phase vier noch zunehmende Anteil der Sozialpädagogen an den theoretischen Arbeiten auf, während der Anteil der Pädagogischen Psychologie bzw. Empirischen Bildungsforschung in diesem Bereich deutlich sank.

Tab. 47: (Teil-)Disziplinzugehörigkeit der Zeitschriftenabhandlungen der Tübinger Professoren nach Phasen der Institutsentwicklung (N=294)*

Phase / **Teildisziplin**	**1910-1945**	**1946-1969**	**1970-2002**	**2003-2009**	**Gesamt**
Allgemeine Pädagogik/ Erziehungsphilosophie	7 21%	21 60%	78 47%	22 37%	128 44%
Experimentelle Pädagogik/ Pädagogische Psychologie/ Empirische Bildungsforschung	22 65%	–	5 3%	10 17%	37 13%
Schulpädagogik	1 3%	1 3%	22 13%	4 7%	28 10%
Sozialpädagogik	1 3%	3 9%	33 20%	13 22%	50 17%
Erwachsenenbildung/Weiterbildung	–	–	15 9%	6 10%	21 7%
Frühpädagogik	–	2 6%	2 1%	–	4 1%
Pädagogische Freizeitforschung und Sportpädagogik	–	–	1 0,5%	–	1 0%
Frauen- und Geschlechterforschung in der Erziehungswissenschaft	–	–	1 0,5%	–	1 0%
Medien- und Umweltpädagogik	–	–	1 0,5%	1 2%	2 1%
Soziologie/Erziehungssoziologie/Bildungssoziologie	–	–	1 0,5%	–	1 0%
Philosophie	–	4 11%	1 0,5%	–	5 2%
Fachdidaktiken	1 3%	–	1 0,5%	1 2%	3 1%
nicht zuzuordnen	2 6%	4 11%	5 3%	2 3%	4%
Gesamt	34 100%	35 100%	166 100%	59 100%	294 100%

* Die Zuordnung der Abhandlungen zu Teildisziplinen geschah unabhängig von der teildisziplinären Zugehörigkeit der Autoren der Abhandlungen.

Diese Zahlen stehen in Kontrast zu den Ergebnissen von Edwin Keiner, der 60% seiner untersuchten Aufsätze als engagierte Beiträge bezeichnete.[513] Gründe liegen sicher im hier verwendeten Kategoriensystem, das in diesem Punkt weni-

513 Vgl. ebd., S. 216.

ger differenziert ist als die vierstufige Skala, die von „Distanz hoch" bis zu „Engagement hoch" reicht.[514] Auch sind es laut Keiner v.a. die Praktiker, die die engagierten Beiträge schreiben, während das Tübinger Autorenkollektiv nur aus Professoren besteht.

Der Anteil der der Allgemeinen Pädagogik zurechenbaren Aufsätze ist im Gesamtverlauf mit 44% am höchsten, allerdings seit 1946 mit deutlich abnehmender Tendenz. Mit einigem Abstand folgen die der Sozialpädagogik (17%), der Pädagogischen Psychologie/Empirischen Bildungsforschung (13%), der Schulpädagogik (10%) und der Erwachsenenbildung (7%) zugeordneten Themen. Den größten Schwankungen unterliegen die Pädagogische Psychologie/Empirische Bildungsforschung und die Allgemeine Pädagogik, allerdings ist bei der Interpretation der Daten zu berücksichtigen, dass die letzte Phase eine Umbruchsphase darstellt, die nur bedingt mit den anderen, abgeschlossenen Phasen verglichen werden kann.

In der experimentell-pädagogischen Phase 1910-1945 wurden von 33 Aufsätzen 65% über Themen der die Phase prägenden Teildisziplin und 21% über allgemeinpädagogische Themen geschrieben. In der geisteswissenschaftlichen Phase von 1946 bis 1969 herrschten Themen aus der Allgemeinen Pädagogik (65%) sowie der Philosophie (17%) vor. Interessanterweise waren schulpädagogische Themen nicht vertreten. In der dritten Phase der Versozialwissenschaftlichung (1970-2002) fällt auf, dass von den Veröffentlichungen der Sozialpädagogen 21% und von denen der Schulpädagogen 20% allgemeinpädagogische Themen aufwiesen, und dass deren Anteil an den 78 allgemeinpädagogischen Titeln 9% (Sozialpädagogen) und 10% (Schulpädagogen) ausmacht. Andererseits haben aber auch Allgemeine Pädagogen über Themen der Teildisziplinen geschrieben (14% schulpädagogische und 9% sozialpädagogische Themen). Seit 2003 sind es neben den Allgemeinen Pädagogen lediglich die Sozialpädagogen, die mit 18% ihrer Veröffentlichungen allgemeinpädagogische Themen bedenken, die empirischen Bildungsforscher schreiben 13% ihrer Aufsätze auch über schulpädagogische Themen und die Allgemeinen Pädagogen sind mit 30% ihrer Artikel auch in den Teildisziplinen vertreten.

Anhand der Disziplinzugehörigkeit der Titel lassen sich interdisziplinäre Überschneidungen feststellen. Starke thematische Affinitäten bestehen zwischen den Schulpädagogen und den Empirischen Bildungsforschern. Die Allgemeine Pädagogik zeigt sich nicht nur als Spezialist für das Allgemeine, und die Sozialpädagogik zeigt eine deutliche Neigung zu allgemeinpädagogischen Themen.

514 Vgl. ebd., S. 217.

Tab. 48: Formalthematische Zuordnung der Zeitschriftenabhandlungen der Tübinger Professoren nach Phasen der Institutsentwicklung (N= 294)

Phase / **Formalthematische Zuordnung**	**1910-1945**	**1946-1969**	**1970-2002**	**2003-2009**	**Gesamt**
Profession	1 3%	-	8 5%	3 5%	12 4%
Adressaten/Klienten	-	-	10 6%	2 3%	12 4%
Pädagogische Institutionen	3 9%	2 6%	25 15%	8 14%	38 13%
Pädagogische Formen und Mittel	-	1 3%	14 8%	6 10%	21 7%
Theorien/Abstraktionen	25 76%	23 66%	83 50%	35 59%	166 57%
Helden und Denker	2 6%	5 14%	21 13%	3 5%	31 11%
nicht zuzuordnen	3 9%	4 11%	4 2%	2 3%	13 4%
Gesamt	34 100%	35 100%	166 100%	59 100%	294 100%

Mit 57% machen die Abhandlungen über Theorien/Abstraktionen die Mehrheit aller Beiträge aus. Mit deutlichem Abstand folgen Themen aus den Bereichen Pädagogische Institutionen (13%) und Helden und Denker (11%). Die restlichen Themenbereiche werden kaum thematisiert.

Zwischen 1970 und 2002 wurden 65% der Aufsätze, die Theorien und Abstraktionen behandeln, von den Vertretern der Allgemeinen Pädagogik geschrieben, 24% von den Sozialpädagogen, mithin insgesamt fast 90% der Abhandlungen in diesem Bereich. Die Aufsätze, die pädagogische Institutionen thematisieren, sind ebenfalls sehr häufig von Allgemeinen Pädagogen (48%) verfasst worden. Den Rest teilen sich die Erwachsenenbildung mit 24%, die Sozialpädagogik mit 16%, die Schulpädagogik mit 8% und die Pädagogische Psychologie mit 4%. Helden und Denker wurden mit 71% von der Allgemeinen Pädagogik bedacht. Die verbleibenden 29% verteilen sich mit jeweils einem bis drei Artikeln auf die Schulpädagogen, Erwachsenenbildner und Sozialpädagogen. Weniger wurde über pädagogische Formen und Mittel und über Aspekte der Profession geschrieben. Den größten Anteil daran hat mit 29% bzw. 38% die Schulpädagogik. Über Adressaten (6% der Artikel) wurde am häufigsten von den Allgemeinen Pädagogen geschrieben.

Ab 2003 wurden zwar auch die meisten (49%) Texte zu Theorien/Abstraktionen von den Allgemeinen Pädagogen geschrieben, die Sozialpädagogik und Empirische Bildungsforschung sind mit jeweils 6 Artikeln (je 17%) und die Erwachsenenbildung mit 4 Artikeln (11%) aber stärker vertreten als in der Phase zuvor. Über pädagogische Institutionen (14% der Artikel in dieser Phase) wurde nur von den Allgemeinen Pädagogen (75%) und den Sozialpädagogen (25%)

geschrieben. An den Beiträgen über pädagogische Formen und Mittel waren Angehörige aller in Tübingen vertretenen Teildisziplinen mit Ausnahme der Pädagogischen Psychologie/Empirischen Bildungsforschung beteiligt.

6.4 Tübinger Abhandlungen in der „Zeitschrift für Pädagogik" und in der Zeitschrift „Neue Praxis" – ein Vergleich

Die „Zeitschrift für Pädagogik" (gegründet 1955) und die „Neue Praxis" (gegründet 1970) sind die beiden Zeitschriften, in denen die Tübinger am häufigsten publiziert haben und bei denen sie auch Herausgeberfunktionen innehatten und -haben. Vor diesem Hintergrund bietet sich ein knapper Vergleich der beiden Zeitschriften im Tübinger Blick an.

Eine Umfrage des Max-Planck-Instituts für Bildungsforschung wies mit 90% der Nennungen die Zeitschrift für Pädagogik als die Nummer eins der Kernzeitschriften aus.[515] Für ihre Sozialstruktur ist die Dominanz der Universitätspädagogen kennzeichnend. Ihre Gründer gehörten zum größten Teil zur zweiten und dritten Generation von Erziehungswissenschaftlern nach der Phase der Erstinstitutionalisierung, darunter der Tübinger Otto Friedrich Bollnow. Später kamen aus Tübingen Andreas Flitner (1962), Ulrich Herrman (1975) und Doris Knab (1982) als Mitherausgeber dazu. Ziel der Zeitschrift war es, „ein periodisches Organ für die Wissenschaft von der Erziehung zu begründen" und „die pädagogischen Erörterungen auf ein akademisches Niveau zu bringen, ihnen den Charakter einer empirischen Wissenschaft zu geben und sie zugleich mit der Philosophie zu verbinden".[516] Erste wissenschaftspolitische Auseinandersetzungen gab es um die Frage der Integration des Themas Lehrerbildung. Mit der fortschreitenden Ausdifferenzierung der Disziplin nahm die Vielfalt der Themen zu und das Bemühen der Herausgeber – vor allem auch von Andreas Flitner, der von 1962-1981 geschäftsführender Herausgeber war – ging dahin, zum einen die Vielfalt zu integrieren, zum anderen aber das allgemeine Profil nicht zu gefährden. Das Problem sollte dadurch gelöst werden, dass ein Großteil der Beiträge unter ein bestimmtes Thema gestellt wurde. Diese Funktion sollen auch die Beihefte erfüllen. Nach Ansicht Keiners besteht kein Zweifel an der Bedeutsamkeit der Zeitschrift für Pädagogik, wenngleich der damit verbundene Einfluss überschätzt würde.[517]

Vergleicht man das spezifische Wissen der Zeitschrift für Pädagogik mit den Ergebnissen für alle Kernzeitschriften, so sind viele Übereinstimmungen festzustellen. Die Unterschiede rechtfertigen jedoch eine kurze gesonderte Darstellung. Elf von 82 „Tübinger" Artikeln in der „Zeitschrift für Pädagogik" wurden zwischen 1946 und 1969 veröffentlicht. Da sich in allen Kernzeitschriften keine empirischen und praxisverbessernden Arbeiten zeigen, muss das logischerweise auch in der „Zeitschrift für Pädagogik" der Fall sein. Während Andreas Flitner

---

[515] Vgl. ebd., S. 102.
[516] Flitner 1955, die Zitate auf S. 1 bzw. 2
[517] Vgl. Keiner 1999, S. 150.

als Allgemeiner Pädagoge zu zwei Dritteln auch über schul-, sozial- und frühpädagogische Themen schreibt, behandeln die fünf Aufsätze von Otto Friedrich Bollnow nur allgemeinpädagogische Themen.

In Phase drei (1945-1969) waren außer der Pädagogischen Psychologie alle Tübinger Teildisziplinen mit Publikationen in der „Zeitschrift für Pädagogik" vertreten, am stärksten wiederum die Allgemeine Pädagogik. Der Anteil der Beiträge der Sozialpädagogen ist mit 16% höher als der der Erwachsenenbildner und Schulpädagogen mit 5% bzw. 4%. Bei 10% der 56 Artikel handelt es sich um empirische Arbeiten, die ausschließlich von Vertretern der Allgemeinen Pädagogik verfasst wurden. Mit Blick auf den Fokus der Arbeiten sind keine nennenswerten Unterschiede zur Gesamtheit der Kernzeitschriften festzustellen. Auch die Betrachtung der Disziplinzugehörigkeit der Titel ergibt ein ähnliches Bild. Die Sozialpädagogen haben in diesem Zeitraum zu gleichen Teilen über sozialpädagogische und allgemeinpädagogische Themen publiziert. 62% der Beiträge von Vertretern der Allgemeinen Pädagogik waren allgemeinpädagogischen, 19% schulpädagogischen und einzelne Aufsätze Themen aus den anderen Teildisziplinen gewidmet. Theorien und Abstraktionen waren mit einem Anteil von 57% die bevorzugten Themenbereiche der Tübinger Autoren, hauptsächlich von Allgemeinen Pädagogen, aber auch von Sozialpädagogen.

Die elf Tübinger Artikel in der „Zeitschrift für Pädagogik" seit 2003 wurden von Allgemeinen Pädagogen, Sozialpädagogen und Erwachsenenbildnern geschrieben, Schulpädagogen und Pädagogische Psychologen waren nicht vertreten. Angesichts der geringen Artikelanzahl und des kurzen Zeitraums ist dies jedoch lediglich als eine Momentaufnahme zu sehen. Für die Zeit von 1970 bis 2002 kann davon gesprochen werden, dass die „Zeitschrift für Pädagogik" auch für die Tübinger ein zentraler Ort der Publikation war.

In der Zeitschrift „Neue Praxis" haben die Tübinger Professoren mit 38 Aufsätzen am dritthäufigsten publiziert. Die „Zeitschrift für Sozialarbeit, Sozialpädagogik und Sozialpolitik", so der aktuelle Untertitel, wurde 1970 von Hans-Uwe Otto gegründet. Der Zeitschrift ging und geht es um die „Kritik zwingend verbesserungsnotwendiger Strukturen, in denen Soziale Arbeit organisiert wird, um die Stärkung der solidarischen Rechte sowie des Autonomiegewinns und der Selbstentfaltungsmöglichkeit der AdressatInnen in einem nicht-paternalistischen Verständnis der eigenen Rolle, um Innovationen und Alternativen für die Praxis sowie um die Forderung nach einer kritischen evaluativen Auseinandersetzung mit dominanten Aspekten professionellen Handelns. Und es geht schließlich um die politische Auseinandersetzung mit gesellschaftlichen und normativen Kontroversen über die Prämissen des Sozialstaats und die Formen seiner Realisierung."[518] 1978 heißt es im Editorial, „daß über Praxis-Projekte tendenziell stärker unter kritisch-theoretischen als unter aktuell-orientierenden Aspekten berichtet wird, entspricht der generellen Zielsetzung und dem damit verbundenen Theorie-Praxis-Verständnis der *NP*".[519] Der Tübinger Professor für Sozialpädagogik

---

[518] Otto 2010.
[519] Otto 1978.

Hans Thiersch ist seit 1977 Mitherausgeber, Siegfried Müller und Rainer Treptow, ebenfalls Tübinger Sozialpädagogikprofessoren, sind seit 1980 bzw. 1985 Redaktionsmitglieder.

Das spezifische Wissen der Tübinger in der „Neuen Praxis" zeichnet sich bezüglich der Methoden mit 90% durch einen äußerst hohen Anteil der theoretischen Arbeiten aus. Die Arbeiten mit praxisverbessernder Absicht liegen mit 21% über dem Anteil der Abhandlungen in den Kernzeitschriften, aber deutlich unter dem Anteil mit theoriebildendem Fokus. Methodenerweiternde Arbeiten spielen mit 2,6 % eine untergeordnete Rolle. Erwartungsgemäß ist der Anteil der Titel mit sozialpädagogischen Themen hoch, mit 13% kommen aber auch allgemeinpädagogische Themen vor. Wichtigstes formales Thema sind mit 53% Theorien und Abstraktionen. 26% der Artikel in der „Neuen Praxis" wurden auch von Tübinger Allgemeinen Pädagogen geschrieben. Da für die Neue Praxis keine sozialstrukturelle Untersuchung vorliegt, kann nicht gesagt werden, ob die Kommunikationskultur der Tübinger Sozialpädagogik, die sich als teildisziplinär offen zeigt, für die gesamte Teildisziplin typisch ist.

Die Tübinger Sozialpädagogik hat einen relativ hohen Anteil in allgemeinpädagogischen Zeitschriften mit – wie sich gezeigt hat – ausgeprägter theoretischer Neigung. Die Charakteristik der „Neuen Praxis" als „kritisch-theoretisch" ist in der Lage, die Theoriegestalt näher zu spezifizieren und den vergleichsweise geringen Anteil an empirischen und unmittelbar praxisverbessernden Arbeiten zu erklären.

6.5 Begriffskonjunkturen

Keiner geht in seiner Analyse von der Frage aus, ob eine Versozialwissenschaftlichung der Pädagogik stattgefunden hat, ob es mehr importierte Begriffe aus den Nachbardisziplinen gibt oder ob sich ein kontinuierliches und zentrales einheimisches Repertoire an Begriffen feststellen lässt. Seine Untersuchung baut auf der Prämisse auf, dass sich Weiterentwicklung im Sinne von Differenzierung und Spezialisierung der Theoriebildung auch in einer Verfeinerung und Veränderung der Titelbegriffe zeigen müsste. Er geht davon aus, dass Titeldeskriptoren „tatsächlich Deskriptoren, also methodisch erzeugte Konstrukte zur empirisch-historischen Beschreibung eines Sachverhalts"[520] seien und nicht erst aus dem Inhalt rekonstruiert werden müssten, da das Manifeste ihre kennzeichnende Eigenschaft ist.

Die Kontinuität einer Kernbegrifflichkeit dient Keiner als Indikator für die rekursive Selbstbezüglichkeit, die Reflexionstheorien in ihrer Theoriebildung eigen sei. Der häufige Gebrauch solcher Kernbegriffe diene der Sinnstiftung, die Leistung dieser Begriffe liege in ihrer Unschärfe, ihre Spezifik sei ihre theoretische Unspezifik.[521] Auf die Ergebnisse von Keiner für die Gesamtdisziplin Be-

---

[520] Keiner 1999, S. 190.

[521] Ebd., S. 191.

zug nehmend stellt sich die Frage nach der Entwicklung der kernbegrifflichen Komposita in den Titeln der Tübinger Abhandlungen in den Kernzeitschriften.

In den 294 Tübinger Aufsätzen in den erziehungswissenschaftlichen Kernzeitschriften sowie in den o.g. teildisziplinären Zeitschriften kommen insgesamt 3.568 Titelwörter vor. Darunter sind in 64% (Keiner: ca. 90%) der Veröffentlichungen 270mal die Kernbegriffe Erziehung, Bildung, Pädagogik, Schule und Unterricht sowie – ergänzend zu Keiner hinzugenommen – die Begriffe Lernen und Sozialisation vorhanden. In Tab. 49 sind die Häufigkeiten der Kernbegriffe in den Kernzeitschriften aufgelistet.[522] Zum Vergleich werden die Ergebnisse von Keiner angeführt. Ein direkter Vergleich der Kernbegriffe in den Tübinger Aufsätzen mit den Ergebnissen von Keiner ist nur für die Aufsätze in der „Zeitschrift für Pädagogik" sowie in den beiden Periodika „Bildung und Erziehung" und „Pädagogische Rundschau" für den Zeitraum von 1955-1990 möglich. Die anschließende Grafik veranschaulicht die Entwicklung der Kernbegriffe anhand der bezeichneten Phasen.

Tab. 49: Häufigkeiten von Kernbegriffen in Kernzeitschriften

	Tübinger in Kernzeit-schriften	**Tübinger in ZfPäd, EuB, PR 1947-2009**	**Tübinger in ZfPäd, EuB, PR 1947-1990**	**Nennungen in ZfPäd, EuB, PR insgesamt 1947-1990**
„Erziehung"	73 30%	42 37%	29 35%	384 16%
„Pädagogik"	65 26%	27 24%	23 28%	788 34%
„Bildung"	62 25%	23 20%	13 16%	201 9%
„Schule"	43 17%	21 18%	17 21%	827 35%
„Unterricht"	3 1%	1 1%		144 6%
Gesamt	270 100%	86 100%	67 100%	2344 100%
„Lernen"	18	7		
„Sozialisation"	6	4		

522 Die Auszählung der Begriffe erfolgte mit dem Zusatzmodul zur Wortschatzanalyse des Computerprogrammes MAXQDA, einer Software zur qualitativen Textanalyse. Gezählt wurden die Wortstämme „erzieh", „bild", „pädagog", „schul", „unterricht", „lern" und „sozialis".

Abb. 37: Häufigkeiten von Kernbegriffen (Stammwörter und Komposita) in Kernzeitschriften

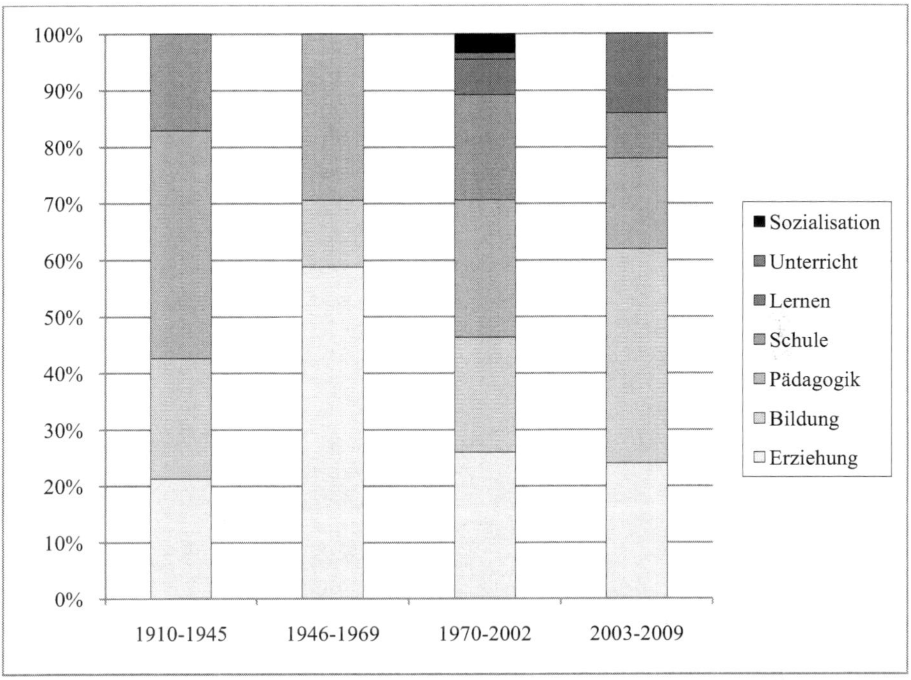

Insgesamt weichen die Ergebnisse von Keiner deutlich ab. So spielt z.B. bei den Tübinger Autoren „Schule" keine große Rolle (er kommt in der geisteswissenschaftlichen Phase 1945-1969 überhaupt nicht vor), anders als die Begriffe „Bildung" und „Erziehung". Lediglich beim Begriff „Pädagogik" nähern sich die Ergebnisse an (34%:28%).

Betrachtet man die Entwicklung von 100 Jahren und nicht nur den Zeitraum von 1947-1990, so lässt sich – zumindest für die Tübinger – die These einer kernbegrifflichen Kontinuität[523] nur bedingt aufrechterhalten: Zum einen sind bei der Entwicklung der Tübinger Kernbegriffe deutlichere Schwankungen festzustellen, zum anderen sind die Anteile der einzelnen Kernbegriffe unterschiedlich gewichtet: Der Begriff „Pädagogik" nimmt kontinuierlich ab, der Bildungsbegriff hat in der Zeit von 1945-1969 den geringsten Stellenwert, ab 1970 nimmt er wieder an Bedeutung zu. Von einem „Verschwinden des Bildungsbegriff[s] seit 1969"[524] kann also für die Tübinger Abhandlungen nicht gesprochen werden. Der am meisten genannte Begriff ist „Erziehung" (73 Nennungen). Mit Ausnahme der geisteswissenschaftlichen Phase, in der er prozentual am häufigsten auftritt, bleibt er relativ konstant.

---

[523] Vgl. Keiner 1999, S. 193.

[524] Ebd., S. 203.

Bei näherer Betrachtung der Kernbegriffe „Erziehung“, „Bildung“ und „Pädagogik“ lässt sich feststellen, dass sich der Anteil der Kernbegriffe in ganzen Wörtern unterschiedlich darstellt. Fast die Hälfte (34 von 73 Nennungen) der Komposita mit dem Stamm „erzieh“ besteht aus dem ganzen Wort „Erziehung“, hingegen nur 15% bei „Bildung“. Nach Tenorth kann der Bildungsbegriff offensichtlich nicht mehr in einem theoretisch bestimmten Sinne als Charakteristikum erziehungswissenschaftlicher Reflexion fungieren, sondern vorwiegend als Präfix im Kontext von Bildungspolitik und Bildungsplanung.[525] Begriffe wie Bildungsintegration, Grundbildung, Bildungsprozesse, die seit 2003 auftauchen, könnten aber auch als Hinweis darauf gesehen werden, dass für den Bildungsbegriff eine Differenzierung und Verfeinerung in der Theoriebildung stattgefunden hat. Von den 65 Nennungen der Komposita mit „pädagog“ bestehen 31 aus dem Adjektiv pädagogisch. Das verweist auf disziplinäre Spezifizierung auch außerpädagogischer Begriffe bei gleichzeitiger Möglichkeit, eine disziplinäre Einheit zu verleihen.

Tab. 50: Kernbegriffe 1970-2002 und 2003-2009 nach Teildisziplinzugehörigkeit der Autoren

Kernbegriffe / Teildisziplin	**„Schule“**		**„Pädagogik“**		**„Erziehung“**		**„Bildung“**	
	1970-2002	**2003-2009**	**1970-2002**	**2003-2009**	**1970-2002**	**2003-2009**	**1970-2002**	**2003-2009**
Allgemeine Pädagogik	14 48%	2 50%	25 69%	3 50%	27 69%	7 78	16 46%	4 31%
Erwachsenenbildung	5 17%	–	1 3%	–	1 3%	–	9 26%	5 39%
Pädagogische Psychologie/ Empirische Bildungsforschung	1 3%	1 25%	1 3%	–	1 3%	–	1 3%	1 8%
Sozialpädagogik	–	1 25%	7 19%	3 50%	8 21%	2 22%	4 11%	3 23%
Schulpädagogik/Neue Lernverfahren	9 31%	–	2 6%	–	2 5%	–	5 14%	–
Gesamt	29 100%	4 100%	36 100%	6 100%	39 100%	9 100%	35 100%	8 100%

Als Indikator für eine rekursive Selbstbezüglichkeit kann die Häufigkeit, mit der sich die Erziehungswissenschaft selbst thematisiert, dienen. Der Begriff Erziehungswissenschaft bzw. erziehungswissenschaftlich wurde in den Abhandlungen der Tübinger insgesamt 16mal gezählt (10mal zwischen 1970 und 2002 und 6mal seit 2003). Er verweist mit seiner szientifischen Konnotation auf eine zunehmende Selbstthematisierung als Wissenschaft und scheint damit den Pädagogikbegriff, der eher geeignet ist, den Selbstentwurf der Erziehungswissen-

[525] Tenorth 1986, S. 44.

schaft als praktischer Wissenschaft zu symbolisieren, abzulösen. Dieser wird ab 2003 nur einmal genannt, hingegen zwischen 1970 und 2002 9mal.

Für die Betrachtung der Kernbegriffe in Abhängigkeit von der Disziplinzugehörigkeit sind aufgrund der teildisziplinären Differenzierung die Nennungen zwischen 1970 und 2003 von Interesse. Der Bildungsbegriff findet bei Vertretern aller Teildisziplinen Verwendung, in Phase 3 am häufigsten bei den Vertretern der Allgemeinen Pädagogik, aber mit 26% auch bei den Erwachsenenbildnern, mit 14% und 11% bei Schul- bzw. Sozialpädagogen. Ab 2003 liegt der Anteil des Bildungsbegriffs bei den Erwachsenenbildnern mit 39% über dem bei den Allgemeinen Pädagogen und auch bei den Sozialpädagogen ist ein Anstieg zu verzeichnen. Der Erziehungsbegriff wird ebenso von allen verwendet. Bedeutende Anteile gibt es aber nur bei den Allgemeinen Pädagogen und den Sozialpädagogen, ab 2003 wird der Begriff ausschließlich von diesen beiden Disziplinen gebraucht. Anteile und Entwicklung des Pädagogikbegriffs liegen parallel zum Erziehungsbegriff. Erwartungsgemäß ist der Anteil der Schulpädagogik am Schulbegriff mit 31% relativ hoch.

6.6 Die Tübinger Erziehungswissenschaft in Rezensionen und Zitationen in der „Zeitschrift für Pädagogik"

Wie das Institut für Erziehungswissenschaft von der Fachöffentlichkeit wahrgenommen wird, ist untrennbar mit den dort beschäftigten Personen verknüpft, die das Institut durch Ihre Arbeit prägen. Sichtbar wird diese Arbeit u.a. durch Vorträge auf Fachtagungen, Mitgliedschaften und Funktionen in fachrelevanten Vereinigungen sowie Publikationen. Im folgenden Abschnitt soll untersucht werden, ob und wie Publikationen von Tübinger Professoren durch Rezensionen und Zitationen in der Fachöffentlichkeit präsent sind. Dies geschieht auf Grundlage der „Zeitschrift für Pädagogik", die sich durch ihr langjähriges Bestehen und die ausführliche und genaue Dokumentation ihres Inhalts über Jahresregister seit dem ersten Jahrgang für diese Analyse auszeichnet.

„Sicherlich ist die *Z.f.Päd.* nicht die einzige erziehungswissenschaftliche Zeitschrift der Bundesrepublik von einigem Renommée, aber über alle Fraktionen und Schulen hinweg wird es einen Konsens geben, daß sie die führende Zeitschrift der Disziplin ist. Sie repräsentiert wie keine andere in ihren Abhandlungen und Diskussionen, in den von ihr initiierten Kontroversen und Versöhnungsversuchen exemplarisch die jüngere Geschichte erziehungswissenschaftlichen Denkens in der Bundesrepublik."[526] Diese Einschätzung aus dem Jahr 1986 anlässlich des 25jährigen Bestehens der „Zeitschrift für Pädagogik" mag heute angesichts der Konkurrenz durch die „Zeitschrift für Erziehungswissenschaft" nicht mehr uneingeschränkt gelten. Bis in die 1990er Jahre hinein allerdings bildete sie das Zentrum der erziehungswissenschaftlichen Diskussion.[527]

---

[526] Tenorth 1986, S. 21f.

[527] Vgl. auch oben, Kap. 6.4.

Im Folgenden werden zunächst die Rezensionen und anschließend die Zitationen von Publikationen der Tübinger Professoren untersucht.

Die „Zeitschrift für Pädagogik“ ist für eine Analyse der Rezensionen umso interessanter, da in ihrer Gründungsphase erwogen wurde, sie ausschließlich als Rezensionsmedium anzulegen.[528] Ihre Herausgeber entschieden sich jedoch für eine Verbindung pädagogischer Artikel und Besprechungen.[529]

Zunächst wurde erhoben, ob und welche Werke von Professoren am Institut für Erziehungswissenschaft in der „Zeitschrift für Pädagogik“ zwischen 1955 und 2009 rezensiert worden sind. Dabei halfen die Register – das Gesamtregister der ersten 30 Jahrgänge von 1986 sowie die Jahresregister.[530] Aufgenommen wurden dabei nur Rezensionen jener Werke, die während der Beschäftigung am Institut für Erziehungswissenschaft oder nach direkter Emeritierung entstanden sind. Relevant für die Aufnahme war dabei das Erscheinungsjahr des rezensierten Werks. Von insgesamt 33 Professoren des Instituts für Erziehungswissenschaft nach 1945 wurden 21 Werke von 9 Professoren in der „Zeitschrift für Pädagogik“ seit ihrem Bestehen 1955 rezensiert (vgl. Tab. 51). In Anbetracht der insgesamt 619 Einzelbesprechungen[531] ist dies auf den ersten Blick nur ein kleiner Teil. Mit Blick auf die Anzahl der potentiell rezensierbaren Publikationen in mehr als 50 Jahren handelt es sich allerdings um eine Zahl, die beachtlich ist.

Rezensionen von Tübingern[532] sind im gesamten Zeitraum von 1955 bis 2009 vorhanden, in den 1960er und den 2000er Jahren mit je fünf Rezensionen die meisten. Am schwächsten besetzt sind die 1950er und die 1970er Jahre mit lediglich zwei Rezensionen, wobei die „Zeitschrift für Pädagogik“ ja erst 1955 gegründet wurde. Von den Autoren der rezensierten Werke sind sieben der Allgemeinen Pädagogik zuzuordnen und zwei der Sozialpädagogik, von den 21 rezensierten Werken sind 18 der Allgemeinen Pädagogik und drei der Sozialpädagogik zuzurechnen. Die allgemeine „Zeitschrift für Pädagogik“ bringt also erwartbar stärker Werke von Allgemeinen Pädagogen zur Geltung. Ähnlich wie bei den Aufsatzanalysen zeigt sich aber auch hier eine Bezugnahme auf die Sozialpädagogik, während die anderen Teildisziplinen nicht vertreten sind.

---

528 Vgl. Tenorth 1986, S. 25f.: „Elend und Glanz der Rezension“.

529 Vgl. Scheibe 1986, S. 12f.

530 Das Gesamtregister 1986 enthält „alle – in selbständigen Einzelbesprechungen oder in Sammelbesprechungen bzw. Literaturberichten – rezensierten Werke. (Lediglich bei Aufsätzen über den Stand der Forschung oder der Diskussion zu einem bestimmten Thema wurden die darin erwähnten Werke nicht ins Rezensionsverzeichnis aufgenommen, vor allem weil es sich dabei nicht um Besprechungen im eigentlichen Sinne handelt. Ebenfalls nicht mit aufgenommen wurden solche Diskussionsbeiträge, in denen Beiträge aus der ‚Zeitschrift für Pädagogik‘ selbst ‚besprochen‘ werden.).“ (Fatke 1986, S. 97)

531 Vgl. Tenorth 1986, S. 21.

532 Die Tatsache, dass vier der Tübinger Professoren auch Mitherausgeber der „Zeitschrift für Pädagogik“ waren, hat sich zumindest nicht dahingehend ausgewirkt, dass deren Werke überproportional häufig rezensiert worden wären.

Tab. 51: Rezensierte Werke Tübinger Professoren in der „Zeitschrift für Pädagogik", 1955-2009

Autor/Herausgeber	Titel und Erscheinungsjahr des rezensierten Werks	Rezensent, Jahr der Rezension
Spranger	Zur Geschichte der deutschen Volksschule. 1949	Flitner, A. 1956, S. 230
	(Hg.) Pädagogische Wahrheiten und Halbwahrheiten. Festgabe für Wilhelm Flitner zum 70. Geburtstag. 1959	Scheuerl, H. 1960, S. 219
	Gesammelte Schriften. Bd. I - XI. 1969ff	Löffelholz, M. 1981, S. 65
	Grundlagen der Geisteswissenschaften (Gesammelte Schriften, Bd. VI). 1980	Nicklis, W. 1981, S. 814
Wenke	Eduard Spranger. Bildnis eines geistigen Menschen unserer Zeit. 1957	Dolch, J. 1958, S. 188
Bollnow	Wesen und Wandel der Tugenden. 1958	Drechsler, J. 1960, S. 83
Flitner	Die Kirche vor den Aufgaben der Erziehung. 1959	Lohff, W. 1960, S. 435
	Soziologische Jugendforschung. Darstellung und Kritik aus pädagogischer Sicht. 1963	Jaide, W. 1964, S. 396
	(Hg.) Wege zur pädagogischen Anthropologie. 1963	Rang, M. 1965, S. 374
	(Hg. mit Lenzen, D.) Abitur-Normen gefährden die Schule. 1977	Busse, G. 1977, S. 639
	Konrad, sprach die Frau Mama... Über Erziehung und Nicht-Erziehung. 1982	Scheuerl, H. 1983, S. 309
Thiersch	(mit Ruprecht, H.; Herrmann, U.) Die Entwicklung der Erziehungswissenschaft. 1978	Oelkers, J. 1979, S. 91
	(Hg. mit Otto, H.-U.; Hirschauer, P.) Zeit-Zeichen sozialer Arbeit. Entwürfe einer neuen Praxis. 1992	Criblez, L. 1995, S. 451
Liegle	(Hg. mit Konrad, F.-M.) Reformpädagogik in Palästina. Dokumente und Deutungen zu den Versuchen einer „neuen" Erziehung im jüdischen Gemeinwesen Palästinas (1918-1948). 1989	Feidel-Mertz, H. 1991, S. 453
	(mit Lüscher, K.) Generationenbeziehungen in Familie und Gesellschaft. 2003	Ecarius, J. 2005, S. 138
Müller	(Hg. mit Otto, H.-U.) Verstehen oder Kolonialisieren? Grundprobleme sozialpädagogischen Handelns und Forschens. 1986	Oelkers, J. 1986, S. 139
	(Hg. mit u.a.) Soziale Arbeit. Gesellschaftliche Bedingungen und professionelle Perspektiven. Hans-Uwe Otto zum 60. Geburtstag gewidmet. 2000	Lüders, C. 2002, S. 145
Prange	Pädagogik im Leviathan. Ein Versuch der Lehrbarkeit der Erziehung. 1991	Niemeyer, C. 1992, S. 795
	Die Zeigestruktur der Erziehung. Grundriss der Operativen Pädagogik. 2005	Ricken, N. 2006, S. 904
	(Hg.) Herbart und Dewey. Pädagogische Paradigmen im Vergleich. 2006	Brumlik, M. 2008, S. 435
Horn	(mit Berg, C.; Herrlitz, H.-G.) Kleine Geschichte der Deutschen Gesellschaft für Erziehungswissenschaft. Eine Fachgesellschaft zwischen Wissenschaft und Politik. 2004	Furck, C.-L. 2006, S. 149

Einen Einblick in die Bedeutung der Erziehungswissenschaft der Universität Tübingen kann auch die Analyse der Zitationen in der „Zeitschrift für Pädagogik" geben. Da jede Zitation eine Bezugnahme auf die entsprechende wissenschaftliche Arbeit darstellt, wird davon ausgegangen, dass die Zitate einer Person etwas über ihre Bedeutung aussagen. Die Datengrundlage der Untersuchung waren auch hier das Gesamtregister und die Jahresregister der „Zeitschrift für Pädagogik".[533]

Tab. 52: Verteilung der Zitation der Tübinger Professoren in der Zeitschrift für Pädagogik nach Phasen

Name	1955-1969	1970-2002	2003-2009	1955-2009
Spranger, E.	203	280	18	501
Flitner, A.	91	334	2	427
Bollnow, O.	132	136	8	276
Herrmann, U.	–	170	–	170
Thiersch, H.	–	157	3	160
Prange, K.	–	84	18	102
Dohmen, G.	13	51	3	67
Liegle, L.	–	50	8	58
Knab, D.	–	36	–	36
Zifreund, W.	–	28	–	28
Müller, S.	–	22	2	24
Huber, G.	–	19	–	19
Horn, K.-P.	–	–	15	15
Schmalohr, E.	–	14	–	14
Mühle, G.	–	9	–	9
Trautwein, U.	–	–	7	7
Grunder, H.	–	4	1	5
Kunert, K.	–	3	–	3
Bartholomäus, W.	–	–	2	2
Wenke, H.	1	–	–	1
Heiner, M.	–	1	–	1
Treptow, R.	–	–	1	1
Amos, K.	–	–	1	1

Insgesamt werden Tübinger jedes Jahr in der „Zeitschrift für Pädagogik" zitiert, doch ergibt sich über die Zeitspanne der Analyse hinweg eine wellenartige Bewegung in der Häufigkeit der Zitationen, die aber auch mit den Konjunkturen von Themen zusammenhängt. Ein Tübinger, Eduard Spranger, war in der Zeit zwischen 1955 und 1979 insgesamt viermal der meistzitierte Autor – allerdings bedeutet dies nicht, dass er als Tübinger wahrgenommen worden sein muss, hatte er doch den größten Teil seines Forscherlebens an der Berliner Universität

[533] Vgl. zu diesem Vorgehen auch Tenorth 1986, S. 50ff.

verbracht – und insgesamt 16mal waren in dieser Zeit Tübinger unter den je sieben meistzitierten Autoren, mit Bollnow und Andreas Flitner dabei zwei, die eindeutig mit dem Standort Tübingen verbunden werden können.

Während der 1970er Jahre bewegen sich die Tübinger Autoren dann eher im unteren Mittelfeld der Zitationen, in den 1980er Jahren wird Flitner sehr häufig zitiert, doch spätestens seit Beginn der 1990er Jahre verlassen die Tübinger das obere Mittelfeld und werden immer weniger zitiert bzw. andere Autoren werden sehr viel häufiger zitiert. Seit 2003 sind die Namen von Tübinger Professoren und Professorinnen nur noch vereinzelt in der Zeitschrift für Pädagogik zitiert zu finden.

Diese Entwicklung hat zum einen damit zu tun, dass eine Dominanz, wie sie noch die geisteswissenschaftliche Pädagogik hatte, heute nicht mehr in gleichem Maße vorhanden ist, aber auch damit, dass die thematische Vielfalt in der „Zeitschrift für Pädagogik" größer geworden ist und die Zitationen insgesamt breiter streuen. Von daher ist es durchaus als Erfolg zu werten, wenn Tübinger unter den Zitierten zu finden sind, denn das heißt, dass sie im Feld wahrgenommen werden.

Abb. 38: Zitationen der Tübinger Professoren Spranger, Bollnow und Flitner in der „Zeitschrift für Pädagogik" 1955-2009

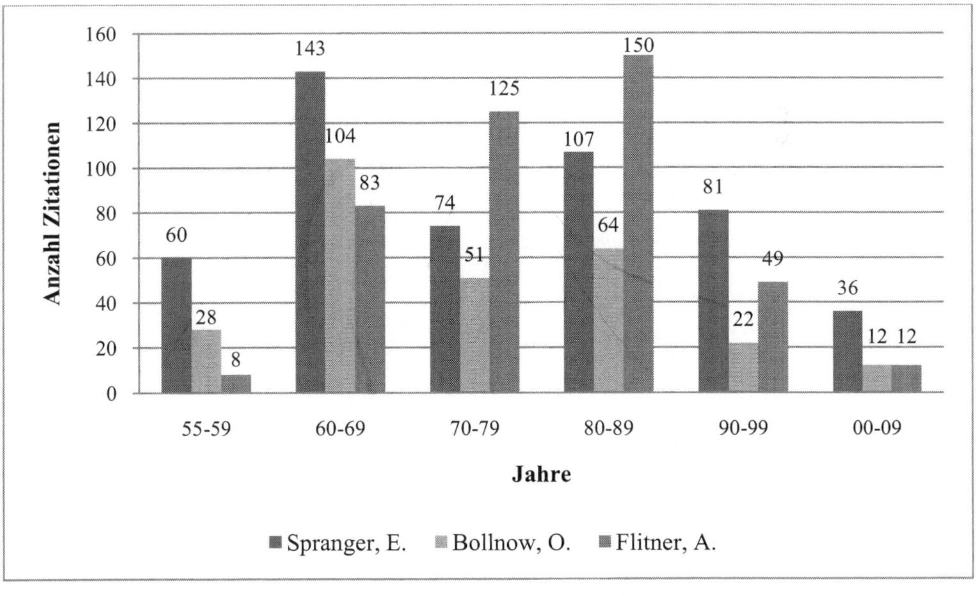

Die Tübinger Autoren, die über den gesamten Zeitraum hinweg zitiert werden, sind Bollnow, Flitner und Spranger, wobei Spranger mit Ausnahme der 1970er und 1980erJahre immer mehr Zitationen auf sich vereinigte als Bollno oder Flitner.

Die Ergebnisse der Rezensions- und Zitationsanalyse zeigen erwartungsgemäß ähnliche Tendenzen auf. Das betrifft einen Teil der auftretenden Namen ebenso wie die lückenlose Kontinuität der Nennungen. Auch wenn auf der Grundlage von Zitationen und Rezensionen keine eindeutige Bewertung der jeweiligen wissenschaftlichen Arbeiten vorgenommen werden kann und soll, so kann doch festgestellt werden, dass die Tübinger Erziehungswissenschaftler zu jeder Zeit von der Fachöffentlichkeit wahrgenommen wurden. Ob sie dabei immer als „Tübinger“ wahrgenommen wurden, muss jedoch offen bleiben.

7 Anhang

7.1 Erweitertes Kategorienschema zur Analyse der Lehrgestalt der Erziehungswissenschaft nach Hauenschild 1990

01 Philosophie/Wissenschaftstheorie
Philosophie: Klassische Themen der Philosophie: Erkenntnislehre, Logik, Ethik, Ästhetik, Philosophie der Erziehung
Wissenschaftstheorie: Allgemeine Wissenschaftstheorie. Wissenschaftstheorie und Erziehungswissenschaft: Reflexion über die eigene Disziplin, Standortbestimmungen, Begründungs- und Legitimationsversuche. Rezeption verschiedener Theorien/Ansätze innerhalb der Erziehungswissenschaft.

02 Forschungsmethoden
Allgemeine Forschungsmethoden
Verfahren und Techniken der Erziehungswissenschaft
Diskussion von Forschungsarbeiten

11 Allgemeine Theorie der Erziehung und Bildung; Allgemeine Theorie der Kommunikation und Interaktion
Allgemeine Pädagogik/Erziehungswissenschaft
Allgemeine Theorie der Erziehung und Bildung
Allgemeine Theorie der Kommunikation und Interaktion

12 Theorie der Sozialisation und Sozialisationsforschung
Allgemeine Theorie der Sozialisation
Sozialisationsforschung

13 Pädagogische Anthropologie
Allgemeine Anthropologie; Anthropologie der Erziehung
Kulturanthropologie

14 Allgemeine Didaktik, Allgemeine Theorie Pädagogischen Handelns, Allgemeine Theorie des Lernens
Allgemeine Didaktik: Theorie, Konzepte, Methoden der Allgemeinen Didaktik
Pädagogisches Handeln: Theorie, Fragen etc., die sich auf die Gestaltung der allgemeinen pädagogischen Praxis beziehen
Allgemeine Theorie des Lernens: Theorien des Lernens, Allgemeine Fragen des Lernens

15 Allgemeine Fragen des Erzieherberufs
Rolle des Erziehers, Ausbildungsfragen, Professionalisierungsfragen

16 Pädagogische Ethik

20 Historische Bildungsforschung

21 Geschichte Pädagogischen Denkens
Klassiker der Pädagogik
Pädagogisches Denken in vergangenen Epochen

22 Geschichte des Bildungswesens
Geschichte des allgemeinen Bildungswesens

31 *Allgemeine Psychologie*
Allgemeine Psychologie: Geschichte, Theorie, Methoden
Spezielle Bereiche der Psychologie

32 *Pädagogische Psychologie*
Allgemeine Pädagogische Psychologie
Entwicklungspsychologie – Theorien der Entwicklung
Allgemeine Diagnostik
Begabungsbegriff und Begabungstheorie
Leistungsbegriff, Leistungsmessung und Leistungsbewertung

33 *Pädagogische Beratung*
Allgemeine Theorien und Modelle der Beratung
Spezielle Theorien und Methoden der Beratung und Therapie
Rolle des Beraters/Therapeuten – Ausbildungsfragen
Gruppendynamik
Selbsthilfegruppen, Selbsterfahrung, Mediation, Supervision
Rollenspiel / Spielpädagogik

41 *Allgemeine Bildungssoziologie und Institutionslehre*
Allgemeine Institutionslehre
Allgemeines Bildungssystem
Soziologie des Bildungswesens
Soziologie der Erziehung

42 *Allgemeine Bildungsökonomie*
Allgemeine Bildungsökonomie

43 *Allgemeine Bildungspolitik*
Allgemeine Bildungspolitik
Bildungsreform
Bildungsplanung

44 *Bildungsrecht*
Rechtsfragen der Erziehung

51 *Vergleichende Erziehungswissenschaft*
Vergleichende Erziehungswissenschaft
Vergleichende Ethnologie u.a.

60 *Praktische Pädagogik / Schulpädagogik*

61 *Allgemeine Theorie der Schule*
Schultheorie
Allgemeine Theorien der Schule, Geschichte der Schule
Schulorganisationslehre
Fragen der Schulorganisation, Diskussion verschiedener Schultypen
Schulrecht
Schulverwaltungslehre
Entwicklung des Schulsystems

62 *Unterrichtstheorie und -forschung*
Unterrichtstheorie und –forschung
Curriculumtheorie und –forschung
Lehrplantheorie und –forschung

63 *Schulpsychologie*
Schulpsychologische Diagnostik, Beratung, Therapie
Beurteilung schulischen Lernens

64 *Fachdidaktik*
Allgemeine Fragen zur Fachdidaktik
Didaktik einzelner Unterrichtsfächer

65 *Lehrerrolle, Lehrerbildung*
Lehrerrolle, Lehrerberuf
Lehrerbildung
Didaktik der Lehrerbildung
Interaktionelle Improvisationsmethode

66 *Schulpraktika*
Vor- und Nachbereitende Veranstaltungen
Erkundungen und Exkursionen

67 *Schülerrolle*
Allgemeine Fragen zur Rolle des Schülers
Einzelschüler und Schulkasse

71 *Kindheit, Kindergarten- und Vorschulerziehung; Theorie des Spiels*
Kindheit
Theorie, Geschichte, Probleme im Kindesalter
Kindergarten- und Vorschulerziehung
Theorie, Geschichte, Didaktik und Methodik

72 *Familie, Familienpädagogik*
Familie - Theorie, Geschichte
Familienbildung (einschließlich Elternbildung und Familienberatung)

74 *Jugendtheorie und -forschung*
Jugendtheorie und -forschung
Didaktik und Methodik der Jugendbildung; Jugendberatung
Jugendhilfe
Jugendrecht
Außerschulische Bildungsarbeit
Kooperation Jugendhilfe und Schule

75 *Sozialpädagogik*
Sozialpädagogik - Theorie, Geschichte, Institutionen
Sozialarbeit, Sozialplanung, Sozialverwaltung
Sozialpolitik
Arbeiterschulen
Heimerziehung
Gemeinwesenarbeit
Case Management
Gesundheitspädagogik
Sozialpsychologie /-psychiatrie

73 *Sonderpädagogik*
Sonderpädagogik - Theorie, Geschichte, Institutionen, Methoden
Heilpädagogik

76 *Wirtschaftspädagogik*
Allgemeine Theorie und wirtschaftspädagogische Forschung
Wirtschafts- und Berufspsychologie
Didaktik, Unterrichtstheorie, Unterrichtsforschung
Fachdidaktik Wirtschaftslehre und Fachdidaktika an Wirtschaftsschulen
Praktika
Berufsrolle und Berufsausbildung
Berufliche Bildung
Übergang Schule-Beruf

77 *Allgemeine Fragen des Hochschulwesens*
Hochschulwesen – Allgemeine Fragen, Theorie, Geschichte
Hochschuldidaktik
Anleiten zu wissenschaftlichen Arbeiten

78 *Erwachsenenbildung*
Erwachsenenbildung – Theorie, Geschichte, Institutionen
Methodik und Didaktik der Erwachsenenbildung
Weiterbildung – Theorie, Geschichte, Methodik und Didaktik

79 *Altenpädagogik*
Altenpädagogik, Altenarbeit
Theorie, Geschichte, Methodik und Didaktik

81 *Freizeitpädagogik*
Allgemeine Freizeitpädagogik, Tourismusforschung, Kulturarbeit

82 *Ausländerpädagogik*
Ausländerpädagogik – Allgemein und in bestimmten Institutionen
Allgemeine Ausländerfragen
Interkulturelle Erziehung, Bildung, Didaktik
Internationale Jugendarbeit

83 *Friedenspädagogik*
Frieden als Gegenstand der Erziehungswissenschaft
Erziehungsfragen in einer friedlosen bzw. friedensgefährdeten Welt

84 *Frauenfragen in der Erziehungswissenschaft*
Allgemeine Frauenfragen und Frauenforschung
Geschlechtsbezogene Pädagogik
Genderpädagogik

85 *Ökopädagogik*
Allgemeine Umweltfragen und Erziehungswissenschaft

86 *Jugendliteratur*
Mediendidaktik

87 *Museen- und Gedenkstättenpädagogik*

88 *Dritte Welt*
Eine Welt
Globalisierung

89 *Religionspädagogik*

98 *Erkundungen und Exkursionen*
Erkundungen und Praktika in Institutionen

99 *Residualkategorie*
Titel ohne inhaltliche Bestimmung
Thematisch nicht einzuordnende Religion
Doktorandenkolloquien
Diplomandenkolloquien
Praktikumskolloquien
Forschungskolloquien

7.2 Verzeichnis der Abbildungen und Tabellen

7.3 Quellen und Literatur

Ungedruckte Quellen

UAT – Universitätsarchiv Tübingen

51	Akademisches Rektoramt, Hörerlisten: 1816-1913
117	Akademisches Rektoramt, Hauptregistratur (I): 1599-1971
117E	Akademisches Rektoramt, Hauptregistratur (III): 1706-1978
126	Akademisches Rektoramt, Personalakten des Lehrkörpers (I): 1829-1961
126a	Akademisches Rektoramt, Personalakten des Lehrkörpers (II): 1929-1977
131	Philosophische Fakultät (IV) 1868-1976
155	Akademisches Rektoramt, Personalakten der Assistenten (I): 1917-1970
182	Pedell, Zentrale Promotionsunterlagen: 1842-1973
193	Zentrale Verwaltung, Personalakten der Professoren (III): 1916-1982
205	Zentrale Verwaltung, Lehrstuhlakten (I): 1907-1974
351	Personalakte Bollnow

Gedruckte Quellen und Quellen im Internet

- Hochschulranking

Berghoff, S./Federkeil, G./Giebisch, P./Hachmeister, C.-D./Müller-Böling, D. (2001): Das Hochschulranking. Vorgehensweise und Indikatoren. Gütersloh.

Berghoff, S./Federkeil, G./Giebisch, P./Hachmeister, C.-D./Müller-Böling, D. (2004): Das Hochschulranking. Vorgehensweise und Indikatoren. http://www.che.de/downloads/CHE_HochschulRanking_Methoden2004.pdf (letzter Zugriff 16.5.2010).

Berghoff, S./Federkeil, G./Giebisch, P./Hachmeister, C.-D./Hennings, M./Müller-Böling, D. (2007): CHE Hochschulranking. Vorgehensweise und Indikatoren. http://www.che.de/downloads/Methoden_Hochschulranking_2007_AP88.pdf (letzter Zugriff 16.5.2010).

CHE Hochschulranking Homepage: http://www.che-ranking.de/cms/?getObject=50-&get Lang = de (letzter Zugriff 14.5.2010).

CHE Hochschulranking Projektbeschreibung: http://www.che-concept.de/cms/?getObject=260&strAction=show&PK_Projekt=74&getLang=de (letzter Zugriff 14.5. 2010).

CHE MethodenWiki: http://www.che-ranking.de/methodenwiki/index.php/Hauptseite (letzter Zugriff 14.5.2010).

Hachmeister, Cort-Denis/Hennings, Mareike (2007): Indikator im Blickpunkt: Kriterien der Hochschulwahl und Ranking-Nutzung. http://www.che.de/downloads/IIB_Hochschulwahl_und_Rankingnutzung.pdf (letzter Zugriff 16.5.2010).

Hockling, Sabine (2010): Auf ins Abenteuer Uni. http://www.zeit.de/studium/rankings/2010-04/hochschulranking-2010 (letzter Zugriff 14.5.2010).

Kerstan, Thomas (2010): Was das Ranking bringt. http://www.zeit.de/2010/19/C-Ranglisten (letzter Zugriff 14.5.2010).

Meyer, Wolfgang ([2]2004): Indikatorenentwicklung. Eine praxisorientierte Einführung. http://www.ceval.de/typo3/fileadmin/user_upload/PDFs/workpaper10.pdf (letzter Zugriff 16.5.2010).

Zeit Online: http://ranking.zeit.de/che2010/de/ (letzter Zugriff 8.5.2010).

* Hochschulschriftenverzeichnisse

Jahresverzeichnis der an den deutschen Universitäten erschienenen Schriften 1910-1913. Berlin.

Jahresverzeichnis der an den deutschen Universitäten und Technischen Hochschulen erschienenen Schriften 1914-1925. Berlin.

Jahres-Verzeichnis der an den deutschen Universitäten und Hochschulen erschienenen Schriften 1925-1936. Berlin

Jahresverzeichnis der deutschen Hochschulschriften 1937-1969. Berlin.

Rohloff, Hans-Joachim/Franke, Lydia (1968): Erziehungswissenschaftliche Hochschulschriften. Bibliographie der Dissertationen und Habilitationsschriften in Deutschland (BRD und DDR). Weinheim.

* Landesarchivgesetz

LArchG – Landesarchivgesetz (2004): Gesetz über die Pflege und Nutzung von Archivgut. http://www.landesarchiv-bw.de/sixcms/media.php/25/LArchG.pdf (letzter Zugriff am 11.6.2010)

* Namens- und Vorlesungsverzeichnisse, (auto-)biografische Quellen

Homepage Otto Friedrich Bollnow. otto-friedrich-bollnow.de/index.html (letzter Zugriff 24.8.2010).

Kürschners Gelehrtenkalender. Berlin bzw. München 1 (1925) - 22 (2009).

Namens- und Vorlesungsverzeichnisse der Universität Tübingen. 1910-2010.

Sondersammelgebiet Theologie der Universitätsbibliothek. http://www.ub.uni-tuebingen.de/fachgebiete/sondersammelgebiete/ssg-1-theologie/theologie-in-tuebingen.html (letzter Zugriff 24.8.2010).

Vox Paedagogica Online, Bibliothek für Bildiungsgeschichtliche Forschung des Deutschen Instituts für Internationale Pädagogische Forschung, Berlin. http://www.bbf.dipf.de/vpo/ (letzter Zugriff: 21.8.2010)

* Promotionsordnung

Promotionsordnung der Universität Tübingen für die Fakultät für Sozial- und Verhaltenswissenschaften vom 9. Juli 1987.

* Studien- und Prüfungsordnungen Bachelor- und Masterstudiengang

Prüfungs- und Studienordnung der Universität Tübingen für den Studiengang Erziehungswissenschaft (Bachelor, Voll- und Teilzeit)/Forschung und Entwicklung in der Erziehungswissenschaft (Master, Voll- und Teilzeit) mit akademischer Abschlussprüfung (B.A./M.A.-Studiengang) vom 15. Juni 2007 und das Bachelor-Nebenfach Erziehungswissenschaft (Vollzeit).

* Studien- und Prüfungsordnungen Diplomstudiengang

Änderungen der Ordnung für die gemeinsame Diplomprüfung der Erziehungswissenschaft der Universität Tübingen und der Pädagogischen Hochschule Reutlingen. Veröffentlicht in Wissenschaft und Kultus am 22. Mai 1985.

Ordnung der gemeinsamen Diplomprüfung in Erziehungswissenschaft der Universität Tübingen und der Pädagogischen Hochschule Ludwigsburg (Fachbereich Sonderpädagogik mit Sitz in Reutlingen). Fassung vom 22. Oktober 1990

Ordnung für die gemeinsame Diplomprüfung in der Erziehungswissenschaft der Universität Tübingen und der Pädagogischen Hochschule Reutlingen. Bekanntmachung in Kultus und Unterricht am 31. August 1976.

Ordnung für die gemeinsame Diplomprüfung in Erziehungswissenschaft der Universität Tübingen und der Pädagogischen Hochschule Reutlingen. Veröffentlicht im Amtsblatt des Kultusministeriums am 15.9.1972.

Ordnung für die gemeinsame Diplomprüfung in Erziehungswissenschaft der Universität Tübingen und der Pädagogischen Hochschule Ludwigsburg (Fakultät Sonderpädagogik mit Sitz in Reutlingen). Fassung vom 01.08.2002.

- Studien- und Prüfungsordnungen Höheres Lehramt an Volksschulen

Ordnung der höheren Prüfung für den Volksschuldienst. Veröffentlicht im Regierungsblatt für das Königreich Württemberg 1910.

Verfügung des Ministeriums des Kirchen- und Schulwesens über die höhere Prüfung für den Volksschuldienst (pädagogische Prüfung). Vom 10. Februar 1923. In: Amtsblatt des Württembergischen Ministeriums des Kirchen- und Schulwesens 16 (1923), S. 17-22.

Verordnung des Staatsministeriums über die höhere Prüfung für den Volksschuldienst. Vom 1. Mai 1927. In: Amtsblatt des Württembergischen Kultministeriums 20 (1927), S. 26-38.

- Studierendenstatistiken

Studentenstatistik Sommersemester 1966 bis Studentenstatistik Wintersemester 2009/2010. Tübingen 1966 bis 2009.

Universität Tübingen (1966): Studierende an der Universität Tübingen. http://www.uni-tuebingen.de/fileadmin/Uni_Tuebingen/Dezernate/Dezernat_II/alte_studentenstatistiken/statistik-ss1966.pdf (letzter Zugriff 15.11.2009)

Universität Tübingen (1970): Studentenstatistik Sommersemester 1970: Hochschul-Informations-System (HIS). http://www.uni-tuebingen.de/fileadmin/Uni_Tuebingen/Dezernate/Dezernat_II/alte_studentenstatistiken/statistik-ss1970. pdf (letzter Zugriff 15.11.2009)

Universität Tübingen (1971): Studentenstatistik Wintersemester 1970/71: Hochschul-Informations-System (HIS). http://www.uni-tuebingen.de/fileadmin/Uni_Tuebingen/Dezernate/Dezernat_II/alte_studentenstatistiken/statistik-ws19701971.pdf (letzter Zugriff 15.11.2009)

Universität Tübingen (2010a): Studentenstatistiken. http://www.uni-tuebingen.de/einrichtungen/verwaltung-dezernate/ii-studium-und-lehre/abteilung-1/sachgebiet-2/studentenstatistiken.html (letzter Zugriff 10.2.2010)

Universität Tübingen (2010b): Studierendenstatistik Sommersemester 2010. http://www.uni-tuebingen.de/fileadmin/Uni_Tuebingen/Dezernate/Dezernat_II/studentenstatistiken/statistik-ss-2010.pdf (letzter Zugriff 15.11.2009)

Literatur

Adam, Uwe Dietrich (1977): Hochschule und Nationalsozialismus. Die Universität Tübingen im Dritten Reich. Tübingen.

Bähr, Hans Walter/Wenke, Hans (Hrsg.) (1964): Eduard Spranger. Sein Werk und sein Leben. Heidelberg.

Bayerischer Rundfunk (1999): α-Forum. Prof. Dr. Günther Dohmen, Bildungsexperte, im Gespräch mit Dr. Walter Flemmer, Sendung vom 16.04.1999 (http://www.br-online.de/br-alpha/alpha-forum/alpha-forum-archiv-d-f-ID1205244333437.xml, letzter Zugriff am 30.6.2010).

Bayerischer Rundfunk (2006): α-Forum. Prof. Dr. Günther Dohmen, Bildungsexperte, im Gespräch mit Dr. Ellen Norten, Sendung vom 10.04.2006 (http://www.br-online.de/

br-alpha/alpha-forum/alpha-forum-archiv-d-f-ID1205244333437.xml, letzter Zugriff am 30.6.2010).
Berg, Christa/Herrlitz, Hans-Georg/Horn, Klaus-Peter (2004): Kleine Geschichte der Deutschen Gesellschaft für Erziehungswissenschaft. Eine Fachgesellschaft zwischen Wissenschaft und Politik. Wiesbaden.
Biastoch, Martin (1996): Tübinger Studenten im Kaiserreich: Eine sozialgeschichtliche Untersuchung. Sigmaringen.
Böhm, Winfried ([15]2000): Wörterbuch der Pädagogik. Stuttgart.
Bollnow, Otto Friedrich (1975): Selbstdarstellung. In: Pongratz, Ludwig J. (Hrsg.): Pädagogik in Selbstdarstellungen. Bd. 1. Hamburg 1975, S. 95-144.
Bollnow, Otto Friedrich (1983): Eduard Spranger zum hundertsten Geburtstag. In: Bräuer, Gottfried/Kehrer, Fritz (Hrsg.): Eduard Spranger zum 100. Geburtstag am 27. Juni 1982. Dokumentation des Symposiums der Pädagogischen Hochschule Ludwigsburg am 8. Juni 1982. Ludwigsburg, S. 37-48.
Brezinka, Wolfgang (2000): Pädagogik in Österreich. Die Geschichte des Faches an den Universitäten vom 18. Jahrhundert bis zum Ende des 20. Jahrhunderts. Band 1: Einleitung: Schulwesen, Universitäten und Pädagogik im Habsburger-Reich und in der Republik. Pädagogik an der Universität Wien. Wien.
Dettinger-Klemme, Martin (1978): Politische Aktivitäten zur Integration des Fernstudiums im Medienverbund und des Deutschen Instituts für Fernstudien in das Bildungswesen der Bundesrepublik Deutschland. In: Dohmen, Günther (Hrsg.): 10 Jahre DIFF. Erfahrungen und Zukunftsperspektiven des Deutschen Instituts für Fernstudien an der Universität Tübingen. Festschrift. Weinheim, Basel, S. 37-44.
Dettinger-Klemm, Martin (1992): Rückblick auf die Entstehung. In: Deutsches Institut für Fernstudien an der Universität Tübingen (Hrsg.): Fernstudium und Weiterbildung. 25 Jahre Deutsches Institut für Fernstudien an der Universität Tübingen, S. 19-35.
Deuchler, Gustav (1925): Die neue Lehrerbildung. Gesammelte Beiträge. Braunschweig und Hamburg.
Diemer, Susanne/Kirsch-Auwärter, Edit/Philipps, Sigrid (Hrsg.) (1998): Gleichstellung und Institution. Schule und Hochschule im Reformprozeß. Eine Festschrift für Doris Knab. Tübingen.
Dietz, Gunther (1995): Titel wissenschaftlicher Texte. Tübingen.
DIFF-Report (1975). Tübingen.
Dohmen, Günther (1992): Konzeptionelle Überlegungen zur Gründungsgeschichte des DIFF. In: Deutsches Institut für Fernstudien an der Universität Tübingen (Hrsg.): Fernstudium und Weiterbildung. 25 Jahre Deutsches Institut für Fernstudien an der Universität Tübingen, S. 11-18.
Dohmen, Günther (Hrsg.) (1978): 10 Jahre DIFF. Erfahrungen und Zukunftsperspektiven des Deutschen Instituts für Fernstudien an der Universität Tübingen. Festschrift. Weinheim, Basel.
Drewek, Peter (1995): Die Herausbildung der „geisteswissenschaftlichen“ Pädagogik vor 1918 aus sozialgeschichtlicher Perspektive. Zum Strukturwandel der Philosophischen Fakultät und zur Lehrgestalt der Universitätspädagogik im späten Kaiserreich und während des Ersten Weltkriegs. In: Leschinsky, Achim (Hrsg.): Die Institutionalisierung von Lehren und Lernen. Beiträge zu einer Theorie der Schule. Weinheim, S. 299-316.
Dudek, Peter (1990): Jugend als Objekt der Wissenschaften. Geschichte der Jugendforschung in Deutschland und Österreich. Opladen.

Dürr, Otto (1930): Die Einführung des Neuhumanismus in Württemberg. Stuttgart.
Empfehlungen (1960) = Empfehlungen des Wissenschaftsrates zum Ausbau der wissenschaftlichen Einrichtungen. Teil I: Wissenschaftliche Hochschulen. o.O. (Bonn).
Englert, Ludwig (o.J. <1955>): Ansprache bei der Eröffnung des erneuerten Pädagogischen Seminars der Universität Tübingen. Masch.schr. Manuskript. Tübingen.
Faßnacht, Wolfgang (2000): Universitäten am Wendepunkt? Die Hochschulpolitik in der Französichen Besatzungszone (1945-1949). Freiburg, München.
Fatke, Reinhard (1986): Gesamtverzeichnis der Beiträge und Rezensionen 1955-1984. In: Zeitschrift für Pädagogik, 20. Beiheft, S. 97-98.
Flitner, Andreas (1961): Das Tübinger Studium für die Volksschullehrer. In: Süddeutsche Schulzeitung 15, S. 34-36.
Flitner, Andreas (1977): Sprache und literarischer Stil in den Sozialwissenschaften und in der Pädagogik. In: Zeitschrift für Pädagogik 23, S. 1-8.
Flitner, Andreas (1978): Eine Wissenschaft für die Praxis?. In: Zeitschrift für Pädagogik 24, S. 183-193.
Flitner, Andreas (1982, [7]1994): Konrad, sprach′ die Frau Mama... Über Erziehung und Nicht-Erziehung. Weinheim, Basel.
Flitner, Andreas (1984): Gruppenbild statt Einzelporträt. In: Winkel, Rainer (Hg.) (1984): Deutsche Pädagogen der Gegenwart. Band 1: Ihre Erziehungs-, Schul- und Bildungskonzeptionen. Düsseldorf. S. 23-38.
Flitner, Andreas (1987): Für das Leben – oder für die Schule? Pädagogische und politische Essays. Weinheim, Basel.
Flitner, Andreas (2010): Die Tübinger Vortragsreihe „Deutscher Geist und Nationalsozialismus“ 1964/65. In: Wiesing, Urban/Brintzinger, Klaus-Rainer/Grün, Bernd/Junginger, Horst/Michl, Susanne (Hrsg.): Die Universität Tübingen im Nationalsozialismus. Stuttgart, S. 1059-1062.
Flitner, Andreas (Hrsg.) (1965): Deutsches Geistesleben und Nationalsozialismus. Eine Vortragsreihe der Universität Tübingen. Tübingen.
Flitner, Andreas/Giel, Klaus (Hrsg.) (1961-1980): Wilhelm von Humboldt: Werke in fünf Bänden. Darmstadt. (Neuausgabe 2002).
Flitner, Wilhelm (1955): Zur Einführung. In: Zeitschrift für Pädagogik 1, S. 1-4.
Frey, Josef (1928): Die Versuchs- und Übungsschule des Pädagogischen Seminars der Universität Tübingen. In: Württembergische Schuwarte 4 (1928). Stuttgart. S. 221-235.
Friedenthal-Haase Martha (1991): Erwachsenenbildung im Prueß der Akademisierung. Der staats- und sozialwissenschaftliche Beitrag zur Entstehung eines Fachgebiets an den Universitäten der Weimarer Republik unter besonderer Berücksichtigung des Beispiels Köln. Frankfurt a.M. u.a.
Friedenthal-Haase, Martha/Reischmann, Jost/Tietgens, Hans/Vogel, Norbert (Hrsg.) (1991): Erwachsenenbildung im Kontext. Beiträge zur grenzüberschreitenden Konstituierung einer Disziplin, Günther Dohmen zum 65. Geburtstag. Bad Heilbrunn.
Friedenthal-Haase, Martha/Reischmann, Jost/Tietgens, Hans/Vogel, Norbert (1991): Einleitung der Herausgeber. In: Friedenthal-Haase, Martha/Reischmann, Jost/Tietgens, Hans/Vogel, Norbert (Hrsg.): Erwachsenenbildung im Kontext. Beiträge zur grenzüberschreitenden Konstituierung einer Disziplin. Günther Dohmen zum 65. Geburtstag, Bad Heilbrunn, S. 17-26.
Fuhr, Thomas/Schultheis, Klaudia (1999): Zur Sache der Pädagogik: Auf der Suche nach dem Gegenstand der Allgemeinen Erziehungswissenschaft. Einleitende Bemerkun-

gen zum Thema und zu den Beiträgen des Bandes. In: Dies. (Hrsg.): Zur Sache der Pädagogik. Untersuchungen zum Gegenstand der allgemeinen Erziehungswissenschaft. Bad Heilbrunn, S. 7-17.

Gängler, Hans (1994): Akademisierung auf Raten? Zur Entwicklung wissenschaftlicher Ausbildung zwischen Erziehungswissenschaft und Sozialpädagogik. In: Krüger, Heinz-Hermann/Rauschenbach, Thomas (Hrsg.) Erziehungswissenschaft. Die Disziplin am Beginn einer neuen Epoche. Weinheim, München, S. 229-252.

Gerstengarbe, Sybille (1994): Die erste Entlassungswelle von Hochschullehrern deutscher Hochschulen aufgrund des Gesetzes zur Wiederherstellung des Berufsbeamtentums vom 7.4.1933. In: Berichte zur Wissenschaftsgeschichte 17, S. 17-39.

Geuter, Ulfried (1988): Die Professionalisierung der deutschen Psychologie im Nationalsozialismus. Frankfurt a.M.

Glaser, Edith/Maurer, Susanne/Schönig, Wolfgang (Hrsg) (2008): Immer einen Schritt voraus! Doris Knab als Reformerin – Anliegen, Aufgaben, Wirkungsgeschichte. Baltmannsweiler.

Göbbeler, Hans-Peter/Lessing, Hans-Ulrich (Hrsg.) (1983): Otto Friedrich Bollnow im Gespräch. Freiburg, München.

Goethe-Universität Frankfurt am Main, Fachbereich Erziehungswissenschaften (Hrsg.) (o.J.): Eduard Sprangers Schriften und Artikel in der NS-Zeit. Dokumente 1933-1945. Frankfurt a.M.

Goy, Reiner (1996): Kirchenlehre und Pädagogik. Eine Studie zur katholischen Pädagogik G. M. Durschs und zur evangelischen Pädagogik Chr. Palmers. Dissertation Universität Gießen.

Grunwald, Klaus/Ortmann, Friedrich/Rauschenbach, Thomas/Treptow, Rainer (Hrsg.) (1996): Alltag, Nicht-Alltägliches und die Lebenswelt. Beiträge zur lebensweltorientierten Sozialpädagogik. Festschrift für Hans Thiersch zum 60. Geburtstag. Weinheim, München.

Hahn, Joachim/Mayer, Hans (1985): Das Evangelische Stift in Tübingen. Geschichte und Gegenwart – Zwischen Weltgeist und Frömmigkeit. Stuttgart.

Hantke, Manfred (2008): „Vom Schicksal schwer getroffen". Ausgegrenzt und gedemütigt: Die Familie Oesterreich im Nationalsozialismus. In: Schwäbisches Tagblatt, 17.5.2008.

Hantke, Manfred (2010): Das Philosophische Seminar: Deutsch bis in die Wurzeln. In: Wiesing, Urban/Brintzinger, Klaus-Rainer/Grün, Bernd/Junginger, Horst/Michl, Susanne (Hrsg.): Die Universität Tübingen im Nationalsozialismus. Stuttgart, S. 385-434.

Harten, Hans-Christian (1993): Rasse und Erziehung. Zur pädagogischen Psychologie und Soziologie des Nationalsozialismus. Ein Forschungsbericht. In: Zeitschrift für Pädagogik 39, S. 111-134.

Harten, Hans-Christian/Neirich, Uwe/Schwerendt, Matthias (2006): Rassenhygiene als Erziehungsideologie des Dritten Reichs. Bio-bibliographisches Handbuch. Bad Langensalza.

Hassler, Marianne/Gärtner, Kathrin (2000): Auf Spurensuche am Tübinger Psychologischen Institut: Der Regligions- und Parapsycholge Traugott Konstantin Oesterreich. In: Geschichte der Psychologie. Nachrichtenblatt der Fachgruppe Geschichte der Psychologie in der Deutschen Gesellschaft für Psychologie 17, S. 31-32.

Hauenschild, Helga (1990): Die Lehrgestalt der deutschen Erziehungswissenschaft 1945-1985. Eine Analyse am Beispiel der Universität Göttingen. Magisterarbeit. Göttingen.

Hauenschild, Helga (1997): Zur sozialwissenschaftlichen Wende im erziehungswissenschaftlichen Lehrangebot. In: Zeitschrift für Pädagogik 43, S. 771-789.
Hauenschild, Helga/Herrlitz, Hans-Georg/Kruse, Birgit (1993): Die Lehrgestalt der westdeutschen Erziehungswissenschaft von 1945 bis 1990. Göttingen.
Hauer, Wolfram (2003): Lokale Schulentwicklung und städtische Lebenswelt. Das Schulwesen in Tübingen von seinen Anfängen im Spätmittelalter bis 1806. Stuttgart.
Haug, Wolfgang Fritz (1967): Der hilflose Antifaschismus. Frankfurt a.M.
Heiber, Helmut (1991): Universität unterm Hakenkreuz. Teil 1 – Der Professor im Dritten Reich, Bilder aus der akademischen Provinz. München, London, New York, Paris.
Heiner, Heiner (2007): Soziale Arbeit als Beruf. Fälle, Felder, Fähigkeiten, München / Basel 2007.
Heiner, Maja (2005) = Maja Heiner: Soziale Arbeit als Beruf: Was ist leistbar, was wie zu bewerkstelligen [Interview]. In: Theorie und Praxis der Sozialen Arbeit 56, 4, S. 65-70.
Henning, Uwe/Leschinsky, Achim (Hrsg.) (1991): Enttäuschung und Widerspruch. Die konservative Position Eduard Sprangers im Nationalsozialismus. Analysen – Texte – Dokumente. Weinheim.
Herrlitz, Hans-Georg (2001): Kontinuität und Wandel der erziehungswissenschaftlichen Lehrgestalt (1996). In: Ders.: Auf dem Weg zur Historischen Bildungsforschung. Studien über Schule und Erziehungswissenschaft aus siebenunddreißig Jahren. Weinheim, München, S. 199-218.
Herrlitz, Hans-Georg/Hopf, Wulf/Titze, Hartmut/Cloer, Ernst (2005): Deutsche Schulgeschichte von 1800 bis zur Gegenwart: Eine Einführung. 4. akt. Aufl. Weinheim.
Hesse, Alexander (1995): Die Professoren und Dozenten der preußischen Pädagogischen Akademien (1926-1933) und Hochschulen für Lehrerbildung (1933-1941). Weinheim.
Himmelstein, Klaus (2001): Die Konstruktion des Deutschen gegen das Jüdische im Diskurs Eduard Sprangers. In: Meyer-Willner, Gerhard (Hrsg.): Eduard Spranger. Aspekte seines Werks aus heutiger Sicht. Bad Heilbrunn, S. 53-71.
Himmelstein, Klaus (2006): „Abgesandter meines Volkes und meiner Regierung" – Eduard Spranger in Japan. In: Horn, Klaus-Peter/Ogasawara, Michio/Sakakoshi, Masaki/Tenorth, Heinz-Elmar/Yamana, Jun/Zimmer, Haslo (Hrsg.): Pädagogik im Militarismus und im Nationalsozialismus. Japan und Deutschland im Vergleich. Bad Heilbrunn, S. 99-118.
Hopf, Caroline (2004): Die Experimentelle Erziehungswissenschaft. Empirische Erziehungswissenschaft in Deutschland am Anfang des 20. Jahrhunderts. Bad Heilbrunn.
Hörmann, Georg: Nachruf auf Prof. Dr. Walther Zifreund. In: Musik-, Tanz- und Kunsttherapie, 16 (4) 2007, S. 207-208.
Horn, Klaus-Peter (1996): Pädagogische Zeitschriften im Nationalsozialismus. Selbstbehauptung, Anpassung, Funktionalisierung. Weinheim.
Horn, Klaus-Peter (1999): Professionalisierung und Disziplinbildung. Zur Entwicklung des Diplomstudiengangs Erziehungswissenschaft. In: Apel, Hans Jürgen/Horn, Klaus-Peter/Lundgreen, Peter/Sandfuchs, Uwe (Hrsg.): Professionalisierung pädagogischer Berufe im historischen Prozeß. Bad Heilbrunn, S. 295-317
Horn, Klaus-Peter (2003): Erziehungswissenschaft in Deutschland im 20. Jahrhundert. Zur Entwicklung der sozialen und fachlichen Struktur der Disziplin von der Erstinstitutionalisierung bis zur Expansion. Bad Heilbrunn.

Horn, Klaus-Peter (2008): Disziplingeschichte. In: Mertens, Gerhard/Böhm, Winfried/Frost, Ursula/Ladenthin, Volker (Hg.): Handbuch der Erziehungswissenschaft. Band 1: Grundlagen Allgemeine Erziehungswissenschaft. Paderborn, München, Wien, Zürich, S. 5-31.

Horn, Klaus-Peter/Kemnitz, Heidemarie (Hrsg.) (2002): Pädagogik unter den Linden. Von der Gründung der Berliner Universität im Jahre 1810 bis zum Ende des 20. Jahrhunderts. Stuttgart.

Kauder, Peter (2009): Die Göttinger Dissertationen (1945-2007). In: Rheinländer, Kathrin (Hg.): Göttinger Pädagogik in der zweiten Hälfte des 20. Jahrhunderts. Hamburg, S. 67-87.

Kaufmann, Hans Bernhard/Lütgert, Will/Schulze, Theodor/Schweitzer, Friedrich (Hrsg.) (1991): Kontinuität und Traditionsbrüche in der Pädagogik. Ein Gespräch zwischen den Generationen. Weinheim, Basel.

Keiner, Edwin (1999): Erziehungswissenschaft 1947-1990. Eine empirische und vergleichende Untersuchung zur kommunikativen Praxis einer Disziplin. Weinheim.

Kerncurriculum Erziehungswissenschaft (2008). Empfehlungen der Deutschen Gesellschaft für Erziehungswissenschaft (DGfE). Opladen & Farmington Hills.

Kersting, Christa (2008): Pädagogik im Nachkriegsdeutschland. Wissenschaftspolitik und Disziplinentwicklung 1945-1955. Bad Heilbrunn.

Klinzing, Hans Gerhard (Hrsg.) (1988): Neue Lernverfahren. Zweite Festschrift für Walther Zifreund aus Anlaß seiner Emeritierung. Tübingen 1998.

Klüpfel, Karl (1849): Geschichte und Beschreibung der Universität Tübingen. Tübingen (Neudruck Aalen 1977).

Klüpfel, Karl (1880): Hirzel, Karl. In: Allgemeine Deutsche Biographie. Band 12. Leipzig, S. 494.

Knapp, H. (1897): Oberstudienrat Gymnasialrektor Dr. Hermann Bender †. In: Südwestdeutsche Schulblätter 14, S. 160-162

Konrad, Franz-Michael (Hrsg.) (2001): Kindheit und Familie: Beiträge aus interdisziplinärer und kulturvergleichender Sicht. Münster u.a.

Kraas, Andreas (1994): Die Zeitschrift ‚Die Erziehung' (1925-1942/43). Eine Bibliographie. Unveröffentlichtes Typoskript.

Krüger, Heinz-Hermann/Rauschenbach, Thomas (Hrsg.) (2004): Pädagogen in Studium und Beruf. Empirische Bilanzen und Zukunftsperspektiven. Wiesbaden.

Krüger, Michael (1999): Otto Heinrich Jaeger und die Turnlehrerbildungsanstalt in Stuttgart. In: Ders. (Hrsg.): „Eine ausreichende Zahl turnkundiger Lehrer ist das wichtigste Erfordernis …" Zur Geschichte des Schulsports in Baden und Württemberg. Schorndorf, S. 61-67.

Lang, Hans-Joachim (2008): Der Erinnerung Namen geben: Über die jüdischen Studenten an der Eberhard Karls Universität. Festvortrag am Dies Universitatis 2007. Tübingen.

Langenbach, Uwe/Leube, Konrad/Münchmeier, Richard (1974): Die Ausbildungssituation im Fach Erziehungswissenschaft. Eine Erhebung an den Hochschulen der Bundesrepublik Deutschland im Wintersemester 1972/73. Weinheim.

Langewand, Alfred/Prondczynsky, Andreas von (Hrsg.) (1999): Lokale Wissenschaftskulturen in der Erziehungswissenschaft. Weinheim.

Leaman, George (1993): Heidegger im Kontext. Gesamtüberblick zum NS-Engagement der Universitätsphilosophen. Hamburg, Berlin.

Leuteritz, Albrecht/Weisbach, Christian-Rainer (1988): Walther Zifreund – ein konkreter Pädagoge. In: Leuteritz, Albrecht/Weisbach, Christian-Rainer (Hrsg.): Konkrete Pädagogik. Festschrift für Walther Zifreund zum 60. Geburtstag. Tübingen, S. 7-10.

Liebeskind, Uta/Ludwig-Mayerhofer, Wolfgang (2005): Auf der Suche nach der Wunsch-Universität – im Stich gelassen. Anspruch und Wirklichkeit von Hochschulrankings. In: Soziologie 34, S. 442-462.

Liegle, Ludwig (1970): Familienerziehung und sozialer Wandel in der Sowjetunion. Berlin.

Lorent, Hans-Peter De (2007): Gustaf Adolf Deuchler, Ordinarius in SA-Uniform. In: hlz – Zeitschrift der GEW Hamburg 12 / 2007, S. 38-42. (http://www.gew-hamburg.de/hlz/1207/pdf/Nazibio.pdf, letzter Zugriff am 3.7.2010).

Lüders, Christian (1989): Der wissenschaftlich ausgebildete Praktiker. Entstehung und Auswirkung des Theorie-Praxis-Konzeptes des Diplomstudienganges Sozialpädagogik. Weinheim.

Macke, Gerhard (1990): Disziplinenformierung als Differenzierung und Spezialisierung. Entwicklung der Erziehungswissenschaft unter dem Aspekt der Ausbildung und Differenzierung von Teildisziplinen. In: Zeitschrift für Pädagogik 36, H. 1, S. 51-72.

Mertens, Lothar (1991): Vernachlässigte Töchter der Alma Mater: Ein sozialhistorischer und bildungssoziologischer Beitrag zur strukturellen Entwicklung des Frauenstudiums in Deutschland seit der Jahrhundertwende. Berlin.

Meyer-Willner, Gerhard (1986): Eduard Spranger und die Lehrerbildung. Die notwendige Revision eines Mythos. Bad Heilbrunn.

Münchmeier, Richard/Thiersch, Hans (1976): Die verhinderte Professionalisierung – Zwischenbericht zu Ausbildungsproblemen im erziehungswissenschaftlichen Hauptfachstudium. In: Haller, Hans-Dieter/Lenzen, Dieter (Hrsg.): Lehrjahre der Bildungsreform – Resignation oder Rekonstruktion? Hrsg. von . Stuttgart, S. 225-246.

Nath, Axel (1988): Die Studienratskarriere im Dritten Reich. Systematische Entwicklung und politische Steuerung einer „Überfüllungskrise" – 1930-1944. Frankfurt a.M.

Natorp, Paul (1909): Sozialpädagogik. Theorie der Willenserziehung auf der Grundlage der Gemeinschaft. 3., verm. Aufl. Stuttgart.

Ortmeyer, Benjamin (2009): Mythos und Pathos statt Logos und Ethos. Zu den Publikationen führender Erziehungswissenschaftler in der NS-Zeit: Eduard Spranger, Herman Nohl, Erich Weniger und Peter Petersen. Weinheim, Basel.

Oswald, Sonja (2007): Schule und Lehrerbildung in Württemberg 1559 bis 1870. Wissenschaftliche Arbeit im Fach Pädagogische Studien (Staatsexamen). Tübingen.

Otto, Hans-Uwe (1978): Editorial. In: Neue Praxis 8, S. 3.

Otto, Hans-Uwe (2010): Editorial. In: Neue Praxis 40, S. 3.

Paletschek, Sylvia (2001): Die permanente Erfindung einer Tradition. Die Universität Tübingen im Kaiserreich und in der Weimarer Republik. Stuttgart.

Pfahler, Gerhard (1940): Tafelwerk der Rassekerne und ihrer Gemische. 70 Tafeln (mit 678 Abbildungen) und Text. München und Berlin.

Prange, Klaus (1978): Pädagogik als Erfahrungsprozeß. I: Der pädagogische Aufbau der Erfahrung. Stuttgart.

Prange, Klaus (2000): Plädoyer für Erziehung. Baltmannsweiler.

Priem, Karin (2000): Bildung im Dialog. Eduard Sprangers Korrespondenz mit Frauen und sein Profil als Wissenschaftler (1903-1924), Köln, Weimar, Wien 2000.

Rauschenbach, Thomas (1994): Ausbildung und Arbeitsmarkt für ErziehungswissenschaftlerInnen. Empirische Bilanz und konzeptionelle Perspektiven. In: Krüger,

Heinz-Hermann/Rauschenbach, Thomas (Hrsg.): Erziehungswissenschaft. Die Disziplin am Beginn einer neuen Epoche. Weinheim, München, S. 275-293.

Rauschenbach, Thomas/Züchner, Ivo (2000): Studierende. In: Otto, Hans-Uwe; Krüger, Heinz-Hermann; Merkens, Hans; Rauschenbach, Thomas; Schenk, Barbara; Weishaupt, Horst; Zedler, Peter (Hg.): Datenreport Erziehungswissenschaft: Befunde und Materialien zur Lage und Entwicklung des Faches in der Bundesrepublik. Opladen: Leske + Budrich; S. 33-46.

Rauschenbach, Thomas/Züchner, Ivo (2004): Studium und Arbeitsmarkt der Hauptfachstudierenden. In: Tippelt, Rudolf; Rauschenbach, Thomas; Weishaupt, Horst (Hg.): Datenreport Erziehungswissenschaft 2004. Wiesbaden: VS Verlag; S. 39-54.

Retter, Hein (1969): Die Pädagogik Oswald Krohs. Oberursel.

Retter, Hein (2001): Oswald Kroh und der Nationalsozialismus. Rekonstruktion und Dokumentation einer verdrängten Beziehung. Weinheim.

Rheinländer, Kathrin (Hrsg.) (2009): Göttinger Pädagogik in der zweiten Hälfte des 20. Jahrhunderts. Hamburg.

Ringer, Fritz K. (1983): Die Gelehrten. Der Niedergang der deutschen Mandarine 1890-1933. Stuttgart.

Ritzi, Christian/Wiegmann, Ulrich (Hrsg.) (2010): Beobachten - Messen - Experimentieren. Beiträge zur Geschichte der empirischen Pädagogik / Erziehungswissenschaft. Bad Heilbrunn.

Rothland, Martin (2007): Disziplingeschichte „vor Ort“. Vom Sinn und Nutzen einer mikrohistorischen Rekonstruktion universitärer Erziehungswissenschaft. In: bildungsforschung 4, URL: http://www.bildungsforschung.org/index.php/bildungsforschung/article/viewFile/64/67 (letzter Zugriff am 21.8.2010).

Rothland, Martin (2008): Disziplingeschichte im Kontext. Erziehungswissenschaft an der Universität Münster nach 1945. Bad Heilbrunn.

Rumpf, Horst (2003): Martin Wagenschein (1896-1988) – Hans Aebli (1923-1990). In: Tenorth, Heinz-Elmar (Hrsg.): Klassiker der Pädagogik. Bd. 2: Von John Dewey bis Paolo Freire. München, S. 194-202.

Sacher, Werner/Schraut, Alban (Hrsg.) (2004): Volkserzieher in dürftiger Zeit. Studien über Leben und Wirken Eduard Sprangers. Frankfurt a.M. u.a.

Sakakoshi, Masaki (2006): Eduard Spranger in Japan. In: Horn, Klaus-Peter/Ogasawara, Michio/Sakakoshi, Masaki/Tenorth, Heinz-Elmar/Yamana, Jun/Zimmer, Haslo (Hrsg.): Pädagogik im Militarismus und im Nationalsozialismus. Japan und Deutschland im Vergleich. Bad Heilbrunn, S. 119-127.

Schäfer, Eckhard (1991): Übungs- und Versuchsklassen der Universität Tübingen an Volksschulen. Reutlingen.

Schäfer, Eckhard (1995): Das Psychologische Institut der Universität Tübingen in der Nachkriegszeit (1945-1954). In: Ders. (Hrsg.): Behinderung und verstehendes Helfen. Spuren der Tübinger Psychologie in der Reutlinger Sonderpädagogik. Festschrift für Elfriede Höhn zum 80. Geburtstag. Berlin 1995, S. 250-307.

Schäfer, Volker (2009): Die Frequenz der Studierenden an der Universität Tübingen 1760-1962. Tübingen.

Scheibe, Wolfgang (1986): Chronik der „Zeitschrift für Pädagogik“. In: Zeitschrift für Pädagogik, 20. Beiheft, S. 9-19.

Scheuerl, Hans (1991): Zur Geschichte des Seminars für Erziehungswissenschaft. In: Krause, Eckart/Huber, Ludwig/Fischer, Holger (Hrsg.): Hochschulalltag im „Dritten Reich“. Die Hamburger Universität 1933-1945. Berlin, Hamburg, Bd. 2, S. 519-535.

Schmid, Manfred (1988): Die Tübinger Studentenschaft nach dem Ersten Weltkrieg 1918-1923. Tübingen.

Schneck, Ulrike/Körner, Johannes (1993): Gerhard Pfahler – Leben und Wirken. Eine Untersuchung der Faschisierung der deutschen Psychologie. Diplomarbeit im Fach psychologie, Universität Tübingen.

Schorcht, Claudia (1990): Philosophie an den bayerischen Universitäten 1933-1945. Erlangen.

Schraut, Alban (2007): Biografische Studien zu Eduard Spranger. Bad Heilbrunn.

Schumak, Richard (2005): Pädagogik in Bayern. Geschichte einer wissenschaftlichen Disziplin an der Ludwig-Maximilians-Universität München. 2 Tle. Hamburg.

Schusser, Gerhard (Hrsg.) (1981): Festschrift zum 65. Geburtstag von Günther Mühle. Aufsätze und Vorträge zur Pädagogischen Psychologie. Universität Osnabrück.

Schwarz, Jürgen (1971): Studenten in der Weimarer Republik: Die deutsche Studentenschaft in der Zeit von 1918 bis 1923 und ihre Stellung zur Politik. Berlin.

Schweitzer, Friedrich (2001): Christian Palmer. In: Mette, Norbert u.a. (Hrsg.): Lexikon der Religionspädagogik. Neukirchen-Vluyn: Neukirchener-Verlag, Bd. 2, S. 1475-1476.

Seeliger, Rolf (1964-1968): Braune Universität. Hochschullehrer Gestern und Heute. Eine Dokumentation in 6 Bänden. München.

Spranger, Eduard (1945/2001): Meine Studienjahre 1900 bis 1909 (geschrieben im Februar 1945). In: Meyer-Willner, Gerhard (Hrsg.): Eduard Spranger. Aspekte seines Werks aus heutiger Sicht. Bad Heilbrunn 2001, S. 196-231.

Storm, Gudrun (1998): Oswald Kroh und die nationalsozialistische Ideologisierung seiner Pädagogik. Eine quantitativ-qualitative Sprachuntersuchung. Braunschweig.

Strecker, Dieter (1973): Religion und Metaphysik im Leben und Denken Eduard Sprangers. Diss. phil. Tübingen.

Süssmuth, Rita (1991): Geleitwort der Präsidentin des Deutschen Volkshochschul-Verbandes e. V. und Präsidentin des Deutschen Bundestages – Prof. Dr. Rita Süssmuth. In: Friedenthal-Haase, Martha/Reischmann, Jost/Tietgens, Hans/Vogel, Norbert (Hrsg.): Erwachsenenbildung im Kontext. Beiträge zur grenzüberschreitenden Konstituierung einer Disziplin, Günther Dohmen zum 65. Geburtstag, Bad Heilbrunn, S. 11-15.

Tenorth, Heinz-Elmar (1986): Transformationen der Pädagogik. 25 Jahre Erziehungswissenschaft in der „Zeitschrift für Pädagogik“. In: Zeitschrift für Pädagogik, 20. Beiheft, S. 21-85.

Tenorth, Heinz-Elmar (1990): Eduard Sprangers hochschulpolitischer Konflikt 1933 Politisches Handeln eines preußischen Gelehrten. In: Zeitschrift für Pädagogik 36, S. 573-596.

Tenorth, Heinz-Elmar (2006): Erziehungswissenschaft in Deutschland – Skizze ihrer Geschichte von 1900 bis zur Vereinigung. In: Harney, Klaus; Krüger, Heinz-Hermann (Hg.): Einführung in die Geschichte der Erziehungswissenschaft und Erziehungswirklichkeit. Opladen & Bloomfield Hills: Barbara Budrich; S. 133-173

Thiersch, Hans (2002) = Thiersch, Hans. In: Heitkamp, Hermann/Plewa, Alfred (Hrsg.): Soziale Arbeit in Selbstzeugnissen. Band 2. Freiburg, S. 373-417.

Thiersch, Hans (2006): 30 Jahre Sozialpädagogik: Tübinger Reminiszenzen im Licht allgemeiner Entwicklungen. Vortrag anlässlich des 30. Sozialpädagogiktages. Manuskript.

Thiersch, Hans (2009): Schwierige Balance. Über Grenzen, Gefühle und berufsbiographische Erfahrungen. Weinheim, München.

Titze, Hartmut (1990): Der Akademikerzyklus. Historische Untersuchungen über die Wiederkehr von Überfüllung und Mangel in akademischen Karrieren. Göttingen.

Titze, Hartmut (1995): Datenhandbuch zur deutschen Bildungsgeschichte. Bd. 1 Hochschulen, Teil 2: Wachstum und Differenzierung der deutschen Universitäten 1830-1945. Göttingen.

Unger, Helmut (1988): Das Fach Pädagogik an der Universität Tübingen von den Anfängen bis 1945. Freie wissenschaftliche Arbeit für die Diplomprüfung in Erziehungswissenschaft. Tübingen 1988.

Wahl, Benjamin (2010): Die Lehrgestalt der Erziehungswissenschaft an der Eberhard-Karls-Universität Tübingen von 1910 bis 2007. Freie wissenschaftliche Arbeit für die Diplomprüfung in Erziehungswissenschaft. Tübingen 2010.

Weinert, Franz (1966): Groos, Karl. In: Neue Deutsche Biographie (NDB). Band 7. Berlin, S. 130.

Weis, Julia (2007): Belastete Neuanfänge. In: Fischer, Torben/Lorenz, Matthias N. (Hrsg.): Lexikon der „Vergangenheitsbeältigung“ in Deutschland. Debatten und Diskursgeschichte des Nationalsozialismus nach 1945. Bielefeld, S. 149-150.

Weishaupt, Horst/Preuschoff, Corinna (2002): Die Bewertung der erziehungswissenschaftlichen Forschung durch das CHE. In: Erziehungswissenschaft 13, S. 6-17.

Wenke, Hans (1953): Staat und Erziehung. In: Universität Tübingen (Hrsg.): Reden bei der feierlichen Übergabe des Rektorates zu Beginn des Sommersemesters am 8. Mai 1953. Nr. 42.Tübingen 1953. S. 17-38.

Wischnath, Johannes Michael (2005): Die Burse und ihre vielen Namen. In: attempto! Nr. 18, S. 36-37.

Wolfes, Matthias (2001): Oesterreich, Traugott Konstantin. In: Biographisch-bibliographisches Kirchenlexikon. Band XVIII. Herzberg 2001, Sp. 1101-1110.

Zauner, Stefan (1999): Die Universität Tübingen 1945-1949. Aspekte der französischen Hochschulpolitik im besetzten Nachkriegsdeutschland. In: Bausteine zur Tübinger Universitätsgeschichte, Folge 9, Tübingen, S. 101-144.

Zauner, Stefan (2010): Die Entnazifizierung (Epuration) des Lehrkörpers. Von der Suspendierung und Entlassung 1946/46 zur Rehabilitierung und Wiedereinsetzung der Professoren und Dozenten bis Mitte der 1950er Jahre. In: Wiesing, Urban/Brintzinger, Klaus-Rainer/Grün, Bernd/Junginger, Horst/Michl, Susanne (Hrsg.): Die Universität Tübingen im Nationalsozialismus. Stuttgart, S. 937-997.

7.4 Bildnachweis

Amos, Karin	Privatfoto
Bartholomäus, Wolfgang	Privatfoto
Bauer, Petra	Privatfoto
Bohl, Thorsten	Privatfoto
Bollnow, Otto Friedrich	UAT S 19 Foto: Goebel
Deuchler, Gustav	Schulmuseum Hamburg (wer die Bildrechte besitzt, konnte nicht ermittelt werden)
Dohmen, Günther	UAT S 35/1, 500, Nr. 1 Foto: Dorothee Stieber, Tübingen
Flitner, Andreas	UAT S19/Flitner, Andreas Foto: Goebel
Grunder, Hans-Ulrich	Privatfoto
Heiner, Maja	Privatfoto
Herrmann, Ulrich	Privatfoto
Horn, Klaus-Peter	Privatfoto
Huber, Günther L.	Privatfoto
Jonkmann, Kathrin	Privatfoto
Knab, Doris	Foto: Ulrich Metz/Schwäbisches Tagblatt
Kroh, Oswald	UAT 126/355 Foto: k. A.
Kunert, Hubertus	Privatfoto
Liegle, Ludwig	Privatfoto
Lüdtke, Oliver	Privatfoto
Mühle, Günther	UAT S 35/1, 674, Nr. 1 Foto: Foto-Schnell, Tübingen
Müller, Siegfried	Privatfoto
Nagy, Gabriel	Privatfoto
Pfahler, Gerhard	UAT S 19 Foto: Gröger
Prange, Klaus	Presseamt, Foto: Martin Birker
Schmalohr, Emil	UAT S 35/1, 760 Foto: Jürgen Killmann, Tübingen
Schrader, Josef	Privatfoto
Spranger, Eduard	UAT S 19 Foto: Göhner
Stauber, Barbara	Privatfoto
Thiersch, Hans	UAT S 35/1, 794, Nr. 2 Foto: Jürgen Killmann, Tübingen
Trautwein, Ulrich	Privatfoto
Treptow, Rainer	Privatfoto
Vogel, Norbert	Privatfoto
Wenke, Hans	UAT 126a/519 Foto: k. A.
Zifreund, Walther	UAT S 35/1, 831 Foto: Foto-Schnell, Tübingen

Umschlagabbildungen:

U1 Institutsgebäude, Münzgasse 22-30, Uni Presseamt; Foto: Sascha Bühler
U4 Burse, Uni Presseamt; Foto: Martin Birker

7.5 Personenregister